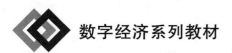

数字经济系列教材

数字经济量化分析：
方法、工具与应用

王晓燕　闻　翠◎编　著

首都经济贸易大学出版社

Capital University of Economics and Business Press

·北 京·

图书在版编目（CIP）数据

数字经济量化分析：方法、工具与应用 / 王晓燕，闻翠编著. -- 北京：首都经济贸易大学出版社，2025.7. -- ISBN 978-7-5638-3891-2

Ⅰ. F49

中国国家版本馆 CIP 数据核字第 2025EW6803 号

数字经济量化分析：方法、工具与应用

SHUZI JINGJI LIANGHUA FENXI：FANGFA，GONGJU YU YINGYONG

王晓燕　闻　翠　编　著

责任编辑	佟周红
封面设计	砚祥志远·激光照排　TEL：010-65976003
出版发行	首都经济贸易大学出版社
地　　址	北京市朝阳区红庙（邮编 100026）
电　　话	（010）65976483　65065761　65071505（传真）
网　　址	https://sjmcb.cueb.edu.cn
经　　销	全国新华书店
照　　排	北京砚祥志远激光照排技术有限公司
印　　刷	唐山玺诚印务有限公司
成品尺寸	170 毫米×240 毫米　1/16
字　　数	401 千字
印　　张	21.75
版　　次	2025 年 7 月第 1 版
印　　次	2025 年 7 月第 1 次印刷
书　　号	ISBN 978-7-5638-3891-2
定　　价	59.00 元

前言

数字经济风起云涌的今天，我们迎来了一个数据驱动、智能互联的新时代。正如习近平总书记在给 2019 中国国际数字经济博览会的贺信中指出："当今世界，科技革命和产业变革日新月异，数字经济蓬勃发展，深刻改变着人类生产生活方式，对各国经济社会发展、全球治理体系、人类文明进程影响深远。"数字经济已经成为全球经济增长的重要驱动力，而对其量化分析则是我们深入理解和把握这一时代浪潮的关键。

《数字经济量化分析：方法、工具与应用》教材应运而生，旨在为读者提供一套系统、全面的数字经济量化分析方法和工具。从数据的基本特征出发，我们将引导读者逐步深入了解并掌握各种先进的量化分析技术，包括回归模型、分类模型、降维方法、时间序列分析、聚类分析、神经网络分析、路径分析、综合评价分析以及大规模机器学习等。这些技术和方法不仅是学术研究的重要工具，也是企业决策和公共政策制定的有力支持。我们希望通过这些方法和工具，帮助读者建立起对数字经济量化分析的认识，提升读者在数字经济领域的洞察力和决策能力。

在 2018 年召开的全国网络安全和信息化工作会议上，习近平总书记强调，"加快推动数字产业化，依靠信息技术创新驱动，不断催生新产业新业态新模式，用新动能推动新发展"。我们坚信，数字经济量化分析的方法和工具将成为推动数字经济发展的新动能之一。通过对本教材的学习和实践，读者将能够更好地理解和应用这些数据驱动的技术和方法，为数字经济的发展贡献自己的力量。在编写过程中，我们特别注重理论与实践相结合。每一个章节都配备了应用案例，旨在帮助读者通过实际操作来巩固和深化理论知识。此外，我们还精心设计了课后习题，以便读者能够应用所学知识，提升实践能力。本教材不仅适合数字经济、数据分析、统计学等相关专业的学生和研究者使用，也适合对数字经济和数据分析感兴趣的业界人士阅读。

本教材主编为空军勤务学院基础部的王晓燕和闻翠，引言部分和第一、二、三、四、六、八章由王晓燕撰写，第五、七、九、十、十一章由闻翠撰写。

　　本教材借鉴参考了诸多专家和学者的观点，在此郑重致谢。

　　由于作者水平有限，编写时间仓促，差错在所难免，欢迎广大读者提出批评和修改意见，作者一定虚心接受，并认真修改。

目 录

绪　　论

在这个信息爆炸、技术快速迭代的时代，数字经济已不再是一个遥远的概念，而是深入我们的日常生活，重塑着世界经济的格局。它像一股不可阻挡的潮流，正在消解传统的边界，引领着全球的市场创新，成为驱动国家提升竞争力、增进社会福祉的关键力量。

为了深入理解这一现象级变革，我们会先解析数字经济的基本内涵及其发展历程，接着通过详实的数字经济案例剖析，生动展现这一经济形态如何在实践中发挥效力，改变企业运营逻辑，提升社会服务效能，甚至重新定义消费者行为和市场格局，而在探究数字经济的实际影响时，定量分析不可或缺，我们将介绍现代统计方法和数据分析技术，为揭示数字经济发展背后的规律性特征提供工具。

一、数字经济的内涵与发展

（一）数字经济概念

数字经济是一种新型的经济社会形态，它是以数字化的知识和信息为关键生产要素，以数字技术创新为核心驱动力，以现代信息网络为重要载体，通过数字技术与实体经济深度融合，不断提高传统产业数字化、智能化水平，加速重构经济发展与政府治理模式的新型经济形态[①]。

有别于传统经济，数字经济以创新和技术为驱动力，不断催生新的商业模式、产品和服务。同时，数字技术也深度渗透到传统产业的各个环节，推动传统产业的转型升级。在生产效率方面，数字经济通过引入先进的数字技术和工具，如云计算、大数据分析等，更精确地分析市场需求和供给，实现资源的优化配置。同时，数字化生产工具和设备的应用，也大大提高了劳动生产率，降

---

① "四化"协同，数字经济发展新阶段 [J]．信息化建设，2020（7）：39-41．

低了生产成本。在交易方式上，由于摆脱了时间和空间的限制而具有全球化和即时性的特点，交易规模更大，更具灵活性。

数字经济内涵丰富，主要包括以下方面：

一是数字产业化。数字产业即信息技术及通信产业，是数字经济发展的基础产业，为数字经济的发展提供技术、产品、服务等方面的支持。这包括电子信息制造业、电信业、软件和信息技术服务业、互联网等行业，具体包括但不限于5G、集成电路、人工智能、大数据、云计算、区块链等。

二是产业数字化。产业数字化指在新一代数字科技支撑和引领下，以数据为关键要素，以价值释放为核心，以数据赋能为主线，对产业链上下游的全要素数字化升级、转型和再造的过程。这包括但不限于工业互联网、智能制造、车联网等融合型新产业新模式新业态。

三是数字化治理。数字化治理是运用数字化技术，实现行政体制更加优化的新兴政府治理模式。它包括但不限于以多主体参与为特征的多元治理，以"数字技术+治理"为特征的技管结合，以及数字化公共服务等。

四是数据价值化。价值化的数据是数字经济发展的关键生产要素，加快推进数据价值化进程是发展数字经济的本质要求。

（二）数字经济发展历程

数字经济的发展历程大致可以分为四个阶段：

萌芽阶段（20世纪60年代至70年代）：这一阶段主要始于半导体产业的兴起，为数字经济提供了新的物理载体，如AMD、Intel等高新科技公司开始崭露头角。此时，"数字经济"概念开始逐渐形成。

起步阶段（20世纪70年代至80年代）：在这一阶段，以半导体微电子产业和计算机产业为基础的现代信息技术逐渐发展起来，计算机行业的迅速发展提高了社会处理信息的能力和效率，数据总量的急剧增长使得信息呈现的形式发生了巨大变化，数字经济进入了发展期。

发展阶段（20世纪90年代至21世纪初）：随着互联网的普及，数字经济得到了进一步的发展。互联网使得信息和服务能够全球化地传递和分享，推动了商业和社会的变革。在这一阶段，数字经济开始融入并影响传统产业，促进了经济的数字化进程。

裂变阶段（2008年至今）：随着云计算、大数据、人工智能等新技术的出现，数字经济进入了裂变式的发展阶段。这些新技术促进了数字经济的更快发展，使得企业和组织能够更有效地管理和利用数据，提高生产率。同时，数字经济也逐渐成为各国竞相发展的新高地，全球主要国家都在积极出台数字经济发展战略，推动数字经济的进一步发展①。

当前，全球数字经济的发展正处于一个快速变革的时期，其增长动能和发展潜力不断释放，成为全球经济增长的新引擎。2022 年，全球数字经济增加值达到了 41.4 万亿美元，占 GDP 比重的 46.1%，其同比增长率达到7.4%。这一数据显示了数字经济在全球经济中的重要地位及其强劲的增长势头。产业数字化转型是数字经济发展的一个重要方面。2022 年，产业数字化占数字经济比重的 85.3%，其中，第一、第二、第三产业数字经济在行业增加值中的比重分别为 9.1%、24.7% 和 45.7%，这表明第三产业数字化转型尤为活跃，第二产业数字化转型也在持续发力。美国和中国是全球数字经济规模最大的两个国家，其数字经济规模分别达到了 17.2 万亿美元和 7.5 万亿美元。而英国、德国、美国的数字经济占 GDP 的比重均超过了 65%，显示出数字经济在这些国家整个国民经济中的重要性。全球数字经济的发展不仅体现在总体规模上，还体现在其重点领域的发展成效显著。网络基础设施、算力基础设施等数字基础设施的建设，以及 5G 融合应用生态的形成和人工智能的创新应用，都是数字经济发展的坚实基础。工业、医疗等领域的数字技术应用不断加深，促进了数字技术与实体经济的深度融合。各国政府对数字经济的发展给予了高度重视，纷纷出台了相关政策来优化数字经济的布局，明确了政策导向，完善了政策体系，并在全球范围内寻求合作，构建数字经济命运共同体。

1994 年 4 月 20 日，中国实现与国际互联网的全功能连接，标志着中国正式接入全球互联网。同期，中国互联网企业开始涌现，例如网易于 1997 年成立，搜狐、腾讯于 1998 年成立，其中腾讯推出的即时通信软件 QQ 迅速普及，成为中国互联网早期标志性应用之一。

全球互联网泡沫破裂之后，中国互联网行业经过调整和重组，逐步复苏并走向快速发展。随着 3G/4G 移动通信技术的推广，智能手机普及，移动互联网快速崛起，电子商务、网络游戏、搜索引擎、社交媒体等领域取得了显著进展。阿里巴巴集团旗下的淘宝网于 2003 年上线，标志着中国电子商务进入高速发展时期。

---

① 孙冰. 激活数字新动能，追求新质生产力 ［N］. 中国经济周刊，2024-01-30.

2010 年起，我国数字经济进入快速发展与深度融合阶段，数字经济逐渐渗透到各行各业，与实体经济深度融合，形成了诸如共享经济、互联网金融、智能制造、智慧城市等多种新业态。移动支付、云计算、大数据、人工智能等新兴技术的广泛应用，极大地推动了数字经济的产业升级。中国政府制定和实施了一系列支持数字经济发展的政策和规划，如《关于加快推进公共数据开放的若干意见》《关于构建更加完善的要素市场化配置体制机制的意见》《"十四五"数字经济发展规划》《数字中国建设整体布局规划》等，旨在促进数字经济全面发展。

进入 21 世纪 20 年代，中国已经成长为全球最大的数字市场之一，在电子商务、移动支付、5G 技术、人工智能等方面处于世界领先水平。数字经济已成为中国经济增长的新动力和高质量发展的重要支撑，对于供给侧结构性改革、创新驱动发展战略以及构建双循环新发展格局起到关键作用。

数字经济的发展前景非常广阔。随着科技进步和互联网的普及，数据已经成为新的生产资料和重要的生产工具，这为数字经济的发展提供了坚实的基础。

从政策层面来看，《"十四五"规划和 2035 年远景目标纲要》已将数字化发展作为重要战略，提出了建设数字中国的目标，并将打造数字经济新优势作为重点任务之一。这表明，国家层面对于数字经济的发展给予了高度重视和支持，预计将会出台更多的政策和措施来推动数字经济的发展。

在技术层面，数字技术的不断革新，如人工智能、大数据、云计算、区块链等，为数字经济的发展提供了强大的技术支撑。这些技术正在逐步深化与实体经济的融合，推动传统产业的转型升级，同时也孕育出大量新业态和新模式。

在应用层面，数字经济已经在多个领域显示出其巨大潜力和价值。例如，电子商务、移动支付、在线教育和远程办公等数字应用已经深入到人们的工作和生活中，极大地提高了工作效率。

国际上，许多国家都把发展数字经济作为抢占科技革命和产业变革制高点的重要策略。中国在此过程中，凭借庞大的市场规模、丰富的应用场景和快速的技术创新能力，有望在全球数字经济竞争中保持领先地位。

综上所述，数字经济在未来有着巨大的发展空间，但也面临着诸多挑战，包括技术创新、人才培养、数据安全与隐私保护、市场竞争秩序维护等。只有妥善应对这些挑战，才能确保数字经济健康、持续、包容性发展。

二、数字经济是什么：数字经济案例

数字经济是一种新型的经济社会形态，是通过数字技术和数据资源推动经济活动的一种全新方式。作为当前全球经济的重要组成部分，数字经济发展案例遍布各个领域。比如，阿里巴巴作为中国最大的电商平台，通过其强大的云计算服务和数字支付平台支付宝，推动了电子商务和数字金融的发展。腾讯不仅拥有社交媒体平台微信，还提供云服务、金融科技解决方案，并通过游戏和其他娱乐服务，展现了数字经济的多元化。作为全球领先的通信设备制造商，华为在 5G 技术上的投入和创新，对于推动工业互联网和物联网的发展起到了关键作用。字节跳动凭借其短视频分享平台抖音（国际版称为 TikTok），重塑了数字媒体消费模式，并带动了相关数字广告和电子商务业务的发展。网约车公司滴滴出行通过其应用程序连接乘客和司机，彻底改变了人们的出行方式，并推动了共享经济的发展。除了电子商务平台外，京东还通过京东物流提供高效的供应链管理服务，展示了数字经济在物流领域的应用。百度作为中国最大的搜索引擎提供商，在自动驾驶和人工智能领域的探索，为数字经济带来了新的增长点。快手是一个短视频分享平台，它通过内容推荐算法，让用户能够创作、编辑和分享短视频，这种去中心化的内容分发方式，极大地影响了数字内容的生产和消费。以上案例只是数字经济广泛应用的缩影，实际上，数字经济已经渗透到我们生活的方方面面，从在线教育、远程医疗到智能制造、智慧城市等，它正在以前所未有的速度改变着我们的生产和生活方式。

（一）数字经济在智慧制造中的应用：西门子数字化工厂

西门子作为一家全球领先的电气和电子解决方案提供商，积极将数字经济应用于智慧制造领域，其数字化工厂是数字经济在智慧制造中的一个典型应用案例。

西门子数字化工厂是一个集成了数字化技术、智能制造和先进制造技术的全新生产模式。通过引入物联网、云计算、大数据和人工智能等数字技术，西门子数字化工厂实现了生产过程的全面数字化。

首先，西门子数字化工厂利用物联网技术实现了设备之间的互联互通。通过在设备上安装传感器和执行器，实时采集设备状态、生产数据等信息，并通过网络传输到云端进行分析和处理。这使得生产管理人员可以实时了解生产现场的情况，及时发现和解决问题，提高生产效率。

其次，西门子数字化工厂采用了云计算和大数据技术，实现了对生产数据的集中存储和分析。通过对生产数据的挖掘和分析，可以发现生产过程中的瓶颈和问题，为生产优化和改进提供数据支持。同时，云计算技术还提供了强大的计算能力和弹性扩展能力，满足了数字化工厂对高性能计算和存储的需求。

再次，西门子数字化工厂集成了人工智能技术，实现了智能制造。通过引入机器学习和深度学习等算法，对生产数据进行智能分析和预测，指导生产过程的优化和调整。同时，人工智能技术还应用于质量检测、故障诊断等方面，提高了产品质量和生产效率。

最后，西门子数字化工厂还注重数字化与实体生产的融合。通过虚拟现实和增强现实等技术，实现生产过程的可视化和模拟，帮助生产人员更好地理解和掌握生产技能。同时，数字化工厂还与供应链管理系统、客户关系管理系统等其他数字化平台进行集成，实现全流程的数字化管理和优化。

总之，西门子数字化工厂是数字经济在智慧制造中的一个成功应用案例。通过集成数字化技术、智能制造和先进制造技术，数字化工厂实现了生产过程的全面数字化和智能化，提高了生产效率，降低了成本，并推动了制造业的创新和发展。这一案例对其他企业探索数字经济在智慧制造中的应用具有重要的借鉴意义。

一般来说，数字经济在智慧制造中的应用主要体现在以下几个方面：

数字化工厂建设：利用数字技术，如物联网、云计算、大数据等，实现工厂内部生产流程、设备状态、产品质量等信息的实时采集、分析和优化。通过构建数字化工厂，实现生产过程的可视化、可控制和可优化，提高生产效率、降低能耗和减少浪费。

智能制造：智能制造是智慧制造的核心，通过集成先进的制造技术、信息技术和人工智能技术，实现制造过程的自动化、智能化和柔性化。智能制造可以大幅提高制造精度和效率，降低人力成本和安全风险，同时满足个性化定制和小批量生产的需求。

供应链管理：数字经济通过大数据分析和预测技术，实现供应链的智能化管理和优化。通过对供应链各环节的数据进行实时采集和分析，预测市场需求、优化库存管理、提高物流效率等，从而降低运营成本、提高市场竞争力。

产品创新与个性化定制：数字经济通过大数据分析和用户行为研究，帮助企业了解市场需求和消费者偏好，指导产品设计和创新。同时，通过个性化定制技术，满足消费者的个性化需求，提高产品附加值和市场竞争力①。

服务化转型：数字经济推动制造业向服务化转型，通过提供智能化、个性化的产品和服务，满足消费者的多元化需求。服务化转型可以增加企业的收入来源和市场份额，同时提高客户的满意度和忠诚度。

总之，数字经济在智慧制造中的应用广泛而深入，不仅提高了生产效率、降低了成本，还推动了制造业的创新和发展。未来，随着数字技术的不断进步和应用场景的扩大，数字经济在智慧制造中的作用将更加重要和突出。

（二）数字经济在智慧医疗中的应用：基于大数据和 AI 技术的癌症早期检测

近年来，癌症发病率逐年上升，早期发现与治疗对于提高治愈率、降低死亡率至关重要。传统的癌症检测方法往往依赖于病理学检查，不仅耗时耗力，还存在较高的误诊率。为此，华大基因推出了一款基于大数据和 AI 技术的癌症早期检测与预防系统。

该检测系统主要由以下几个部分组成：

一是数据采集与处理：系统要先收集患者的基因测序数据、血清标记物、口腔黏膜数据等，通过数据清洗、标准化等步骤，确保数据的准确性和可用性。

二是大数据分析：借助先进的大数据分析技术，系统对患者的多源数据进行深度挖掘，发现与癌症产生发展相关的关键基因、蛋白质等生物标志物。

三是 AI 模型训练：基于大量的癌症病例数据，系统训练出一个高度敏感的 AI 模型，用于识别潜在的癌症风险。

四是风险评估与预警：结合患者的临床信息和 AI 模型的预测结果，系统生成个性化的癌症风险评估报告，并为高风险患者提供预警和干预建议。

该检测系统在多个医疗机构进行了临床试验，结果显示，与传统的检测方法相比，该检测系统能够更早地发现癌症病灶，降低误诊率，提高治愈率。该检测系统还能为患者提供个性化的预防建议，帮助患者改善生活习惯、调整饮食结构等，从而降低患癌风险。

---

① 安都. 电子商务对传统商业模式的影响研究［J］. 中国集体经济，2024（4）：129-131.

这个案例充分展示了数字经济在智慧医疗领域的巨大潜力。通过大数据和 AI 技术的融合应用，我们可以更加精准地检测和预防癌症，提高患者的生活质量和治愈率。未来，随着技术的不断进步和数据的日益丰富，数字经济在智慧医疗领域的应用将更加广泛和深入。

（三）数字经济在智慧教育中的应用：大数据驱动的个性化学习平台

在数字经济时代，智慧教育正逐渐成为教育创新的核心驱动力。大数据作为智慧教育的关键支撑，为个性化学习提供了无限可能。以下是一个具体的案例，展示了大数据如何在智慧教育中发挥巨大作用。

某知名在线教育平台利用大数据技术，开发了一款个性化学习平台。该平台通过分析学生的学习数据、行为数据、成绩数据等多维度信息，为每个学生提供精准的学习建议和资源推荐，从而实现个性化学习[①]。该平台功能主要包括：

数据采集与处理：学习平台首先收集学生在使用过程中的各种数据，包括学习时长、学习进度、学习成绩、点击行为、搜索行为等。然后，利用大数据技术对这些数据进行清洗、整合和分析，提取出有价值的信息。

学生画像构建：基于收集到的数据，学习平台为每个学生构建了一个全面的画像，包括学习偏好、能力水平、兴趣点等多个维度。这样，学习平台就能够更准确地了解每个学生的特点和需求。

个性化学习路径规划：根据学生的画像和学习目标，学习平台为学生规划了一条个性化的学习路径。这条路径会根据学生的实际情况进行动态调整，确保学生能够在最适合自己的方式下进行学习。

智能资源推荐：基于学生的学习路径和画像，学习平台会为学生推荐相关的学习资源，包括课程、习题、视频、文章等。这些资源都是根据学生的兴趣和需求精准匹配的，从而提高了学生的学习效率和兴趣。

实时反馈与调整：学习平台会实时收集学生的学习反馈和表现数据，根据学生的实际情况进行调整和优化。这样，就能够确保个性化学习路径的持续有效性和适应性。

通过引入大数据驱动的个性化学习平台，学生的学习效率和兴趣得到了显著提升。他们可以根据自己的特点和需求进行个性化学习，从而更快地掌握知识、提高成绩。同时，教师们也能够更好地了解学生的学习情况，为他们提供

---

① 黄荣怀. 科教融汇共塑未来教育 [J]. 人民教育，2023（9）：16-20.

更有针对性的指导和帮助。

总之，这个案例充分展示了数字经济在智慧教育中的重要作用。通过利用大数据技术，我们可以为每个学生提供精准、个性化的学习体验，从而推动教育质量的不断提升。

（四）数字经济在智慧城市中的应用

数字经济在智慧城市中的应用包括以下几个方面。

城市管理数字化：通过建立数字化城市管理平台，实现对城市基础设施、环境卫生、公共安全等方面的实时监测和智能化管理。例如，利用物联网技术，可以实时监测城市的路灯、垃圾桶、交通信号等设施的状态，及时发现和解决问题，提高城市管理的效率和水平。

交通智能化：通过引进智能交通系统，实现对交通流量的实时监测和智能调度。例如，根据交通流量和天气状况，自动调整交通信号灯的配时，优化交通出行方式，提高交通运行效率和安全性。同时，利用大数据和人工智能技术，还可以预测交通拥堵情况，为市民提供最佳的出行路线和时间。

公共服务智能化：通过引入人工智能技术，实现公共服务领域的智能化。例如，建设智慧医疗系统，实现远程诊断、智能预约、在线咨询等功能，提高医疗服务的质量和效率。此外，还可以建设智慧教育平台，为学生提供个性化的学习资源和辅导，提高教育质量和效率。

社区数字化：通过建设智慧社区平台，实现对社区居民的数字化管理和服务。例如，通过数据分析，为居民提供个性化的服务和资讯，如定制化的健康管理、社区活动推荐等。同时，利用物联网技术，实现社区内的智能家居、智能安防等功能，提高居民的生活质量和便利性。

这些案例展示了数字经济在智慧城市中的广泛应用和深远影响。通过数字化、智能化技术的应用，可以提高城市管理的效率和水平，优化交通出行方式，提升公共服务的质量和效率，为居民创造更加便捷、舒适、安全的生活环境。不同城市在数字经济智慧城市建设中都有自己的特色和创新实践。以下阐述几个典型智慧城市的建设实践。

青岛聚焦智慧海洋、智慧港口和智慧环保特色。青岛作为中国的海洋科技城，利用大数据、云计算、物联网等技术手段，推动海洋产业的数字化转型。例如，通过建设海洋大数据平台，实现对海洋资源的实时监测、预警和评估，为海洋经济发展提供有力支撑。青岛港作为世界重要的港口之一，通过引进智能化技术，实现了港口作业的自动化、智能化。无人驾驶技术的使用实现了集装箱的自动装卸、运输，大大提高了港口作业效率和安全性。青岛还是智慧环保的引领者之一，通过运用物联网、大数据等技术手段，实现了对空气质量、水质、噪声等环境因素的实时监测和数据分析，为政府决策和公众提供及时、准确的环境信息。这不仅提升了城市的环境管理水平，也提高了公众对环境保护的参与度和满意度。

重庆着力打造智慧交通、智慧农业和智慧旅游。重庆地形复杂，交通状况复杂多变。通过引进智能交通系统，实现对城市交通的实时监测和智能调度，有效缓解了交通拥堵问题。通过大数据分析还可以预测交通流量和拥堵状况，为市民提供最佳的出行路线和时间建议。重庆作为农业大市，通过运用物联网、大数据等技术手段，推动农业生产的智能化、精准化。例如，通过建设智慧农业平台，实现对农田环境、作物生长等信息的实时监测和分析，为农民提供科学的种植建议和决策支持。重庆作为智慧旅游建设的典范，通过整合旅游资源、优化旅游服务、提升旅游体验等方面，实现了旅游产业的数字化转型。大数据分析游客的出行习惯、兴趣爱好等信息，为游客提供更加个性化的旅游推荐和服务，提高了旅游满意度和忠诚度[①]。

武汉推进智慧医疗、智慧教育和智慧政务创新实践。武汉作为全国医疗卫生服务体系建设试点城市，通过引进智能化技术，提升医疗服务的效率和质量。通过建设智慧医疗平台，实现医疗资源的优化配置、医疗服务的智能化管理，为患者提供更加便捷、高效的医疗服务体验。武汉作为教育强市，通过运用大数据、云计算等技术手段，推动教育领域的数字化转型。通过建设智慧教育平台，实现教育资源的共享、教学方式的创新、教育评价的科学化，为学生提供更加个性化、多样化的学习体验。武汉作为全国城市一朵云新范式的代表，通过建设"武汉云"，实现了政府管理、惠民服务、城市治理等领域的数字化转型。市民可以通过线上平台办理各类政务事务，享受更加便捷、高效的服务。

总之，通过数字化、智能化技术的应用，不仅可以提升城市管理的效率和水平，优化公共服务质量，还可以推动产业升级、促进经济发展、提升市民生活品质。

---

① 崔冰艺. 数智化赋能旅游业高质量发展的作用机理研究 [J]. 旅游与摄影，2023（9）：4-6.

三、量化分析推动数字经济发展

量化分析是一种数学方法，它通过统计和数学模型对大量数据进行分析，从而揭示隐藏在数据背后的规律和趋势。在数字经济中，量化分析的应用广泛，包括但不限于市场分析、风险评估、预测决策等。量化分析推动数字经济发展主要体现在以下几个方面。

精确决策：通过处理和分析大量数据，量化分析为企业提供科学的决策依据。这种决策方式相较于传统的基于经验和直觉的决策方式，更加精确和可靠。在数字经济中，这种精确决策对于把握市场机遇、优化资源配置、提高运营效率等方面都具有重要作用。

优化资源配置：量化分析可以揭示出资源的配置效率和利用情况，从而帮助企业找到资源配置的最佳方案。在数字经济中，资源的配置效率直接影响企业的竞争力和盈利能力。因此，量化分析在优化资源配置方面的应用，对于推动数字经济发展具有重要意义。

商业模式创新：通过量化分析，企业可以精准洞察市场需求、用户行为模式，创新产品设计、定价策略和商业模式，例如利用大数据进行个性化推荐、精准营销，从而提高营业收入和利润。

运营效率提升：量化分析技术能够实时监测和评估企业内部流程效率，如供应链管理、生产流程、客户服务等，通过量化指标发现问题并提出改进方案，提升整个价值链的运行效率。

政策支持与监管：政府和监管机构可以利用量化分析来评估政策措施的效果和影响。通过对大量数据的分析，可以确定哪些政策在促进数字经济发展方面最为有效，从而制定更加有针对性的政策和支持措施。

创新产品和服务：量化分析可以帮助企业了解消费者的需求和偏好，从而开发出更具创新性和竞争力的产品和服务。此外，量化分析还可以通过对大量数据的挖掘和分析，发现新的商业模式和市场机会。

风险管理：在数字经济中，由于信息的快速流动和市场的不断变化，风险管理变得尤为重要。量化分析的应用可以帮助企业及时发现和应对潜在风险，保障企业的稳健运营。量化分析可以评估潜在风险并制定相应的风险管理策略。例如，在金融领域，量化分析可用于识别潜在的欺诈行为、评估信贷风险和制定投资策略。这些风险管理措施有助于维护金融市场的稳定，促进数字经济的健康发展。

　　综上所述，量化分析在推动数字经济发展方面发挥着重要作用。通过精确决策、优化资源配置、风险管理和创新驱动等方式，量化分析为数字经济提供了强大的技术支持和发展动力。随着数字化进程的加速和数据的不断积累，量化分析在数字经济中的应用前景将更加广阔。

第一章
数字经济中的数据、
数据思维与量化分析

数据是数字经济的基础和核心。数据思维是应对数字经济挑战的重要思维方式，而量化分析则是实现数据价值的重要手段。数字经济的发展不仅需要收集和存储大量数据，更重要的是要通过数据思维和量化分析来挖掘数据的潜在价值，推动经济社会的持续创新和高质量发展。随着技术的不断进步，如人工智能、大数据分析等技术的应用将进一步扩大数据在数字经济中的影响力，促进经济结构的优化升级。

第一节 大数据与小数据：数字经济中的数据及其特征

数据是数字经济这个新经济形态的核心要素。数字经济中的数据不仅指那些海量、多样、快速变化且价值密度低的大数据，同样也包括那些规模相对较小，但针对性强、精准度高的小数据。数字经济中，大数据和小数据是相辅相成、互为补充的。大数据提供了宏观的视角和全面的分析基础，而小数据则在微观层面提供了深入洞察和精准决策的依据。

一、大数据

（一）大数据的概念与特点

大数据是一个涵盖广泛且不断发展的概念，通常用来描述一个数据集的大小超出了传统数据处理工具能力范围的情况。这个术语起源于 2008 年，当时由维克托·迈尔-舍恩伯格和肯尼斯·库克耶在他们的著作《大数据时代》中首次提出。他们指出，大数据的核心在于不再依赖随机样本分析法（即抽样调查），而是通过对所有数据的分析来获得洞见。

从技术角度看，大数据具有五个主要的特性，通常被缩写为 5V，即：

大量（volume）。大数据指的是无法在合理时间内用常规软件工具进行捕捉、管理和处理的数据集合。这种数据量极大，超出了传统数据库软件工具的能力范围。

高速（velocity）。强调数据以高速率产生，需要实时或接近实时的处理和分析能力。

多样（variety）。涉及数据类型的多样性，包括结构化数据和非结构化数据，如文本、图像和视频等。

低价值密度（value）。大数据是一种价值密度相对较低，但通过特定算法和模型处理之后可以产生高价值的信息资产。虽然大数据可能包含大量的无关信息和噪声，但应用合适的技术和方法，可以从中提取出有用的信息和知识。

真实性（veracity）。涉及数据的质量和准确性问题，因为大数据的分析结果依赖于数据的真实性和可靠性。

总的来说，大数据的优点在于以下几个方面：一是全面性。大数据包含海量的信息，能捕捉到更加全面的现象和细微的变化，有助于发现难以察觉的规律和模式。二是深度洞察。通过对复杂多样的大规模数据进行挖掘分析，能够提供对市场、客户行为等方面的深入见解。三是实时性。随着流数据的增加，大数据分析可用于实时监控和预测，比如金融市场的变动、舆情变化等。四是多样性。大数据包含了结构化、半结构化以及非结构化数据，可以更全面地反映真实世界的情况。

大数据的主要局限性是其价值密度较低，这意味着需要通过"沙里淘金"的方式从海量数据中提取有价值的信息。由于数据量大，数据清洗、缺失值处理、异常值检测等预处理工作极其重要且耗时，大数据处理需要强大的计算能力、存储能力和高级分析工具，成本较高，通常需要服务器集群等昂贵的硬件支持，此外，尽管大数据能揭示关联性，但并不总是容易确定因果关系，分析结果可能存在误导性。

（二）大数据的应用领域

随着技术的进步，大数据的应用已经渗透到各个领域，包括科学研究、商业智能、医疗保健、金融服务等。

在宏观经济分析方面，政府部门和研究机构可以通过收集和分析大量公开数据（如 GDP、失业率、通货膨胀率、贸易数据等），结合社交媒体情绪分析、搜索引擎查询趋势等非传统数据源，实时监测经济运行态势，提前预警潜在的经济危机或周期性波动。

在金融市场分析方面，金融机构利用大数据技术监控全球金融市场动态，实时处理高频交易数据，通过算法识别市场趋势、预测价格波动，辅助投资者决策，并进行风险评估与控制。

在产业经济研究方面，通过追踪产业链上下游的大数据，如供应链数据、销售数据、物流数据等，可以分析产业结构变迁、产能利用率、市场需求趋势，为企业提供战略规划指导，政府也可据此调整产业政策。

在区域经济规划方面，通过地理空间大数据，分析人口流动、消费行为、房地产交易等信息，辅助政府进行城市规划、资源配置和公共服务设施布局。

中国政府高度重视大数据的发展和应用，国务院于 2015 年发布了《促进大数据发展行动纲要》，旨在利用大数据提升国家治理能力和民生服务水平。此外，贵州省还启动了中国的第一个大数据综合试验区，以推动大数据产业的发展和创新。

综上所述，大数据不仅是一种技术现象，更是一种新的思维方式，它要求我们面对海量的、复杂的数据时，能够运用新的处理模式来发掘数据背后的价值，从而更好地服务于社会经济的发展。

二、小数据

（一）小数据的概念与特点

小数据（small data）的概念相对于大数据（big data）而言，是指围绕个体产生的数据，包括个体的行为、偏好、需求、情感、社交关系等信息。这些数据来自各种渠道，如智能手机、社交媒体、物联网设备等。小数据的核心在于以个体为中心，通过收集和分析个体的数据来提供个性化的服务和体验。

随着大数据时代的来临，人们更加关注数据的价值和应用。然而，大数据虽然具有巨大的价值，但其处理和分析的复杂性也使得许多企业和组织望而却步。因此，人们开始关注另一种类型的数据——小数据。小数据以个体为中心，关注的是个体的行为、偏好、需求等信息，通过收集和分析这些信息，可以更好地理解个体，为个体提供更加精准的服务。

小数据的特征可以概括为以下几点：

个性化。小数据关注个体的信息，因此具有个性化的特点。通过收集和分析个体的数据，可以更好地理解个体的需求和行为，从而提供更加精准的服务。

实时性。小数据通常来自各种实时数据源，如智能手机、物联网设备等，因此具有实时性的特点。这使得小数据能及时地反映个体的状态和需求，为个体提供更加及时的服务。

多样化。小数据来自不同的渠道，其类型包括文本、图像、音频、视频等多种形式。这使得小数据具有多样性的特点，可以为个体提供更加丰富的服务和体验。

隐私性。小数据涉及个人信息和隐私，因此需要特别注意对数据的保护和隐私的保护。在收集和分析小数据时，需要遵循相关的法律法规和道德规范，确保数据的安全和隐私的保护。

总的来说，小数据往往是针对某一特定问题或场景收集的，因此具有较高的针对性和精确度。而小数据量相对较小，更容易被人类直接理解和解释，适合做深度细致的解读。由于收集、处理和存储小数据的成本相对较低，更适合资源有限的项目或小型企业。另外，小数据适宜探索因果关系，通过精心设计的实验或案例研究，小数据可以较好地揭示变量间的因果联系。小数据的局限性在于其覆盖范围有限，可能无法捕捉到大规模的市场动态或用户行为。此外，由于小数据更注重个体或特定情境，其结论的普遍性和可推广性可能受到限制。

（二）小数据的应用领域

数字经济中，小数据也有自己的应用领域。

在微观经济决策方面，针对具体的企业或个体，小数据可以帮助管理者精细化运营。例如，通过详细分析单个门店的销售数据，可以优化库存管理、精准营销策略和客户服务方案。

在消费者行为研究方面，通过问卷调查、用户访谈等途径获取的个体消费者数据，企业可以深入了解客户需求、产品偏好，进而开发更具针对性的新产品或服务。

在绩效评价与激励机制设计方面，小数据可以用来在人力资源管理中建立员工绩效指标体系，进行详细的绩效考核与薪酬制度设计。

总之，小数据是以个体为中心的数据，具有个性化、实时性、多样化和隐私性等特点。通过对小数据的收集和分析，可以更好地理解个体，为个体提供更加精准和丰富的服务和体验。

三、大数据与小数据的区别与联系

大数据与小数据的主要区别体现在以下几个方面：

在数据规模上，大数据通常是指数据集极其庞大，数据量超过了传统数据库管理和处理能力范围的数据。这些数据可能有多个源头，而且增长速度极快，涵盖了各种类型的数据（如结构化、半结构化、非结构化数据）。小数据虽然不特指数据量小，但相对大数据而言，小数据更多关注的是精炼、有针对性的信息，可能是针对个体或组织的小规模、高质量数据集。

在数据源和用途上，大数据来源广泛，包括社交媒体、机器日志、交易记录、传感器网络等多渠道，主要用于发现大规模趋势、模式和相关性分析，支持战略决策和预测分析。小数据通常聚焦于个体或特定场景，比如个人健康监测数据、消费行为记录、用户偏好调查等，侧重于深入洞察个体行为、情感、需求等细节，以实现更精细化的服务和产品定制。

在数据结构和内容上，大数据包含大量结构化和非结构化数据，需要专门的大数据技术和框架进行高效存储、处理和分析。小数据则可能更倾向于高度结构化，或者即便是非结构化也因其规模适中而易于管理和解析，有时可以直接利用传统的数据库工具进行处理。

在分析方法与目标上，大数据倾向于使用机器学习、数据挖掘、统计模型等手段寻找宏观规律，对数据的相关性和概率性关系进行探究，不一定追求因果关系的明确解释。小数据分析可能更加关注因果关系，通过深度分析少量但详尽的数据来解答特定问题，驱动具体行动和决策。

在隐私和安全性上，大数据由于其数据采集广度和规模，隐私和数据安全问题尤为突出，需要复杂的合规措施和技术手段保障。小数据同样涉及隐私保护，但由于其关注个体，隐私敏感性更高，往往需要更为严格的数据保护政策和用户同意机制。

在处理和分析工具上，大数据需要分布式计算框架（如 Hadoop、Spark）、NoSQL 数据库及云计算平台等技术支持。小数据可能通过桌面应用程序、Excel 或其他轻量级分析工具就能有效处理。

综上所述，大数据与小数据的核心差异在于其关注点、处理方式以及最终的应用目标，两者在实际应用中往往是相辅相成的，共同支撑了现代信息化社会的数据驱动决策与服务创新。

第二节　思维变革：数字经济中的数据思维

随着数字经济的蓬勃发展，数据已经成为驱动经济发展的关键要素。在这种背景下，数据思维逐渐成为一种重要的思维方式，它强调以数据为基础，通过数据洞察事物的本质和规律，为决策和创新提供支持。数据思维的普及不仅改变了我们看待世界的方式，也推动了各行各业的思维变革。

数据思维的核心要点包括：

一是数据驱动决策。在传统经济中，企业的决策往往依赖于经验和直觉。而在数字经济中，数据成为决策的主要依据。通过对大量数据的分析和挖掘，企业可以更加客观地评估市场趋势、客户需求和业务风险，从而做出更加科学、合理的决策。

二是全局视角。数据思维强调从全局角度审视问题，而不是局限于局部视角。通过对全局数据的分析，企业可以更好地把握整体趋势、发现潜在机会和挑战，从而制定更加全面、有效的战略和计划。

三是持续改进。数据思维鼓励企业不断收集和分析数据，以便持续改进产品和服务。通过对用户行为、市场反馈等数据的实时监测和分析，企业可以迅速发现问题并进行调整，从而不断提升用户体验和市场竞争力。

四是创新思维。数据思维促进了企业对数据的重新认识和应用，为创新提供了新的思路和工具。通过对大量数据的挖掘和分析，企业可以发现新的商业模式、市场机会和产品创新点，从而实现跨越式发展。

五是合作共赢。数据思维强调跨部门和跨行业的合作与数据共享。通过与其他企业和机构共享数据和分析成果，企业可以实现资源的优化配置和价值共创，共同推动数字经济的发展。

在传统的商业模式和管理模式中，决策往往基于经验和主观判断；而在数字经济时代，数据思维的引入促使我们转向以数据为中心的决策模式，这确实带来了一场认知上的革新：一是价值观念转变。数据不再仅仅被视为业务活动的副产品，而是上升到了战略资产的地位，企业开始认识到数据本身蕴藏的巨大价值，将其视为驱动创新、优化业务、提高竞争力的关键要素。二是决策方式的转变。数据思维强调以数据为基础进行决策，这改变了过去依赖经验和直觉的决策方式。通过数据分析和挖掘，我们可以更加客观地了解事物的本质和规律，为决策提供更加科学的依据。三是创新模式的转变。数据思维推动了创新模式的转变。在数字经济中，数据成为创新的重要资源，通过数据的分析和挖掘，可以发现新的商业模式、产品和服务。这种创新模式的转变有助于企业和政府更好地适应数字经济时代的发展需求。四是竞争格局的变化。数据思维的普及和应用改变了竞争格局。在数字经济中，拥有丰富数据资源和强大数据处理能力的企业往往更具竞争力。因此，企业和政府需要重视数据资源的积累和保护，加强数据处理和分析能力的培养和提升。

总之，数据思维是数字经济时代的重要思维方式之一。它强调以数据为基础进行决策和创新，为企业和政府提供了更加科学、精准和可靠的支持。随着数字经济的不断发展，数据思维将继续发挥重要作用，推动各行各业的思维变革和创新发展。

第三节 常见的量化分析方法图谱

在数字经济高速发展的今天，企业和个人都面临着海量的数据和信息。如何有效地从这些数据中提炼出有价值的信息，以指导决策和行动，成为我们必须面对的一大挑战。而量化分析，正是解决这一问题的有力武器。下面，我们共同探索数字经济中的量化分析方法图谱，以期更好地理解和应用这些方法。

（一）回归模型：揭示变量间的奥秘

回归模型是数字经济量化分析中的基础工具，用于探究变量之间的关系。多元线性回归模型能够揭示多个自变量与因变量之间的线性关系，而分层回归模型则进一步考虑了变量的层次结构。这些方法在预测、解释和决策支持等方面具有广泛应用。

（二）分类模型：破解类别归属的密码

分类模型在数字经济中用于识别和预测离散结果。判别分析、Logistic 模型、贝叶斯推断方法和决策树模型等提供了不同的分类策略。这些方法在客户细分、信用评分、市场预测等领域具有显著效果。

（三）降维方法：探寻数据背后的简约之美

降维方法在处理高维数据时至关重要。主成分分析和因子分析能够提取数据中的主要特征，降低数据复杂性，同时保留关键信息。这些方法在数据可视化、特征提取和模式识别等方面具有应用价值。

（四）时间序列分析：把握时间的脉搏

时间序列分析方法是研究数据随时间变化的重要工具。平稳时间序列和非平稳时间序列分析能够揭示数据的趋势、季节性和周期性等特征。这些方法在经济预测、市场分析、股票价格预测等领域具有广泛应用。

（五）聚类分析：发掘数据中的群体智慧

聚类分析用于将数据划分为具有相似性的群组。K-均值聚类和分层聚类是常用的聚类方法，它们在客户细分、市场划分、异常检测等方面具有实际应用价值。

（六）神经网络分析：解锁数据深层的复杂模式

神经网络分析方法能够处理复杂的非线性关系。从感知机到基本神经网络，这些方法在图像识别领域、语音识别领域和自然语言处理领域都成果显著。神经网络在数字经济中具有巨大的潜力和应用前景。

（七）路径分析：探寻变量间影响的连锁反应

路径分析方法用于探索变量之间的因果关系。社会网络分析和关联分析能够揭示网络结构和变量之间的关联关系。这些方法在社交网络分析、市场营销策略制定等领域具有实际应用价值。

（八）综合评价分析：全面解析多维度的价值

综合评价分析用于对多个指标进行综合评价和决策支持。动态综合评价、灰色关联评价和数据包络分析等方法提供了不同的评价策略。这些方法在绩效评估、项目选择、政策制定等方面具有广泛应用。

（九）计量经济分析：量化经济规律的探索之旅

计量经济方法在政策评估和经济分析中占据重要地位。倍差法、工具变量估计、断点回归估计和倾向值匹配等方法能够更准确地评估政策效应和经济关系。这些方法在政策制定、经济预测和决策支持等方面具有实际应用价值。

（十）大规模机器学习：智能预测的先锋

大规模机器学习方法能够处理海量数据并提取有用信息。支持向量机和近邻学习等方法在分类和回归任务中表现出色。这些方法在推荐系统、数据挖掘和预测分析等领域具有广泛应用前景。随着数据量的不断增长，大规模机器学习方法在数字经济中的重要性将不断提升。

📋 本章小结

在数字经济时代，数据成为推动经济发展的核心要素。本章首先介绍了数字经济中的大数据与小数据及其特征，阐述了两者在数据来源、处理方式和价值体现上的区别与联系。随着数据规模的不断扩大和复杂性的增加，数字经济对数据思维提出了新的要求。数据思维是一种基于数据发现问题、分析问题、解决问题的思维方式。在数字经济中，具备数据思维能够帮助人们更准确地把握市场趋势、优化决策过程、提高运营效率。为了有效地利用数据，需要掌握一定的量化分析方法。这些方法在数据处理、模型构建、结果解释等方面各有优势，适用于不同场景和需求。掌握这些方法能够帮助人们从数据中提取有价值的信息，为决策和行动提供科学依据。

📖 课后习题

1. 简述大数据与小数据在数字经济中的不同作用和价值，并分析它们在实践应用中的差异。

2. 数据思维在数字经济中扮演什么角色？它对企业战略规划和日常运营有何影响？举例说明数据思维如何推动企业创新或优化业务流程。

3. 列举并简要解释几种常见的量化分析方法，并讨论在数字经济中如何运用这些方法来进行有效的数据分析和决策支持。你认为哪种方法在当前环境下最具实用性？为什么？

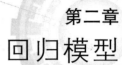

第二章
回归模型

第一节　回归模型概述

回归模型是统计学中用于研究变量之间关系的一种重要工具。在回归模型中，我们试图用一个或多个自变量（也称为解释变量或预测变量）来预测一个因变量（也称为响应变量或目标变量），通过最小化预测值和实际值之间的误差来描述变量之间的关系。

在数学表达上，对于单个自变量的一元线性回归模型可以表示为

$$y = \alpha + \beta x + \varepsilon$$

其中，y 是我们要预测的目标变量；x 是自变量；α 和 β 分别是截距项和斜率参数；ε 是误差项，代表了模型无法解释的随机扰动，也称为残差，是实际观测值与回归线预测值之间的差异。

当存在两个或以上的自变量时，模型就升级为多元线性回归：

$$y = \beta_0 + \beta_1 x_1 + \beta_2 x_2 + \cdots + \beta_n x_n + \varepsilon$$

这里的 $\beta_i (i = 1, 2, \cdots, n)$ 是对应自变量 x_i 的系数，表示 x_i 每增加一个单位，y 平均增加的量。

我们用回归系数表示自变量对因变量的影响程度。在简单线性回归中，回归系数是回归线的斜率；在多元线性回归中，回归系数是多个自变量的权重。

一、回归模型基本假设

为了有效地运用线性回归模型，数据必须满足以下几个基本条件：

一是线性相关性。目标变量与解释变量之间应存在明确的线性关系。

二是观测独立性。各个数据点之间应当是相互独立的，即一个数据点的变动不会对其他数据点造成影响。

三是方差一致性。所有观测数据的残差（实际值与预测值之差）应具有相

同的方差，这一特性也被称为残差的同方差性。

四是残差正态性。残差应遵循正态分布，即它们在分布图上应呈现出钟形曲线的特征。

只有当数据满足这些条件时，线性回归模型才能提供准确、可靠的预测和分析结果。

二、回归模型的构建步骤

回归模型的构建步骤主要包括：

步骤①数据收集。收集与因变量和自变量相关的数据。

步骤②数据清洗和预处理。修正缺失异常值，转换标准化提升数据质量。

步骤③模型选择。根据数据的特征和问题背景选择合适的回归模型。

步骤④模型拟合。使用收集到的数据来拟合所选的回归模型，估计回归系数。参数通常通过最小二乘法来估计，该方法旨在最小化残差平方和，即得到的参数估计使得模型的预测误差达到最小。

步骤⑤模型评估。通过计算残差、决定系数（R^2）等指标来评估模型的拟合效果。其中决定系数（R^2）衡量模型解释的变异量占总变异量的百分比。调整 R^2 在考虑自变量数量的情况下对 R^2 进行调整。均方误差（MSE）是预测值与实际值之差的平方的均值。均方根误差（RMSE）是 MSE 的平方根，用于量化预测误差。

步骤⑥模型优化。根据模型评估的结果，调整模型参数或选择其他模型来优化预测效果。

步骤⑦预测与应用。使用优化后的模型进行预测，并将预测结果应用于实际问题中。

回归模型的优点：一是可以直观地展示自变量和因变量之间的关系，二是可以用于预测和解释因变量的变化。另外回归模型可以提供一些有用的统计量，如回归系数、决定系数等，用于评估变量之间的关系强度和模型的拟合效果。

回归模型的不足之处：回归模型假设自变量和因变量之间存在某种函数关系，但这种假设可能在实际问题中不成立；回归模型对异常值和缺失值比较敏感，需要进行适当的处理；自变量之间存在多重共线性时，回归模型的稳定性会受到影响。

三、回归模型的应用领域

回归模型广泛应用于各个领域，如经济学、金融学、社会学、医学、生物学等。例如，在经济学中，回归模型可以用于研究 GDP 与失业率之间的关系；在金融学中，回归模型可以用于预测股票价格或市场指数的变化；在医学中，回归模型可以用于研究某种疾病与年龄、性别等因素之间的关系。

线性回归模型在数字经济中也应用广泛，主要包括以下几方面。

一是市场预测和趋势分析。线性回归模型可以用于分析历史数据，以预测未来的市场趋势。例如，通过分析历史股票价格、交易量和其他相关因素，建立一个线性回归模型来预测未来的股价走势。这对于投资者和交易者来说效果显著，可以帮助他们做出更明智的投资决策。

二是产品销量预测。在电子商务领域，线性回归模型可以用于预测产品的销量。通过分析历史销售数据、产品价格、促销活动和其他相关因素，建立线性回归模型来预测未来某个时间段的销量。这对于库存管理、生产计划和市场策略制定都非常重要。

三是用户行为分析。线性回归模型还可以用于分析用户的在线行为，以预测他们的兴趣和偏好。例如，通过分析用户的浏览历史、购买记录和其他相关因素，建立一个线性回归模型来预测他们可能对哪些产品或服务感兴趣。这对于个性化推荐、广告投放和市场细分都有重要的实践价值。

四是数字广告效果评估。线性回归模型可以用于评估数字广告的效果。通过分析广告投放量、点击率、转化率和其他相关因素，建立一个线性回归模型来预测广告投入与收益之间的关系。这对于优化广告策略、提高广告效果和降低成本都有重要的参考价值。

五是技术趋势预测。在科技领域，线性回归模型可以用于预测某些技术的发展趋势。例如，通过分析过去几年某种技术的使用量、研发投入和其他相关因素，可以建立一个线性回归模型来预测未来该技术的发展方向和速度。这对于企业战略规划、技术选择和人才培养都具有重要的借鉴意义。

总之，回归模型是一种重要的统计分析工具，可以帮助我们理解和预测变量之间的关系。在实际应用中，我们需要依据问题背景与数据特性选择合适的回归方法，并进行适当的处理和优化，以获得更好的预测效果和解释能力。

第二节　多元线性回归模型

多元线性模型涉及多个自变量和一个因变量。它用于描述因变量与多个自变量之间的线性关系，即通过一个超平面方程来拟合数据。在多元线性模型中，每个自变量都对因变量产生影响，并且这些影响是线性的。一元线性模型是多元线性模型的一个特例，当多元线性模型中的自变量数量减少到一个时，它就退化为一元线性模型。也可以说，多元线性模型是一元线性模型的扩展，它能够处理更复杂的实际情况，其中因变量的变化可能受多个自变量的共同影响。虽然多元线性模型在自变量数量上比一元线性模型更复杂，但它们的建模思路和基本假设是相似的，如都需要满足线性关系、独立性、同方差性和正态性等基本假设。在实际应用中，需结合具体数据与问题背景，选择恰当的模型。

我们介绍多元线性回归模型也从一元线性回归模型开始。

一、一元线性回归分析

（一）一元线性回归模型及其假定条件

(x_1, y_1)，(x_2, y_2)，$\cdots$，(x_n, y_n) 为一组成对观察值，则称 X 与 Y 之间的下列关系为一元线性回归模型：

$$y_i = \alpha + \beta x_i + \varepsilon_i \quad i = 1, 2, \cdots, n \tag{2.1}$$

其中，y 为被解释变量，x 为解释变量，α、β 为参数，α 表示截距，β 为回归参数，ε 为随机项。

一元线性回归模型的经典假定条件：

一是 ε_i 服从正态分布。这个假定在理论上是合理的，因为 ε_i 表示模型中未加考虑的所有对 y_i 有影响的各因素共同作用的情况，这些因素可能很多，但它们每一个对 y_i 的作用都比较小，那么由中心极限定理和统计大数定律可知，ε_i 是近似服从正态分布的。ε_i 是否服从正态分布，或者是否要求这样的假设，对于回归模型参数的最小二乘估计往往不那么重要，可有可无，但对回归参数的区间估计、假设检验，乃至回归方程的代表性分析却是必需的。

二是 $E(\varepsilon_i) = 0$。该假定要求随机项 ε_i 的统计分布的均值应等于 0。这个假定很容易得到满足。假定式（2.1）中 $E(\varepsilon_i) = c(c \neq 0)$，那么将式（2.1）

改写成：$y_i = (\alpha + c) + \beta x_i + (\varepsilon_i - c)$，令 $\alpha' = \alpha + c$，$\varepsilon_i' = \varepsilon_i - c$，则有 $y_i = \alpha' + \beta x_i + \varepsilon_i'$，这时候显然有 $E(\varepsilon_i') = 0$。

三是 $\mathrm{Var}(\varepsilon_i) = \sigma^2$。这个假设称为等方差性要求，它表明对于 x_i 被解释变量 y_i 分布的离散程度是一样的。如果 $\mathrm{Var}(\varepsilon_i) = \sigma_i^2$，$\sigma_1^2$，$\sigma_2^2$，$\cdots$，$\sigma_i^2$ 不完全相等，那就不能平等地对待 y_1，y_2，$\cdots$，y_n。

四是 $\mathrm{Cov}(\varepsilon_i, \varepsilon_j) = 0$。这个假设要求，只有 x_i 才能对 y_i 产生系统影响，如果不是这样，则影响 y_i 的不仅有 x_i，还包括 x_{i-1} 和 y_{i-1} 等。$\mathrm{Cov}(\varepsilon_i, \varepsilon_j) = 0$ $(i \neq j)$ 称非自相关假定。

五是 $\mathrm{Cov}(\varepsilon_i, x_i) = 0$。这一假定要求 x_i 与 ε_i 不存在相关关系。如果 x_i 与 ε_i 是相关的，那会不利于我们最终确定出 X 与 Y 的经验回归方程，同样会导致问题的复杂化。

符合以上假定条件的一元线性回归模型，称为一元线性经典回归模型，它可简单地表示成

$$y_i = \alpha + \beta x_i + \varepsilon_i \quad \varepsilon_i \sim N(\mu, \sigma^2)$$

X 与 Y 的相关关系，可以理解为对于每一个 X 的值 x_i，它对应于 y_i 取值的一个分布。x_i 不能完全准确地确定出 y_i 的值，但从统计意义上讲，希望由 x_i 能估计出 y_i 的平均值 $E(y_i)$，即寻找 $E(y_i)$ 与 x_i 之间的函数关系式。通过前面对一元线性回归的理论模型及其假定条件的讨论，我们知道 $E(y_i) = \alpha + \beta x_i$，如果根据样本资料求出 α、β 的估计，则有

$$\hat{y}_i = \hat{\alpha} + \hat{\beta} x_i \quad i = 1, 2, \cdots, n \tag{2.2}$$

式（2.2）称为经验回归方程。一般地，我们就用经验回归方程式去估计理论回归方程 $E(y_i) = \alpha + \beta x_i$。

（二）回归参数估计量的导出

最小二乘法是导出回归参数估计量最常用的方法。

对于 $y_i = \alpha + \beta x_i + \varepsilon_i$，用 $\hat{\alpha}$ 和 $\hat{\beta}$ 分别估计 α、β，则得到

$$\hat{y}_i = \hat{\alpha} + \hat{\beta} x_i + \hat{\varepsilon}_i \quad i = 1, 2, \cdots, n$$

其中，$\hat{\alpha} + \hat{\beta} x_i$ 为 y_i 的估计 $\hat{y}_i$，$\hat{\varepsilon}_i$ 为回归残差或称为 ε_i 的估计。$\hat{\varepsilon}_i$ 与 ε_i 的性质有所不同，$\hat{\varepsilon}_i$ 是 ε_i 在样本中的反映，因而是能被观察的。直观地理解，如果 $\hat{\alpha}$、$\hat{\beta}$ 是 α 和 β 的优良估计，则一定满足：

$$\sum_{i=1}^{n} |\hat{\varepsilon}_i| = \sum_{i=1}^{n} |y_i - \hat{y}_i| = \mathrm{Min}$$

从数学意义上讲，上式等价于下式：

$$\sum_{i=1}^{n} (\hat{\varepsilon}_i)^2 = \sum_{i=1}^{n} (y_i - \hat{y}_i)^2 = \text{Min} \tag{2.3}$$

但式（2.3）在数学处理上却方便得多。通常，由式（2.3）出发确定参数估计量的方法，称为最小二乘估计法，由最小二乘法导出的估计量，称为最小二乘估计量。

把 $\hat{y}_i$ 换成 $\hat{\alpha} + \hat{\beta} x_i$ 代入式（2.3）得

$$\sum_{i=1}^{n} (\hat{\varepsilon}_i)^2 = \sum_{i=1}^{n} (y_i - \hat{\alpha} + \hat{\beta} x_i)^2 = \text{Min}$$

对上式求关于 $\hat{\alpha}$、$\hat{\beta}$ 的导数得

$$\frac{\partial \sum_{i=1}^{n} (y_i - \hat{\alpha} + \hat{\beta} x_i)^2}{\partial \hat{\alpha}} = 2 \sum_{i=1}^{n} (y_i - \hat{\alpha} + \hat{\beta} x_i)(-1) = -2 \sum_{i=1}^{n} (y_i - \hat{\alpha} + \hat{\beta} x_i) \tag{2.4}$$

$$\frac{\partial \sum_{i=1}^{n} (y_i - \hat{\alpha} + \hat{\beta} x_i)^2}{\partial \hat{\beta}} = 2 \sum_{i=1}^{n} (y_i - \hat{\alpha} + \hat{\beta} x_i)(-x_i) = -2 \sum_{i=1}^{n} (y_i x_i - \hat{\alpha} x_i + \hat{\beta} x_i^2) \tag{2.5}$$

根据极值定理，式（2.3）等价于令式（2.4）和式（2.5）等于 0 的联立方程

$$\begin{cases} -2 \sum_{i=1}^{n} (y_i - \hat{\alpha} + \hat{\beta} x_i) = 0 \\ -2 \sum_{i=1}^{n} (y_i x_i - \hat{\alpha} x_i + \hat{\beta} x_i^2) = 0 \end{cases}$$

经过处理得

$$\begin{cases} \sum_{i=1}^{n} y_i = n \hat{\alpha} + \hat{\beta} \sum_{i=1}^{n} x_i \\ \sum_{i=1}^{n} x_i y_i = \hat{\alpha} \sum_{i=1}^{n} x_i + \hat{\beta} \sum_{i=1}^{n} x_i^2 \end{cases} \tag{2.6}$$

式（2.6）称为正则方程，由式（2.6）解出 $\hat{\alpha}$、$\hat{\beta}$，得到

$$\hat{\alpha} = \bar{y} - \hat{\beta} \bar{x}, \quad \hat{\beta} = \frac{\sum_{i=1}^{n} (x_i - \bar{x})(y_i - \bar{y})}{\sum_{i=1}^{n} (x_i - \bar{x})^2} \tag{2.7}$$

这样，我们便得到了回归模型中的参数 α、估计量的表达式。

（三）估计量的优良性质

由最小二乘法导出的 α、β 估计量 $\hat{\alpha}$ 和 $\hat{\beta}$ 具有如下的统计性质。

性质 1：线性性。$\hat{\alpha}$、$\hat{\beta}$ 为 ε_i 的线性函数：

$$\hat{\alpha} = \alpha + \sum_{i=1}^{n} \left(\frac{1}{n} - \bar{x} k_i \right) \varepsilon_i$$

$$\hat{\beta} = \beta + \sum_{i=1}^{n} \frac{x_i - \bar{x}}{\sum_{i=1}^{n} (x_i - \bar{x})^2} \varepsilon_i \quad 。$$

性质 2：无偏性。$\hat{\alpha}$、$\hat{\beta}$ 分别是 α 和 β 的无偏估计。

性质 3：最佳性。$\hat{\alpha}$、$\hat{\beta}$ 是 α、β 的最优估计。

（四）回归参数的估计和检验

对回归参数 α、β 作估计和检验，先要了解它们的估计量 $\hat{\alpha}$ 和 $\hat{\beta}$ 的抽样分布。

$\hat{\alpha}$、$\hat{\beta}$ 都是关于 ε_i 的线性函数，所以 $\hat{\alpha}$、$\hat{\beta}$ 服从正态分布。

由于 $E(\hat{\beta}) = \beta$，且 $\mathrm{Var}(\hat{\beta}) = \sigma^2 \sum_{i=1}^{n} k_i^2$，$k_i = \dfrac{x_i - \bar{x}}{\sum_{i=1}^{n} (x_i - \bar{x})^2}$，因此有

$$\hat{\beta} \sim N\!\left(\beta, \ \sigma^2 \sum_{i=1}^{n} k_i^2 \right)$$

由于

$$\sum_{i=1}^{n} k_i^2 = \sum_{i=1}^{n} \left(\frac{x_i - \bar{x}}{\sum_{i=1}^{n} (x_i - \bar{x})^2} \right)^2 = \frac{1}{\sum_{i=1}^{n} (x_i - \bar{x})^2}$$

这样又有

$$\hat{\beta} \sim N\!\left(\beta, \ \frac{\sigma^2}{\sum_{i=1}^{n} (x_i - \bar{x})^2} \right) \tag{2.8}$$

同理可得

$$\hat{\alpha} \sim N\!\left(\alpha, \ \sigma^2 \left[\frac{1}{n} + \frac{\bar{x}^2}{\sum_{i=1}^{n} (x_i - \bar{x})^2} \right] \right) \tag{2.9}$$

在 $\hat{\alpha}$、$\hat{\beta}$ 的方差中，都有同样的未知参数 σ^2，要达到对 α、β 估算的目的，还需要估计出 σ^2。为此，让我们来分析一下回归残差平方和：

$$SSE = \sum_{i=1}^{n} (y_i - \hat{\alpha} - \hat{\beta}x_i)^2 = \sum_{i=1}^{n} ((y_i - \bar{y}) - \hat{\beta}(x_i - \bar{x}))^2$$

$$= \sum_{i=1}^{n} ((y_i - \bar{y})^2 - 2\hat{\beta}(x_i - \bar{x})(y_i - \hat{y}) + \hat{\beta}^2(x_i - \bar{x})^2)$$

$$= \sum_{i=1}^{n} (y_i - \bar{y})^2 - 2\hat{\beta} \sum_{i=1}^{n} (x_i - \bar{x})(y_i - \bar{y}) + \hat{\beta}^2 \sum_{i=1}^{n} (x_i - \bar{x})^2$$

$$= \sum_{i=1}^{n} (y_i - \bar{y})^2 - 2\hat{\beta} \cdot \hat{\beta} \sum_{i=1}^{n} (x_i - \bar{x})^2 + \hat{\beta}^2 \sum_{i=1}^{n} (x_i - \bar{x})^2$$

$$= \sum_{i=1}^{n} (y_i - \bar{y})^2 - \hat{\beta}^2 \sum_{i=1}^{n} (x_i - \bar{x})^2$$

那么有

$$E(SSE) = E\left(\sum_{i=1}^{n} (y_i - \bar{y})^2 - \hat{\beta}^2 \sum_{i=1}^{n} (x_i - \bar{x})^2 \right)$$

$$= E\left(\sum_{i=1}^{n} (y_i - \bar{y})^2 \right) - E(\hat{\beta}^2) \sum_{i=1}^{n} (x_i - \bar{x})^2 \qquad (2.10)$$

分别来讨论式（2.10）右边的第一项和第二项：

$$E\left(\sum_{i=1}^{n} (y_i - \bar{y})^2 \right) = E\left(\sum_{i=1}^{n} y_i^2 - n\bar{y}^2 \right) = \sum_{i=1}^{n} E(y_i^2) - nE(\bar{y}^2)$$

$$= \sum_{i=1}^{n} [\mathrm{Var}(y_i) + (E(y_i))^2] - n[\mathrm{Var}(\bar{y}) + (E(\bar{y}))^2]$$

$$= \sum_{i=1}^{n} [\sigma^2 + (\alpha + \beta x_i)^2] - n\left(\frac{\sigma^2}{n} + (\alpha + \beta\bar{x})^2 \right)$$

$$= (n-1)\sigma^2 + \beta^2 \left[\sum_{i=1}^{n} (x_i)^2 - n\bar{x}^2 \right]$$

$$= (n-1)\sigma^2 + \beta^2 \sum_{i=1}^{n} (x_i - \bar{x})^2 \qquad (2.11)$$

$$E(\hat{\beta}^2) \sum_{i=1}^{n} (x_i - \bar{x})^2 = [\mathrm{Var}(\hat{\beta}) + (E(\hat{\beta}))^2] \sum_{i=1}^{n} (x_i - \bar{x})^2$$

$$= \left(\frac{\sigma^2}{\sum_{i=1}^{n} (x_i - \bar{x})^2} + \beta^2 \right) \sum_{i=1}^{n} (x_i - \bar{x})^2$$

$$= \sigma^2 + \beta^2 \sum_{i=1}^{n} (x_i - \bar{x})^2 \qquad (2.12)$$

将式（2.11）、式（2.12）代入式（2.10）得

$$E(SSE) = E\left(\sum_{i=1}^{n} (y_i - \bar{y})^2 \right) - E(\hat{\beta}^2) \sum_{i=1}^{n} (x_i - \bar{x})^2$$

$$= (n - 1)\,\sigma^2 + \beta^2 \sum_{i=1}^{n} (x_i - \bar{x})^2 - \left[\sigma^2 + \beta^2 \sum_{i=1}^{n} (x_i - \bar{x})^2 \right]$$

$$= (n - 2)\,\sigma^2 \tag{2.13}$$

这表明 $\dfrac{SSE}{n - 2}$ 是 σ^2 的无偏估计。

此外，还可以证明定理：$\dfrac{SSE}{\sigma^2} \sim \chi^2(n - 2)$ ，且与 $\hat{\beta}$ 相互独立。

我们主要关注回归参数 β 的区间估计和假设检验。

由式（2.8）得

$$\frac{\hat{\beta} - \beta}{\sigma \sqrt{\dfrac{1}{\sum_{i=1}^{n} (x_i - \bar{x})^2}}} \sim N(0,\ 1) \tag{2.14}$$

根据 t 分布定义

$$\frac{\hat{\beta} - \beta}{\sqrt{\dfrac{SSE}{n - 2} \times \dfrac{1}{\sum_{i=1}^{n} (x_i - \bar{x})^2}}} \sim t(n - 2) \tag{2.15}$$

对于置信水平 $1 - \alpha$, β 的双侧置信区间：

$$\left[\hat{\beta} - t_{1 - \frac{\alpha}{2}}(n - 2) \times \sqrt{\dfrac{SSE}{n - 2} \times \dfrac{1}{\sum_{i=1}^{n} (x_i - \bar{x})^2}} , \right.$$

$$\left. \hat{\beta} + t_{1 - \frac{\alpha}{2}}(n - 2) \times \sqrt{\dfrac{SSE}{n - 2} \times \dfrac{1}{\sum_{i=1}^{n} (x_i - \bar{x})^2}} \right] \tag{2.16}$$

对于假设：

$$H_0: \beta = 0,\ H_1: \beta \neq 0$$

在显著性水平 α 下的检验否定域：

$$D = \left\{ \left| \frac{\hat{\beta}}{\sqrt{\dfrac{SSE}{n - 2} \times \dfrac{1}{\sum_{i=1}^{n} (x_i - \bar{x})^2}}} \right| > t_{1 - \frac{\alpha}{2}}(n - 2) \right\} \tag{2.17}$$

（五）回归模型代表性分析

为了评估所得到的回归方程的实际价值，以及它是否能够真实反映变量 X

与的分析和验证，可帮助我们确认模型的有效性和可靠性。

1. 拟合优度

在回归模型的分析中，被解释变量 y_i 的变化被视为两类主要因素共同作用的结果。一类是模型中已明确包含的解释变量，它们以具体、可量化的方式对被解释变量产生影响；另一类则是模型中未具体细化的各种随机误差，它们以较为笼统的方式对被解释变量产生影响。两类影响之间存在此消彼长的关系，因此通过对二者的比较分析，我们可以判定模型的预测准确性。

被解释变量 y_i 的变动，用它的离差 $y_i - \bar{y}$ 来反映，据上面的分析，$y_i - \bar{y}$ 可分解为

$$y_i - \bar{y} = (y_i - \hat{y}_i) + (\hat{y}_i - \bar{y}) \quad i = 1, 2, \cdots, n \tag{2.18}$$

为清晰起见，请看图 2.1。

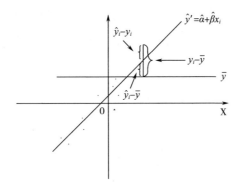

图 2.1　离差分解图

由于 $y_i - \bar{y}$ 综合了 $y_i - \hat{y}_i$ 和 $\hat{y}_i - \bar{y}$ 的结果，所以常称之为总离差。不难理解 $y_i - \hat{y}_i$ 为回归误差（或残差），但 $\hat{y}_i - \bar{y}$ 的意义是什么呢？对此，我们作一详细说明。

因为 $\dfrac{1}{n} \sum\limits_{i=1}^{n} \hat{y}_i = \dfrac{1}{n} \sum\limits_{i=1}^{n} (\hat{\alpha} + \hat{\beta} x_i) = \hat{\alpha} + \hat{\beta}\bar{x} = \bar{y}$，所以 $\hat{y}_i - \bar{y}$ 表明了 y_i 的回归估计值 $\hat{y}_i$ 的离散情况。对于每一个 $\hat{y}_i$ 即 $\hat{y}_1, \hat{y}_2, \cdots, \hat{y}_n$，它们皆是回归方程 $\hat{y}_i = \hat{\alpha} + \hat{\beta} x_i$ 上的对应于 x_i 的纵坐标，它们的离散根源，是由于 $x_1, x_2, \cdots, x_n$ 的离散性，且与对 x_i 离散的反响程度有很大关系。因此，可把 $\hat{y}_i - \bar{y}$ 解释成回归离差。

与式（2.18）相对应，也存在

$$\sum_{i=1}^{n} (y_i - \bar{y})^2 = \sum_{i=1}^{n} (y_i - \hat{y}_i)^2 + \sum_{i=1}^{n} (\hat{y}_i - \bar{y})^2 \tag{2.19}$$

其中，$\sum\limits_{i=1}^{n} (y_i - \bar{y})^2$ 为总离差平方和（SST），$\sum\limits_{i=1}^{n} (y_i - \hat{y}_i)^2$ 为残差平方和（SSE），$\sum\limits_{i=1}^{n} (\hat{y}_i - \bar{y})^2$ 为回归离差平方和（SSR）。用记号表示，式（2.19）又可表述为 $SST = SSE + SSR$。

当总离差平方和（SST）保持不变时，如果回归离差平方和较大，那么残差平方和（SSE）就会相应地减小。这意味着解释变量 X 能够解释总离差平方和（SST）中的大部分变异，从而表明回归模型的拟合程度较高。相反，如果回归离差平方和（SSR）较小，残差平方和（SSE）就会增大，说明解释变量 X 对总变异的解释能力有限，模型的拟合程度就相对较低。简而言之，回归离差平方和（SSR）与残差平方和（SSE）之间的大小关系，可以反映回归模型对数据的拟合好坏。

用回归方程描述存在不确定关系的一组数据的变化，它们之间有没有较好的吻合性，这就是所谓拟合优度问题。拟合优度系数是衡量回归模型拟合数据好坏的一个重要指标。基于总离差平方和（SST）、残差平方和（SSE）与回归离差平方和（SSR）之间的关系计算得出

$$R^2 = \frac{SSR}{SST} \tag{2.20}$$

R^2 表示拟合优度系数。R^2 是非负数，且不大于 1，即 $0 \leq R^2 \leq 1$。它表示模型中解释变量 X 对总变异的解释程度。当 R^2 接近 1 时，说明模型能够很好地拟合数据，解释变量 X 对 Y 的变异有很大的解释能力；而当 R^2 接近 0 时，说明模型对数据的拟合程度较差，解释变量 X 对 Y 的变异的解释能力很弱。

在简单线性回归分析中，拟合优度系数 R^2 的说明功能，与相关系数 r 几乎是异曲同工的。由于

$$SSR = \sum_{i=1}^{n} (\hat{y}_i - \bar{y})^2 = \sum_{i=1}^{n} [(\hat{\alpha} + \hat{\beta}x_i) - (\hat{\alpha} + \hat{\beta}\bar{x})]^2 = \hat{\beta}^2 \sum_{i=1}^{n} (x_i - \bar{x})^2$$

$$= \left[\frac{\sum_{i=1}^{n} [(x_i - \bar{x})(\hat{y}_i - \bar{y})]}{\sum_{i=1}^{n} (x_i - \bar{x})^2} \right]^2 \times \sum_{i=1}^{n} (x_i - \bar{x})^2 = \frac{\left[\sum_{i=1}^{n} (x_i - \bar{x})(\hat{y}_i - \bar{y}) \right]^2}{\sum_{i=1}^{n} (x_i - \bar{x})^2}$$

$$R^2 = \frac{SSR}{SST} = \frac{\left[\sum_{i=1}^{n} (x_i - \bar{x})(\hat{y}_i - \bar{y}) \right]^2}{\sum_{i=1}^{n} (x_i - \bar{x})^2 \sum_{i=1}^{n} (y_i - \bar{y})^2} = \left[\frac{\sum_{i=1}^{n} (x_i - \bar{x})(\hat{y}_i - \bar{y})}{\sqrt{\sum_{i=1}^{n} (x_i - \bar{x})^2} \sqrt{\sum_{i=1}^{n} (y_i - \bar{y})^2}} \right]^2 = r^2$$

故有

$$r = \pm \sqrt{R^2} \qquad (2.21)$$

统计学中，r 与 R^2 各有所长，r 有正负号之分，能够说明相关关系的方向，即正相关或负相关，但它本身并不能直接解释自变量（解释变量）对因变量（响应变量）的具体作用效果。R^2 说明了自变量对因变量的解释程度，即模型中自变量所能解释的总变异的比例，但它不表示关系的方向。

了解了 r 与 R^2 的关系，如果是先求出了 R^2，那么可以通过开平方得到 r 的绝对值，这样，回归模型的显著性检验就可以转化为对相关系数 r 的检验，可直接查相关系数检验表找到临界值 r_α，判断标准：当 $|r| > r_\alpha$ 时，可以认为回归效果显著，即变量之间存在显著的线性关系；当 $|r| \le r_\alpha$ 时，说明回归效果不显著，即不能断定变量之间存在显著的线性关系。

2. 回归模型代表性检验

下面，着重介绍建立在总离差平方和分解基础上的回归模型代表性假设检验。

由定理

$$\frac{SSE}{\sigma^2} \sim \chi^2(n-2) , \quad \frac{SSR}{\sigma^2} \sim \chi^2(1)$$

根据 F 分布定义：

$$\frac{\dfrac{SSR}{\sigma^2}/1}{\dfrac{SSE}{\sigma^2}/n-2} = \frac{(n-2)SSR}{SSE} \sim F(1, n-2)$$

对于假设

$$H_0: \rho = 0 , \quad H_1: \rho \ne 0$$

在显著性水平 α 下，检验的否定域：

$$D = \left\{ \frac{(n-2)SSR}{SSE} < F_{\frac{\alpha}{2}}(1, n-2) \right\} \cup \left\{ \frac{(n-2)SSR}{SSE} > F_{1-\frac{\alpha}{2}}(1, n-2) \right\} \quad (2.22)$$

3. 估计标准误差

被解释变量 y_i 的值与它的回归估计值 $\hat{y}_i$ 离差平方算术平均数的算术平方根，叫作估计标准误差，记作 $S_{y \cdot x}$，用公式表示为

$$S_{y \cdot x} = \sqrt{\frac{\sum\limits_{i=1}^{n}(y_i - \hat{y}_i)^2}{n-2}} \qquad (2.23)$$

式（2.23）它可作为总体标准差 σ 的一个样本估计。

估计标准误差的定义，与一般标准差的定义很相近，不同的是，离差 $y_i - \hat{y}_i$ 的计算不是采用 y_i 的均值或期望，而是采用 y_i 的期望的回归估计值 $\hat{y}_i$。另外，根号里面分式的分母是 $n-2$，而不是 n 或 $n-1$，因为 $\dfrac{\sum\limits_{i=1}^{n}(y_i - \hat{y}_i)^2}{n-2}$ 是 σ^2 的无偏估计，尽管如此，$\sqrt{\dfrac{\sum\limits_{i=1}^{n}(y_i - \hat{y}_i)^2}{n-2}}$ 是否为 σ 的无偏估计值得研究。

当样本容量 n 较大时，式（2.23）也可近似写成

$$S_{y \cdot x} = \sqrt{\frac{\sum\limits_{i=1}^{n}(y_i - \hat{y}_i)^2}{n}} \qquad (2.24)$$

$S_{y \cdot x}$ 的值大，回归估计误差大，说明回归模型的代表性差，如果 $S_{y \cdot x}$ 的值较小，回归估计误差也较小，说明模型的代表性好。

读者可以自行证明 $S_{y \cdot x}$ 与 R^2 之间的关系：$S_{y \cdot x} = S_y \sqrt{1 - R^2}$。

也就是说，相关系数 r、拟合优度系数 R^2、回归系数 β 的显著性与估计标准误差 $S_{y \cdot x}$ 之间存在相互依存关系，都可以用来评价模型的代表性。

（六）回归估计、预测和控制

模型中的参数估计出来，并且模型本身通过代表性检验后，接下来就可进行模型的应用。

1. 被解释变量的期望值估计

（1）点估计。由式（2.2）可知 $E(y_i) = \alpha + \beta x_i$，用 $\hat{\alpha}$、$\hat{\beta}$ 估计 α 和 β 得：

$$E(\hat{y}_i) = E\hat{\alpha} + \hat{\beta} x_i \quad i = 1, 2, \cdots, n \qquad (2.25)$$

而 $\hat{y}_i = \hat{\alpha} + \hat{\beta} x_i$，所以一般地我们就用 $\hat{y}_i = \hat{\alpha} + \hat{\beta} x_i$ 作为 $E(y_i)$ 的点估计。对于给定的某个解释变量的值 x_0，代入 $\hat{y}_i = \hat{\alpha} + \hat{\beta} x_i$ 中得到被解释变量的期望值估计：

$$\hat{y}_0 = \hat{\alpha} + \hat{\beta} x_0 \qquad (2.26)$$

可以证明式（2.26）是 $E(y_0)$ 的无偏估计和最小方差估计。

（2）被解释变量期望值的区间估计。

$$\hat{y}_i = \hat{\alpha} + \hat{\beta} x_i \quad \hat{\alpha} = \bar{y} - \hat{\beta} \bar{x}$$

则有

$$\hat{y}_i = \bar{y} + \hat{\beta}(x_i - \bar{x})$$

由于

$$E(\hat{y}_i) = E(\hat{\alpha} + \hat{\beta}x_i) = E(\hat{\alpha}) + E(\hat{\beta}x_i) = E(\hat{\alpha}) + x_i E(\hat{\beta}) = \alpha + \beta x_i$$

且

$$\begin{aligned}
\mathrm{Var}(\hat{y}_i) &= \mathrm{Var}\left[\bar{y} + \hat{\beta}(x_i - \bar{x})\right] \\
&= \mathrm{Var}(\bar{y}) + \mathrm{Var}\left[\hat{\beta}(x_i - \bar{x})\right] \\
&= \frac{\sigma^2}{n} + (x_i - \bar{x})^2 \times \frac{\sigma^2}{\sum_{i=1}^{n}(x_i - \bar{x})^2} \\
&= \sigma^2 \left[\frac{1}{n} + \frac{(x_i - \bar{x})^2}{\sum_{i=1}^{n}(x_i - \bar{x})^2}\right]
\end{aligned}$$

另外, $\bar{y}$、$\hat{\beta}$ 皆服从正态分布, 因此有

$$\hat{y}_i = \hat{\alpha} + \hat{\beta}x_i \sim N\left(\alpha + \beta x_i, \ \sigma^2\left[\frac{1}{n} + \frac{(x_i - \bar{x})^2}{\sum_{i=1}^{n}(x_i - \bar{x})^2}\right]\right)$$

进一步地有

$$\frac{\hat{y}_i - (\alpha + \beta x_i)}{\sigma\sqrt{\frac{1}{n} + \frac{(x_i - \bar{x})^2}{\sum_{i=1}^{n}(x_i - \bar{x})^2}}} \sim N(0, \ 1)$$

于是

$$\frac{\hat{y}_i - (\alpha + \beta x_i)}{\sigma\sqrt{\left[\frac{1}{n} + \frac{(x_i - \bar{x})^2}{\sum_{i=1}^{n}(x_i - \bar{x})^2}\right]\frac{SSE}{n-2}}} \sim t(n-2) \qquad (2.27)$$

在给定的置信水平 $1 - \alpha$ 下, $E(y_i)$ 的估计区间为

$$\left[\hat{y}_i - t_{1-\frac{\alpha}{2}}(n-2) \times \sqrt{\frac{SSE}{n-2}\left[\frac{1}{n} + \frac{(x_i - \bar{x})^2}{\sum_{i=1}^{n}(x_i - \bar{x})^2}\right]}, \right.$$

$$\left.\hat{y}_i + t_{1-\frac{\alpha}{2}}(n-2) \times \sqrt{\frac{SSE}{n-2}\left[\frac{1}{n} + \frac{(x_i - \bar{x})^2}{\sum_{i=1}^{n}(x_i - \bar{x})^2}\right]}\right] \qquad (2.28)$$

对于给定的解释变量的值 x_0，解释变量期望值估计的估计区间为

$$\left[\hat{y}_0 - t_{1-\frac{\alpha}{2}}(n-2) \times \sqrt{\frac{SSE}{n-2}\left[\frac{1}{n} + \frac{(x_0 - \bar{x})^2}{\sum\limits_{i=1}^{n}(x_i - \bar{x})^2}\right]},\right.$$

$$\left. \hat{y}_0 + t_{1-\frac{\alpha}{2}}(n-2) \times \sqrt{\frac{SSE}{n-2}\left[\frac{1}{n} + \frac{(x_0 - \bar{x})^2}{\sum\limits_{i=1}^{n}(x_i - \bar{x})^2}\right]}\right] \quad (2.29)$$

2. 解释变量的点值区间估计

(1) 被解释变量点值的点估计。被解释变量点值的点估计，仍可用式 (2.26) 来给出。

(2) 被解释变量点值的区间估计。

因为

$$E(y_i - \hat{y}_i) = E(y_i) - E(\hat{y}_i)$$
$$= \alpha + \beta x_i - (\alpha + \beta x_i)$$
$$= 0$$
$$\mathrm{Var}(y_i - \hat{y}_i) = \mathrm{Var}(y_i) + \mathrm{Var}[\hat{y}_i]$$
$$= \sigma^2 + \sigma^2\left[\frac{1}{n} + \frac{(x_i - \bar{x})^2}{\sum\limits_{i=1}^{n}(x_i - \bar{x})^2}\right]$$
$$= \sigma^2\left[1 + \frac{1}{n} + \frac{(x_i - \bar{x})^2}{\sum\limits_{i=1}^{n}(x_i - \bar{x})^2}\right]$$

所以有

$$y_i - \hat{y}_i \sim N\left(0, \sigma^2\left[1 + \frac{1}{n} + \frac{(x_i - \bar{x})^2}{\sum\limits_{i=1}^{n}(x_i - \bar{x})^2}\right]\right)$$

进一步地

$$\frac{y_i - \hat{y}_i}{\sigma\sqrt{\left[1 + \frac{1}{n} + \frac{(x_i - \bar{x})^2}{\sum\limits_{i=1}^{n}(x_i - \bar{x})^2}\right]}} \sim N(0, 1)$$

另外，同样可得

$$\frac{y_i - \hat{y}_i}{\sqrt{\dfrac{SSE}{n-2}\left[1 + \dfrac{1}{n} + \dfrac{(x_0 - \bar{x})^2}{\sum\limits_{i=1}^{n}(x_i - \bar{x})^2}\right]}} \sim t(n-2)$$

那么对于置信水平 $1 - \alpha$，y_i 的预测区间为

$$\left[\hat{y}_i - t_{1-\frac{\alpha}{2}}(n-2) \times \sqrt{\frac{SSE}{n-2}\left[1 + \frac{1}{n} + \frac{(x_i - \bar{x})^2}{\sum\limits_{i=1}^{n}(x_i - \bar{x})^2}\right]},\right.$$

$$\left.\hat{y}_i + t_{1-\frac{\alpha}{2}}(n-2) \times \sqrt{\frac{SSE}{n-2}\left[1 + \frac{1}{n} + \frac{(x_i - \bar{x})^2}{\sum\limits_{i=1}^{n}(x_i - \bar{x})^2}\right]}\right] \qquad (2.30)$$

在解释变量取值为 x_0 时，y_0 的预测区间为

$$\left[\hat{y}_i - t_{1-\frac{\alpha}{2}}(n-2) \times \sqrt{\frac{SSE}{n-2}\left[1 + \frac{1}{n} + \frac{(x_0 - \bar{x})^2}{\sum\limits_{i=1}^{n}(x_i - \bar{x})^2}\right]},\right.$$

$$\left.\hat{y}_i + t_{1-\frac{\alpha}{2}}(n-2) \times \sqrt{\frac{SSE}{n-2}\left[1 + \frac{1}{n} + \frac{(x_0 - \bar{x})^2}{\sum\limits_{i=1}^{n}(x_i - \bar{x})^2}\right]}\right] \qquad (2.31)$$

显然可看出，被解释变量点值估计的精度比期望值低一些。

3. 回归控制分析

在前面讨论的回归估计（或预测）中，一般是就某个解释变量的值 x_0，去估计解释变量 y_0 的值及其变化范围。回归控制分析是回归估计的逆问题，它要求在给出解释变量的取值范围时，确定解释变量的可能取值区间。

假定有 $y_0 \in (y_0', y_0'')$，令

$$y_0' = \hat{y}_0' - t_{1-\frac{\alpha}{2}}(n-2) \times \sqrt{\frac{SSE}{n-2}\left[1 + \frac{1}{n} + \frac{(x_0 - \bar{x})^2}{\sum\limits_{i=1}^{n}(x_i - \bar{x})^2}\right]},$$

$$y_0'' = \hat{y}_0'' + t_{1-\frac{\alpha}{2}}(n-2) \times \sqrt{\frac{SSE}{n-2}\left[1 + \frac{1}{n} + \frac{(x_0 - \bar{x})^2}{\sum\limits_{i=1}^{n}(x_i - \bar{x})^2}\right]}$$

分别解出 x_0'、x_0''，便可得到回归控制的解释变量取值的变化范围（x_0', x_0''）。

当 n 比较大，上式可近似写成

$$y_0' = \hat{y}_0' - t_{1-\frac{\alpha}{2}}(n-2) \times \sqrt{\frac{SSE}{n-2}}, \quad y_0'' = \hat{y}_0'' + t_{1-\frac{\alpha}{2}}(n-2) \times \sqrt{\frac{SSE}{n-2}}$$

其中，$\hat{y}_0' = \hat{\alpha} + \hat{\beta}x_0'$，$\hat{y}_0'' = \hat{\alpha} + \hat{\beta}x_0''$。解出的 x_0'、x_0'' 分别为

$$x_0' = \frac{1}{\hat{\beta}}\left(y_0' - \hat{\alpha} + t_{1-\frac{\alpha}{2}}(n-2) \times \sqrt{\frac{SSE}{n-2}}\right), \quad x_0'' = \frac{1}{\hat{\beta}}\left(y_0'' - \hat{\alpha} - t_{1-\frac{\alpha}{2}}(n-2) \times \sqrt{\frac{SSE}{n-2}}\right)$$

不过需要注意，只有满足条件 $y_0'' - y_0 > 2t_{1-\frac{\alpha}{2}}(n-2) \times \sqrt{\frac{SSE}{n-2}}$，才会有 $x_0' < x''$ 的解，否则就失去了意义。

二、多元线性回归分析

设变量 y 与变量 x_1，x_2，$\cdots$，x_m 具有统计关系，则称 y 为影响因变量或因变量，称 x_1，x_2，$\cdots$，x_m 为自变量或预报变量。所谓多元线性回归模型是指这些自变量对 y 的影响是线性的，即

$$y = \beta_0 + \beta_1 x_1 + \beta_2 x_2 + \cdots + \beta_m x_m + \varepsilon \qquad (2.32)$$

其中，β_0，β_1，β_2，$\cdots$，β_m 是与 x_1，x_2，$\cdots$，x_m 无关的未知参数，称 y 为对自变量 x_1，x_2，$\cdots$，x_m 的线性回归函数。ε 为随机误差，一般包括非重要自变量的省略、人为随机行为、数学模型欠妥、归并误差、测量误差。

采用最小二乘法对式（2.32）中的待估计回归系数 β_0，β_1，β_2，$\cdots$，β_m 进行估计，求得 β 值后，即可利用多元线性回归模型进行预测了。

（一）多元线性回归模型的表示

记 n 组样本观测值为 $(y_i, x_{i1}, x_{i2}, \cdots, x_{im})$，$i = 1, 2, \cdots, n$，代入（2.32）式，则有

$$y_i = \beta_0 + \beta_1 x_{i1} + \beta_2 x_{i2} + \cdots + \beta_m x_{im} + \varepsilon_i \qquad i = 1, 2, \cdots, n$$

展开即得

$$\begin{cases} y_1 = \beta_0 + \beta_1 x_{11} + \beta_2 x_{12} + \cdots + \beta_m x_{1m} + \varepsilon_1 \\ y_2 = \beta_0 + \beta_1 x_{21} + \beta_2 x_{22} + \cdots + \beta_m x_{2m} + \varepsilon_2 \\ \qquad\qquad\qquad\qquad \vdots \\ y_n = \beta_0 + \beta_1 x_{n1} + \beta_2 x_{n2} + \cdots + \beta_m x_{nm} + \varepsilon_n \end{cases} \qquad (2.33)$$

其中，ε_1，ε_2，$\cdots$，ε_n 相互独立，且 $\varepsilon_i \sim N(0, \delta^2)$，$i = 1, 2, \cdots, n$，这个模型称为多元线性回归模型。

令

$$\boldsymbol{y} = \begin{pmatrix} y_1 \\ y_2 \\ \vdots \\ y_n \end{pmatrix}, \quad \boldsymbol{A} = \begin{pmatrix} 1 & x_{11} & x_{12} & \cdots & x_{1m} \\ 1 & x_{21} & x_{22} & \cdots & x_{2m} \\ \vdots & \vdots & \vdots & \vdots & \vdots \\ 1 & x_{n1} & x_{n2} & \cdots & x_{nm} \end{pmatrix}, \quad \boldsymbol{\beta} = \begin{pmatrix} \beta_0 \\ \beta_1 \\ \vdots \\ \beta_m \end{pmatrix}, \quad \boldsymbol{\varepsilon} = \begin{pmatrix} \varepsilon_1 \\ \varepsilon_2 \\ \vdots \\ \varepsilon_n \end{pmatrix}$$

则上述函数模型可用矩阵形式表示为

$$\left. \begin{aligned} \boldsymbol{y} &= \boldsymbol{A\beta} + \boldsymbol{\varepsilon} \\ \boldsymbol{\varepsilon} &\sim N(0, \delta^2 I) \end{aligned} \right\} \tag{2.34}$$

可归纳总结为高斯–马尔可夫模型。

（二）线性回归模型参数 β 的估值 $\hat{\beta}$ 计算

线性回归模型中回归参数（通常包括截距和斜率）是关键，因为它们描述了这种线性关系。在实际应用中，我们通常没有这些参数的真实值，而需要通过样本数据来估计它们。

最小二乘法是一种数学统计方法，它通过最小化残差平方和来估计未知的模型参数。在线性回归的背景下，最小二乘法试图找到一条直线（或在多元线性回归中是一个超平面），使得这条直线与所有观测数据点的垂直距离（即残差）的平方和最小。

当使用最小二乘法来估计线性回归模型的参数时，所得到的估计量是最优的无偏估计值。这意味着这些估计量不仅具有最小的方差（在所有无偏估计量中），而且它们的期望值等于真实的参数值（即无偏性）。这是最小二乘法在线性回归中广泛应用的一个重要原因。

记 β 的估计量 $\hat{\beta} = (\hat{\beta}_0, \hat{\beta}_1, \hat{\beta}_2, \cdots, \hat{\beta}_m)^T$，故 y 的估计量

$$\hat{y} = A\hat{\beta}$$

参数估计的核心是计算观测值与模型预测值之间的改正数（残差）。理论上，满足方程的解有无限多组，但我们的目标是找到那组使得改正数的平方和最小的解，这就是最小二乘准则。该准则确保了参数估计的最优性和无偏性。其数学表达式可以概括为最小化残差平方和 $\hat{e}^T \hat{e} = \min$。

下面利用最小二乘准则对高斯–马尔可夫模型进行参数估计。

令估计值 $\hat{y}$ 与原观测量 y 的差值为 $\hat{e}$，则有误差方程

$$\hat{e} = \hat{y} - y = A\hat{\beta} - y$$

按照最小二乘估计准则，有

$$\hat{e}^T\hat{e} = (\hat{y} - y)^T(\hat{y} - y) = \min$$

为了得到参数估计值，构造函数

$$\psi = \hat{e}^T\hat{e} = (A\hat{\beta} - y)^T(A\hat{\beta} - y)$$

求 ψ 对 $\hat{\beta}$ 的偏导数，令其为零，即可满足最小的条件：

$$\frac{\partial\psi}{\partial\hat{\beta}} = (A\hat{\beta} - y)^T A = 0 \tag{2.35}$$

根据列矩阵对列矩阵求导的性质，若 $F = Y^T Z = Z^T Y$，则对 X 的导数为

$$\frac{\mathrm{d}F}{\mathrm{d}X} = \frac{\mathrm{d}(Y^T Z)}{\mathrm{d}X} = \frac{\mathrm{d}(Z^T Y)}{\mathrm{d}X} = Y^T\frac{\mathrm{d}Z}{\mathrm{d}X} + Z^T\frac{\mathrm{d}Y}{\mathrm{d}X}$$

对式 (2.35) 求导过程为

令 $Y = (A\hat{\beta} - y)^T$，$Z = (A\hat{\beta} - y)$，则

$$\frac{\partial\psi}{\partial\hat{\beta}} = (A\hat{\beta} - y)^T\frac{\partial(A\hat{\beta} - y)}{\partial\hat{\beta}} + (A\hat{\beta} - y)^T\frac{\partial(A\hat{\beta} - y)}{\partial\hat{\beta}}$$

$$= 2(A\hat{\beta} - y)^T A$$

即得 $(A\hat{\beta} - y)^T A = 0$

展开，有 $(A^T\hat{\beta}^T - y^T)A = 0$

$$A^T\hat{\beta}^T A - y^T A = 0$$

等式两边再次转置，得

$$A^T A\hat{\beta} - A^T y = 0$$

即 $A^T A\hat{\beta} = A^T y$，此为法方程。

即可求得 $\hat{\beta}$ 的最小二乘估计值

$$\hat{\beta} = (A^T A)^{-1}A^T y$$

y 的最小二乘估计量 $\hat{y}$ 为

$$\hat{y} = A(A^T A)^{-1}A^T y$$

多元线性回归模型标准差（中误差）的计算公式为[①]

———————————

① 自由度是指在进行统计推断时，可以自由变化而不受其他任何数据点或约束条件的限制的独立数据的数量。在计算自由度时，通常的公式是 $df=n-m$，其中 n 是观测值的总数，m 是需要估计的参数数量（包括常数项或截距）。这个公式反映了在估计参数后，还剩下多少数据点是"自由"的，即不受模型参数估计的影响。自由度在统计学中有多种用途。例如，在计算样本方差，进行 t 检验、F 检验或 χ^2 检验时，都需要使用自由度来调整统计量的分布。自由度影响统计检验的临界值和 P 值，从而影响我们对统计显著性的判断。可以将自由度理解为在进行统计分析时，我们有多少"独立"的数据点可以用来估计参数或进行推断。如果我们有更多的数据点而需要估计的参数较少，那么我们的自由度就更高，这意味着我们有更多的信息来进行准确的推断。

$$\hat{\sigma} = \sqrt{\frac{\sum (y_i - \hat{y}_i)^2}{n - m - 1}} = \sqrt{\frac{\hat{e}^T \hat{e}}{n - m - 1}} \tag{2.36}$$

　　计算了多元线性回归方程之后，为了将它用于解决实际预测问题，还必须进行数学检验。多元线性回归分析的数学检验，包括回归方程和回归系数的显著性检验。回归方程的显著性检验即 F 检验，用于检验模型中所有自变量对因变量的联合影响是否显著。F 统计量是基于回归均方和误差均方的比值计算的。如果 F 值大于临界值，则拒绝零假设，认为至少有一个自变量对因变量有显著影响。回归系数的显著性检验即 t 检验，用于检验单个自变量对因变量的影响是否显著。对于每个自变量，可以计算其 t 统计量，该统计量基于回归系数与其标准误的比值。如果 t 值的绝对值大于临界值，则拒绝零假设，认为该自变量对因变量有显著影响。做这些检验时，还需要利用自由度调整误差项的方差估计。

（三）回归模型（即方程）的显著性检验

　　设原假设为 $H_0 : \beta_1 = \beta_2 = \cdots = \beta_m = 0$，备选假设为 $H_1 : \beta_i$，$i = 1, 2, \cdots, m$，不全为零。

　　构建 F 统计量

$$F = \frac{SSR/m}{SSE/n - m - 1} = \frac{\sum (\hat{y}_i - \bar{y})^2 / m}{\sum (y_i - \hat{y})^2 / (n - m - 1)} \tag{2.37}$$

其中：$\sum (\hat{y}_i - \bar{y})^2$ 为回归平方和（SSR），其自由度为 m；$\sum (y_i - \hat{y})^2$ 为残差平方和（SSE），其自由度为 $n - m - 1$。利用式（2.37）计算出 F 值后，再利用 F 分布表进行检验。给定显著性水平 α，在 F 分布表中查出自由度为 m 和 $n - m - 1$ 的值 F_α，如果 $F \geqslant F_\alpha$，则说明线性方程线性关系显著，原假设不成立；反之，则说明线性关系不显著，原假设成立。

表2.1　线性回归模型的方差分析

方差来源	平方和	自由度	均方和	F 值
回归	SSR	m	$MSR = \dfrac{SSR}{m}$	
误差	SSE	$n - m - 1$	$MSE = \dfrac{SSE}{n - m - 1}$	$F = \dfrac{MSR}{MSE}$
总计	SST	$n - 1$		

把 y 的 n 个观测值之间的差异，用观测值 y_i 与其平均值 $\bar{y}$ 的偏差平方和来表示，称为总离差平方和（SST）。

$$SST = \sum_{i=1}^{n} (y_i - \bar{y})^2 \tag{2.38}$$

（四）回归系数的显著性检验

设原假设为 $H_0 : \beta_i = 0$，备选假设为 $H_1 : \beta_i \neq 0$，$i = 1, 2, \cdots, m$。

构建 F 统计量：

$$F = \frac{SSR/m}{SSE/n - m - 1} = \frac{\sum (\hat{y}_i - \bar{y})^2 / m}{\sum (y_i - \hat{y})^2 / (n - m - 1)}$$

式中：$\sum (\hat{y}_i - \bar{y})^2$ 为回归平方和（SSR），其自由度为 m；$\sum (y_i - \hat{y})^2$ 为残差平方和（SSE），其自由度为 $n - m - 1$。利用 F 统计量计算出 F 值后，再利用 F 分布表进行检验。给定显著性水平 α，在 F 分布表中查出自由度为 m 和 $n - m - 1$ 的值 F_α，如果 $F \geq F_\alpha$，则说明线性方程线性关系显著，原假设不成立；反之，则说明线性关系不显著，原假设成立。

$$t_{\beta_i} = \frac{\hat{\beta}_i}{S_i} \tag{2.39}$$

其中 $S_i = \sqrt{\mathrm{Var}(\hat{\beta}_i)} = \sqrt{c_{ii}}\,\hat{\sigma}$ 是回归系数 $\hat{\beta}_i$ 的标准差，c_{ii} 是 $(A^T A)^{-1}$ 中第 $i + 1$ 个对角线元素。

t 值应该有 m 个，对每一个 $i = 1, 2, \cdots, m$ 可以计算一个 t 值。给定显著性水平 α，确定临界值 $t_{\alpha/2}(n - m - 1)$。

若 $t_{\beta_i} \geq t_{\alpha/2}(n - m - 1)$，则拒绝原假设 H_0，接受备选假设，即总体回归系数 $\beta_i \neq 0$。

（五）多元线性回归模型的精度

残差（剩余）标准差是模型预测值与实际观测值之间差异的一个度量。具体来说，它衡量了模型未能解释的那部分变异，即模型预测之外的"噪声"或"随机误差"。多元线性回归模型精度可以利用残差（剩余）标准差来衡量。

$$\hat{\sigma} = \sqrt{\frac{\sum (y_i - \hat{y}_i)^2}{n - m - 1}} = \sqrt{\frac{\hat{e}^T \hat{e}}{n - m - 1}} \tag{2.40}$$

$\hat{\sigma}$（残差标准差）越小，说明模型的预测值与实际观测值之间的差异越小，因此模型的预测精度越高。

（六）回归模型的预报方程

线性回归模型的预报方程为

$$\hat{y} = \hat{\beta}_0 + \hat{\beta}_1 x_1 + \hat{\beta}_2 x_2 + \cdots + \hat{\beta}_m x_m \tag{2.41}$$

预报就是给自变量某一特定值 x_{p1}，x_{p2}，$\cdots$，x_{pm}，对因变量值 y_p 进行估计，求得的 $\hat{y}_p$ 作为 y_p 的预报值，即

$$\hat{y}_p = \hat{\beta}_0 + \hat{\beta}_1 x_{p1} + \hat{\beta}_2 x_{p2} + \cdots + \hat{\beta}_m x_{pm}$$

用 $\hat{y}_p$ 预报 y_p，其预报误差为 ε_p，显然 y_p 与 $\hat{y}_p$ 互相独立，且有

$$E(\hat{e}_p) = E(\hat{y}_p - y_p) = 0$$

$$D(\hat{e}_p) = D(y_p) + D(\hat{y}_p) = \sigma^2 \left(1 + \frac{1}{n} + A_{ps}(A_s^T A_s)^{-1} A_{ps}^T\right)$$

此即为预报精度计算公式。

构造 t 分布统计量

$$t = \frac{\hat{y}_p - y_p}{\hat{\sigma}(e_p)} \tag{2.42}$$

式（2.42）中，$\hat{\sigma}(\varepsilon_p)$ 为 $D(\hat{e}_p)$ 的均方根值，给定显著性水平 α，预报值 y_p 的置信区间为

$$\hat{y}_p - t_{\alpha/2}\hat{\sigma}(\varepsilon_p) < y_p < \hat{y}_p + t_{\alpha/2}\hat{\sigma}(\varepsilon_p)$$

总的来说，一元线性回归和多元线性回归都是通过建立线性方程来描述变量之间的关系。但是，它们处理的数据类型和复杂程度不同。一元线性回归处理的是两个变量之间的关系，回归的目标是找到一条直线，使得这条直线能够最好地拟合给定的数据点。多元线性回归处理的是多个变量之间的关系，回归的目标是找到一个超平面，使得这个超平面能够最好地拟合给定的数据点。在实际应用中，选择哪种回归分析方法取决于数据特征和研究目的。表 2.2 是对一元线性模型与多元线性模型的比较。

表 2.2　一元线性模型与多元线性模型的比较

	一元线性模型	多元线性模型
模型形式	$y_i = \beta_0 + \beta_1 x_i + \varepsilon_i$	$y_i = \beta_0 + \beta_1 x_{1i} + \cdots + \beta_m x_{mi} + \varepsilon_i$，$m > 1$
最小二乘估计的参数估计值	$\hat{\beta}_0 = \bar{y} - \hat{\beta}_1 \bar{x}$ $\hat{\beta}_1 = \dfrac{\sum(x_i - \bar{x})(y_i - \bar{y})}{\sum(x_i - \bar{x})^2}$	$\hat{\beta} = (X^T X)^{-1} X^T Y$，其中 $\hat{\beta}$ 为参数估计值的向量，X 为解释变量样本矩阵，Y 为被解释变量的样本向量

续表

	一元线性模型	多元线性模型
总体方差 σ^2 的估计值	$\hat{\sigma}^2 = \dfrac{\hat{e}^T\hat{e}}{n-2}$	$\hat{\sigma}^2 = \dfrac{\hat{e}^T\hat{e}}{n-(m+1)}$
参数估计值的总体方差	$\sigma^2_{\hat{\beta}_1} = \dfrac{\sigma^2}{\sum(x_i-\bar{x})^2}$ $\sigma^2_{\hat{\beta}_0} = \left(\dfrac{1}{n}+\dfrac{\bar{x}^2}{\sum(x_i-\bar{x})^2}\right)\sigma^2$	矩阵 $(X^TX)^{-1}\sigma^2$ 的对角线元即为对应的参数估计值的总体方差
参数估计值的样本方差	将总体方差中的 σ^2 改为估计值 $\hat{\sigma}^2$ 即可	将总体方差矩阵中的 σ^2 改为估计值 $\hat{\sigma}^2$ 即可
判定系数	$R^2 = \dfrac{\sum(\hat{y}_i-\bar{y})^2}{\sum(y_i-\bar{y})^2} = 1-\dfrac{\hat{e}^T\hat{e}}{\sum(y_i-\bar{y})^2}$	定义同一元模型。有关系式： $\sum(y_i-\bar{y})^2 = \sum(\hat{y}_i-\bar{y})^2 + \hat{e}^T\hat{e}$
F-统计量	$F = \dfrac{\sum(\hat{y}_i-\bar{y})^2/k}{\hat{e}^T\hat{e}/(n-k-1)},\ k=1$	$F = \dfrac{\sum(\hat{y}_i-\bar{y})^2/k}{\hat{e}^T\hat{e}/(n-k-1)}$
t-统计量	$t_{\hat{\beta}_0} = \dfrac{\hat{\beta}_0}{S_{\hat{\beta}_0}} = \dfrac{\hat{\beta}_0}{\sqrt{\left(\dfrac{1}{n}+\dfrac{\bar{x}^2}{\sum(x_i-\bar{x})^2}\right)\hat{\sigma}^2}}$ $t_{\hat{\beta}_1} = \dfrac{\hat{\beta}_1}{S_{\hat{\beta}_1}} = \dfrac{\hat{\beta}_1}{\sqrt{\dfrac{\hat{\sigma}^2}{\sum(x_i-\bar{x})^2}}}$	$t_{\hat{\beta}_0} = \dfrac{\hat{\beta}_0}{S_{\hat{\beta}_0}},\ t_{\hat{\beta}_j} = \dfrac{\hat{\beta}_j}{S_{\hat{\beta}_j}}$ 其中，$S_{\hat{\beta}_j}$ 为参数估计值的样本标准差。 $j=1,2,\cdots,m$

第三节　分层回归模型

多层次线性模型（multilevel linear model，也称为 hierarchical linear model 或 linear mixed model）是一种统计技术，用于处理具有层次结构的数据。在这种模型中，数据被组织成多个层次或级别，例如学生嵌套在班级中，班级嵌套在学校中。这种模型可以同时考虑不同层次的变量，并探究它们对因变量的影响。

多层次线性模型的基本思想是将数据分解成不同层次的组成部分，并对每个层次进行建模。通常，模型包括两个或更多层次的方程。在第一层次（也称为个体层次或微观层次），模型描述了因变量与同一层次的自变量之间的关系。在第二层次（也称为群体层次或宏观层次），模型描述了第一层次截距和斜率的变化与群体层次的自变量之间的关系[1]。

一、多层次线性理论模型

在多层次线性模型中，自变量可能来自较低层次的构念，也可能来自较高层次的构念。这些变量之间的关系可以由下面的模型描述：

Level-1 Model：$Y_{ij} = \beta_{0j} + \beta_{1j} X_{ij} + r_{ij}$

Level-2 Model：$\beta_{0j} = \gamma_{00} + \gamma_{01} G_j + U_{0j}$，$\beta_{1j} = \gamma_{10} + \gamma_{11} G_j + U_{1j}$

其中，Y_{ij} 是个人 i 在 j 群体中的结果变量，X_{ij} 是个人 i 在 j 群体中的预测因子值，β_{0j} 与 β_{1j} 是每个 j 群体分别被估计出的截距项与斜率，r_{ij} 为残差项；G_j 是群体层次的变量，γ_{00} 与 γ_{10} 为 Level-2 的截距项，γ_{01} 与 γ_{11} 是连接 G_j 与 Level-1 式子中的截距项与斜率项的斜率，U_{0j} 与 U_{1j} 为 Level-2 的残差项。

二、聚合可行性的统计指标

在个体的数据聚合到组织层面之前，必须要对聚合合理性进行验证。Bliese（2000）在其著作中详细说明了关于聚合的许多一致性和信度指标，常用的指标主要有以下三个。

（一）组内一致度（within-group agreement）

组内一致度是指回答个体（如相同单位的个体）对构念有相同的反应程度。在组织文献中最常用来衡量组内一致度的适用于问项量表的 $r_{wg(j)}$（James, Demaree, and Wolf, 1984, 1993）表示如下：

$$r_{wg(j)} = \frac{j\left[1 - (\frac{s_{xj}^2}{\sigma_{EU}^2})\right]}{j\left[1 - (\frac{s_{xj}^2}{\sigma_{EU}^2})\right] + (\frac{s_{xj}^2}{\sigma_{EU}^2})} \tag{2.43}$$

其中，$r_{wg(j)}$ 是群体中 j 个平行的问项上所有回答者的组内一致度，s_{xj}^2 是在 j 个问项上所观察到的方差的平均数，σ_{EU}^2 是假设所有回答者只存在随机误差下的期望的方差。

---

① 雷雳、张雷. 多层线性模型的原理及应用 [J]. 首都师范大学学报（社会科学版），2002（2）：110-114.

在组织文献中，基本原则是呈现众群体的 r_{wg} 中位数或均值，若 $r_{wg} > 0.70$，表示聚合有足够的组内一致度。

（二）组内相关（1）[intra class correlation（1）]

验证组内一致度后，还必须在聚合之前，先检测是否有足够的组间差异，组间方差的存在是检验群体层次构念与其他构念之间关系的要素。

ICC（1）表示的是组间方差占总方差的比重。

$$ICC(1) = \frac{\tau_{00}}{\sigma^2 + \tau_{00}} \tag{2.44}$$

τ_{00} 是指组间方差，σ^2 是指组内方差。

James（1982）回顾组织研究，并发现 $0.00 < ICC(1) < 0.50$，中位数为 0.12。实务中，只需检验组间方差是否显著即可，不一定要以 0.12 作为可以聚合的标准值。

（三）组内相关（2）[intra class correlation（2）]

ICC（2）是指群体平均数的信度，即将个人层次变量聚合成群体层次变量时，此变量的信度。

ICC（2）与群体样本数 k 以及 ICC（1）有关，三者关系如下：

$$ICC(2) = \frac{k(ICC(1))}{1 + (k-1)ICC(1)} \tag{2.45}$$

Bliese（1998）指出，在检验群体层次构念与其他构念之间的关系时，有可信的群体均值或高 ICC（2）是必要的。提高 ICC（2）的方法之一就是取得更多的群体样本，即提高 k 的值。

三、多层线性模型的分析程序

（一）零模型（the null model）

Level-1 和 Level-2 均没有预测变量，只是将方程分解为由个体差异造成的部分及由组差异造成的部分，这种方法为方差成分分析。

Level-1 Model：$Y_{ij} = \beta_{0j} + r_{ij}$

Level-2 Model：$\beta_{0j} = \gamma_{00} + U_{0j}$

合并模型：$Y_{ij} = \gamma_{00} + r_{ij} + U_{0j}$

在上述模型中，β_{0j} = 第 j 个群体的 Y 的均值，γ_{00} = Y 的总均值，r_{ij} 的方差 = Y 的组内方差 σ^2，U_{0j} 的方差 = Y 的组间方差 τ_{00}。

（二） 完整模型（the full model）

既包含了 Level-1 的预测变量，又包含了 Level-2 的预测变量，可通过理论建构来说明解释 Y 的总体变异是如何受到 Level-1 和 Level-2 因素影响的。

Level-1 Model：$Y_{ij} = \beta_{0j} + \beta_{1j}X_{ij} + r_{ij}$

Level-2 Model：$\beta_{0j} = \gamma_{00} + \gamma_{01}G_j + U_{0j}$

$\beta_{1j} = \gamma_{10} + \gamma_{11}G_j + U_{1j}$

其中，Y_{ij} 是指个人 i 在 j 群体中的结果变量，X_{ij} 是个人 i 在 j 群体中的预测因子值，β_{0j} 与 β_{1j} 是每个 j 群体分别被估计出的截距项与斜率，r_{ij} 为残差项；G_j 是群体层次的变量，γ_{00} 与 γ_{10} 为 Level-2 的截距项，γ_{01} 与 γ_{11} 是连结 G_j 与 Level-1 式子中的截距项与斜率项的斜率，U_{0j} 与 U_{1j} 为 Level-2 的残差项。

（三） 协方差模型（the ancova model）

在零模型与完整模型之间，可通过向各层方程增加不同的变量，设定不同的随机成分与固定成分来建构各种分析模型。

Level-1 Model：$Y_{ij} = \beta_{0j} + \beta_{1j}(X_{ij} - \bar{X}) + r_{ij}$

Level-2 Model：$\beta_{0j} = \gamma_{00} + U_{0j}$

$\beta_{1j} = \gamma_{10}$

第一层方程中，预测变量采用总体平均数为参照的离差，与传统协方差分析的区别是 β_{0j} 被进一步分解为 U_{0j} 和 γ_{00}。β_{1j} 没有随机项，反映了协方差分析的一个重要前提，协变量对因变量的回归系数的组间一致性。检验这种假设的方法是把 U_{1j} 纳入方程，并检验是否成立。

（四） 随机效应回归模型（radom effect regression model）

此模型与完整模型的区别在于第二层没有预测变量；与传统 OLS 回归区别在于第一层的 β_{0j} 和 β_{1j} 是随机的而非固定的，其目的是寻找第一层的截据、斜率在第二层单位上的变异。

Level-1 Model：$Y_{ij} = \beta_{0j} + \beta_{1j}X_{ij} + r_{ij}$

Level-2 Model：$\beta_{0j} = \gamma_{00} + U_{0j}$

$\beta_{1j} = \gamma_{10} + U_{1j}$

四、多层线性模型的应用

多层线性模型的适用范围非常广，凡是具有嵌套和分层的数据均可使用多层线性模型进行分析。在实际应用中，多层线性模型已被广泛应用于各种领域，如教育、心理学、社会学、经济学和医学等。该模型可帮助研究者更好地理解变量之间的关系，并提供有关不同层次影响因素的深入洞察。

多层线性模型（multilevel linear model）在数字经济中有广泛的应用，尤其是在处理和分析具有层次结构的数据时。以下是一些多层线性模型在数字经济中的具体应用。

在电子商务平台分析方面，在电子商务平台上，商家嵌套在平台内，而消费者又嵌套于商家。多层线性模型可用于分析消费者购买行为、商家营销策略以及平台政策对销售绩效的影响。通过考虑消费者个体差异、商家特征以及平台层面的因素，可以更准确地预测销售趋势和优化营销策略。

在数字广告效果评估方面，在数字广告领域，广告嵌套在广告活动中，而广告活动又嵌套在品牌或市场中。多层线性模型可以帮助分析广告创意、定位、投放策略等因素对广告效果（如点击率、转化率）的影响。通过分析不同层次的变量，可以更精确地评估广告效果，优化广告预算分配，提高投资回报率。

在社交媒体影响力研究方面，在社交媒体上，用户嵌套在社群或网络中，而社群又嵌套在更大的社会结构中。多层线性模型可用于分析用户行为、社群特征以及网络结构对信息传播、用户参与度和社会影响力的影响。这有助于理解社交媒体上的信息传播机制，优化社交媒体营销策略，提高品牌知名度和用户忠诚度。

在共享经济平台分析方面，在共享经济平台上，服务提供者嵌套在平台内，而服务需求者又嵌套在服务提供者之中。多层线性模型可用于分析服务提供者特征、需求者偏好以及平台政策对服务质量和平台满意度的影响。通过考虑不同层次的变量，平台可以更好地匹配服务提供者和需求者，提高服务质量和用户满意度。

在数字金融市场分析方面，在数字金融市场中，投资者嵌套在金融机构内，而金融机构又嵌套在市场中。多层线性模型可用于分析投资者行为、金融机构特征以及市场趋势对投资收益和风险的影响。这有助于金融机构更准确地评估投资风险，制定更合理的投资策略，提高投资回报率和风险管理水平。

此外，多层线性模型在纵向研究中也具有广泛的应用。通过采用多层分析的方法，我们能够有效地处理重复测量数据与时间变量之间的复杂关系。在多层结构的框架下，即使面对非平衡测量数据，我们也能得到参数的有效估计。

这意味着，使用多层分析法处理重复测量的数据时，并不要求所有的观测个体都必须有完全相同的观测次数，这为该模型在实际应用中的灵活性提供了保证。

在纵向调查研究中，由于多种原因，被试个体的观测值可能会出现部分缺失。多层分析法的一个显著优势在于，它能够处理这类缺失数据，同时不影响参数估计的精度。这一点使得多层分析法在处理纵向观测数据时，相较于传统的多元重复测量方法，展现出了更大的优越性。

多层分析法相较于传统的方差分析和回归分析方法，用于处理多元重复测量数据时，具备以下三个显著优点。

第一，多层分析法能够综合考虑测量水平和个体水平的差异，清晰地描绘出个体在不同测量点（水平1）的变化情况。因此，它不仅能解释不同测量点的差异，还能涵盖个体间的差异，为数据的解释提供更全面的视角。

第二，多层分析法对数据的要求相对较低。它不像传统方法那样对重复测量的次数和时间跨度有严格的限制。在实际应用中，不同个体可以有不同的测量频次，测量的时间间隔也可以灵活调整。

第三，通过多层分析模型，我们能够定义并检验重复观测变量之间复杂的协方差结构。该模型通过在不同水平上引入随机变异，能够更准确地解释个体随时间变化的复杂情况。当数据满足传统模型的假设时，多层分析法能够得出与传统方法相一致的参数估计和假设检验结果。此外，多层分析模型还具备考虑更高层次变量影响的能力，例如，不同地区对儿童个体增长的影响。

然而，多层分析模型也存在一定的局限性。其参数估计方法相较于传统方法更为复杂，且目前尚无法有效处理变量的间接影响关系以及复杂的观测变量与潜变量之间的关系。

五、HLM 软件分析步骤

HLM（hierarchical linear modeling）软件是用于多层线性模型分析的专业工具。以下是使用 HLM 软件进行多层线性模型分析的一般步骤[1]。

步骤 1 数据准备：

确保数据集已经准备好，并且符合多层线性模型的要求。

---

① 张雷，雷雳，郭伯良. 多层线性模型应用［M］. 北京：教育科学出版社，2005.

数据应该包括不同层级的变量，如个体层级和群组层级的变量。

步骤 2 导入数据：

打开 HLM 软件，并导入准备好的数据集。

根据数据格式，选择适当的导入选项，如文本文件、SPSS 文件等。

步骤 3 数据整理与检查：

在导入数据后，对数据进行必要的整理，确保数据的准确性和完整性。

查数据中是否存在缺失值、异常值或需要转换的变量。

步骤 4 指定模型：

在 HLM 中，需要指定一个多层线性模型。

选择适当的模型类型，如随机截距模型、随机斜率模型等。

指定模型的层级结构，即哪些变量属于个体层级，哪些变量属于群组层级。

步骤 5 设置变量：

在模型中设置因变量、自变量和控制变量。

对于多层模型，需要在不同层级上分别设置变量。

步骤 6 选择估计方法：

HLM 提供了不同的估计方法，如最大似然估计（MLE）或限制性最大似然估计（REML）。

根据研究目的和数据特点选择合适的估计方法。

步骤 7 运行模型：

在设置好模型和变量后，运行 HLM 分析。

根据软件提示，等待模型估计完成。

步骤 8 结果解读：

查看模型估计结果，包括回归系数、标准误、t 值、P 值等统计量。

解读各层级变量的影响方向和程度。

注意检查模型的拟合优度和残差分析，以确保模型的可靠性。

步骤 9 模型优化与调整：

根据初步结果，对模型进行优化和调整。

可以尝试添加或删除变量，或者改变模型的层级结构。

步骤 10 撰写报告：

将 HLM 分析结果整理成报告形式。

报告中应包括模型设定、变量选择、估计结果及其解释等内容。

第四节　案　例　应　用①

回归模型中，多元回归模型通过单一方程分析多个自变量对因变量的整体影响，假设数据独立且同质；分层回归模型则针对嵌套数据，构建分层方程，允许不同层级的变量存在随机效应，在控制组内相关性的同时解析跨层级作用，与多元回归模型相比，分层回归模型适用于具有层次结构的复杂数据。本节将通过分层回归模型的实证案例，具体展示如何通过建立包含固定效应与随机效应的多层次方程，有效捕捉不同层级变量对因变量的影响机制。

进入新千年以来，80后新生代农民开始崭露头角，逐渐成为当代农民群体的中坚力量。受市场化改革的深刻影响，农民群体从过去的同质化转向多元化发展，其中收入分化尤为显著，形成了高收入、中等收入和低收入等多个层次。深入研究新生代农民的发展影响因素，不仅有助于我们明确"扩中"和"减贫"的具体路径，更能为描绘和构建未来农民发展的新蓝图提供有力支撑。这一研究对于推动形成"两头小、中间大"的橄榄型社会结构具有深远的奠基意义。

一、数据说明和研究方法

（一）数据来源

本节案例的数据来源于2016年由中山大学社会科学调查中心执行的中国劳动力动态调查（CLDS）。该调查运用了科学的多阶段、多层次抽样方法，并与劳动力规模成比例进行概率抽样，确保了数据的广泛性和代表性。调查范围涵盖全国29个省、自治区、直辖市（不包括港澳台、西藏和海南），收集了劳动力个体、家庭、社区等多个层面的追踪数据和横截面数据。这些信息包括迁移、教育、职业、健康以及年度总收入等多个方面，为全面分析新生代农民提供了丰富的数据基础。

在本研究中，我们专注于个体数据，特别选取了1980年及之后出生的、持有农村户籍的从业人口作为新生代农民的研究对象。经过严格的筛选和整

---

① 本节案例改编自王晓燕和蔡翔的《"扩中"与"减贫"视角下的新生代农民分化影响因素研》（数学的实践与认识，2023年第5期）。

理，最终共有 2 648 个有效的个体样本数据被纳入研究范围，为深入探究新生代农民的发展状况及其影响因素提供了坚实的数据支撑。

（二）变量测量及描述性统计

本研究以新生代农民的收入发展状况为切入点，探讨农民的发展问题。因此，将"新生代农民收入发展水平"设定为因变量，这一变量涵盖了高收入群体、中等收入群体和低收入群体三个类别。本研究旨在探讨新生代农民进入不同收入群体的概率比。

层 2 宏观层次变量：基于文献研究的结果，本研究选取了城镇化率和社会保障支出作为地区层次的变量。同时，为了更全面地控制宏观因素的影响，还将医疗服务支出纳入考虑，作为宏观层次的控制变量。

层 1 微观层次变量：在微观层面，我们考虑了多个方面的变量。首先是个人人力资本变量，这包括健康状况、教育程度、每周的工作时间、是否为流动人口、是否从事农业生产，以及是否拥有基本医疗保险和基本养老保险等。其次，社会支持系统变量也是本研究关注的重点，其中父辈是否从事农业生产被选作代际支持的代表性研究变量，而婚姻状况（是否有稳定的婚姻关系）则作为婚姻支持的变量。此外，人际支持变量通过社区互助程度来衡量，而社会公平环境则通过个体的社会公平感来体现。

主要控制变量：为了确保研究的准确性和可靠性，我们还纳入了性别和年龄作为主要的控制变量。其中，年龄被视为连续变量，而性别则采用二元赋值的方式进行处理。

研究变量的基本描述和数据统计见表 2.3 和表 2.4。

表 2.3 变量名称及变量描述

变量类别	变量名（简称）	变量描述及有关说明
因变量	新生代农民收入发展水平（DIF）	多元变量，包括低收入群体、高收入群体和中等收入群体，依次赋值为 1、2、3。以中等收入群体为参照类。研究使用相对收入标准，以样本数据 2015 年收入中位数 75%～300% 为中等收入者，以上者为高收入者，以下者为低收入者。本研究中等收入者年收入为 1.125 万~4.5 万元
层 1 变量	性别（GEN）	男性与女性，分别赋值为 1 和 0
	年龄（AGE）	连续变量。当年实际年龄
	父辈职业（PAR）	分为务农和非农从业，分别赋值为 1，0

续表

变量类别	变量名（简称）	变量描述及有关说明
层1变量	健康状况（HEA）	分为非常健康、健康、一般、比较不健康和非常不健康，分别赋值为5、4、3、2、1
	教育情况（EDU）	以受教育年限赋值，其中博士赋值22，硕士赋值19，本科赋值16，大专赋值14，普通高中/职业高中/技校/中专赋值12，初中赋值9，小学赋值6，未上过学赋值0
	流动人口（FLO）	流动人口赋值为1，其余赋值为0。户口在本县区以外为流动人口
	从业情况（OCC）	农业生产者人口赋值为1，非农业生产者赋值为0
	基本医疗保险（BMI）	享有基本医疗保险赋值为1，否则赋值为0
	基本养老保险（BEI）	享有基本养老保险赋值为1，否则赋值为0
	婚姻（MAR）	以初婚代表稳定的婚姻关系，初婚赋值为1，否则赋值为0
	周工作时间（WWH）	连续变量。单位为小时
	社会公平感（EQU）	分为完全公平、比较公平、说不上公平也不能说不公平、比较不公平、完全不公平，分别赋值为5、4、3、2、1
	人际支持（SUP）	分为非常多、比较多、一般、比较少、非常少，分别赋值为5、4、3、2、1
层2变量	城镇化率（URB）	连续型变量。城镇人口占总人口的比重
	社会保障支出（SSE）	地区一般公共预算支出。连续型变量，单位为亿元
	医疗卫生支出（HEE）	地区一般公共预算支出。连续型变量，单位为亿元

表2.4　数据的描述性统计

变量	全样本数据			高收入群体			中等收入群体			低收入群体		
Level1	均值 Mean (S. E.)	最小值 Min	最大值 Max	均值 Mean (S. E.)	最小值 Min	最大值 Max	均值 Mean (S. E.)	最小值 Min	最大值 Max	均值 Mean (S. E.)	最小值 Min	最大值 Max
性别 GEN	0.51 (0.50)	0	1	0.70 (0.46)	0	1	0.51 (0.50)	0	1	0.39 (0.49)	0	1
年龄 AGE	32.65 (4.96)	19	40	34.18 (4.08)	21	40	32.48 (4.85)	20	40	32.03 (5.33)	19	40

续表

变量	全样本数据			高收入群体			中等收入群体			低收入群体		
Level1	均值 Mean (S. E.)	最小值 Min	最大值 Max	均值 Mean (S. E.)	最小值 Min	最大值 Max	均值 Mean (S. E.)	最小值 Min	最大值 Max	均值 Mean (S. E.)	最小值 Min	最大值 Max
婚姻关系 MAR	0.69 (0.46)	0	1	0.76 (0.43)	0	1	0.67 (0.47)	0	1	0.68 (0.46)	0	1
流动人口 FLO	0.19 (0.39)	0	1	0.32 (0.47)	0	1	0.21 (0.41)	0	1	0.09 (0.29)	0	1
医疗保险 BMI	0.89 (0.31)	0	1	0.90 (0.3)	0	1	0.89 (0.32)	0	1	0.89 (0.32)	0	1
养老保险 BEI	0.49 (0.5)	0	1	0.58 (0.49)	0	1	0.48 (0.50)	0	1	0.44 (0.50)	0	1
父辈职业 PAR	0.70 (0.46)	0	1	0.59 (0.49)	0	1	0.67 (0.47)	0	1	0.78 (0.41)	0	1
教育情况 EDU	9.81 (3.09)	0	19	11.05 (2.8)	5	16	10.05 (2.84)	0	19	8.89 (3.22)	0	16
周工作时间 WWH	47.69 (22.32)	0	150	52.38 (21.3)	0	140	50.59 (20.6)	0	150	42.04 (23.4)	0	150
从业情况 OCC	0.28 (0.45)	0	1	0.11 (0.32)	0	1	0.16 (0.37)	0	1	0.51 (0.5)	0	1
人际支持 SUP	3.23 (1.01)	1	5	3.11 (1.05)	1	5	3.12 (1.02)	1	5	3.41 (0.95)	1	5
社会公平感 EQU	3.31 (0.93)	1	5	3.44 (0.9)	1	5	3.28 (0.92)	1	5	3.26 (0.96)	1	5
健康 HEA	4.03 (0.81)	1	5	4.1 (0.73)	2	5	4.07 (0.76)	2	5	3.93 (0.89)	1	5
Level2	均值			标准差			极小值			极大值		
城镇化率 URB	57.69			12.12			42.01			87.60		
社会保障支出 SSE	622.44			252.93			146.23			1111.75		

续表

变量	全样本数据			高收入群体			中等收入群体			低收入群体		
Level1	均值 Mean (S.E.)	最小值 Min	最大值 Max	均值 Mean (S.E.)	最小值 Min	最大值 Max	均值 Mean (S.E.)	最小值 Min	最大值 Max	均值 Mean (S.E.)	最小值 Min	最大值 Max
医疗服务支出 HEE	403.63			193.99			74.11			918.36		
结果变量	频数						百分比					
低收入群体	992						37.6					
中等收入群体	1107						42					
高收入群体	538						20.4					

表 2.4 展示了全样本以及不同收入群体样本的各变量描述性统计数据和地区层次的相关统计数据。通过观察表格数据，我们可以发现不同收入群体在各变量上呈现出一定的特征差异：

在性别这个二分类变量中，男性被编码为 1。全样本的性别均值为 0.51，表明样本数据中男性占比 51%。然而，在不同收入群体中，性别比例有所不同。高收入群体的男性比例明显高于总样本均值，而低收入群体的男性比例则明显低于总样本均值。

从职业类型来看，低收入群体中从事农业生产的比例远高于中等收入群体和高收入群体。这可能与不同收入群体的经济条件和就业机会有关。

在高收入群体中，拥有稳定婚姻关系的比例远高于其他收入群体。这可能表明稳定的婚姻关系对于提高收入水平具有一定的积极影响。

从代际支持的角度来看，各收入群体中父辈从事农业生产的比例呈现出高收入群体、中等收入群体和低收入群体递减的趋势。这可能反映了不同收入群体在家庭背景和支持系统上的差异。

此外，不同类型的人群在受教育年限、每周工作时间以及人员流动性方面也存在较大的差异。这些差异可能对不同收入群体的形成和发展产生重要影响。

然而，要确定这些差异是否显著，以及是否存在地区性因素差别，还需要进一步的模型分析。通过深入研究这些数据，我们可以更全面地了解新生代农民收入分化的影响因素，从而为政策制定提供针对性的建议。

（三）模型设计

由于研究数据中新生代农民的情况与所在地区紧密相关，存在地区与个人的嵌套关系，这意味着同一地区的新生代农民数据具有内在关联性。同时，地区层面的因素如城镇化率、社会保障支出和医疗服务支出等，都可能对新生代农民的发展产生影响。鉴于这种数据的嵌套结构和影响因素的复杂性，传统的统计模型假设的样本独立性在此并不适用。

考虑到这一点，本研究选择了分层模型来进行分析。由于因变量"新生代农民收入发展水平"是一个多值变量，且这些层次之间虽然有序，但各层次之间的发生比例并不固定，因此传统的分层线性模型并不适用。为此，本研究决定采用广义分层线性模型（HGLM），特别是其中的多层多项 LOGIT 模型来进行分析。

为了深入探讨个体水平和区域水平因素对新生代农民进入不同收入层次机会的影响，我们构建了以下四个模型，并使用 HLM7.0 软件进行参数估计，通过这四个模型的逐步分析，我们能够更准确地识别出影响新生代农民收入分化的关键因素，以及这些因素在不同地区间的作用差异。

1. 模型 1 零模型

零模型，作为广义分层线性模型中最简单的模型形式，扮演着非常重要的角色。在这个模型中，第一层和第二层均不包含预测变量，其主要目的是用来检验层二（即地区或群组层次）间是否存在显著的变异。这种检验构成了进行多层分析的基础，并为后续的分层线性回归分析提供了出发点。通过构建零模型，我们可以了解到在没有引入任何预测变量的情况下，不同区域或群组间的差异程度。这种差异可能来自各种未被观测到的因素，比如地区特有的文化、经济、政策等。如果这些差异显著，那么就有必要在后续的分析中考虑这些群组效应，以确保准确评估各种因素对因变量的影响。简单来说，零模型帮助我们确定了在进行更复杂的多层分析之前，是否需要考虑群组或地区间的差异。如果零模型的结果显示群组间的变异不显著，那么我们可以简化模型，只考虑个体层次的因素；反之，如果群组间的变异显著，我们就需要在后续模型中同时考虑个体和群组两个层次的因素。

2. 模型 2 随机效应模型

随机效应模型旨在考察个体水平的解释变量对因变量的影响，并探究这种影响在区域水平是否存在显著差异。在这个模型中，我们会在第一层（个体水平）纳入解释变量，而在第二层（区域水平）则不纳入解释变量。具体来说，随机效应模型允许截距项（即模型的常数项）在不同区域间存在随机变异。这意味着不同区域可能有不同的基础水平，这种差异是由未被观测到的区域特征所导致的。通过引入随机效应，我们可以更准确地估计个体水平解释变量对因变量的影响，同时考虑到这种影响可能因区域而异。如果随机效应回归模型的截距项随机效应显著，这意味着不同区域的基础水平存在显著差异。在这种情况下，我们需要进一步引入区域变量来解释这种差异。通过添加区域变量，我们可以更深入地了解哪些区域特征可能导致因变量的变化，并更准确地预测因变量的值。

模型表达式如下：

Level-1 Model

$$\log\left[\phi_{mij}/\phi_{3ij}\right]=\beta_{0j(m)}+\beta_{1j(m)}\times(GEN_{ij})+\beta_{2j(m)}\times(AGE_{ij})+\beta_{3j(m)}\times(MAR_{ij})$$
$$+\beta_{4j(m)}\times(FLO_{ij})+\beta_{5j(m)}\times(BMI_{ij})+\beta_{6j(m)}\times(BEI_{ij})+\beta_{7j(m)}$$
$$\times(PAR_{ij})+\beta_{8j(m)}\times(EDU_{ij})$$
$$+\beta_{9j(m)}\times(WWH_{ij})+\beta_{10j(m)}\times(OCC_{ij})+\beta_{11j(m)}\times(SUP_{ij})+\beta_{12j(m)}\times(EQU_{ij})$$
$$+\beta_{13j(m)}\times(HLE_{ij})\quad m=1,\ 2$$

Level-2 Model

$$\beta_{0(m)}=\gamma_{00(m)}+u_{0j(m)}\quad m=1,\ 2$$
$$\beta_{q(m)}=\gamma_{q0(m)}\quad q=1,\ \cdots,\ 13$$

3. 模型 3 随机截距模型

随机截距模型是在模型 2（随机效应模型）的基础上进一步构建的。在模型 2 中，我们主要关注了个体水平解释变量对因变量的影响，并允许截距项（即常数项）在不同区域间存在随机变异。而在随机截距模型中，我们进一步引入层二（区域水平）的预测变量，以解释这种截距项的变异。

通过引入层二的预测变量，随机截距模型能够检验区域因素对层一截距的解释力度。换句话说，我们可以探究区域层面的特征（如经济发展水平、教育资源分布等）是如何影响个体水平的基础状态（即截距项）的。这有助于我们更深入地理解不同区域间因变量基础水平的差异，并为政策制定和资源配置提供更有针对性的建议。在构建随机截距模型时，我们需要注意选择合适的层二预测变量，并确保这些变量能够有效地解释截距项的变异。同时，我们还需要考虑模型的复杂性和拟合度，以避免过拟合或欠拟合的问题。

模型表达式如下：

Level-1 Model

$$\log\left[\phi_{mij}/\phi_{3ij}\right]=\beta_{0j(m)}+\beta_{1j(m)}\times(GEN_{ij})+\beta_{2j(m)}\times(AGE_{ij})+\beta_{3j(m)}\times(MAR_{ij})$$
$$+\beta_{4j(m)}\times(FLO_{ij})+\beta_{5j(m)}\times(BMI_{ij})+\beta_{6j(m)}\times(BEI_{ij})+\beta_{7j(m)}$$
$$\times(PAR_{ij})+\beta_{8j(m)}\times(EDU_{ij})$$
$$+\beta_{9j(m)}\times(WWH_{ij})+\beta_{10j(m)}\times(OCC_{ij})+\beta_{11j(m)}\times(SUP_{ij})+\beta_{12j(m)}\times(EQU_{ij})$$
$$+\beta_{13j(m)}\times(HEA_{ij})\quad m=1,2$$

Level-2 Model

$$\beta_{0(1)}=\gamma_{00(1)}+\gamma_{01(1)}\times(URB_j)+\gamma_{02(1)}\times(SSE_j)+\gamma_{03(1)}\times(HEE_j)+u_{0j(1)}$$
$$\beta_{0(2)}=\gamma_{00(2)}+\gamma_{01(2)}\times(URB_j)+\gamma_{02(2)}\times(SSE_j)+u_{0j(2)}$$
$$\beta_{q(m)}=\gamma_{q0(m)}\quad m=1,2;\ q=1,\cdots,13$$

该模型中，考虑到医疗服务支出在预防"因病致贫"和"因病返贫"方面具有重要作用，因此将其作为一个控制变量加入层二模型的第一个方程中。这个控制变量的加入有助于更准确地解释个体进入低收入群体（相对于中等收入群体）的概率发生比。具体来说，医疗服务支出的增加可能会降低个体因病陷入贫困的风险，从而影响其收入层次。因此，在模型中考虑这一因素，能够更精确地反映个体收入层次变化的实际情况。

4. 模型 4 跨层交互模型

在模型 3 的基础上，通过将第一层的斜率设为第二层的结果变量，我们可以构建一个更复杂的模型，以考察第一层的回归效应是否受到第二层不同因素的影响，同时也可以探究第一层变量与第二层变量之间的跨层交互效应。这种建模方式允许我们深入分析各层次变量之间的相互影响，提供更全面的视角来理解数据中的复杂关系。

在第一类模型中，本案例关注地区社会保障支出与基本保险参与情况的跨层交互效应以及城镇化率与务农情况、受教育情况的跨层交互效应。地区社会保障支出与基本保险参与情况的跨层交互效应能够揭示社会保障支出的变化如何影响个体参与基本保险的情况。例如，如果社会保障支出增加，可能会提高个体参与基本保险的积极性，反之亦然。这种交互效应的分析有助于我们理解社会保障政策对个体行为的具体影响。城镇化进程可能对农村地区的务农情况和居民的受教育程度产生影响。通过考察城镇化率与务农情况、受教育情况的跨层交互效应，我们可以了解城镇化如何改变农村居民的职业选择和教育水平，进而对他们的收入水平和社会地位产生影响。

在第二类模型中，还关注了城镇化率与受教育情况的跨层交互效应：这一交互效应的分析可以揭示城镇化进程如何与个体的受教育程度相互作用，共同影响个体的收入和发展机会。例如，城镇化可能提供更多的教育资源和就业机会，从而提高受教育程度较高个体的收入水平。

为了准确识别这些跨层交互效应，可能需要进行多次模型调试，以确定哪些第二层变量对第一层回归系数产生影响，哪些不产生影响。这一过程是建模过程中的重要环节，有助于我们更精确地理解数据中的复杂关系。

Level-1 Model

$$\log[\phi_{mij}/\phi_{3ij}] = \beta_{0j(m)} + \beta_{1j(m)} \times (GEN_{ij}) + \beta_{2j(m)} \times (AGE_{ij}) + \beta_{3j(m)} \times (MAR_{ij})$$
$$+ \beta_{4j(m)} \times (FLO_{ij}) + \beta_{5j(m)} \times (BMI_{ij}) + \beta_{6j(m)} \times (BEI_{ij}) + \beta_{7j(m)}$$
$$\times (PAR_{ij}) + \beta_{8j(m)} \times (EDU_{ij})$$
$$+ \beta_{9j(m)} \times (WWH_{ij}) + \beta_{10j(m)} \times (OCC_{ij}) + \beta_{11j(m)} \times (SUP_{ij}) + \beta_{12j(m)} \times (EQU_{ij})$$
$$+ \beta_{13j(m)} \times (HLE_{ij}) \quad m = 1, 2$$

Level-2 Model

$$\beta_{0(1)} = \gamma_{00(1)} + \gamma_{01(1)} \times (URB_j) + \gamma_{02(1)} \times (SSE_j) + \gamma_{03(1)} \times (HEEj) + u_{0j(1)}$$

$$\beta_{5(1)} = \gamma_{50(1)} + \gamma_{51(1)} \times (SSE_j)$$

$$\beta_{6(1)} = \gamma_{60(1)} + \gamma_{61(1)} \times (SSE_j)$$

$$\beta_{8(1)} = \gamma_{80(1)} + \gamma_{81(1)} \times (URB_j)$$

$$\beta_{10(1)} = \gamma_{100(1)} + \gamma_{101(1)} \times (URB_j)$$

$$\beta_{0(2)} = \gamma_{00(2)} + \gamma_{01(2)} \times (URB_j) + \gamma_{02(2)} \times (SSE_j) + u_{0j(2)}$$

$$\beta_{8(2)} = \gamma_{80(2)} + \gamma_{81(2)} \times (URB_j)$$

$$\beta_{q(m)} = \gamma_{q0(m)} \quad others$$

二、结果分析

以上模型参数估计结果见表2.5。

表 2.5 多层多项 LOGIT 模型参数估计

变量		Model1		Model2		Model3		MODEL4	
		Coe. (s.e.)	Odds Ratio	Coe. (s.e.)	Odds Ratio	Coe. (s.e.)	Odds Ratio	Coe. (s.e.)	Odds Ratio
Category 1									
$\beta_{0(1)}$	$\gamma_{00(1)}$	−0.18 (0.13)	0.828	0.31 (0.25)	1.36	0.31 (0.24)	1.37	0.44* (0.25)	1.56
URB						−0.04 (0.01)***	0.95	−0.03 (0.01)***	0.96
SSE						0.0003 (0.0007)	1.00	0.000704 (0.000856)	1.0
HEE						−0.0002 (0.0008)	0.99	−0.0008 (0.0008)	0.99
GEN	$\gamma_{10(1)}$			−0.78 (0.11)***	0.45	−0.78 (0.11)***	0.45	−0.80 (0.11)***	0.44
AGE	$\gamma_{20(1)}$			−0.06 (0.01)***	0.94	−0.05 (0.01)***	0.94	−0.05 (0.01)***	0.94
MAR	$\gamma_{30(1)}$			−0.06 (0.13)	0.93	−0.08 (0.13)	0.92	−0.08 (0.13)	0.91
FLO	$\gamma_{40(1)}$			−0.47 (0.16)***	0.62	−0.45 (0.16)***	0.63	−0.43 (0.17)**	0.64
BMI	$\gamma_{50(1)}$			−0.32 (0.17)*	0.72	−0.33 (0.17)*	0.71	−0.43 (0.19)**	0.65
SSE	$\gamma_{51(1)}$							0.000429 (0.000587)	1.00
BEI	$\gamma_{60(1)}$			−0.34 (0.11)***	0.71	−0.34 (0.114)***	0.709500	−0.34 (0.1)***	0.70

续表

变量		Model1		Model2		Model3		MODEL4	
		Coe. (s.e.)	Odds Ratio	Coe. (s.e.)	Odds Ratio	Coe. (s.e.)	Odds Ratio	Coe. (s.e.)	Odds Ratio
	SSE $\gamma_{61(1)}$							−0.000 672 (0.000 376) *	0.99
PAR	$\gamma_{70(1)}$			−0.10 (0.12)	0.90	−0.12 (0.13)	0.88	−0.06 (0.13)	0.93
EDU	$\gamma_{80(1)}$			−0.06 (0.02) ***	0.93	−0.07 (0.02) ***	0.93	−0.05 (0.02) ***	0.94
	URB $\gamma_{81(1)}$							0.005 (0.001) ***	1.00
WWH	$\gamma_{90(1)}$			−0.009 (0.002) ***	0.99	−0.01 (0.002) ***	0.98	−0.01 (0.002) ***	0.98
OCC	$\gamma_{100(1)}$			1.20 (0.14) ***	3.34	1.16 (0.14) ***	3.21	0.83 (0.17) ***	2.299
	URB $\gamma_{101(1)}$							−0.050 6 (0.01) ***	0.95
SUP	$\gamma_{110(1)}$			0.08 (0.05)	1.08	0.08 (0.05)	1.09	0.06 (0.06)	1.06
EQU	$\gamma_{120(1)}$			−0.11 (0.05) *	0.89	−0.11 (0.05) *	0.89	−0.12 (0.05) **	0.88
HEA	$\gamma_{130(1)}$			−0.19 (0.06) ***	0.82	0.19 (0.06) ***	0.82	−0.19 (0.06) ***	0.82
Category2									
$\beta_{0(2)}$	$\gamma_{00(2)}$	−0.76 (0.11) ***	0.46	−2.11 (0.30) ***	0.12	−2.09 (0.29) ***	0.12	−2.08 (0.29) ***	0.12
URB						0.04 (0.01) ***	1.04	0.04 (0.01) ***	1.04
SSE						−0.001 (0.0004) **	0.99	−0.001 (0.0004) **	0.99

续表

变量		Model1		Model2		Model3		MODEL4	
		Coe. (s.e.)	Odds Ratio	Coe. (s.e.)	Odds Ratio	Coe. (s.e.)	Odds Ratio	Coe. (s.e.)	Odds Ratio
GEN	$\gamma_{10(2)}$			1.06 (0.13)***	2.9	1.06 (0.13)***	2.90	1.06 (0.13)***	2.91
AGE	$\gamma_{20(2)}$			0.10 (0.01)***	1.10	0.10 (0.01)***	1.10	0.10 (0.01)***	1.10
MAR	$\gamma_{30(2)}$			0.35 (0.16)**	1.43	0.36 (0.16)**	1.44	0.36 (0.16)**	1.44
FLO	$\gamma_{40(2)}$			0.79 (0.15)***	2.20	0.78 (0.16)***	2.18	0.77 (0.16)***	2.16
BMI	$\gamma_{50(2)}$			0.25 (0.20)	1.29	0.27 (0.20)	1.32	0.27 (0.21)	1.31
BEI	$\gamma_{60(2)}$			0.17 (0.12)	1.19	0.16 (0.12)	1.17	0.16 (0.13)	1.17
PAR	$\gamma_{70(2)}$			−0.29 (0.13)**	0.74	−0.28 (0.139)**	0.75	−0.28 (0.13)**	0.75
EDU	$\gamma_{80(2)}$			0.14 (0.02)***	1.15	0.14 (0.02)***	1.15	0.14 (0.02)***	1.15
URB	$\gamma_{81(2)}$							−0.0003 (0.002)	0.99
WWH	$\gamma_{90(2)}$			0.004 (0.003)	1.004	0.004 (0.003)	1.004	0.004 (0.003)	1.004
OCC	$\gamma_{100(2)}$			0.01 (0.20)	1.01	0.01 (0.20)	1.01	0.001 (0.203)	1.00
SUP	$\gamma_{110(2)}$			0.11 (0.06)*	1.12	0.10 (0.06)	1.11	0.10 (0.06)	1.11
EQU	$\gamma_{120(2)}$			0.30 (0.07)***	1.35	0.31 (0.07)***	1.36	0.30 (0.07)***	1.36

续表

变量		Model1		Model2		Model3		MODEL4	
		Coe. (s.e.)	Odds Ratio	Coe. (s.e.)	Odds Ratio	Coe. (s.e.)	Odds Ratio	Coe. (s.e.)	Odds Ratio
HEA	$\gamma_{130(2)}$			−0.001 (0.08)	0.99	−0.002 (0.08)	0.99	−0.003 (0.08)	0.99
Random Effect									
		Standard Deviation	χ^2	Standard Deviation	χ^2	Standard Deviation	χ^2	Standard Deviation	χ^2
$u_{0(1)}$		0.38	224.62***	0.31	151.98***	0.17	78.26	0.13	66.77***
$u_{0(2)}$		0.23	86.30***	0.35	98.75***	0.14	55.69	0.14	55.91***

（一）模型 1 零模型分析

该模型包括 2 类。第 1 类指因变量为进入低收入群体与进入中等收入群体概率发生比的对数值，第 2 类指因变量为进入高收入群体与进入中等收入群体概率发生比的对数值。模型的组间变异通过 ICC 来测量，因 LOGIT 回归模型的残差方差为 $\dfrac{\pi^2}{3}$，所以 $ICC = \dfrac{\delta^2_{u_0}}{\delta^2_{u_0} + \dfrac{\pi^2}{3}} = \dfrac{0.380\ 96 + 0.235\ 49}{0.380\ 96 + 0.235\ 49 + \dfrac{\pi^2}{3}} = 0.157\ 8\ 08$，

数据存在相当程度的组间异质性，超过了 Cohen（1988）所建议的高关联度（13.8%），因此我们用多层模型对数据进行分析。不同地区新生代农民发展水平存在差异，新生代农民发展水平受地区城镇化率和地区社会保障支出的影响。

（二）模型 2 随机效应模型分析

在零模型基础上，在第一层模型中同时引入了 13 个研究变量和控制变量，涵盖性别、年龄、婚姻稳定性、流动人口状态、基本医疗保险参保情况、基本养老保险参保情况、父亲是否从事农业、个人受教育程度、工作时间、个人是否从事农业、人际支持状况、社会公平感知以及个人健康状况等。

研究结果显示，对于第一类情况，也就是进入低收入群体与中等收入群体

的概率差异，除了婚姻稳定性、父亲是否务农以及人际支持情况外，其余10个变量均对第一类的对数比率产生显著的预测效果（p<0.1）。在控制其他预测变量和随机效应的情况下，男性、从事非农业、流动人口、参加基本医疗保险和基本养老保险的人员更有可能进入中等收入群体。对于年龄、受教育时间、每周工作时间、社会公平感知和健康状况等非二元变量，它们均预测了较低的进入低收入群体的概率。具体来说，在其他预测变量和随机效应保持不变的前提下，这些变量每增加一个单位，进入低收入群体的概率会分别下降0.065 979 5、0.067 226、0.009 908、0.111 220 和 0.192 565。这表明个人的人力资本投入，如健康、教育、非农业就业、外出务工、保险和工作时间等因素，对新生代农民的发展水平有显著影响。

对于第二类情况，即进入高收入群体与中等收入群体的概率差异，受到性别、年龄、婚姻稳定性、流动人口状态、父亲是否务农、受教育年限、人际支持情况、社会公平感知等变量的影响。然而，个人健康状况、是否务农、每周工作时间以及基本医疗保险和基本养老保险的参保情况对此并无显著作用。在控制其他预测变量和随机效应的情况下，父辈务农预测了较低的进入高收入群体的对数比率，而男性、婚姻稳定和流动人口相对于女性、婚姻不稳定和非流动人口则预测了较高的进入高收入群体的对数比率。此外，年龄、受教育年限和社会公平感知等变量也预测了较高的进入高收入群体的概率。这表明社会支持系统，如代际支持、婚姻支持、人际关系支持和社会公平环境支持等因素，对新生代农民的发展水平具有重要影响。

在模型 2 中，截距项的随机变异达到了高度显著的水平，这表明农民的发展问题存在着显著的区域差异。因此，为了深入分析这种差异，我们需要在截距项的变异分析中加入区域水平变量，从而构建出模型 3。

（三）模型 3 随机截距模型分析

模型 3 深入探究了区域差异对新生代农民发展产生的影响。研究结果显示，城镇化率和社会保障支出对新生代农民的发展水平有显著影响。具体来说，城镇化率的提高会显著增加新生代农民进入中等收入群体的机会。每当城镇化率提升一个单位，新生代农民相较于低收入群体，进入中等收入群体的可能性将增加至 1.043 321 倍，这一发现在 1% 的统计水平上显著。相似地，城镇化率的提升也会增加新生代农民跻身高收入群体的概率。然而，社会保障支出的增加则会降低新生代农民进入高收入群体的概率。每当社会保障支出增加一个单位，新生代农民相较于中等收入群体，进入高收入群体的可能性会降低至 0.998 984 倍。因此，可以推断城镇化率在人力资本投资导致的收入分化中起到了重要的调节作用。

（四）模型 4 跨层交互模型分析

为了验证城镇化率、社会保障支出等地区变量的调节效果，我们采用了部分回归系数作为因变量，同时以城镇化率、社会保障支出等反映地区特征的变量为自变量，构建了地区层面的回归方程，以此来阐释地区间的差异性。模型分析结果显示，教育确实提高了新生代农民从低收入群体跃升至中等收入群体的概率（以对数发生比衡量），但值得注意的是，城镇化率对这一提升作用产生了负向的调节作用（由于第二层的系数与第一层系数符号相反，且在 5% 的统计水平上显著）。相较之下，尽管教育也提升了新生代农民从中等收入群体进入高收入群体的概率，但城镇化率对于这一提升效果并未显示出显著的调节作用。

研究还发现，从事农业活动使得新生代农民陷入低收入群体的可能性，是非农业活动新生代农民的 2.299 409 倍。然而，在城镇化率较高的环境中，这种分化趋势受到了一定的缓冲。具体而言，城镇化率每上升一个单位，务农对农民陷入低收入群体的影响就会减少 0.050 6 个单位。这意味着，高度的城镇化实际上减缓了务农引起的收入层次下降趋势。

至于社会保障支出，其增加会提高新生代农民进入中等收入群体（相对于高收入群体）的概率。同时，社会保障支出的增加对养老保险的减贫作用表现出了显著的正向调节作用（由于第二层的系数与第一层系数符号相同，且在 10% 的统计水平上显著）。每当社会保障支出增加一个单位，养老保险的减贫效果就会增强 0.000 672 个单位。

（五）稳健性检验

模型 2 至模型 4 的参数估计结果呈现出相似性，这在一定程度上验证了这些模型的稳健性。同时，中等收入群体的界定标准具有一定的灵活性，可以采用不同的界定方法。为了进一步检验模型的稳定性和适用性，我们采用了李颖丽和江宗德（2013）提出的农村居民中等收入者标准，即年收入在 18 598.3 元至 55 794.9 元之间，来重新定义中等收入群体。

在重新界定了中等收入群体后，我们重新估计了模型 1 至模型 4。结果显示，即使改变了中等收入群体的界定标准，我们仍然得到了与之前类似的结论。这表明我们的模型不仅稳健，而且能够适应不同的中等收入群体界定标准。

模型 2 至 4 中各模型参数估计结果类似，在一定程度上验证了模型的稳健性。同时中等收入群体界定具有一定的替代性，改变中等收入群体的相对界定标准，使用李颖丽、江宗德（2013）测算的农村居民中等收入者标准为 18 598.3~55 794.9 元，重新估计模型 1 至 4，仍然可以得到类似结论。

三、主要结论与政策建议

为深入揭示我国新生代农民不同阶层的演变与流动规律，并反映各地区在省级层面上的分化特征，本研究引入了广义线性分层模型，对影响新生代农民发展的因素进行了全面探究，以下为主要研究发现及相应的政策建议。

（一）主要结论

1. 地区差异显著

新生代农民的发展水平因地区而异，明显受到城镇化率和社会保障支出的影响。高城镇化率有助于新生代农民进入中等和高收入群体，而高额社会保障支出则降低了他们进入高收入群体的机会。

2. 不同的上升路径

从低收入到中等收入与从中等收入到高收入的流动路径不同。前者更多依赖于个人的教育、技能和健康等人力资本投入，而后者则更多依赖于社会支持，如稳定的婚姻关系、父辈的职业、流动状态、教育水平、人际关系和社会公平感等。

3. 教育的双重影响

教育确实提升了新生代农民的社会经济地位，但值得注意的是，在高度城镇化的地区，教育对从低收入到中等收入流动的提升作用被削弱。同时，个人医疗保险和养老保险显示出显著的减贫效果，而地区社会保障支出不仅具有直接的减贫作用，还增强了养老保险的减贫功能。

（二）政策建议

1. 宏观层面

（1）持续推进城镇化。尽管我国城镇化率已达到一定水平，但各地区发展不平衡，且与国际先进水平仍有差距。因此，应继续加大城镇化建设力度，以创造更多就业机会，推动农村地区发展，进而提高农民收入。

（2）加强社会保障体系。在保持新农合高覆盖率的同时，应努力提升基本养老保险的参保率，并适度增加社会保障支出，以缩小收入差距，并强化其减贫和扩大中等收入群体的作用。

（3）提升社会公平感。通过树立公平公正的社会价值观，提高教育、医疗和社会保障等公共服务的普惠性，以增强新生代农民的社会公平感。

2. 个体层面

（1）精准帮扶。针对低收入群体，应关注其个人人力资本投资，如教育和技能提升；对于中等收入群体，则应增强其社会支持网络。

（2）性别平等教育。特别需要关注女性的教育机会平等，确保她们能够获得与男性同等的教育资源，并通过社区支持等手段增强她们的人际网络和社会支持。

📝 本章小结

本章主要介绍了回归模型在数据分析中的应用。首先，概述了回归模型的基本概念、用途及其在统计学中的重要性。回归模型作为一种强大的统计工具，能够帮助我们理解和预测变量之间的关系，尤其是因变量与自变量之间的依赖关系。其次，本章深入探讨了多元线性回归模型，这是一种用于分析多个自变量如何共同影响一个因变量的方法。多元线性回归模型通过考虑多个影响因素，能够更全面地揭示数据背后的复杂关系，并为预测和决策提供更准确的信息。再次，本章介绍了分层回归模型。这种模型允许我们在考虑不同层级或组群的情况下，分析变量之间的关系。通过分层回归，我们可以更精细地探究不同组或层级间的影响因素，从而得出更具体的结论。最后，通过案例应用展示了回归模型在解决实际问题中的实用性和有效性。

📖 课后习题

1. 简述回归模型的基本概念和它在数据分析中的主要作用。在回归模型中，自变量和因变量分别指什么？请给出一个实际生活中的例子来说明。

2. 多元线性回归模型和简单线性回归模型有何不同？为什么在某些情况下，我们需要使用多元线性回归模型而不是简单线性回归模型？请列举一个需要使用多元线性回归模型的场景，并解释原因。

3. 分层回归模型适用于哪些类型的数据分析？请描述一个可能的应用场景，并解释为什么分层回归模型在该场景中会比传统的回归模型更有效。

4. 假设你要分析中国国内旅游总花费与国内生产总值（GDP）、铁路里程、公路里程之间的关系，你将如何建立回归模型？在上述模型中，如何对回归系数进行显著性检验？请解释模型检验结果的比较方法。

第三章

分类模型

第一节　分类模型概述

分类模型是一类用于将数据划分到预先定义的类别中的统计模型，它根据已有的数据和标签（分类的类别）进行学习，预测未知数据的标签。根据分类类别的数目，分类问题可以划分为二分类和多分类问题。

在构建分类模型时，通常需要经过以下步骤。

一是数据预处理。由于现实生活中的数据往往不是完美的，因此在开始训练模型之前，需要对数据进行预处理，包括数据清洗、特征选择、特征变换等，以使得数据更符合模型的输入要求。

二是模型训练。在预处理完数据后，需要使用训练数据集来训练分类模型。训练过程中，模型会学习数据中的特征和标签之间的关系，以便在后续的预测中能准确地预测新数据的标签。

三是模型评估与调参。模型训练完成后，需要对模型进行评估，以了解模型的性能如何。评估指标通常包括准确率、精确率、召回率等。如果模型的性能不佳，还需要对模型进行调参，以优化模型的性能。

常见的分类模型包括判别分析、Logistic 模型、贝叶斯推断、决策树模型等。这些模型各有优缺点，适用于不同的场景和数据类型。

判别分析作为一种分类方法，在已知多个类型及其样本数据的基础上，利用特定准则来构建判别式，从而判断新样本的类型。这种方法主要分为距离判别法、Fisher 判别法、Bayes 判别法和逐步判别法。在距离判别法中，我们首先根据已有的分类数据计算出各个类别的中心点，也就是各类数据的平均值，然后通过测量新数据与这些中心点的距离来确定其应属于哪个类别。判别分析在动植物分类、医学疾病诊断、社区种类划分、气象区划分、商品等级分类、职业能力分类等领域有广泛应用。

Logistic 模型是一种离散选择法模型，属于多重变量分析范畴，该模型通过 logit 变换，将线性回归模型扩展到因变量为定性变量（分类变量）的情况。Logistic 模型广泛应用于社会学、生物统计学、临床、数量心理学、计量经济学、市场营销等领域的统计实证分析。

贝叶斯推断是基于贝叶斯定理的统计推断方法。它使用先验概率（在观测到数据之前对未知参数或假设的信念）和似然函数（给定参数值下观测到数据的概率）来计算后验概率（在观测到数据后对未知参数或假设的信念）。贝叶斯推断的特点是可以利用先验信息来更新对未知量的估计，并通过后验概率来反映新的信息。贝叶斯推断在许多领域都有应用，如统计学、机器学习、自然语言处理、生物信息学等。

决策树模型是一种非参数分类器，它通过树形图的形式表示决策过程中不同变量之间的关系。决策树模型不需要对数据有任何的先验假设，计算速度较快，结果容易解释，且稳健性强。决策树模型通常用于序列决策中，如医学诊断、金融决策、市场营销等。它通过图解方式展示不同条件下的各种方案及其效益值，从而帮助决策者做出最优选择。

在实际应用中，需要根据具体的问题和数据类型选择适合的分类模型，并进行相应的训练和调优，以达到最佳的分类效果。总的来说，分类模型在机器学习和数据科学领域中非常重要，它们可以应用于各种场景，如垃圾邮件检测、图像识别、疾病诊断等。在选择分类模型时，需要考虑数据的特性、问题的复杂性以及模型的解释能力等因素。

分类模型在数字经济中的应用实践包括以下几方面。

一是流失用户预警。通过分类模型预测用户流失的可能性。例如，在电商平台上，通过分析用户的购物行为、浏览记录等数据，预测哪些用户可能流失，从而采取相应的措施挽留用户。

二是用户画像标签搭建。通过分类模型对用户进行细分，为每个用户打上标签，以更好地了解用户需求。例如，在社交媒体平台上，通过分析用户的兴趣、互动行为等数据，为用户打上"科技爱好者""美食爱好者"等标签，以便推送更符合用户兴趣的内容。

三是商品图片分类。通过分类模型识别商品图片中的特征，实现商品分类和推荐。例如，在购物平台上，通过分析用户上传的商品图片，识别图片中的商品类别，并推荐相似的商品给用户。

四是优惠券定向分发。通过分类模型对用户进行细分，实现优惠券的精准推送。例如，在电商平台上，根据用户的购物历史、消费能力等数据，为用户推送不同额度的优惠券，以提高优惠券的使用率。

五是征信评估/诈骗识别。通过分类模型分析用户的信用记录、消费行为等数据，评估用户的信用等级。同时，通过分析异常的电话、短信、邮件等数据，识别诈骗行为。例如，在金融行业中，通过分类模型评估用户的信用风险，以决定是否为其提供贷款；在通信行业中，通过分类模型识别诈骗电话，以保护用户的财产安全。

总之，分类模型在数字经济中的应用广泛，涵盖了用户行为分析、商品推荐、精准营销、风险控制等多个领域。通过这些应用，企业能够更好地了解用户需求，提高产品质量和服务质量，降低运营成本。

第二节　判别分析

判别分析是一种统计方法，用于确定哪些变量在两个或多个自然分组之间最具区分性。当已知分类结果，并希望基于某些特征对新数据进行分类时，可以使用此方法。判别分析常用于市场营销、医学诊断和金融信用评分等领域。线性判别分析（LDA）是其最常见的形式，它假设各类别的协方差矩阵相同，并尝试找到一个线性组合，使类别之间的分离度最大。

一、判别分析概述

（一）什么是判别分析

判别分析，作为多元统计中的一个重要方法，旨在判断样本或观测值应归属于哪个预定义的类别。当研究对象已经被某种方式划分为几个类别后，这种方法帮助我们确定新的样本或观测值应该归入哪一类。在进行判别分析时，我们通常需要构建一个判别函数，该函数用于量化新样本与各已知类别的相似度或接近程度。同时，我们还需要设定一个明确的判别准则，以便依据该准则来判断新样本的归属类别。判别准则是我们判断新样本与已知类别相似度的依据，它提供了理论和方法基础。这些准则包括距离准则、Fisher 准则和贝叶斯准则等。它们可以基于统计性方法，如通过数理统计的显著性检验来判定新样本的类别，也可以基于确定性的方法，即仅根据判别函数值的大小来明确样本的归属类别。

（二）判别分析的种类

根据组数，判别分析可分为两组判别与多组判别。根据数学模型的形式，分为线性判别和非线性判别。根据变量处理手法，可分为逐步判别和序贯判别等。根据判别准则不同，可分为距离准则、Fisher 准则以及贝叶斯判别准则等。

二、判别分析方法

（一）距离判别法

距离判别法可以应用于任何分布类型的数据资料，对总体的分布类型没有要求。距离判别法也被称为最邻近方法，基本原理是利用已有的分类数据，计算出各个类别的中心点，即先确定类的均值；当获得一个新的观测值时，测量新观测值与各个类别中心点的距离；比较新观测值与各类中心点的距离，则判别该新观测值属于距离最近的那一类。

1. 两组距离判别

设有两组总体 G_A 和 G_B，分别提取样品 n_1 和 n_2 个，$(n_1 + n_2) = n$，每个样品都有 p 个观测指标，观测数据格式如下。

总体 G_A 的样本数据为
$$\begin{pmatrix} x_{11}(A) & x_{12}(A) & \cdots & x_{1p}(A) \\ x_{21}(A) & x_{22}(A) & \cdots & x_{2p}(A) \\ \vdots & \vdots & & \vdots \\ x_{n_11}(A) & x_{n_12}(A) & \cdots & x_{n_1p}(A) \end{pmatrix}$$

该总体的样本指标平均值为 $\bar{x}_1(A)$，$\bar{x}_2(A)$，$\cdots$，$\bar{x}_p(A)$。

总体 G_B 的样本数据为
$$\begin{pmatrix} x_{11}(B) & x_{12}(B) & \cdots & x_{1p}(B) \\ x_{21}(B) & x_{22}(B) & \cdots & x_{2p}(B) \\ \vdots & \vdots & & \vdots \\ x_{n_21}(B) & x_{n_22}(B) & \cdots & x_{n_2p}(B) \end{pmatrix}$$

该总体的样本指标平均值为 $\bar{x}_1(B)$，$\bar{x}_2(B)$，$\cdots$，$\bar{x}_p(B)$。

假设有新样品 X，且有 $X = (x_1, x_2, \cdots, x_p)$，为了确定 X 的归属，可以分别计算样品 X 与 G_A 和 G_B 距离，设样品 X 与 G_A 的距离为 $D(X, G_A)$、样品 X 与 G_B 的距离为 $D(X, G_B)$，则根据"距离最近准则"，若 $D(X, G_A) < D(X, G_B)$，则判定样品属于 G_A；如果 $D(X, G_A) > D(X, G_B)$，则判定样本属于 G_B；如果 $D(X, G_A) = D(X, G_B)$，则暂不归类，以免误判。判别准则

如下：

$$\begin{cases} X \in G_A, \ 若 D(X, \ G_A) < D(X, \ G_B) & (3.1) \\ X \in G_B, \ 若 D(X, \ G_A) > D(X, \ G_B) & (3.2) \\ X \ 待判, \ 若 D(X, \ G_A) = D(X, \ G_B) & (3.3) \end{cases}$$

距离的定义多种多样，具体选择哪种距离一方面要考虑问题的实际背景，另一方面要考察数据的特殊属性。当样品的各个变量间几乎不存在关联，或者关联极小时，欧氏距离是一个合适的选择。作为最直观、最常用的距离度量方式，欧氏距离定义为各变量值之差的平方和的平方根，衡量的是多维空间中两点之间的直线距离。

$$D(X, \ G_A) = \sqrt{\sum_{\alpha=1}^{p} (x_\alpha - \bar{x}_\alpha(A))^2}$$

$$D(X, \ G_B) = \sqrt{\sum_{\alpha=1}^{p} (x_\alpha - \bar{x}_\alpha(B))^2}$$

然后，我们比较计算出的各个距离的大小，按照"距离最近准则"进行判别归类，将新样品归类到距离其最近的类别中。

然而，在实际应用中，由于我们经常需要处理包含多个变量的数据集，而这些变量之间往往存在着一定的相关性，为了更好地应对这种情况，我们更倾向于采用马氏距离而非欧氏距离进行度量。与欧氏距离仅考虑各变量之间的直线距离不同，马氏距离能够更全面地反映变量间的相关性。通过引入变量间的协方差矩阵，对每个变量根据其方差进行了标准化，因此在处理多维且相关的数据时更为准确。马氏距离公式为

$$d^2(X, \ G_A) = (X - \overline{X}_{(A)})' S_A^{-1}(X - \overline{X}_{(A)})$$

$$d^2(X, \ G_B) = (X - X_{(B)})' S_B^{-1}(X - \overline{X}_{(B)})$$

其中 $\overline{X}_{(A)}$、$\overline{X}_{(B)}$、S_A、S_B 分别是 G_A、G_B 的均值和协方差阵。

这时的判别准则可以考虑以下两种情况：

（1）当 $S_A = S_B = S$ 时，

$$d^2(X, \ G_B) - d^2(X, \ G_A)$$

$$= (X - \overline{X}_{(B)})' S_B^{-1}(X - \overline{X}_{(B)}) - (X - \overline{X}_{(A)})' S_A^{-1}(X - \overline{X}_{(A)})$$

$$= 2\left[X - \frac{1}{2}(\overline{X}_{(A)} + \overline{X}_{(B)})\right]' S^{-1}(\overline{X}_{(A)} - \overline{X}_{(B)})$$

令 $\overline{X} = \frac{1}{2}(\overline{X}_{(A)} + \overline{X}_{(B)})$，并且我们记 $W(X) = (d^2(X, \ G_B) - d^2(X, \ G_A))/2$

则 $W(X) = (X - \bar{X})S^{-1}(\bar{X}_{(A)} - \bar{X}_{(B)})$

此时判别准则可以表达为

$$X \in G_A \text{，如果 } W(X) > 0 \tag{3.4}$$

$$X \in G_B \text{，如果 } W(X) < 0 \tag{3.5}$$

$$X \text{ 待判，如果 } W(X) = 0 \tag{3.6}$$

$W(X)$ 的数学表达式也可以写成

$W(X) = \alpha(X - \bar{X})$，其中 $\alpha = S^{-1}(\bar{X}_{(A)} - \bar{X}_{(B)})$ 。

这里的 $W(X)$ 是基于特定类别与新样品之间的马氏距离计算得出的，其基本形式是一个线性组合，即特征的加权和，所以 $W(X)$ 又被称为线性判别函数。

当 $p = 1$ 时，两个总体的分布分别是 $N(\mu_1, \sigma^2)$ 和 $N(\mu_2, \sigma^2)$ ，此时我们记判别函数为

$$W(X) = \left(X - \frac{\mu_1 + \mu_2}{2}\right)\frac{1}{\sigma^2}(\mu_1 - \mu_2)$$

当缺乏总体参数时，我们可以用样本均值替代，判别准则即为

$$W(X) = \left(X - \frac{\bar{x}_1 + \bar{x}_2}{2}\right)\frac{1}{s^2}(\bar{x}_1 - \bar{x}_2)$$

不妨设 $\mu_1 < \mu_2$ ，这时 $W(X)$ 的符号取决于 $X > \bar{\mu}$ 或 $X < \bar{\mu}$ 。 $X < \bar{\mu}$ 时，判 $X \in G_A$; $X > \bar{\mu}$ 时，判 $X \in G_B$ 。

两组距离判别法判别准则直观且合理，然而，任何一种分类方法都不可能做到百分之百的准确率，两组距离判别法也不例外。当两类数据在特征空间中有所重叠时，依靠距离判别法可能难以做到精确分类。这是因为距离判别法主要依赖于数据点之间的距离来进行分类，如果两个类别的数据点在特征空间中相互交织，那么仅通过距离来判断其类别就很容易出错。如图 3.1，如果 X 来自 G_A，但却落入 D_2，被错判为 G_B 组，错判的概率为图中阴影的面积，记为 $P(2 \mid 1)$ ，类似有 $P(1 \mid 2)$ ，显然 $P(2 \mid 1) = P(1 \mid 2) = 1 - \Phi\left(\dfrac{\mu_1 - \mu_2}{2\sigma}\right)$ 。

当两个总体的均值近似相等时，任何判别方法都可能面临较高的错判率，因为这两个总体的分布在很大程度上是重叠的。在这种情况下，进行判别分析可能确实没有太大的实际意义。为了确保判别分析的有效性，在进行判别分析前，我们通常需要检验两个（或多个）总体的平均值是否有显著差异。

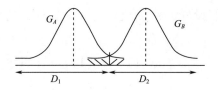

图 3.1

（2）当 $S_A \neq S_B$ 时，依据距离最近准则，类似地有

$$X \in G_A ，\text{如果 } D(X, G_A) < D(X, G_B) \tag{3.7}$$

$$X \in G_B ，\text{如果 } D(X, G_A) > D(X, G_B) \tag{3.8}$$

$$X \text{ 待判，如果 } D(X, G_A) = D(X, G_B) \tag{3.9}$$

仍然用 $W(X) = d^2(X, G_B) - d^2(X, G_A)$

$$= (X - X_{(B)})'S_B^{-1}(X - \overline{X}_{(B)}) - (X - \overline{X}_{(A)})'S_A^{-1}(X - \overline{X}_{(A)})$$

此时 $W(X)$ 是二次判别函数，作为特征变量的二次组合，可以处理更复杂的决策边界。

（3）判别分析检验。判别分析的前提是假设两组样本源于不同的总体。若两个总体的均值向量在统计学上无显著差异，则进行判别分析的价值就不大。因此，在进行两组判别分析时，本质上是要验证两个正态总体的均值向量是否一致。为此，我们采用的检验统计量为

$$F = \frac{(n_1 + n_2 - 2) - p + 1}{(n_1 + n_2 - 2)p} T^2 \sim F(p, n_1 + n_2 - p - 1)$$

其中：

$$T^2 = (n_1 + n_2 - 2)\left(\sqrt{\frac{n_1 n_2}{n_1 + n_2}}(\overline{X}(A) - \overline{X}(B))\right)'S^{-1}\left(\sqrt{\frac{n_1 n_2}{n_1 + n_2}}(\overline{X}(A) - \overline{X}(B))\right)$$

$$S = S_A + S_B$$

对于预先给定的检验水平，通过查分布表 $\{F > F_\alpha\} = \alpha$，可得出临界值 F_α，再根据样本值计算检验统计量 F，与临界值比较，若 $F > F_\alpha$，则否定原假设，认为两个总体的均值向量在统计上差异显著，否则两个总体的均值向量在统计上差异不显著。

2. 多个总体的距离判别法

以上两个总体的讨论距离判别可以推广到多个总体的情况。

设有 k 个总体 $G_1, \cdots, G_k$，每个总体中抽取样品个数分别为 $n_1, \cdots, n_k$，

$(n_1 + \cdots + n_k) = n$，假设样品观测值均为 p 个指标，则我们可以得观测数据如下。

总体 G_1 的样本数据为
$$\begin{pmatrix} x_{11}(1) & x_{12}(1) & \cdots & x_{1p}(1) \\ x_{21}(1) & x_{22}(1) & \cdots & x_{2p}(1) \\ \vdots & \vdots & \vdots & \vdots \\ x_{n_1 1}(1) & x_{n_1 2}(1) & \cdots & x_{n_1 p}(1) \end{pmatrix}$$

总体 G_1 的样本均值为 $\bar{x}_1(1)$，$\bar{x}_2(1)$，$\cdots$，$\bar{x}_p(1)$

总体 G_k 的样本数据为
$$\begin{pmatrix} x_{11}(k) & x_{12}(k) & \cdots & x_{1p}(k) \\ x_{21}(k) & x_{22}(k) & \cdots & x_{2p}(k) \\ \vdots & \vdots & & \vdots \\ x_{n_2 1}(k) & x_{n_2 2}(k) & \cdots & x_{n_2 p}(k) \end{pmatrix}$$

总体 G_k 的样本均值为 $\bar{x}_1(k)$，$\bar{x}_2(k)$，$\cdots$，$\bar{x}_p(k)$。

它们的样本均值和协方差阵分别为 $\overline{X}_{(1)}$，$\cdots$，$\overline{X}_{(k)}$；S_1，$\cdots$，S_k。一般的，记总体的样本指标平均值为 $\overline{X}_{(i)} = (\bar{x}_1(i)$，$\bar{x}_2(i)$，$\cdots$，$\bar{x}_p(i))$，$i = 1$，$2$，$\cdots$，$k$。

（1）当 $S_1 = S_2 =$，$\cdots = S_k = S$ 时，$d^2(X, G_i) = (X - \overline{X}_{(i)})' S_i^{-1}(X - \overline{X}_{(i)})$ $i = 1$，2，$\cdots$，k

判别函数为 $W_{ij}(X) = \dfrac{1}{2}\left[d^2(X, G_j) - d^2(X, G_i) \right]$

$$= \left(X - \frac{\overline{X}_i + \overline{X}_j}{2} \right) \frac{1}{S^2}(\overline{X}_i - \overline{X}_j) \quad i, j = 1, 2, \cdots, k$$

相应的判别准则为

$$\begin{cases} X \in G_i，当 W_{ij}(X) > 0 \text{ 时，对于一切} j \neq i \\ 待判，若有一个 W_{ij}(X) = 0 \end{cases}$$

（2）当 S_1，S_2，$\cdots S_k$ 不相等时，判别函数为

$$W_{ji}(X) = (X - \overline{X}_{(j)})' S_j^{-1}(X - \overline{X}_{(j)}) - (X - \overline{X}_{(i)})' S_i^{-1}(X - \overline{X}_{(i)})$$

相应的判别准则为

$$\begin{cases} X \in G_i，当 W_{ij}(X) > 0 \text{ 时，对于一切} j \neq i \\ 待判，若有一个 W_{ij}(X) = 0 \end{cases}$$

（二）Fisher 判别法

Fisher 判别法是一种线性判别分析方法，由统计学家 R. A. Fisher 于 1936 年

提出。该方法的基本思想是投影，即将高维空间中的样本点投影到低维空间，从而简化问题。其目的是找到一种投影方式，使得投影后同一类之内的样本点的离散程度尽可能小，而不同类之间的样本点的离散程度尽可能大。

Fisher 判别分析法的具体步骤包括：

首先，收集两组或多组数据，并进行必要的预处理，如标准化或归一化，以消除量纲和数量级的影响。

其次，判别函数的形式通常为 $y = c_1 x_1 + c_2 x_2 + \cdots + c_p x_p$ ，其中 c_1，c_2，$\cdots$，c_p 为待求的判别函数的系数。判别函数系数的确定，其核心原则在于最大化两组之间的差异，同时最小化每组内部的离散性。换句话说，我们希望找到一个函数，该函数能够清晰地描绘出两组数据之间的分界，使得组与组之间的区分度尽可能明显，同时确保同一组内的数据点尽可能地紧凑、不分散。这样的原则不仅有助于提升分类的准确性，还能增强分类模型的稳定性和可靠性。通过精心调整判别函数的系数，我们可以实现这一目标，从而构建出高效、精准的分类模型。

最后，应用判别函数将新的样本进行分类。将新样本的指标值代入判别函数中，计算出判别值，然后根据判别值和预设的判别临界值进行比较，从而判断新样本属于哪一个类别。

1. 两组判别分析

（1）方法原理。设有两组总体 G_A 和 G_B ，分别提取样品 n_1 和 n_2 个，$(n_1 + n_2) = n$ ，每个样品都有 p 个观测指标，观测数据格式如下：

总体 G_A 的样本数据为
$$\begin{pmatrix} x_{11}(A) & x_{12}(A) & \cdots & x_{1p}(A) \\ x_{21}(A) & x_{22}(A) & \cdots & x_{2p}(A) \\ \vdots & \vdots & & \vdots \\ x_{n_1 1}(A) & x_{n_1 2}(A) & \cdots & x_{n_1 p}(A) \end{pmatrix}$$

总体 G_A 的样本均值为 $\bar{x}_1(A)$ ，$\bar{x}_2(A)$ ，$\cdots$，$\bar{x}_p(A)$

总体 G_B 的样本数据为
$$\begin{pmatrix} x_{11}(B) & x_{12}(B) & \cdots & x_{1p}(B) \\ x_{21}(B) & x_{22}(B) & \cdots & x_{2p}(B) \\ \vdots & \vdots & \vdots & \vdots \\ x_{n_2 1}(B) & x_{n_2 2}(B) & \cdots & x_{n_2 p}(B) \end{pmatrix}$$

总体 G_B 的样本均值为 $\bar{x}_1(B)$ ，$\bar{x}_2(B)$ ，$\cdots$，$\bar{x}_p(B)$

我们用 $\bar{y}(A) = \sum_{k=1}^{p} c_k \bar{x}_k(A)$ 来表示第一组 G_A 的样品重心，从用 $\bar{y}(B) = \sum_{k=1}^{p} c_k$ $\bar{x}_k(B)$ 表示第二组 G_B 的样品重心，这样两组之间的离差即可以表示为 $(\bar{y}(A) - \bar{y}(B))^2$，同时 $\sum_{n=1}^{n_1} (y_i(A) - \bar{y}(A))^2$ 和 $\sum_{n=1}^{n_2} (y_i(B) - \bar{y}(B))^2$ 可以表示为 G_A、G_B 的内部离差，这里 $y_i(A) = \sum_{k=1}^{p} c_k x_{ik}(A)$；$y_i(B) = \sum_{k=1}^{p} c_k x_{ik}(B)$。

根据 Fisher 准则，我们的目标是所构建的判别函数能够确保两组之间的差异性最大化，同时使得每一组内部的数据点尽可能集中，即组内离散性最小化。即此时判别函数的系数 c_1，c_2，$\cdots$，c_p 能够满足

$$I = \frac{(\bar{y}(A) - \bar{y}(B))^2}{\sum_{i=1}^{n_1} (y_i(A) - \bar{y}(A))^2 + \sum_{i=1}^{n_2} (y_i(B) - \bar{y}(B))^2}$$

取得最大值。

（2）判别系数的导出。令

$$Q = (\bar{y}(A) - \bar{y}(B))^2$$

$$F = \sum_{n=1}^{n_1} (y_i(A) - \bar{y}(A))^2 + \sum_{n=1}^{n_2} (y_i(B) - \bar{y}(B))^2$$

$$I = \frac{Q}{F}$$

利用微积分求极值的必要条件，将等式两边取对数

$$\ln I = \ln Q - \ln F$$

此时令 $$\frac{\partial \ln I}{\partial c_k} = \frac{\partial \ln Q}{\partial c_k} - \frac{\partial \ln F}{\partial c_k} = 0 \quad k = 1, 2 \cdots p$$

则我们有 $$\frac{1}{Q} \frac{\partial Q}{\partial c_k} - \frac{1}{F} \frac{\partial F}{\partial c_k} = 0$$

改写得 $$\frac{F}{Q} \frac{\partial Q}{\partial c_k} = \frac{\partial F}{\partial c_k}$$

$$\frac{1}{I} \frac{\partial Q}{\partial c_k} = \frac{\partial F}{\partial c_k}$$

同时由于 $Q = (\bar{y}(A) - \bar{y}(B))^2 = \left(\sum_{k=1}^{p} c_k \bar{x}_k(A) - \sum_{k=1}^{p} c_k \bar{x}_k(B) \right)^2$

$$= \left(\sum_{k=1}^{p} c_k (\bar{x}_k(A) - \bar{x}_k(B)) \right)^2$$

设 $$d_k = \bar{x}(A) - \bar{x}(B)$$

则
$$Q = \Big(\sum_{k=1}^{p} c_k d_k \Big)^2$$

即得
$$\frac{\partial Q}{\partial c_k} = 2 \Big(\sum_{l=1}^{p} c_l d_l \Big) \cdot d_k$$

并且 $F = \displaystyle\sum_{n=1}^{n_1} (y_i(A) - \bar{y}(A))^2 + \sum_{n=1}^{n_2} (y_i(B) - \bar{y}(B))^2$

$$= \sum_{i=1}^{n_1} \Big(\sum_{k=1}^{p} c_k x_{ik}(A) - \sum_{k=1}^{p} c_k \bar{x}_k(A) \Big)^2 + \sum_{i=1}^{n_2} \Big(\sum_{k=1}^{p} c_k x_{ik}(B) - \sum_{k=1}^{p} c_k \bar{x}_k(B) \Big)^2$$

$$= \sum_{i=1}^{n_1} \Big(\sum_{k=1}^{p} c_k (x_{ik}(A) - \bar{x}_k(A)) \Big)^2 + \sum_{i=1}^{n_2} \Big(\sum_{k=1}^{p} c_k (x_{ik}(B) - \bar{x}_k(B)) \Big)^2$$

$$= \sum_{i=1}^{n_1} \Big(\sum_{k=1}^{p} c_k (x_{ik}(A) - \bar{x}_k(A)) \cdot \sum_{k=1}^{p} c_l (x_{il}(A) - \bar{x}_l(A)) \Big)$$

$$+ \sum_{i=1}^{n_2} \Big(\sum_{k=1}^{p} c_k (x_{ik}(B) - \bar{x}_k(B)) \cdot \sum_{k=1}^{p} c_l (x_{il}(B) - \bar{x}_l(B)) \Big)$$

$$= \sum_{k=1}^{p} \sum_{l=1}^{p} c_k c_l \Big[\sum_{i=1}^{n_1} (x_{ik}(A) - \bar{x}_k(A))(x_{il}(A) - \bar{x}_l(A))$$

$$+ \sum_{i=1}^{n_2} (x_{ik}(B) - \bar{x}_k(B))(x_{il}(B) - \bar{x}_l(B)) \Big]$$

假设 $S_{kl} = \displaystyle\sum_{i=1}^{n_1} (x_{ik}(A) - \bar{x}_k(A))(x_{il}(A) - \bar{x}_l(A))$

$$+ \sum_{i=1}^{n_2} (x_{ik}(B) - \bar{x}_k(B))(x_{il}(B) - \bar{x}_l(B))$$

则
$$F = \sum_{k=1}^{p} \sum_{l=1}^{p} c_k c_l S_{kl}$$

可得
$$\frac{\partial F}{\partial c_k} = 2 \sum_{l=1}^{p} c_l \cdot S_{kl}$$

于是有
$$\frac{2}{I} \Big(\sum_{l=1}^{p} c_l d_l \Big) \cdot d_k = 2 \sum_{l=1}^{p} c_l \cdot S_{kl}$$

设
$$\beta = \frac{1}{I} \Big(\sum_{l=1}^{p} c_l \cdot d_l \Big)$$

$$\sum_{l=1}^{p} c_l \cdot S_{kl} = \beta \cdot d_k \quad (k = 1, 2, \cdots, p)$$

β 是一个常数因子，它独立于变量 k，仅会使方程组的解成比例增加 β 倍，但不会改变解之间的相对关系，从而对判别函数不构成影响。为简化计算，取 $\beta = 1$，从而得到新的方程组。

$$\sum_{l=1}^{p} c_l \cdot S_{kl} = d_k \quad k = 1, 2, \cdots, p$$

即
$$\begin{cases} S_{11}c_1 + S_{12}c_2 + \cdots + S_{1p}c_p = d_1 \\ S_{21}c_1 + S_{22}c_2 + \cdots + S_{2p}c_p = d_2 \\ \quad\vdots \qquad\quad \vdots \qquad\qquad \vdots \\ S_{p1}c_1 + S_{p2}c_2 + \cdots + S_{pp}c_p = d_p \end{cases} \tag{3.10}$$

解此方程即得 c_1，c_2，$\cdots$，c_p，进而得判别函数

$$y = c_1 x_1 + c_2 x_2 + \cdots + c_p x_p$$

（3）判别准则。由判别函数，我们得到总体 G_A 和 G_B 重心：

$$\bar{y}(A) = \sum_{k=1}^{p} c_k \bar{x}_k(A)$$

$$\bar{y}(B) = \sum_{k=1}^{p} c_k \bar{x}_k(B)$$

对各重心进行样本容量加权，我们得到两组判别的综合指标：

$$y_{AB} = \frac{n_1 \bar{y}(A) + n_2 \bar{y}(B)}{n_1 + n_2} \tag{3.11}$$

将综合指标与样本总体的重心相比较，可以得到判别准则如下：

①如果 $\bar{y}(A) > y_{AB}$，则对于任意样品 $(x_1, x_2, \cdots, x_p)$，当

$$y = c_1 x_1 + c_2 x_2 + \cdots + c_p x_p > y_{AB}$$

则样品应当归属于 G_A，反之，若 $y \leq y_{AB}$，则归属于 G_B；

②如果 $\bar{y}(B) > y_{AB}$，则对于任意样品 $(x_1, x_2, \cdots, x_p)$，当

$$y = c_1 x_1 + c_2 x_2 + \cdots + c_p x_p > y_{AB}$$

则样品应当归属于 G_B，反之，若 $y \leq y_{AB}$，则归属于 G_A。

（4）两组判别分析的检验。判别分析的基础假设是两个样本组源自于不同的总体。如果这两个总体的均值向量间无显著差异，那么进行判别分析的意义就不大。因此，在进行两组判别分析时，关键在于检验两个正态分布的总体均值向量是否相同，而与此对应的检验统计量：

$$F = \frac{(n_1 + n_2 - 2) - p + 1}{(n_1 + n_2 - 2)p} T^2 \sim F(p, n_1 + n_2 - p - 1)$$

其中：

$$T^2 = (n_1 + n_2 - 2)\left(\sqrt{\frac{n_1 n_2}{n_1 + n_2}}(\bar{X}(A) - \bar{X}(B))\right)' S^{-1}\left(\sqrt{\frac{n_1 n_2}{n_1 + n_2}}(\bar{X}(A) - \bar{X}(B))\right)$$

$$S = S_A + S_B$$

给定检验水平，查 F 分布表使 $\{F > F_\alpha\} = \alpha$，可得出 F_α，再由样本值计算 F，若 $F > F_\alpha$，则否定原假设，认为两个总体的均值向量在统计上存在显著差异，判别函数有效且可应用；反之，若 $F \leqslant F_\alpha$，则不能拒绝原假设，表明两个总体的均值向量在统计上差异不显著，判别函数无效且不适用。

2. 多组 Fisher 判别分析

（1）基本原理。将两总体 Fisher 判别法推广，可以得到以下的多总体的 Fisher 判别法。假设存在 k 个总体 G_1，$\cdots$，G_k，从各总体中抽取的样品数记作 n_1，n_2，$\cdots$，n_k，设 $x_\alpha^{(i)} = (x_{\alpha 1}^{(i)}, \cdots, x_{\alpha p}^{(i)})$ 代表来自第 i 个总体的第 j 个样品的观测向量。

假设判别函数为

$$y(x) = c_1 x_1 + \cdots + c_p x_p \underset{=}{\Delta} c' x$$

此处　　　　　　　$c = (c_1, \cdots, c_p)'$，$x = (x_1, \cdots, x_p)'$

设 $\bar{x}^{(i)}$ 和 $s^{(i)}$ 为总体 G_i 内 x 的样本均值向量和样本协差阵，利用随机变量均值和方差的线性性质可得，$y(x)$ 在 G_i 上的样本均值和样本方差为

$$\bar{y}^{(i)} = c' \bar{x}^{(i)}, \quad \sigma_i^2 = c' s^{(i)} c$$

记 $\bar{x}$ 为总的均值向量，则 $\bar{y} = c' \bar{x}$

在多总体情况下，Fisher 准则就是要选取系数向量 c，使

$$\lambda = \frac{\sum\limits_{i=1}^{k} n_i (\bar{y}^{(i)} - \bar{y})^2}{\sum\limits_{i=1}^{k} q_i \sigma_i^2}$$

达到最大，其中 q_i 是人为的正的加权系数，它可以取为先验概率。如果取 $q_i = n_i - 1$，并将 $\bar{y}^{(i)} = c' \bar{x}^{(i)}$，$\bar{y} = c' \bar{x}$，$\sigma_i^2 = c' s^{(i)} c$ 代入上式可化为

$$\lambda = \frac{c' A c}{c' E c}$$

其中 E 为组内离差阵，A 为总体之间样本的协差阵，即

$$E = \sum_{i=1}^{k} q_i s^{(i)}$$

$$A = \sum_{i=1}^{k} n_i (\bar{x}^{(i)} - \bar{x})(\bar{x}^{(i)} - \bar{x})'$$

（2）判别函数。判别系数（矩阵 A 关于矩阵 E 的广义特征向量）的导出。

为求 λ 的最大值，根据极值存在的必要条件，令 $\dfrac{\partial \lambda}{\partial C} = 0$，利用对向量求导的公式

$$\frac{\partial \lambda}{\partial C} = \frac{2Ac}{(c'Ec)^2} \cdot (c'Ec) - \frac{2Ec}{(c'Ec)^2} \cdot (c'Ac)$$

$$= \frac{2Ac}{c'Ec} - \frac{2Ec}{c'Ec} \cdot \frac{c'Ac}{c'Ec}$$

$$= \frac{2Ac}{c'Ec} - \frac{2Ec}{c'Ec} \cdot \lambda$$

因此 $$\frac{\partial \lambda}{\partial C} = 0 \Rightarrow Ac = \lambda Ec$$

这揭示出 λ 及 c 恰好是矩阵 A 关于矩阵 E 的广义特征根及其对应的特征向量。通常要求加权协差阵 E 是正定的，根据代数知识，上式的非零特征值数量 m 不会超 $\min(k-1, p)$，又因为 E 为非负定的，非零特征值必然为正，记为 $\lambda_i (i = 1, 2, \cdots, m)$，因此，于是可构造 m 个判别函数：

$$y_l(x) = c^{(l)'} x \quad l = 1, 2, \cdots, m \tag{3.12}$$

鉴于存在 m 个非零特征根，因此相应地有 m 个特征向量，这等同于有 m 个判别函数。为了筛选出有效的判别函数，衡量判别函数的效能，我们需要为每一个判别函数设定一个评估指标。这个指标被定义为用来评价判别函数在区分不同类别时的效果。

$$p_l = \frac{\lambda_l}{\sum_{i=1}^{m} \lambda_i} \quad l = 1, 2, \cdots, m$$

m_0 个判别函数的判别能力定义为

$$sp_{m_0} \underset{=}{\Delta} \sum_{l=1}^{m_0} p_l = \frac{\sum_{l=1}^{m_0} \lambda_l}{\sum_{i=1}^{m} \lambda_i}$$

如果 m_0 个函数判别能力达到预先给定的某值如 85%，则选择 m_0 个判别函数即可。

（3）判别准则。在确定了判别函数之后，接下来面临的问题是如何对未分类的样品进行归类。值得注意的是，Fisher 判别法并未明确提供最优的分类方法。在实际操作中，可以选择以下任一种进行样品的分类。

第一种操作，当取 $m_0 = 1$ 时（即只取一个判别函数），有两种可供选用的方法。

①不加权法。

$$若 \left| y(x) - \bar{y}^{(i)} \right| = \min_{1 \leqslant j \leqslant k} \left| y(x) - \bar{y}^{(j)} \right|$$

则判定 $x \in G_i$。

②加权法。

将 $\bar{y}^{(1)}$，$\bar{y}^{(2)}$，$\cdots$，$\bar{y}^{(k)}$ 按大小次序排列，记为 $\bar{y}_{(1)} \leqslant \bar{y}_{(2)} \leqslant \cdots \leqslant \bar{y}_{(k)}$，相应的判别函数的标准差排为 $\sigma_{(i)}$。

$$令 \qquad d_{i,\,i+1} = \frac{\sigma_{(i+1)} \bar{y}_{(i)} + \sigma_{(i)} \bar{y}_{(i+1)}}{(\sigma_{(i+1)} + \sigma_{(i)})} \quad i = 1,\,2,\,\cdots,\,k-1$$

则 $d_{i,\,i+1}$ 可作为 G_{j_i} 与 $G_{j_{i+1}}$ 之间的分界点。如果 x 使得 $d_{i-1,\,i} \leqslant y(x) \leqslant d_{i,\,i+1}$，则判定 $x \in G_{j_i}$。

第二种操作，当取 $m_0 > 1$ 时（即取多个判别函数），也有类似两种供选用的方法

①不加权法。

记 $\qquad \bar{y}_l^{(i)} = c^{(l)'} \bar{x}^{(i)} \quad l = 1,\,2,\,\cdots,\,m_0;\ i = 1,\,\cdots,\,k$

对待判样品 $x = (x_1,\,\cdots,\,x_p)'$，计算

$$y_l(x) = c^{(l)'} x$$

$$D_i^2 = \sum_{l=1}^{m_0} \left[y_l(x) - \bar{y}_l^{(i)} \right]^2 \lambda_l \quad i = 1,\,2,\,\cdots,\,k$$

若 $D_\gamma^2 = \min\limits_{1 \leqslant j \leqslant k} D_i^2$，则判定 $x \in G_\gamma$。

②加权法。

考虑到每个判别函数的判别能力不同，记

$$D_i^2 = \sum_{l=1}^{m_0} \left[y_l(x) - \bar{y}_l^{(i)} \right]^2 \lambda_l$$

其中 λ_l 是由 $Ac = \lambda Ec$ 求出的特征根。若 $D_\gamma^2 = \min\limits_{1 \leqslant j \leqslant k} D_i^2$，则判定 $x \in G_\gamma$。

（三）贝叶斯判别法

贝叶斯判别法在多组判别分析中常被采用，但其数学模型的应用条件较为严格：为确保统计分析的准确性，各组变量必须服从多元正态分布，同时要求各组的协方差矩阵保持一致，以便进行有效对比。更为重要的是，各组的均值向量应呈现出显著差异，以便于准确区分不同组别。与此不同，Fisher 判别法

主要着眼于确保各组均值向量之间的差异显著。

设有 m 个总体 G_1，G_2，$\cdots$，G_m，它们的先验概率分别为 q_1，q_2，$\cdots$，q_m，密度函数为 $f_1(X)$，$f_2(X)$，$\cdots$，$f_m(X)$（在离散情形是概率函数），在观测到一个样品 x 的情况下，可用贝叶斯公式计算它来自第 g 个总体的后验概率：

$$p(g \mid x) = \frac{q_g f_g(X)}{\sum_{i=1}^{m} q_g f_g(X)} \qquad g = 1,\ 2,\ \cdots,\ m \tag{3.13}$$

并且当

$$p(h \mid x) = \max_{1 \leqslant g \leqslant m} p(g \mid x) \tag{3.14}$$

时，判定 X 来自第 h 个总体。

在确定判别函数时，为了充分考虑错判可能带来的损失，我们有时会引入"错判损失最小"的概念。在这种情况下，错判 X 给第 h 个总体所带来的平均损失被定义为

$$E(h \mid x) = \sum_{g \neq h} \frac{q_g f_g(x)}{\sum_{i=1}^{m} q_i f_i(x)} \cdot L(h \mid g) \tag{3.15}$$

这里的 $L(h \mid g)$ 表示本来是第 g 个总体的样品错判为第 h 个总体的损失，我们称之为损失函数。判别准则可以设计如下：

若 $$E(h \mid x) = \min_{1 \leqslant g \leqslant m} E(g \mid x)$$

根据"错判损失最小"法则，X 判定属于第 h 个总体。

由于 $L(h \mid g)$ 在实际应用中难以确定，我们面向实际问题时通常假定各错判损失相等，这样，寻找 h 使后验概率最大实际上等价于使错判损失最小。

$$p(h \mid x) \xrightarrow{h} \max \Leftrightarrow E(h \mid x) \xrightarrow{h} \min$$

根据上述思想，在假定协方差矩阵相等的条件下，即可以导出判别函数。

在实际问题中遇到的许多总体往往服从正态分布，下面给出 p 元正态总体的贝叶斯判别法，以及判别函数的导出。

1. 待判样品的先验概率和密度函数

贝叶斯准则的先决条件是要知道待判总体的先验概率 q_g 和密度函数 $f_g(x)$，如果是离散变量，则需要知道总体的概率函数。

我们通常用样品频率表示第 g 总体的先验概率，即 $q_g = \dfrac{n_g}{n}$，其中 n_g 为样

本数据中第 g 个总体的样本数量，且 $n_1 + n_2 + \cdots + n_k = n$。

对于密度函数 $f_g(x)$，我们可以得其表达式为

$$f_g(x) = (2\pi)^{-\frac{p}{2}} \left| \sum{}^{(g)} \right|^{-\frac{1}{2}} \cdot \exp\left\{ -\frac{1}{2}(x - \mu^{(g)})' \sum{}^{-1(g)} (x - \mu^{(g)}) \right\}$$

其中 $\mu^{(g)}$ 和 $\sum{}^{(g)}$ 为第 g 个总体的均值向量和协方差矩阵。

把 $f_g(x)$ 代入 $p(g \mid x)$ 的表达式中，寻找使 $p(g \mid x)$ 最大的 g，由于表达式中 $p(g \mid x)$ 的分母为确定值，则有

$$q_g f_g(x) \xrightarrow{g} \max$$

对 $q_g f_g(x)$ 取对数，则与 g 无关的项可记为 0，我们有

$$Z(g \mid x) = \ln q_g - \frac{1}{2}\ln\left| \sum{}^{(g)} \right| - \frac{1}{2}(x - \mu^{(g)})' \sum{}^{-1(g)} (x - \mu^{(g)})$$

$$= \ln q_g - \frac{1}{2}\ln\left| \sum{}^{(g)} \right| - \frac{1}{2}x' \sum{}^{-1(g)} x - \frac{1}{2}\mu'^{(g)} \sum{}^{(g)-1} \mu^{(g)} + x' \sum{}^{(g)-1} \mu^{(g)}$$

则问题可化为

$$Z(g \mid x) \xrightarrow{g} \max。$$

2. 简化条件，导出判别函数

$Z(g \mid x)$ 的计算包括 k 个总体协方差阵、协方差阵逆阵以及协方差阵行列式等，计算繁琐。我们不妨简化条件，假设各组协方差阵相等，即 $\sum{}^{(1)} = \sum{}^{(2)} = \cdots = \sum{}^{(k)} = \sum$，此时 $Z(g \mid x)$ 中 $\frac{1}{2}\ln\left| \sum{}^{(g)} \right|$ 和 $\frac{1}{2}x' \sum{}^{-1(g)} x$ 两项与 g 无关，由于取对数时与 g 无关的项可记为 0，，最终得到如下判别准则：

$$\begin{cases} y(g \mid x) = \ln q_g - \frac{1}{2}\mu'^{(g)} \sum{}^{-1} \mu^{(g)} + x' \sum{}^{-1} \mu^{(g)} \\ y(g \mid x) \xrightarrow{g} \max \end{cases}$$

改写为多项式形式为

$$y(g \mid x) = \ln q_g + C_0^{(g)} + \sum_{i=1}^{p} C_i^{(g)} x_i$$

其中，

$$C_i^{(g)} = \sum_{j=1}^{p} s^{ij} x_j^{(g)} \quad i = 1, 2, \cdots, p$$

$$C_0^{(g)} = -\frac{1}{2} x^{(g)'} S^{-1} x^{(g)}$$

$$= -\frac{1}{2} \sum_{i=1}^{p} \sum_{j=1}^{p} s^{ij} x_i^{(g)} x_j^{(g)}$$

$$= -\frac{1}{2} \sum_{i}^{p} C_i^{(g)} x_i^{(g)}$$

$$x = (x_1, x_2, \cdots, x_p)', \quad x^{(g)} = (x_1^{(g)}, x_2^{(g)}, \cdots, x_p^{(g)})'$$

这里 $S = (s_{ij})_{p \times p}$ 为总协差阵 $\sum$ 的估计，$S^{-1} = (s^{ij})_{p \times p}^{-1}$ 为总协差阵 S 的逆矩阵。

3. 根据后验概率进行判别

一般我们通过计算后验概率来进行判别分类：

$$p(g \mid x) = \frac{\exp\{y(g \mid x)\}}{\sum_{i=1}^{k} \exp\{y(i \mid x)\}}$$

因为

$$y(g \mid x) = \ln(q_g f_g(x)) - \Delta(x)$$

其中 $\Delta(x)$ 是 $\ln(q_g f_g(x))$ 中与 g 无关的部分。所以

$$p(g \mid x) = \frac{q_g f_g(x)}{\sum_{i=1}^{k} q_i f_i(x)} = \frac{\exp\{y(g \mid x) + \Delta(x)\}}{\sum_{i=1}^{k} \exp\{y(i \mid x) + \Delta(x)\}}$$

$$= \frac{\exp\{y(g \mid x)\} \exp\{\Delta(x)\}}{\sum_{i=1}^{k} \exp\{y(i \mid x)\} \exp\{\Delta(x)\}} = \frac{\exp\{y(g \mid x)\}}{\sum_{i=1}^{k} \exp\{y(i \mid x)\}}$$

由上式知使 y 为最大的 h，其 $p(h \mid x)$ 必为最大，因此我们只须把样品 x 代入判别式中：分别计算 $y(g \mid x)$，$g = 1, 2, \cdots, k$。

若 $y(h \mid x) = \max\limits_{1 \leqslant g \leqslant k} \{y(g \mid x)\}$，则把样品 x 归为第 h 总体。

4. 辅助性检验

为了检验 p 个变量是否能够区分这 m 个组，我们还需要用广义的马哈拉诺比斯 D^2 统计量来进行检验。马氏统计量为

$$D^2 = \sum_{i=1}^{p} \sum_{j=1}^{p} \sum_{l=1}^{m} n_l \cdot s_{ij}^{-1} (\bar{x}_i^{(l)} - \bar{x}_i)(\bar{x}_j^{(l)} - \bar{x}_j)$$

统计量 D^2 在正态分布各组均值、协方差阵全部相同的假定下，服从 $p(m-1)$ 个自由度的 χ^2 分布。所以，当统计量 D^2 值大于查表得的临界值时，可以断定 p 个变量有能力区分这 m 个组。

第三节　Logistic 模型

Logistic 模型又称为 Logistic 回归模型，使用逻辑函数（sigmoid 函数）将线性回归的输出转换为介于 0 和 1 之间的概率值，因此是一种用于处理分类问题的统计方法，尤其是二元分类问题。尽管名为"回归"，但它实际上是一种分类算法，广泛应用于各种领域，如医学、社会科学、市场预测等。

一、Logistic 模型简介

Logistic 模型（也称为 Logit 模型）主要用于研究某些二分类现象发生的概率，例如借款人是否违约、产品是否合格等。由于概率值必须在 0 到 1 之间，这使得线性模型不太适合直接描述概率与自变量之间的关系。特别是在概率值接近 0 或 1 时，传统的线性模型可能无法准确地捕捉到这些极端值的微小变化。为了解决这个问题，我们可以转换思路，不直接研究概率本身，而是研究概率的一个严格单调函数。这个函数在概率接近 0 或 1 时对微小变化非常敏感。这就是 Logit 变换的提出背景。

Logit 变换的具体形式为

$$\text{Logit}(p) = \ln \frac{p}{1-p} \tag{3.16}$$

这个变换有几个优点：

一是当 p 从 $0 \to 1$ 时，$\text{Logit}(p)$ 从 $-\infty \to +\infty$ ，即将概率值映射到整个实数范围，从而避免了概率值必须在 0 到 1 之间的限制。

二是在概率接近 0 或 1 时，Logit 变换对微小变化非常敏感，这使得模型能够更准确地捕捉这些极端值的变化。

三是 Logit 变换后的值可以与线性模型相结合，从而构建一个更灵活的模型来描述概率与自变量之间的关系。

对式（3.16）变形可得：

$$\text{Logit}(p) = \ln \frac{p}{1-p} = \beta^T X \Rightarrow p = \frac{e^{\beta^T X}}{1 + e^{\beta^T X}} \tag{3.17}$$

模型中因变量是个二元变量，仅取 0 或 1 两个值，而因变量取 1 的概率 $P(y = 1 \mid X)$ 就是模型要研究的对象。而 $X = (1, x_1, x_2, \cdots, x_k)^T$，其中 x_i 表示影响 y 的第 i 个因素，它可以是定性变量也可以是定量变量，$\beta = (\beta_0, \beta_1, \cdots, \beta_k)^T$。

为此模型（3.17）可以表述成

$$\ln \frac{p}{1-p} = \beta_0 + \beta_1 x_1 + \cdots + \beta_k x_k \quad \Rightarrow \quad p = \frac{e^{\beta_0 + \beta_1 x_1 + \cdots + \beta_k x_k}}{1 + e^{\beta_0 + \beta_1 x_1 + \cdots + \beta_k x_k}} \tag{3.18}$$

显然 $E(y) = p$，故上述模型说明 $\ln \dfrac{E(y)}{1-E(y)}$ 是 x_1，x_2，$\cdots$，x_k 的线性函数。此时我们称满足上面条件的回归方程为 Logistic 线性回归。

Logistic 回归模型与常规线性回归模型不同，主要在于它无法使用传统的回归分析进行处理。其原因有二：一是该模型的离散型因变量的误差遵循伯努利分布，而非正态分布，从而打破了正态性假设；二是该模型二进制因变量的方差并非固定，存在异方差性。与多元线性回归依赖于最小化残差平方和的最小二乘法不同，Logistic 回归利用其非线性转换特性，通过极大似然估计方法来确定最佳的回归系数。因此，在评估模型拟合度时，我们更看重似然值而非离差平方和。Logistic 回归模型常用的参数如下。

其一，优势比。优势比（Odds Ratio，OR）表示的是事件发生的概率与不发生概率之间的比值，表示形式为 $OR = \dfrac{p}{1-p} = e^{\beta_0 + \beta_1 x_1 + \cdots + \beta_k x_k}$。

其二，拟合似然度。拟合似然度 $-2\ln L(\hat{\beta})$ 用于评估 Logistic 回归模型的优劣，它是通过极大似然估计法得出的。该值越小，模型拟合效果越好。当模型完全拟合时，似然值为 1，拟合似然度达到最小值 0。

其三，Wald 统计量。Wald 统计量是利用估计值的方差-协方差矩阵来计算得到的，用于对回归系数进行显著性检验。在大样本情况下，它近似服从 $\chi^2(1)$ 分布。

$$w_i = \left[\frac{\hat{\beta}_i}{S_{ii}}\right]^2 \quad i = 1, 2, \cdots, k$$

其中 $S(\hat{\beta}) = [\text{Var}(\hat{\beta})]^{\frac{1}{2}}$ 为 $\hat{\beta}$ 的标准差矩阵，$\text{Var}(\hat{\beta})$ 为估计值 $\hat{\beta}$ 的方差-协方差矩阵。

其四，显著性似然统计量。显著性似然统计量是在假设所有变量系数均为 0 的情况下计算得出的，用于检验整个方程的显著性。在大样本条件下，该统计量近似服从 $\chi^2(k)$ 分布。

$$\chi^2 = -2\left[\ln L(\hat{\beta}_0) - \ln L(\hat{\beta})\right]$$

依据研究设计的差异，Logistic 回归通常可划分为两大类：针对成组资料的非条件 Logistic 回归以及针对配对资料的条件 Logistic 回归。此外，该类回归分析还具备两分类与多分类、分组与未分组数据、有序与无序变量等多重属性。本章聚焦于阐述两分类分组数据的非条件 Logistic 回归。

二、Logistic 模型的参数估计和假设检验

因变量（或称为响应变量）为二分类，取值非 0 即 1，其中 $y=1$ 代表事件发生，$y=0$ 则表示事件未发生。自变量 $X=(x_1, x_2, \cdots, x_k)^T$ 为分组数据类型，且取值范围有限（离散型）。为了探究事件发生的概率与自变量之间的关系，我们采用 Logistic 回归模型，其具体方程形式为

$$\ln \frac{P(y=1\mid X)}{P(y=0\mid X)} = \beta_0 + \beta_1 x_1 + \cdots + \beta_k x_k \text{ 或 } P(y=1\mid X) = \frac{e^{\beta_0+\beta_1 x_1+\cdots+\beta_k x_k}}{1+e^{\beta_0+\beta_1 x_1+\cdots+\beta_k x_k}}$$

事件发生的频率为 $p_i = \dfrac{\text{该组发生事件数 } m_i}{\text{该组总例数 } n_i}$，$i=1, 2, \cdots, n$。其中 n 为分组数，然后作 Logit 变换，即 $\tilde{p}_i = \text{Logit}(p_i) = \ln \dfrac{p_i}{1-p_i}$。经过变换后的数据，已经可以采用常规的线性回归方法来估算回归参数，此时的方程形式转变为

$$\tilde{p}_i = \beta_0 + \sum_{j=1}^{k} \beta_j x_{ij} \quad i=1, 2, \cdots, n$$

当然这样处理并没有解决异方差性，当 n_i 较大时，$\tilde{p}_i$ 的近似方差为

$$D(\tilde{p}_i) \approx \frac{1}{n_i \pi_i(1-\pi_i)}, \quad \pi_i = E(y_i)$$

因此，选择特定的权重 $\omega_i = n_i p_i(1-p_i)$，$i=1, 2, \cdots, n$，并运用加权最小二乘法来进行参数估计。

构建加权最小二乘估计

$$\min \sum_{i=1}^{n} \omega_i(y_i - \beta_0 - \sum_{j=1}^{k}\beta_j x_{ij})^2 = \min \sum_{i=1}^{n}(\sqrt{\omega_i}y_i - \sqrt{\omega_i}\beta_0 - \sqrt{\omega_i}\sum_{j=1}^{k}\beta_j x_{ij})^2 \quad (3.19)$$

令 $y_i^* = \sqrt{\omega_i}y_i$，$X_i^* = (\sqrt{\omega_i}, \sqrt{\omega_i}x_{i1}, \cdots, \sqrt{\omega_i}x_{ik})^T$，$\beta = (\beta_0, \beta_1, \cdots, \beta_k)^T$

则方程又变成一般的线性回归模型：

$$\min \sum_{i=1}^{n}(y_i^* - \beta^T X_i^*)^2 \quad (3.20)$$

构造增广矩阵 $[X^{*T}X^* \quad X^{*T}Y^*]_{(k+1\times k+2)}$ 利用消去法得 $I = [\text{Var}(\hat{\beta}) \quad \hat{\beta}]$ 矩阵，得到估计 $\hat{\beta}$。

其中 $I_{K+1, K+2}$ 为残差平方和 SSE ，回归方差 $\hat{\sigma}^2 = \dfrac{SSE}{n-k-1}$

各系数检验采用 $t_i = \dfrac{\hat{\beta}_i}{\sqrt{I_{ii}}\hat{\sigma}} \sim t(n-k-1)$

总平方和 $ST = \sum_{i=1}^{n} \omega_i y_i^2 - \dfrac{\sum_{i=1}^{n}(\omega_i y_i)^2}{\sum_{i=1}^{n}(\omega_i)^2}$ ，回归平方和 $SSR = SST - SSE$

总平方和求解相当于拟合 $y_i^* = \beta_0^* \sqrt{\omega_i}$ 方程的残差平方和，故得上式 SST

所以方程的检验为 $F = \dfrac{SSR/k}{SSE/(n-k-1)} \sim F(k, n-k-1)$ 。

需注意的是，分组数据的 Logistic 回归模型仅适用于大样本分组数据，对小样本分组数据并不适用。同时，以组数作为回归拟合的样本量会明显降低拟合精度，因此在实际应用中需谨慎考虑。

三、Logistic 模型的软件应用

Logistic 模型需要满足一些假设，例如自变量和因变量之间的关系是线性的（在 Logistic 转换之后），观测值之间是独立的。在进行逻辑回归之前，最好先检查这些假设是否成立。在 SPSS 中线性关系的检验可以通过绘制自变量和因变量的对数概率转换后的散点图来直观检查它们之间是否存在线性关系，也可以使用 LOGISTIC REGRESSION 命令进行逻辑回归分析时，查看输出的模型系数表，如果自变量的系数显著，则表明在对数概率尺度上存在线性关系。

观测值的独立性通常通过残差分析来检验。在逻辑回归中，可以使用 SAVE 子命令在逻辑回归过程中保存预测值和残差，然后对这些残差进行分析，以检查它们是否表现出任何模式或趋势，这可能表明观测值之间不独立。

Logistic 模型"多项逻辑回归"命令来完成的，具体取决于因变量是二元的还是多元的。

（一）二元逻辑回归

如果因变量只有两个类别（例如：是/否、1/0、成功/失败等），则应该使用二元逻辑回归。在 SPSS 中，可以通过以下步骤进行：

步骤①在 SPSS 的数据视图中输入或导入数据。

步骤②转到"分析"菜单，然后选择"回归"，再选择"二元逻辑回归"。

步骤③将二元因变量放入"因变量"框中，将想要研究的自变量放入"协变量"框中。

步骤④点击"选项"按钮，可以设置一些额外的参数，如置信区间、步进方法等。

步骤⑤点击"确定"开始分析。

（二）多项逻辑回归

如果因变量有三个或更多的类别，就使用多项逻辑回归。在 SPSS 中，步骤与二元逻辑回归类似，但需要选择"多项逻辑回归"而不是"二元逻辑回归"。

此外，SPSS 的输出会提供很多有用的统计量，如系数、置信区间、P 值等，这些统计量有助于理解和解释模型的结果。

第四节　贝叶斯推断方法

贝叶斯推断是基于贝叶斯定理的一种统计推断方法。它结合了先验概率和新的证据来更新假设的概率。与频率派统计方法不同，贝叶斯推断方法允许量化的不确定性，并在有新的数据时更新我们的信念。贝叶斯推断方法在垃圾邮件检测、自然语言处理、疾病预测等领域有广泛应用。

一、贝叶斯原理

贝叶斯原理是贝叶斯分类算法的理论基础。一些基本定义如下：

先验概率：通过经验来判断事情发生的概率。

后验概率：后验概率就是发生结果之后，推测原因的概率。

条件概率：事件 A 在另外一个事件 B 已经发生条件下的发生概率，表示为 $P(A|B)$ ，读作"在 B 发生的条件下 A 发生的概率"。

$P(A|B)$ 表示事件 B 已经发生的前提下，事件 A 发生的概率，其基本求解公式为 $\dfrac{P(AB)}{P(B)}$ 。但是在有些情况下，我们可以很容易直接得出 $P(A|B)$ ， $P(B|A)$ 则很难直接得出，但是我们更想要知道 $P(B|A)$ 。

例题（数据传输准确率问题）：将 A ， B ， C 三个字母之一输入信道，输出为原字母的概率为 α ，而输出为其他字母的概率都是 $\dfrac{1-\alpha}{2}$ 。将字母串 $AAAA$ ，

$BBBB$，$CCCC$ 之一输入信道，输入 $AAAA$，$BBBB$，$CCCC$ 的概率分别为 p_1，p_2，p_3（$p_1 + p_2 + p_3 = 1$），已知输出为 $ABCD$，问输入的是 $AAAA$ 的概率是多少？（设信道传输每个字母的工作是相互独立的。）在这个例子中，我们知道了结果，但是我们想要知道输入 $AAAA$ 的概率，直接计算是非常困难的，但是通过贝叶斯公式就显得十分简单了。

换句话说，就是当我们知道原因，推导结果是比较容易的，但是当我们知道结果，要反过来推导原因是十分困难的。而贝叶斯公式就为知道结果后推导原因提供了一个捷径。

二、朴素贝叶斯分类

朴素贝叶斯分类法假定类别中某一特征的出现与其他特征无关，即所有特征相互独立。这种假设对实际情况有所限制，特别是当特征间存在相关性时，分类的准确率可能会受到影响。然而，在多数应用场景中，朴素贝叶斯分类器的表现依然令人满意。其分类核心理念是，对于给定的待分类项目，通过计算该项目出现条件下各类别的概率，将其归类于概率最高的类别。

假设有一个分类问题，我们要将一个实例 x 分类到某个类别 y。根据贝叶斯定理，可以得到如下公式：$P(y|x) = \dfrac{P(x|y)\,P(y)}{P(x)}$

其中：$P(y|x)$ 表示在给定 x 的条件下 y 发生的概率，即后验概率；

$P(x|y)$ 表示在给定 y 的条件下 x 发生的概率；

$P(y)$ 表示类别 y 的先验概率；

$P(x)$ 表示实例 x 的先验概率。

朴素贝叶斯算法做出了"特征条件独立性假设"，即假设每个特征在给定类别下都是独立的。基于这个假设，可以将 $P(x|y)$ 改写为表示在给定类别 y 的条件下实例的 n 个特征 x_1，x_2，$\cdots$，x_n 发生的概率；同时也将 $P(x)$ 改写为 $P(x_1，x_2，\cdots，x_n)$，表示实例的 n 个特征 x_1，x_2，$\cdots$，x_n 发生的概率。

根据该假设，可以得到

$$P(y|x_1，x_2，\cdots，x_n) = \frac{P(x_1，x_2，\cdots，x_n|y)\,P(y)}{P(x_1，x_2，\cdots，x_n)}$$

再根据全概率公式，可以得到

$$P(x_1，x_2，\cdots，x_n) = \sum_{i=1}^{m} P(x_1，x_2，\cdots，x_n|y_i)\,P(y_i)，\quad 将上述公式代入$$

贝叶斯公式中，即可得到最终的朴素贝叶斯公式。

$$P(y|x_1,\ x_2,\ \cdots,\ x_n) = \frac{P(x_1,\ x_2,\ \cdots,\ x_n|y)\,P(y)}{\sum_{i=1}^{m} P(x_1,\ x_2,\ \cdots,\ x_n|y_i)\,P(y_i)}$$

因此，我们有朴素贝叶斯的定义如下：

设 $x = \{a_1,\ a_2,\ \cdots,\ a_n\}$ 为一个待分类项，而每个 a 为 x 的一个特征；

有类别集合 $c = \{y_1,\ y_2,\ \cdots,\ y_m\}$ ；

计算 $P(y_1|x)$ ，$P(y_2|x)$ ，$\cdots$ ，$P(y_m|x)$ ；

如果 $P(y_k|x) = \max\{P(y_1|x)$ ，$P(y_2|x)$ ，$\cdots$ ，$P(y_m|x)\}$ ，则 $x \in y_k$。

朴素贝叶斯按照数据的先验概率的不同可以分为高斯朴素贝叶斯、伯努利朴素贝叶斯和多项式朴素贝叶斯。

高斯朴素贝叶斯（gaussian naive bayes）是在特征属性连续且服从高斯分布时，通过直接应用高斯概率公式来计算概率的模型。在应用该模型时，我们需计算出每个类别中各特征的平均值和标准差。

伯努利朴素贝叶斯（bernoulli naive bayes）是指当特征属性为连续值而且分布服从伯努利分布时，计算 $P(x|y)$ 可以直接使用伯努利分布的概率公式。伯努利分布是一种离散分布，只有两种可能的结果。1 表示成功，出现的概率为 p；0 表示失败，出现的概率为 $q=1-p$；其中均值为 $E(x)=p$，方差为 $\mathrm{Var}(x) = p(1-p)$。

多项式朴素贝叶斯（multinomial naive bayes）适用于特征属性服从多项分布的情况，对于每个类别 y ，参数为 $\theta_y = (\theta_{y_1},\ \theta_{y_1},\ \cdots,\ \theta_{y_n})$ ，其中 n 为特征属性数目，那么 $P(x_i|y)$ 的概率为 θ_{y_i}。

三、贝叶斯推断应用实例

SNS 社区中，不真实账号（如使用虚假身份或开设小号）的泛滥已成为一个问题。社区的运营者期望能有效识别这些账号，以确保运营报告的准确性，并增强对社区的监管力度。人工检测方式不仅耗费资源，而且效率低下。因此，需要引入一种自动化的检测机制来提高工作效率，即将社区内的所有账号明确分类为真实账号和不真实账号两类。下面我们一步一步实现这个过程。

我们要设定标签，其中用 $C=0$ 表示真实账号，而 $C=1$ 表示不真实账号。

步骤 1 确定特征属性及划分。为了有效地区分真实账号与不真实账号，我们根据历史数据和社区行为模式来确定一系列的特征属性。设计三个特征属

性。a_1：日志数量/注册天数，a_2：好友数量/注册天数，a_3：是否使用真实头像。具体取值范围划分为

a_1：$\{a \leq 0.05,\ 0.05 < a < 0.2,\ a \geq 0.2\}$

a_2：$\{a \leq 0.1,\ 0.1 < a < 0.8,\ a \geq 0.8\}$

a_3：$\{a = 0,\ a = 1\}$（$a = 1$ 代表"是"，$a = 0$ 代表"否"）

步骤 2 获取训练样本。这里使用运维人员曾经人工检测过的 1 万个账号作为训练样本。

步骤 3 统计训练样本中真实账号与不真实账号的数量，并据此计算各自类别的频率 $P(C=0)=0.89$，$P(C=1)=0.11$。

步骤 4 针对每个特征属性，分析在真实账号与不真实账号类别下的不同取值情况，进而计算各特征属性在不同类别下的条件频率：

$P(a_1 \leq 0.05 \mid C=0)=0.3$；$P(0.05 < a_1 < 0.2 \mid C=0)=0.5$；$P(a_1 \geq 0.2 \mid C=0)=0.5$；

$P(a_1 \leq 0.05 \mid C=1)=0.8$；$P(0.05 < a_1 < 0.2 \mid C=1)=0.1$；$P(a_1 \geq 0.2 \mid C=1)=0.1$；

$P(a_2 \leq 0.1 \mid C=0)=0.1$；$P(0.1 < a_2 < 0.8 \mid C=0)=0.7$；$P(a_2 \geq 0.8 \mid C=0)=0.2$；

$P(a_2 \leq 0.1 \mid C=1)=0.7$；$P(0.1 < a_2 < 0.8 \mid C=1)=0.2$；$P(a_2 \geq 0.8 \mid C=1)=0.1$；

$P(a_3=0 \mid C=0)=0.2$；$P(a_3=1 \mid C=0)=0.8$；

$P(a_3=0 \mid C=1)=0.9$；$P(a_3=1 \mid C=1)=0.1$。

步骤 5 使用分类器进行鉴别。下面我们使用上面训练得到的分类器鉴别一个账号，这个账号使用非真实头像，日志数量与注册天数的比率为 0.1，好友数与注册天数的比率为 0.2，即 $a_1 = 0.1$；$a_2 = 0.2$；$a_3 = 0$。

$P(C=0)\ P(x \mid C=0)=P(C=0)\ P(0.05 < a_1 < 0.2 \mid C=0)\ P(0.1 < a_2 < 0.8 \mid C=0)\ P(a_3=0 \mid C=0)=0.89 \times 0.5 \times 0.7 \times 0.2 = 0.062\ 3$；

$P(C=1)\ P(x \mid C=1)=P(C=1)\ P(0.05 < a_1 < 0.2 \mid C=1)\ P(0.1 < a_2 < 0.8 \mid C=1)\ P(a_3=0 \mid C=1)=0.11 \times 0.1 \times 0.2 \times 0.9 = 0.001\ 98$。

根据朴素贝叶斯公式，有

$$P(C = 0 \mid x) > P(C = 1 \mid x)。$$

即根据该账号的特征属性，账号属于不真实账号的概率大于账号属于真实账号的概率。因此，判定此账号属于不真实账号。

第五节 决策树模型

决策树是一种能自动分类的树形结构，它将知识以树状形式呈现，并可轻松转换为分类规则。这种结构可视为基于属性的预测模型，其根节点代表整个数据集，而每个分支节点都对应一个针对某一属性的测试，该测试将数据集分割为两个或多个部分。叶节点则代表已分类的数据子集。

决策树模型主要处理以离散型变量为属性的分类问题。对于连续性变量，须先将变量离散化才能进行分类学习。

该模型的最大优势在于，它仅依赖样本数据和所给信息就能构建决策树，无需大量背景知识。通过树节点的分支判断，可以使分类问题仅与关键节点的属性取值相关，从而无需所有属性取值来确定分类。

一、决策树基本算法

决策树的内部节点代表属性或属性集合，而叶节点则代表分类结果或结论。内部节点的属性被称为测试属性或分裂属性。

一旦通过样本数据集学习构建出决策树，该树便可用于对新的未知数据进行分类。在进行数据分类时，我们会使用自顶向下的递归方式，依据内部节点的属性值来决定分支路径，最终在叶节点确定新数据的分类或结论。从树的根部到叶子的每一条路径，都代表一个特定的合取规则，整体来看，决策树就是一系列这样的规则的集合。

决策树的类型可以根据其内部节点的特性来划分：

其一，如果每个内部节点只检验一个属性，这样的树被称为单变量决策树；若某些内部节点同时考察多个属性，则定义为多变量决策树。

其二，内部节点的分支数量取决于测试属性的不同值。如果每个节点仅分出两个路径，这样的结构被称为二叉决策树。

其三，决策的结果可以是两个或多个类别，而二叉决策树由于其结构限制，结果仅限于两类，因此也被称为布尔决策树。

二、CLS 算法

CLS 学习算法，由 Hunt 等人在 1966 年提出，是决策树学习领域的先驱。许多后续的决策树算法都可以视为对 CLS 的改进与演进。

CLS 算法的核心思想是从一个空白的决策树开始，通过样本数据逐步增加新的分支节点，直至构建出一个能够准确对样本数据进行分类的决策树。

CLS 算法的步骤如下：

步骤 1 初始化阶段。

①确定整体的样本数据集 X。

②明确所有待测试的属性集合 Q。

③初始化决策树 T 为一个只含有根节点的树，其中根节点的样本集为 X，属性集为 Q。

步骤 2 递归条件检查。对于 T 中的每个叶节点（开始时只有根节点），检查以下条件：

①如果叶节点的样本集合中的所有样本都属于同一类别，则标记该叶节点为该类，并停止对该叶节点的进一步划分。

②如果叶节点的样本集合为空，则停止对该叶节点的进一步划分。

③如果叶节点的属性集合为空，则也停止对该叶节点的进一步划分。

步骤 3 选择叶节点进行划分。如果存在不满足递归条件检查的叶节点，则选择一个这样的叶节点进行划分。

步骤 4 选择划分属性。对于选定的叶节点，从其属性集合中选择一个属性 $a \in Q$ 来进行划分。这个选择可以基于某种启发式标准，如信息增益、增益率等。

步骤 5 划分样本集合。根据属性 a 的不同取值，将叶节点的样本集合划分为若干个子集 $\{X_1, X_2, \cdots X_m\}$。这些子集对应于属性 a 的不同取值所划分出的数据分区。

步骤 6 创建子节点。对于每个划分出的子集 $\{X_i\}$，在决策树中创建一个新的叶节点，并将其作为当前叶节点的子节点。新的叶节点的样本集合设置为 $\{X_i\}$，属性集合设置为原属性集合去除已用属性 a 后的集合。

步骤 7 递归划分。重复步骤（2）到（6），递归地对新创建的叶节点进行划分，直到所有叶节点都满足递归条件检查中的任一条件。

步骤 8 返回决策树。当所有叶节点都满足终止条件时，返回完整的决策树 T。

在实际应用中，CLS 算法的具体实现可能会根据所使用的属性选择标准和终止条件而有所不同。此外，CLS 算法是决策树学习的早期算法，现代决策树算法（如 ID3、C4.5、CART 等）在 CLS 的基础上进行了许多改进和优化。

在算法步骤 4 中，未明确指定选择测试属性的具体规则，这为 CLS 算法提供了显著的改进空间。随后发展的多种决策树学习算法采用不同的规则和标准来选择测试属性，可以说这些算法都是对 CLS 的改进。

三、信息熵

Shannon 于 1948 年引入并发展了信息论，倡导使用数学方法来量化和研究信息，并提出了以下概念。这些概念将帮助我们理解后续的基于信息熵的决策树学习算法。

自信息量：在接收信息符号之前，接收者对信源发出的信息符号的不确定性，定义为该信息符号的自信息量：

$$I(a_i) = -\log_2 p(a_i)$$

其中，$p(a_i)$ 是信息符号 a_i 出现的概率。自信息量反映了接收信息 a_i 的不确定性；自信息量越大，不确定性也越大。

信息熵：虽然自信息量可以揭示单个信息符号的不确定性，但信息熵则用来全面衡量整个信源 X 的不确定性。

$$H(X) = -\sum_{i=1}^{n} p(a_i) \log_2 p(a_i) \tag{3.21}$$

式（3.21）中：n 代表信源 X 所有可能的符号数量；a_i 代表可能取到的值；$p(a_i)$ 代表取该值的概率。信息熵则是各个自信息量的期望值。信息熵越大，表示信源的不确定度越高；反之，信息熵越小，表示信源的不确定度越低。

条件熵：若信源 X 与随机变量 Y 非相互独立，当接收者获得信息 Y 后，可用条件熵 $H(X|Y)$ 衡量接收者在得知 Y 对 X 仍存的不确定性。其中 X 对应信源符号 $a_i(i = 1, 2, \cdots, n)$，Y 对应信源符号 $b_i(i = 1, 2, \cdots, s)$，而 $p(a_i|b_i)$ 为当 Y 为 b_i 时 X 为 a_i 的概率，则有

$$H(X|Y) = -\sum_{j=1}^{s} \sum_{i=1}^{n} p(b_j) p(a_i|b_j) \log_2 (a_i|b_j) \tag{3.22}$$

条件熵即在不同条件下的信息熵的期望值。

平均互信息量：表示信号 Y 所能提供的关于 X 的信息量大小，计算公式如下：

$$I(X|Y) = H(X) - H(X|Y) \tag{3.23}$$

四、ID3 算法

CLS 算法未明确阐述选择不同层次树节点（即测试属性）的具体规则和标

准。而 Quinlan 在 1979 年提出了以信息熵下降速度作为选取测试属性的准则。在众多决策树学习算法中，ID3 算法影响力最大且应用最广泛。

（一）基本思想

假设样本数据集为 X，目标是将 X 划分为 n 个类别。若第 i 类的样本数量为 C_i，X 中的总样本数为 $|X|$，则某个样本属于第 i 类的概率为 $P(C_i) = \dfrac{C_i}{|X|}$。此时，决策树对于划分 C 的不确定性（即信息熵）可表示为

$$H(X,\ C) = H(X) = -\sum_{i=1}^{n} p(C_i) \log_2 p(C_i) \tag{3.24}$$

若选择属性 a（设属性 a 有 m 个不同取值）进行测试，其不确定程度（即条件熵）为

$$H(X|a) = -\sum_{i=1}^{n}\sum_{j=1}^{m} p(C_i,\ a=a_j) \log_2(C_i|a=a_j)$$

$$= -\sum_{i=1}^{n}\sum_{j=1}^{m} p(a=a_j) p(C_i|a=a_j) \log_2(C_i|a=a_j)$$

$$= -\sum_{j=1}^{m} p(a=a_j) \sum_{i=1}^{n} p(C_i|a=a_j) \log_2(C_i|a=a_j)$$

则属性 a 对于分类提供的信息量为

$$I(X,\ a) = H(X) - H(X|a) \tag{3.25}$$

式（3.25）中，$I(X,\ a)$ 表示选择了属性 a 作为分类属性后信息熵的降低程度，也即不确定性减少的程度，因此应选取使 $I(X,\ a)$ 最大的属性作为分类属性，以确保所得的决策树的确定性最大化。

显而易见，ID3 算法是 CLS 算法的延续，并采用了信息论作为选择测试属性的标准，即选择使 $I(X,\ a)$ 最大的属性。

此外，ID3 算法不仅引入信息论作为选择测试属性的标准，还采用了窗口方法进行增量学习。

ID3 算法的步骤如下：

步骤 1 从整个样本数据集 X 中随机选取一个规模为 W 的子集（W 称为窗口规模，该子集称为窗口）；

步骤 2 以 $I(X,\ a) = H(X) - H(X|a)$ 最大，即 $H(X|a)$ 最小为标准，每次选取测试属性，构建当前窗口的决策树；

步骤 3 依次扫描所有样本数据，找出当前决策树中的例外情况，若无例外

则算法结束；

步骤 4 将当前窗口的部分样本数据与步骤 3 中找到的某些例外组合成新窗口，然后转至步骤 2。

（二）ID3 算法应用实例

表 3.1 是利用决策树判别早晨的天气是否适宜晨练的问题的数据样本集合，共有 24 个记录。每一样本有 4 个属性变量：天气、温度、湿度和风力。天气取值为晴、多云、雨；温度取值为凉爽、温和、热；湿度取值为正常、潮湿；风力取值为无风、中等、大风。样本被分为两类，即适宜和不适宜。

表 3.1　天气样本数据

属性	天气	温度	湿度	风力	类别
1	多云	热	潮湿	无风	不适宜
2	多云	热	潮湿	大风	不适宜
3	多云	热	潮湿	中等	不适宜
4	晴	热	潮湿	无风	适宜
5	晴	热	潮湿	中等	适宜
6	雨	温和	潮湿	无风	不适宜
7	雨	温和	潮湿	中等	不适宜
8	雨	热	正常	无风	适宜
9	雨	凉爽	正常	中等	不适宜
10	雨	热	正常	大风	不适宜
11	晴	凉爽	正常	大风	适宜
12	晴	凉爽	正常	中等	适宜
13	多云	温和	潮湿	无风	不适宜
14	多云	温和	潮湿	中等	不适宜
15	多云	凉爽	正常	无风	适宜
16	多云	凉爽	正常	中等	适宜
17	雨	温和	正常	无风	不适宜
18	雨	温和	正常	中等	不适宜
19	多云	温和	正常	中等	适宜

续表

属性	天气	温度	湿度	风力	类别
20	多云	温和	正常	大风	适宜
21	晴	温和	潮湿	大风	适宜
22	晴	温和	潮湿	中等	适宜
23	晴	热	正常	无风	适宜
24	雨	温和	潮湿	大风	不适宜

我们先要计算信息熵 $H(X)$，根据表 3.1，总共有 24 条记录，其中适宜（P）类和不适宜（N）类的记录都是 12 条，利用之前介绍的信息熵和条件熵算法，我们可以得到信息熵的值：$H(X) = -\dfrac{12}{24}\log_2\dfrac{12}{24} - \dfrac{12}{24}\log_2\dfrac{12}{24} = 1$，若选取天气属性作为测试属性，我们需要进一步计算条件熵 $H(X\,|\,Outlook)$。表 3.1 显示，天气属性有 3 种可能的属性值：多云、晴和雨。天气属性为"多云"的记录共有 9 条，其中适宜（P）类和不适宜（N）类的记录分别是 4 条和 5 条，因此"多云"对应的熵值可以计算得出：$-\dfrac{9}{24}\left(\dfrac{4}{9}\log_2\dfrac{4}{9} + \dfrac{5}{9}\log_2\dfrac{5}{9}\right)$。天气属性为"晴"的记录共有 7 条，且全部为适宜（P）类，不适宜（N）类为 0 条，"晴"对应的熵值也可计算得出：$-\dfrac{9}{24}\left(\dfrac{7}{7}\log_2\dfrac{7}{7}\right)$。同理，天气属性为"雨"的记录共有 8 条，其中适宜（P）类 1 条，不适宜（N）类 7 条，"雨"对应的熵值同样可以计算得出：$-\dfrac{8}{24}\left(\dfrac{1}{8}\log_2\dfrac{1}{8} + \dfrac{7}{8}\log_2\dfrac{7}{8}\right)$。

因此条件熵值 $H(X\,|\,Outlook)$ 应为上述三个式子之和，得到 $H(X\,|\,Outlook) =$

$$-\frac{9}{24}\left(\frac{4}{9}\log_2\frac{4}{9} + \frac{5}{9}\log_2\frac{5}{9}\right) - \frac{9}{24}\left(\frac{7}{7}\log_2\frac{7}{7}\right) - \frac{8}{24}\left(\frac{1}{8}\log_2\frac{1}{8} + \frac{7}{8}\log_2\frac{7}{8}\right) = 0.5528$$

仿照上面条件熵值 $H(X\,|\,Outlook)$ 的计算方法，如果选取温度（Temperature）属性为测试属性，则条件熵值为

$$H(X\,|\,Temperature) = -\frac{8}{24}\left(\frac{4}{8}\log_2\frac{4}{8} + \frac{5}{8}\log_2\frac{5}{8}\right) - \frac{11}{24}\left(\frac{4}{11}\log_2\frac{4}{22} + \frac{7}{11}\log_2\frac{7}{11}\right)$$

$$-\frac{5}{24}\left(\frac{4}{5}\log_2\frac{4}{5} + \frac{1}{5}\log_2\frac{1}{5}\right) = 0.9172$$

如果选取湿度（Humidity）属性为测试属性，则条件熵值为

$$H(X \mid Humidity) = -\frac{12}{24}\left(\frac{4}{12}\log_2\frac{4}{12} + \frac{8}{12}\log_2\frac{8}{12}\right) - \frac{12}{24}\left(\frac{4}{12}\log_2\frac{4}{12} + \frac{8}{12}\log_2\frac{8}{12}\right)$$

$$= 0.917\ 2$$

如果选取风力（Windy）属性为测试属性，则条件熵值为

$$H(X \mid Windy) = -\frac{8}{24}\left(\frac{4}{8}\log_2\frac{4}{8} + \frac{4}{8}\log_2\frac{4}{8}\right) - \frac{6}{24}\left(\frac{3}{6}\log_2\frac{3}{6} + \frac{3}{6}\log_2\frac{3}{6}\right)$$

$$- \frac{10}{24}\left(\frac{5}{10}\log_2\frac{5}{10} + \frac{5}{10}\log_2\frac{5}{10}\right) = 1$$

可见 $H(X \mid Outlook)$ 的值最小，所以应该选择天气属性作为测试属性，构建出以天气为根节点的决策树。依据不同记录的天气属性值，向下延伸出三条分支，如图 3.2 所示，图中的数字表示记录编号。

图 3.2 ID3 算法第一次分类的决策树

综合参考表 3.1 和图 3.2，我们可以观察到，由"晴"引出的分支涵盖了 7 条记录（4，5，11，12，21，22，23），且所有这些记录均归属于 P 类，因此，"晴"对应的分支直接指向 P 类。而由"多云"引出的分支则包括 9 条记录（1，2，3，13，14，15，16，19，20）。采用类似的方法计算得出：

$$H(X \mid Temperature) = -\frac{3}{9}\left(\frac{3}{3}\log_2\frac{3}{3}\right) - \frac{4}{9}\left(\frac{7}{4}\log_2\frac{2}{4} + \frac{2}{4}\log_2\frac{2}{4}\right)$$

$$- \frac{2}{9}\left(\frac{2}{2}\log_2\frac{2}{2}\right) = 0.444\ 4$$

$$H(X \mid Humidity) = -\frac{5}{9}\left(\frac{5}{5}\log_2\frac{5}{5}\right) - \frac{4}{9}\left(\frac{4}{4}\log_2\frac{4}{4}\right) = 0$$

$$H(X \mid Windy) = -\frac{3}{9}\left(\frac{1}{3}\log_2\frac{1}{3} + \frac{2}{3}\log_2\frac{2}{3}\right) - \frac{2}{9}\left(\frac{1}{2}\log_2\frac{1}{2} + \frac{1}{2}\log_2\frac{1}{2}\right)$$

$$- \frac{4}{9}\left(\frac{2}{4}\log_2\frac{2}{4} + \frac{2}{4}\log_2\frac{2}{4}\right) = 0.972\ 8$$

对比这些条件熵值，可见 $H(X|Humidity)$ 的值最小。因此，在处理由"多云"引出的包含 9 条记录（1，2，3，13，14，15，16，19，20）的分支时，应选择湿度作为进一步的测试属性。按照此方法不断迭代，直至每个分支的记录均属于同一类别，此时算法终止。

五、C4.5 算法

C4.5 算法（信息比算法）是 Quinlan 在 ID3 算法的基础上进行扩展而提出的。该算法在 ID3 的基础上增加了对连续属性和属性缺失情况的处理，并提供了更成熟的剪枝算法[①]。

（一）基本思想

与 ID3 算法不同，C4.5 算法选择具有最高信息增益率的属性作为测试属性。对于样本集 T，假设变量 a 有 n 个属性，属性取值为 a_1，a_2，$\cdots$，a_k，当 a 取值为 a_i 时，出现的样本个数分别为 n_i。若 n 是样本的总数，则应满足关系 $n_1 + n_2 + \cdots + n_k = n$。Quinlan 利用属性 a 的熵值 $H(x, a)$ 来定义获取样本关于属性 a 的信息所需付出的代价，公式为

$$H(X|a) \approx - \sum_{i=1}^{k} p(a_i) \log_2 p(a_i) \approx - \sum_{i=1}^{k} \frac{n_i}{n} \log_2 \frac{n_i}{n}$$

信息增益率被定义为平均互信息与获取 a 信息所需的比值，即

$$E(X|a) = \frac{I(X|a)}{H(X|a)} \tag{3.26}$$

这表示信息增益率是单位代价所获得的信息量，是一种相对的信息量不确定性度量。我们选择信息增益率最大的属性 a 作为测试属性。

C4.5 算法在以下几个方面对 ID3 算法进行了改进。

其一，处理缺失属性值。在构建决策树时，可以忽略缺失的属性值，即在计算增益率时，只考虑具有属性值的记录。为了对具有缺失属性值的记录进行分类，可以基于其他已知属性值的记录来预测缺失的属性值。

其二，处理连续属性。C4.5 算法不仅能处理离散属性，还能处理连续

---

① 剪枝算法是一类优化算法，通过消减搜索空间来获取最优解，其本质是在探索检索空间时，避免在不必要的节点上浪费资源，从而提高搜索效率。剪枝算法主要分为两类：前剪枝算法，在搜索树中寻找最佳点，当搜索到最佳点时，会舍弃比它低的点，从而减小搜索空间；后剪枝算法，在所有子树被访问完后，删除没有影响最终结果的节点，从而减小搜索空间。C4.5 算法通常使用后剪枝策略，即在构建完整的决策树后，通过剪除一些子树或合并一些叶子节点来提高模型的泛化能力。这种策略有助于避免模型过度复杂，从而减少过拟合的风险。

属性。其基本思想是根据训练样本中元组的属性值将数据划分为不同的区域。

其三，增加剪枝算法。C4.5 中提供了两种基本的剪枝策略，包括子树替代法剪枝（用叶节点替代子树，仅当替代后的误差率与原树的误差率相近时才进行替代）和子树上升法剪枝（用子树中最常用的子树来替代该子树，子树从当前位置上升到树中较高的节点处）。

其四，克服偏向性。ID3 算法偏向选择具有较多值的属性，可能导致过拟合，而信息增益率函数可以弥补这一缺陷。但 C4.5 算法可能偏向于选择取值集中的属性（即熵值最小的属性），而不一定是分类贡献最大或最重要的属性。

（二）基于信息增益率建模的决策树算例

数据仍按表 3.1 所列，为了计算天气属性作为测试属性的增益比率，首先要计算在忽略类别情况下该测试属性的熵，即

$$H(X \mid Outlook) = -\frac{9}{24}\log_2 \frac{9}{24} - \frac{7}{24}\log_2 \frac{7}{24} - \frac{8}{24}\log_2 \frac{8}{24}$$

又有

$$H(X) = -\frac{12}{24}\log_2 \frac{12}{24} - \frac{12}{24}\log_2 \frac{12}{24} = 1$$

因此，对于天气属性增益比率值为

$$E(X \mid Outlook) = \frac{I(X \mid Outlook)}{H(X \mid Outlook)} = \frac{1 - 0.552\,8}{1.577\,4} = 0.283\,5$$

仍照上面熵值 $H(X, Outlook)$ 的计算方法，可以得到：

如果选取温度属性为测试属性，则

$$H(X \mid Temperature) = -\frac{8}{24}\log_2 \frac{8}{24} - \frac{11}{24}\log_2 \frac{11}{24} - \frac{5}{24}\log_2 \frac{5}{24} = 1.515\,6$$

$$E(X \mid Temperature) = \frac{1 - 0.918\,3}{1} = 0.081\,7$$

如果选取 Humidity 属性为测试属性，则有

$$H(X \mid Humindity) = -\frac{12}{24}\log_2 \frac{12}{24} - \frac{12}{24}\log_2 \frac{12}{24} = 1$$

$$E(X \mid Humindity) = \frac{1 - 0.917\,2}{1.515\,6} = 0.054\,6$$

如果选取 Windy 属性为测试属性，则有

$$H(X \mid Windy) = -\frac{8}{24}\log_2\frac{8}{24} - \frac{6}{24}\log_2\frac{6}{24} - \frac{10}{24}\log_2\frac{10}{24} = 1.5546$$

$$E(X \mid Windy) = \frac{1-1}{1.5546} = 0$$

显然 $E(X, Outlook)$ 的值最大，因此应将天气作为测试属性。本例中，使用 ID3 算法与信息增益率法建模所构建的决策树完全一致，这表明在此特定数据集下，衡量信息量获取的绝对指标（信息增益）与相对指标（信息增益率）并无差异。

第六节　案例应用[①]

分类模型中，逻辑回归通过概率映射解释变量影响，贝叶斯推断方法依赖先验概率优化决策，决策树模型以规则分割实现高可解释性，而判别分析基于多元正态分布假设构建判别函数，具有参数估计稳定性高、异常值和噪声敏感度低等典型优势。在信用评估中，分类判别分析因其对收入、负债等连续型财务指标的适配性，以及生成可审计的线性判别规则（如 Z-score 模型），满足金融机构对模型稳健性和可解释性的双重需求，故成为经典选择。

个人信贷迅速增长所引发的主要问题之一是个人信用风险，因此，基于数据分析对个人信用风险进行评估显得尤为重要。构建个人信用风险评价体系的重点是确立清晰的评分标准，以此对申请者的信用进行量化评估。随后，采用恰当的统计手段分析历史数据，以确定一个合理的贷款批准临界点。若申请者的信用分数未达到此临界点，银行将拒绝其贷款申请；反之，若超过该临界点，银行则会批准。

一、构建个人信用风险评价指标体系

（一）确立指标构建准则并进行指标筛选

在构建指标体系时，要遵循全面性、重要性、科学性、公正性和可操作性的原则。结合国内外个人信用评分模型的先进实践，我们将评价指标划分为四大类：基础情况、偿债能力、稳定性及与银行的业务关系。

[①] 本节案例改写自张雪丽、朱天星、于立新《基于判别分析的商业银行个人信用风险评价模型研究》（《工业技术经济》2011 年第 10 期），数据来源和指标设定均来源于该文献。

基础情况指标涵盖年龄、性别、婚姻状况、教育程度、健康状况、户籍所在地、配偶职业及联系电话等。

偿债能力指标则包括主要及其他经济来源、个人及家庭名义与实际月收入、月均还款额占家庭收入比例、岗位特性、单位经济状况以及职称等。

稳定性指标主要考察住房类型、在本地及本行业的居住与从业时间、是否参与医疗及养老保险、是否缴纳公积金等。

与银行的业务关系指标则关注申请人是否为银行员工、在银行的贷款偿还情况、账户状况、存款金额及其他商业信用记录等。

（二）确定指标分值

建立完指标体系后，接下来就要对各个指标赋予一定的分值。4 类指标赋值情况见表 3.2 至表 3.5。

表 3.2　基本情况赋值

基本情况指标	赋值情况			
年龄	25 岁以下	26~35 岁	36~50 岁	50 岁以上
	2	4	6	4
婚姻	已婚有子女	已婚无子女	未婚	其他
	4	3	2	1
学历	研究生以上	大学本科	大专	高中以下
	9	7	5	3
健康状况	良好	一般	差	
	4	2	−1	
单位类别	机关事业	国营企业	集体企业	个人独资
	7	5	3	3
	个体经营户	三资企业	其他2	
	2	4	1	
配偶单位类别	机关、国营、集体	个人独资、三资	其他	
	2	1	0	

表 3.3 偿债能力赋值表

偿债能力指标	赋值情况			
个人收入	10 000 元以上	8 000~10 000	5 000~8 000	4 000~5 000
	11	9	8	7
	3 000~4 000	2 000~3 000	1 000~2 000	1 000 元以下
	6	5	4	2
家庭人均收入	5 000 元以上	4 000~5 000	3 000~4 000	2 000~3 000
	8	6	4	3
	1 000~2 000	1 000 元以下		
	2	1		
贷款历史	3 年内有毁誉记录	无借款历史	能履行还款义务	
	−5	4	6	
月均还款占家庭收入比	40%以下	40%~50%	50%以上	
	4	2	0	
单位经济状况	良好	一般	较差	
	4	2	1	
岗位性质	单位主管	部门主管	一般职员	
	7	4	2	
本岗位年限	两年以上	1~2 年	1 年以内	
	2	1	0	
职称	高级	中级	初级	无
	4	2	1	0

表 3.4 稳定性赋值

稳定性指标	赋值情况			
住房情况	自有房	分期付款房	租房	
	5	3	1	
本地居住时间	10 年以上	5~10 年	1~5 年	1 年以下
	4	3	2	1

续表

稳定性指标	赋值情况			
是否参加保险	参加医疗保险	参加养老保险	没参加保险	
	2	1	0	
是否缴纳公积金	是	否		
	2	1		

表 3.5　与本行关系赋值

与本行关系指标	赋值情况		
是否本行员工	是	否	
	2	0	
银行账户	有信用卡账户	有储蓄账户	无
	3	2	1
存款余额	较高	较低	无
	6	4	0

二、数据分析过程

商业银行可以根据已有的数据，把其中的违约样本和非违约样本的数据进行归类，然后确定其违约的临界值。我们在本例中采用判别分析方法。

（一）判别分析方法

从两个不同的总体中抽取含有 p 个指标的样品观测数据，借助方差分析的方法构建一个判别函数或称判别式：

$$y = c_1 x_1 + c_2 x_2 + \cdots + c_p x_p$$

其中系数 c_1，c_2，$\cdots$，c_p 确定的原则是使两组间的区别最大，而使每个组内部的离差最小。有了判别式后，对于一个新的样品，将它的 p 个指标值代入判别式中求出 y 值，然后与判别时临界值进行比较，就可以判别它属于哪一个总体。

（二）样本数据

基于某银行的信用评级得分，我们筛选了 94 个样本，其中包含 50 个未违约样本和 40 个违约样本，另有 4 个样本将用于模型的应用测试。在这些样本中，x_1 反映基础状况，x_2 展示偿债能力，x_3 体现稳定性，而 x_4 则揭示与本行的关联情况。经过整理的样本见表 3.6、表 3.7。

表 3.6 非违约样本 G_1

样本编号	x_1	x_2	x_3	x_4
1	21	22	24	7
2	27	16	10	2
3	27	31	13	7
4	22	13	8	8
5	25	36	8	9
6	28	27	8	5
7	16	13	13	11
8	22	22	5	9
9	23	27	10	5
10	19	31	8	9
11	28	19	13	9
12	29	30	5	5
13	18	32	11	10
14	29	40	18	8
15	27	28	17	7
16	20	10	12	7
17	26	40	16	6
18	22	21	11	6
19	22	41	7	8
20	18	22	8	11
21	28	39	11	8
22	18	20	7	8
23	24	35	5	8
24	28	20	11	7

续表

样本编号	x_1	x_2	x_3	x_4
25	30	35	14	10
26	24	15	8	5
27	21	20	8	11
28	30	39	11	1
29	27	9	9	2
30	29	15	10	8
31	29	18	7	6
32	26	21	11	6
33	15	11	5	9
34	34	31	10	10
35	24	18	13	6
36	28	32	16	10
37	23	35	16	7
38	31	26	13	7
39	29	27	17	6
40	30	24	6	10
41	22	34	12	9
42	16	27	16	9
43	25	39	12	9
44	26	30	17	7
45	30	6	7	9
46	21	21	10	10
47	11	35	14	9
48	10	21	15	10
49	13	28	15	7
50	27	28	13	5
待分组	21	23	8	6
待分组	25	22	7	7

表 3.7　违约样本 G_2

样本编号	x_1	x_2	x_3	x_4
1	11	9	9	2
2	10	35	5	4
3	8	33	11	5
4	26	28	18	2
5	11	34	12	4
6	24	32	13	1
7	9	21	18	2
8	19	40	7	2
9	9	36	9	6
10	17	41	14	6
11	11	33	6	3
12	21	38	8	4
13	19	36	12	3
14	22	33	9	4
15	12	17	16	2
16	19	38	14	2
17	18	17	6	4
18	14	11	14	5
19	10	36	10	2
20	9	12	6	1
21	25	9	5	5
22	24	20	17	8
23	19	17	7	2
24	11	9	13	5
25	20	14	10	4
26	15	8	11	4
27	10	37	16	3
28	30	37	12	1
29	16	17	12	1

续表

样本编号	x_1	x_2	x_3	x_4
30	15	29	5	2
31	13	36	14	5
32	12	20	15	3
33	21	15	17	5
34	17	36	6	3
35	18	15	16	5
36	24	13	17	8
37	23	30	16	2
38	8	14	18	1
39	17	29	13	3
40	11	28	12	7
待分组	18	34	12	6
待分组	8	37	6	3

（三）判别过程

本过程使用软件 SPSS27 进行判别。在进行判别分析之前，必须确保各类别的协方差矩阵相等，因此需通过 Box's M 检验来验证。只有当检验结果显示各类协方差矩阵无显著差异时，软件输出的判别分析结果才具有可信度。

1. Box's M 检验

对等同群体协方差矩阵的原假设进行检验。检验结果见表 3.8。

表 3.8　Box's M 检验

Box's M		12.995
F	近似	1.234
	自由度 1	10
	自由度 2	33 076.74
	显著性	0.263

此例中 sig 值＝0.263＞0.05，说明检验通过，即各类的协方差相等的假设在 0.05 的显著性水平成立。

2. Fisher 判别分析结果

在本案例中，由于仅存在一个判别（投影）函数，因此只对应一个特征值。该特征值的大小直接反映了判别函数的区分能力，数值越大，其鉴别力越强。最后一列数据展示的是典型相关系数，该系数是组间差异与整体差异比值的平方根，用以衡量判别函数得分与组别之间的相关性（见表3.9）。

表 3.9　Eigenvalues 特征值

函数	特征值	方差百分比	累积百分比	典型相关性
1	1.711	100	100	0.794

Wilks′Lambda 判别函数检验（表3.10）揭示了不同类别间判别函数的差异性，若 P 值<0.05，则表明这种差异具有统计显著性，意味着该投影函数可以有效地区分各组样品。

表 3.10　Wilks′Lambda 判别函数检验

函数检验	Wilks′Lambda	卡方	自由度	显著性
1	0.369	85.774	4	0

由非标准化典型判别函数系数矩阵（表3.11）可写出判别函数即 Fisher 投影函数的表达式

$$F(x) = -4.553 + 0.123x_1 - 0.003x_2 - 0.019x_3 + 0.407x_4$$

表 3.11　非标准化典型判别函数系数矩阵

变量	函数1
x_1	0.123
x_2	−0.003
x_3	−0.019
x_4	0.407
常数	−4.553

注：未标准化系数。

利用投影函数表达式，按组平均值进行求值，我们可以得到表3.12，即为两类样品在投影函数下投影后的中心坐标。

表 3. 12 非标准化典型判别下的类中心

类别	函数 1
1	1. 157
2	-1. 446

注：未标准化系数。

即两组样本的重心分别为

$$\bar{y}^{(1)} = 1.157, \ \bar{y}^{(2)} = -1.446$$

个人信贷风险评价体系的贷款临界值为

$$y_0 = \frac{n_1 \bar{y}^{(1)} + n_2 \bar{y}^{(2)}}{n_1 + n_2} = \frac{50 \times 1.157 + 40 \times (-1.446)}{50 + 40} = 0.000\ 111$$

由于 $\bar{y}^{(1)} > \bar{y}^{(2)}$ ，$\therefore$ 判别准则：对于 $\forall y$ ，

当 $y > y_0$ 时，我们判别 $x \in G_1$

当 $y < y_0$ 时，我们判别 $x \in G_2$

在获取某一客户的评分后，我们将该评分输入个人信贷评价模型，从而计算出判别函数值（表 3.13）。随后，我们将此值与贷款临界值 0.000 111 进行对比。若判别函数值高于该临界值，银行将批准贷款；反之，若低于临界值，银行将拒绝客户贷款申请。

表 3. 13 个案统计

样本编号	实际组	预测组	判别得分	样本编号	实际组	预测组	判别得分
1	1	1	0. 331	1	2	2	-2. 595
2	1	2**	-0. 675	2	2	2	-1. 917
3	1	1	1. 250	3	2	2	-1. 865
4	1	1	1. 203	4	2	2	-0. 995
5	1	1	1. 898	5	2	2	-1. 927
6	1	1	0. 670	6	2	2	-1. 565
7	1	1	1. 591	7	2	2	-3. 058
8	1	1	1. 637	8	2	2	-1. 683
9	1	1	0. 017	9	2	2	-1. 307
10	1	1	1. 179	10	2	2	-0. 439
11	1	1	2. 229	11	2	2	-2. 214

样本编号	实际组	预测组	判别得分	样本编号	实际组	预测组	判别得分
12	1	1	0.840	12	2	2	-0.635
13	1	1	1.402	13	2	2	-1.359
14	1	1	1.774	14	2	2	-0.515
15	1	1	1.182	15	2	2	-2.637
16	1	1	0.483	16	2	2	-1.812
17	1	1	0.630	17	2	2	-0.891
18	1	1	0.303	18	2	2	-1.110
19	1	1	1.125	19	2	2	-2.832
20	1	1	1.902	20	2	2	-3.200
21	1	1	1.791	21	2	1[**]	0.423
22	1	1	0.707	22	2	1[**]	1.249
23	1	1	1.430	23	2	2	-1.602
24	1	1	1.450	24	2	2	-1.452
25	1	1	2.806	25	2	2	-0.713
26	1	1	0.221	26	2	2	-1.325
27	1	1	2.278	27	2	2	-2.545
28	1	2[**]	-0.814	28	2	2	-0.826
29	1	2[**]	-0.631	29	2	2	-2.475
30	1	1	2.017	30	2	2	-2.096
31	1	1	1.250	31	2	2	-1.320
32	1	1	0.794	32	2	2	-2.221
33	1	1	0.817	33	2	2	-0.323
34	1	1	3.389	34	2	2	-1.488
35	1	1	0.520	35	2	2	-0.672
36	1	1	2.532	36	2	1[**]	1.274
37	1	1	0.686	37	2	2	-1.332
38	1	1	1.758	38	2	2	-3.563
39	1	1	1.024	39	2	2	-1.599
40	1	1	3.000	40	2	2	-0.684
41	1	1	1.459	待分组	未分组	2	-0.253

续表

样本编号	实际组	预测组	判别得分	样本编号	实际组	预测组	判别得分
42	1	1	0.669	待分组	未分组	2	−2.596
43	1	1	1.810				
44	1	1	1.053				
45	1	1	2.637				
46	1	1	1.828				
47	1	1	0.066				
48	1	1	0.380				
49	1	2**	−0.497				
50	1	1	0.446				
待分组	未分组	1	0.231				
待分组	未分组	1	1.153				

注：标注星号者为误判样本。

根据表 3.13，1 类样本中有 4 个样本误判为 2 类，2 类样本中有 3 个样本误判为 1 类，误判率为 7.78%。

3. 贝叶斯判别分析结果

表 3.14 为贝叶斯判别函数的系数矩阵，可以用数学表达式表示为

$$g_1(x) = 0.863x_1 + 0.207x_2 + 0.587x_3 + 2.075x_4 - 24.834$$

$$g_2(x) = 0.543x_1 + 0.216x_2 + 0.638x_3 + 1.015x_4 - 13.358$$

表 3.14 分类函数

	类别 1	类别 2
x_1	0.863	0.543
x_2	0.207	0.216
x_3	0.587	0.638
x_4	2.075	1.015
常数	−24.834	−13.358

对待判样品进行判别时，只需将其值分别代入这 2 个分类函数，将其值归为取值最大函数所对应的类即可。

表 3.15 展示了待判样本的贝叶斯判别法分析结果，表 3.16 汇总了所有样本的判别分析结果，由汇总结果可知采用贝叶斯判别法分析正确率为 92.3%，这一结果同 Fisher 判别法一致。

表 3.15　待判样本判别结果

待判样本				判别结果
x_1	x_2	x_3	x_4	
21	23	8	6	1
25	22	7	7	1
18	34	12	6	2
8	37	6	3	2

表 3.16　分类结果

原始		预测组成员信息		
	类别	1	2	总计
计数	1	46	4	50
	2	3	37	40
	未分组个案	2	2	4
%	1	92	8	100
	2	7.5	92.5	100
	未分组个案	50	50	100

三、案例小结

本小节案例分别通过 Fisher 判别法和贝叶斯判别法对个人信用评级进行分析判别，结果验证了分类判别模型在个人信用风险评级上的适用性。

 本章小结

通过对各种分类模型的介绍，我们了解不同分类模型的原理，掌握其在实际数据上的应用，并且能够通过解决实际问题来深化对分类模型的理解和使用。判别分析作为一种统计学上的方法，用于确定哪些变量在区分两个或多个自然分组时最为有效。Logistic 模型是一种广义的线性模型，特别适用于处理因变量为二元分类结果的情况，我们可以通过该模型分析多个自变量与二元分类结果之间的关联，进而预测某一事件发生的概率。贝叶斯推断方法是一种基于概率的分类方法，它利用已知信息来更新对未知事件发生的信念或概率，通过这种方法，我们可以更准确地预测新数据点的类别归属。决策树通过树状图的形式，清晰地展示了分类过程中各个变量的重要性，以及它们如何影响最终的分类结果。决策树不仅直观易懂，而且在处理具有多个属性和复杂关系的数据集时特别有效。本章还通过案例研究展示了分类模型在实际应用中的价值和潜力。通过学习本章内容，读者应该能够更好地理解和应用分类模型，从而在实际工作中做出更明智的决策。

课后习题

1. 对比本章所学的几种分类模型，讨论它们的优缺点以及适用场景，尝试列举几种常用的分类模型评估指标，并解释它们的意义。

2. 判别分析的基本思想是什么？它主要用于解决什么问题？判别分析与回归分析有什么主要区别？

3. Logistic 回归模型在处理二元分类问题时的优势是什么？当一个数据集的特征是连续变量和类别变量混合时，如何处理这些变量以便在 Logistic 回归中使用？

4. 简述贝叶斯定理的基本原理，并解释它在分类问题中的应用。

5. 描述决策树模型构建的基本步骤。列举几种常用的剪枝技术。

6. 假设你是一家银行的数据分析师，银行希望开发一个新的信用评分模型，以更准确地评估客户的信用风险。你手头有一份包含多个客户的信贷历史、财务状况、个人信息等详细数据的数据集。使用本章学到的分类模型（如判别分析、Logistic 模型、贝叶斯推断方法、决策树模型等）来构建信用评分模型。你可以尝试使用不同的模型，并比较它们的性能。

第一节　降维方法概述

在数字经济时代，数据已成为驱动各行各业发展的核心要素。然而，随着数据量的爆炸式增长，高维数据处理的问题也日益凸显。降维作为一种重要的数据处理技术，能够有效地简化数据结构、提高计算效率并揭示数据的内在规律，因此在数字经济中具有广泛的应用前景。

一、降维的概念与意义

降维是指通过某种映射方法，将高维数据转换为低维数据的过程。这种转换旨在保留数据的最重要特征，同时去除噪声和不相关的特征，从而实现对数据的简化和优化。降维的主要意义包括以下几方面。

第一，简化数据结构。降维能够将高维数据转换为低维数据，从而简化数据结构，降低数据处理的复杂度。

第二，提高计算效率。降维后的数据维度降低，计算量减少，可以显著提高计算效率。

第三，揭示数据内在规律。降维能够保留数据的最重要特征，有助于揭示数据的内在规律和潜在模式。

二、降维方法的分类

降维方法主要分为线性降维方法和非线性降维方法两大类。

线性降维方法假设数据之间的关系是线性的，通过线性变换将高维数据映射到低维空间。常见的线性降维方法包括主成分分析（PCA）、因子分析（FA）等。主成分分析是一种广泛应用的线性降维方法，它通过转换原始数据到新的坐标系，选择方差最大的方向作为新的坐标轴，从而实现降维。类似于主成分分析，因子分析旨在发现隐藏在多个观测变量背后的公共因子，通过因子得分代替原始变量实现降维。

非线性降维方法假设数据之间的关系是非线性的，通过非线性映射将高维数据转换为低维数据。非线性降维方法可以更好地处理具有复杂结构的高维数据。

三、降维方法的应用

在数字经济中，降维方法的应用广泛且重要。以下是降维方法主要的应用领域。

一是市场营销。通过消费者行为数据的降维，企业可以发现消费者的消费模式和偏好，提炼出核心驱动因素，优化市场策略。

二是风险管理。金融领域的风险评估可以通过降维技术，从大量的财务指标中提炼关键的风险因子，提高风控模型的有效性和效率。

三是推荐系统。用户兴趣和商品属性的高维数据经过降维后，可以更加高效地构建个性化推荐模型。

四是图像处理。在人脸识别、图像检索等场景中，主成分分析法和其他降维方法可用于人脸特征的提取和图像数据的压缩传输。

五是大数据分析。面对大规模、高维度的数据集时，降维有助于加速运算，减少存储需求，同时也能帮助数据科学家揭示数据背后的深层次关联和模式。

此外，降维方法还可以应用于推荐系统、社交网络分析、自然语言处理等领域。通过降维，可以提取出数据的主要特征和信息，提高数据处理和分析的效率和准确性，为数字经济的发展提供有力支持。

四、总结与展望

降维作为处理高维数据的重要工具，在数字经济中具有广泛的应用前景和重要的应用价值。随着数据量的不断增长和数据处理技术的不断发展，降维方法将在更多领域得到应用和推广。未来，随着人工智能、机器学习等技术的不断发展，降维方法将进一步完善和优化，为数字经济的发展提供更加有力的技术支撑。

第二节　主成分分析法

主成分分析法是一种统计手段，旨在将多维度的变量指标简化为较少维度的变量指标。在处理具有众多属性指标的评价对象时，过多的变量会增加问题的分析难度和复杂性。各个指标变量之间常常存在一定的相关性，导致观测数据中的信息有所重叠，但正是这种相关性和重叠性为我们提供了变量降维的机会。具体来说，我们可以通过少数几个综合变量来代替原始繁多的高维变量，从而简化对问题的分析和评价。在选择这些综合变量时，应确保它们能够涵盖原始研究对象尽可能多的信息，以减少信息的失真和损失，同时保证这些综合变量之间是相互独立的。

主成分分析法来源于实践。从事数据分析工作的人往往面临一张数据表，即数据矩阵。例如，在分析学生学习情况时，得到一张成绩表，该表的列值表示某门课程各学生成绩，行值表示一个学生的各科成绩。一般而言，我们可以构造一个数据矩阵，列表示变量或指标，行表示相应变量的测量数据。一个数据矩阵阶数往往非常大，使人眼花缭乱，抓不住重点，找不出规律。主成分分析的核心目标是采用一种最优化的方法，对一张数据表的信息进行综合处理。这一过程旨在简化复杂的数据矩阵，降低数据的维度，进而揭示出其主要的结构信息，并合理、清晰地阐释数据矩阵所提供的信息。一个著名的主成分分析应用案例是美国统计学家斯通在 1947 年对美国国民经济的研究。他分析了 1929 至 1938 年美国的经济数据，涵盖了 17 个反映国民收入与支出的变量，如雇主补贴、消费资料等。通过主成分分析，他成功地用三个新变量替代了原始的 17 个变量，且精度高达 97.4%。这三个新变量被他命名为总收入 F1、总收入变化率 F2 和经济发展或衰退的趋势 F3，都具有直接测量的特点。

主成分分析法的降维思想可以通过简单的几何解释来理解。假设矩阵 A 是对具有 p 个变量指标的 n 个样本所测量的数据矩阵。矩阵 A 的 n 行可看作空间 R^p 中的 n 个点或向量，表示 n 个个体 $X_1, X_2, \cdots, X_n$，而 $X_k = (x_{k1}, x_{k2}, \cdots, x_{kp})^T$。主成分分析本质上就是对原坐标系进行平移和旋转变换，使得新坐标的原点与数据中心重合，新坐标系的第一个坐标轴与数据变异的最大方向相对应，新坐标系的第二轴与第一轴标准正交，并且对应数据变异的第二大方向，以此类推。这些新轴分别被称为第一主轴 U_1，第二主轴 $U_2, \cdots, U_m$ 如果经过舍去少量信息后，主轴 $U_1, U_2, \cdots, U_m(m < p)$ 能够十

分有效地表示原数据的变异情况，则原来的 p 维空间 R^p 就被降至 m 维空间 R^m。生成的空间 $R(U_1, U_2, \cdots, U_m)$ 被称为 m 维主超平面，尤其是当 $m = 2$ 时，就简称为主平面。原始数据在这个新平面上的投影，就可以用来近似表示原始数据。这些投影被称为主成分，它们构成了新的数据分析变量。原样本点在主超平面的第一主轴上的投影称为第一主成分 u_1，它构成新数据表的第一个分析变量，在主超平面的第二主轴上的投影称为第二主成分 u_2，它构成新数据表的第二个分析变量，以些类推。记主成分 u_k 均值和方差分别为 $E(u_k)$、$\mathrm{Var}(u_k)$，则主成分的分析结果为

$$E(u_k) = 0 \quad k = 1, 2, \cdots, m \quad \mathrm{Var}(u_1) \geqslant \mathrm{Var}(u_2) \geqslant \cdots \geqslant \mathrm{Var}(u_m)。$$

一、主成分数学原理

面对一个复杂的高维（n 维）变量系统（包含 m 个样本），我们的目标是深入解析其信息结构。为实现这一目标，我们期望能在信息损失极小的情况下简化原始数据，从而更清晰地揭示数据结构。从数学的视角看，这需要对原始数据变量进行降维处理，以便用新的变量来阐释问题。为实现这一目标，我们可以从多个角度进行探索。

（一）基于数据变异最大化原理

若我们试图用一个一维向量空间来近似替代原始的 p 维向量空间，我们应寻找数据点分布方差最大的方向，记为 u_1。确定这一方向后，可以将所有样本点投影到 u_1，从而获得原始数据群在一维空间中的最优近似表示。若我们希望在二维空间中近似表示原始数据群，则需找到一个与 u_1 垂直的方向 u_2，且数据群在这个方向 u_2 上的分布方差仅次于 u_1 方向，为第二大方差。此过程将持续进行，直至达到最大程度地保留原始数据信息的要求。

（二）最小二乘原理

欲通过线性变换将原 p 维空间 R^p 中的样本群 $G = \{X_1, X_2, \cdots, X_n\}$ 变为更低维的空间 $R(U_1, U_2, \cdots, U_m)$，使得原数据点在此空间的投影能够尽可能地接近原始数据，同时信息损失达到最小，可以应用最小二乘原理来实现。设原数据点 X_k 在空间的投影点为 $\hat{X}_k$，那么信息损失最小化就等同于确保 $\min$

$\sum\limits_{k=1}^{n} w_k \parallel X_k - \hat{X}_k \parallel^2$ 成立，其中 $w_k(k = 1, 2, \cdots, n)$ 为样本点的权重。

（三）数据群相似度改变最小原理

如果我们采用距离作为衡量样本点之间相似性的标准，那么主成分分析的

理论依据表明，主超平面能够实现数据群相似性的最小变化（在这种情况下，我们使用 m 维主超平面来近似表示原始数据群）。简而言之，最小原理就是

$$\min \sum_{i=1}^{n} \sum_{j=1}^{n} w_i w_j (\parallel X_i - X_j \parallel^2 - \parallel \hat{X}_i - \hat{X}_j \parallel^2) \text{。}$$

（四）系统变量综合表现最优原理

若要用一个综合变量来替代原始数据变量，那么第一主成分 u_1 无疑是最佳选择。从统计学的角度来看，这意味着变量 u_1 与原始数据变量的相关系数达到了最大值：$\max \sum_{k=1}^{n} R^2 (u_1, X_k)$。

如果是用两个主成分 u_1、u_2 来综合原数据信息，则要求 $\max \sum_{k=1}^{n} \sum_{i=1}^{2} R^2 (u_i, X_k)$ 成立。

对于给定的 p 维随机向量 $X = (x_1, x_2, \cdots, x_p)^T \in R^p$，假定二阶矩存在，记 $\vec{\mu} = E(X)$，$V = V(X) = E(X - E(X))(X - E(X))^T$。考虑如下线性变换

$$\begin{cases} y_1 = \vec{a}_1^T X = a_{11} x_1 + a_{12} x_2 + \cdots + a_{1p} x_p \\ y_2 = \vec{a}_2^T X = a_{21} x_1 + a_{22} x_2 + \cdots + a_{2p} x_p \\ \vdots \qquad\qquad \vdots \qquad\qquad \vdots \\ y_p = \vec{a}_p^T X = a_{p1} x_1 + a_{p2} x_2 + \cdots + a_{pp} x_p \end{cases} \qquad (4.1)$$

变换的目的是变换后的 y_1 是 $x_1, x_2, \cdots, x_p$ 的一切线性函数中方差最大的。但由于有 $\mathrm{Var}(k \vec{a}_1^T X) = k^2 \mathrm{Var}(\vec{a}_1^T X)$

所以应该限制变换（4.1）的系数矩阵行向量 $\vec{a}_k^T$ 为单位向量。这样问题变为 $\begin{cases} \max \mathrm{Var}(y_1) = \vec{a}_1^T V \vec{a}_1 \\ \mathrm{s.\,t.} \ \vec{a}_1^T a_1 = 1 \end{cases}$ 的解，此时 y_1 称为第一主成分。

设 $\lambda_1 \geq \lambda_2 \geq \cdots \geq \lambda_p \geq 0$ 为非负定矩阵 V 的特征根，$u_1, u_2, \cdots, u_p$ 为相应的单位特征向量，且两两相互正交。令 $U = (u_1, u_2, \cdots, u_p) = (u_{ij})_{p \times p}$ 为正交矩阵，则有

$$V = U \begin{bmatrix} u_1 & & & \\ & u_2 & & \\ & & \ddots & \\ & & & u_p \end{bmatrix} U^T = \sum_{K=1}^{p} \lambda_k u_k u_k^T \qquad (4.2)$$

由于有

$$\vec{a}_1^T V \vec{a}_1 = \sum_{k=1}^{p} \lambda_k \vec{a}_1^T u_k u_k^T \vec{a}_1 = \sum_{k=1}^{p} \lambda_k (\vec{a}_1^T u_k)^2 \leqslant \lambda_1 \sum_{k=1}^{p} (\vec{a}_1^T u_k)^2$$

$$= \lambda_1 \sum_{k=1}^{p} \vec{a}_1^T u_k u_k^T \vec{a}_1 = \lambda_1 \vec{a}_1^T U U^T \vec{a}_1 = \lambda_1 \vec{a}_1^T \vec{a}_1 = \lambda_1$$

特别取 $\vec{a}_1 = u_1$ 有

$$u_1^T V u_1 = u_1^T (\lambda_1 u_1) = \lambda_1$$

因此，$y_1 = u_1^T X$ 就是所求的第一主成分，其方差具有最大值 λ_1。如果第一主成分所含信息不够多，不足以代表原始的 p 个变量，则要考虑第二主成分 y_2。为了使 y_2 所含信息与 y_1 不重叠，应要求

$$\mathrm{Cov}(y_1,\ y_2) = 0$$

因此，第二主成分就是下列问题的解

$$\begin{cases} \max\ V(y_2) = \vec{a}_2^T V \vec{a}_2 \\ \mathrm{s.\,t.} \quad \mathrm{Cov}(y_1,\ y_2) = 0 \\ \vec{a}_2^T \vec{a}_2 = 1 \end{cases} \tag{4.3}$$

同样可以求第三主成分、第四主成分等等。一般而言，第 k 主成分是下列问题的解

$$\begin{cases} \max\ V(y_k) = \vec{a}_k^T V \vec{a}_k \\ \mathrm{s.\,t.} \quad \mathrm{Cov}(y_k,\ y_i) = 0,\ i = 1,\ 2,\ \cdots,\ k-1 \\ \vec{a}_k^T \vec{a}_k = 1 \end{cases}$$

现在求第二主成分。由（4.3）知

$$\mathrm{Cov}(y_1,\ y_2) = \mathrm{Cov}(u_1^T X,\ \vec{a}_2^T X) = \vec{a}_2^T V u_1 = \lambda_1 \vec{a}_2^T u_1 = 0$$

于是，

$$\vec{a}_2^T u_1 = 0$$

从而有

$$\mathrm{Var}(y_2) = \vec{a}_2^T V a_2 = \sum_{k=1}^{p} \lambda_k (\vec{a}_2^T u_k)^2 = \sum_{k=2}^{p} \lambda_k (\vec{a}_2^T u_k)^2$$

$$\leqslant \lambda_2 \sum_{k=2}^{p} (\vec{a}_2^T u_k)^2 = \lambda_2 \sum_{k=1}^{p} (\vec{a}_2^T u_k)^2 = \lambda_2 \vec{a}_2^T U U^T \vec{a}_2 = \lambda_2 \vec{a}_2^T \vec{a}_2 = \lambda_2$$

当取 $\vec{a}_2 = u_2$ 时，则有

$$u_2^T V u_2 = u_2^T (\lambda_2 u_2) = \lambda_2$$

所以，$y_2 = u_2^T X$ 就是所求的第二主成分，且具有方差 λ_2。以此类推，我们可求出第 k 主成分为 $y_k = u_k^T X$ 或者具体写为

$$y_k = u_{1k}x_1 + u_{2k}x_2 + \cdots + u_{pk}x_p \quad k = 1, 2, \cdots, p \tag{4.4}$$

具有方差 $\lambda_k (k = 1, 2, \cdots, p)$。

二、主成分性质及算法

(一) 主成分的性质

假设研究对象有 p 个属性指标，$X = (x_1, x_2, \cdots, x_p)^T$，这些指标可以视为 p 维随机变量，记该随机变量期望为 $\vec{\mu} = E(X)$，二阶矩阵（协方差矩阵）记为 $V = V(X) = E(X - E(X))(X - E(X))^T$。对于此类对象，我们观测了 n 个样本，所得数据矩阵为 $X_{n \times p} = (x_{ij})$。从上述分析可知，若将每个指标 $x_k (k = 1, 2, \cdots, p)$ 视作随机变量，则所观测的 n 个对象即为对应的样本值。基于这些数据，我们可以计算出矩阵 V 的特征根 $\lambda_1 \geq \lambda_2 \geq \cdots \geq \lambda_p \geq 0$ 和相应的单位特征向量 $u_1, u_2, \cdots, u_p$，从而构造出第 k 主成分

$$y_k = u_k^T X \quad k = 1, 2, \cdots, p$$

可直接写成 $Y = U^T X$。

(1) 主成分的均值、协方差、方差。

记主成分 $Y = (y_1, y_2, \cdots, y_p)^T$，从前面的讨论知道 $Y = U^T X$。写

$$E(Y) = \begin{pmatrix} E(y_1) \\ E(y_2) \\ \vdots \\ E(y_p) \end{pmatrix}, \quad \Lambda = \begin{pmatrix} \lambda_1 & & & \\ & \lambda_2 & & \\ & & \ddots & \\ & & & \lambda_p \end{pmatrix}$$

则有

$$E(Y) = E(U^T X) = U^T E(X) = U^T \vec{\mu}$$

$$\mathrm{Var}(Y) = U^T \mathrm{Var}(X) U = U^T V U = \Lambda$$

对于原始变量与主成分之间的总方差，由于

$$tr(\Lambda) = tr(U^T V U) = tr(U^T U V) = tr(V)$$

所以

$$\sum_{k=1}^{p} \mathrm{Var}(x_k) = \sum_{K=1}^{P} \mathrm{Var}(y_k) = \sum_{k=1}^{p} \lambda_k$$

也就是说，主成分分析把原始的 p 个变量 $x_k (k = 1, 2, \cdots, p)$ 的总方差 $tr(V)$ 分解成了 p 个不相关变量 $y_k (k = 1, 2, \cdots, p)$ 的方差之和 $\sum_{k=1}^{p} \lambda_k$。

（2）主成分 $y_k(k = 1,\ 2,\ \cdots,\ p)$ 两两正交，且

$$
\begin{cases}
y_i^T y_j = 0 & 1 \leqslant i \neq j \leqslant p \\
|y_k|^2 = \lambda_k & k = 1,\ 2,\ \cdots,\ p
\end{cases}
$$

（3）我们称 $Y = U^T X$ 为对 X 的主成分变换。此变换是可逆的，且 $X = UY$，这被称作主成分的数据恢复变换。

（4）原始变量 X 与主成分 Y 之间的相关性。

根据 $Y = U^T X$ 得 $X = UY$，此即

$$
x_k = u_{k1}y_1 + u_{k2}y_2 + \cdots + u_{kp}y_p \qquad k = 1,\ 2,\ \cdots,\ p \tag{4.5}
$$

故有

$$
\mathrm{Cov}(x_j,\ y_i) = \mathrm{Cov}(u_{ji}y_i,\ y_i) = u_{ji}\lambda_i
$$

$$
\rho(x_j,\ y_i) = \frac{\mathrm{Cov}(x_j,\ y_i)}{\sqrt{\mathrm{Var}(x_j)}\ \sqrt{\mathrm{Var}(y_i)}} = \frac{\sqrt{\lambda_i}}{\sqrt{v_{jj}}}u_{ji} = \sqrt{\lambda_i}\,u_{ji} \quad j,\ i = 1,\ 2,\ \cdots,\ p
$$

（5）主成分对原始变量的贡献率。

我们将第 k 主成分 y_k 占总方差的比例

$$
\frac{\lambda_k}{\sum\limits_{i=1}^{p}\lambda_i}(k = 1,\ 2,\ \cdots,\ p) \tag{4.6}
$$

称为主成分 y_k 的贡献率。第一主成分 y_1 的贡献率最大，显示出它对原始变量 $x_k(k = 1,\ 2,\ \cdots,\ p)$ 的解释能力最强，随后 y_1，y_2，$\cdots$，y_p 的解释能力依次减弱。主成分分析的核心目的是精简变量数量，因此我们通常不会采纳全部 p 个主成分，而是会忽略那些方差较小、对总体方差影响不大的主成分。前 q 个主成分的累积贡献率可表示为它们各自方差贡献率的综合。

$$
\Lambda_q = \frac{\sum\limits_{k=1}^{q}\lambda_k}{\sum\limits_{k=1}^{p}\lambda_k} = \frac{\sum\limits_{k=1}^{q}\lambda_k}{\sum\limits_{k=1}^{p}v_{kk}}(1 \leqslant q \leqslant p) \tag{4.7}
$$

称为主成分 y_1，y_2，$\cdots$，y_q 的累计贡献率。它反映了 y_1，y_2，$\cdots$，y_q 对于原始变量 $x_k(k = 1,\ 2,\ \cdots,\ p)$ 的综合解释能力。为了降低变量的维度，我们通常会选择一个较小的主成分变量数量 m，以确保累积贡献率能达到一个相对较高的百分比（一般要求超过 80%）。在这种情况下，所选的主成分 y_1，y_2，$\cdots$，y_q 可以有效地替代原始变量 x_1，x_2，$\cdots$，x_p，既实现了维度的降低，又尽可能减少了原始信息的损失。

（二）主成分的计算

根据主成分分析的特点，可以得到主成分的具体计算过程。假设在 p 维空间 R^p 中有 n 个已知样本，其对应的数据矩阵用 $X_{n \times p} = (x_{ij})$ 表示。以下是主成分分析的计算流程：

（1）计算随机变量 X 的协方差矩阵 $V = V(X)$，计算公式为

$$E(X) = (E(x_1),\ E(x_2),\ \cdots,\ E(x_p))^T$$

$$V = V(X) = E(X - E(X))(X - E(X))^T$$

$$= \begin{pmatrix} \mathrm{Var}(x_1) & \mathrm{Cov}(x_1,\ x_2) & \cdots & \mathrm{Cov}(x_1,\ x_p) \\ \mathrm{Cov}(x_2,\ x_1) & \mathrm{Var}(x_2) & \cdots & \mathrm{Cov}(x_2,\ x_p) \\ \vdots & \vdots & & \vdots \\ \mathrm{Cov}(x_p,\ x_1) & \mathrm{Cov}(x_p,\ x_2) & \cdots & \mathrm{Var}(x_p) \end{pmatrix} \quad (4.8)$$

（2）计算矩阵 S 的前 q 个特征根，确保这些特征根的累积贡献率达到预定的阈值（通常设为 80% 左右），其中 q 的值通过（4.6）来确定。

（3）然后，计算与矩阵 S 的前 q 个特征根相对应的单位特征向量。

$$u_k = (u_{1k},\ u_{2k},\ \cdots,\ u_{pk})^T \quad k = 1,\ 2,\ \cdots,\ q$$

（4）利用公式（4.4）和之前计算出的特征向量，我们可以得到前 q 个主成分分量，具体计算公式为

$$y_k = u_{1k}x_1 + u_{2k}x_2 + \cdots + u_{pk}x_p \quad k = 1,\ 2,\ \cdots,\ q \quad (4.9)$$

（5）根据（4.9）中原始变量与各主成分之间的系数关系做出解释。如有需要，可以通过图示来更直观地展示这种关系。

说明：

第一，鉴于某些问题中各指标的量纲存在差异，这可能导致协方差矩阵中的数据呈现较大的不一致性。为了消除这种量纲差异带来的影响，考虑将协方差矩阵替换为相关矩阵。重要的是，这样的替换并不会改变之前的分析结论或最终结果。因此，可以放心地使用相关矩阵 R 来替代二阶矩 V，在这种情况下，公式变为

$$R = (r_{ij})_{p \times p},\qquad r_{ij} = \frac{\mathrm{Cov}(x_i,\ x_j)}{\sqrt{\mathrm{Var}(x_i)\mathrm{Var}(x_j)}} \quad (4.10)$$

第二，如果不知道随机变量 X 的分布，从而无法计算其期望及二阶矩，则还可以用样本的点估计代替。假设对随机变量 X 进行了 n 次观察，其样本矩阵记为 $X_{n \times p} = (x_{ij})_{n \times p}$，则有如下估计计算，令

$$\overline{X}_k = \frac{1}{n} \sum_{i=1}^{n} x_{ik} \quad k = 1, \ 2, \ \cdots, \ p, \qquad s_{ij} = \frac{1}{n} \sum_{k=1}^{n} (x_{ki} - \overline{X}_i)(x_{kj} - \overline{X}_j)$$

则有

$$V \approx \hat{V} = (s_{ij})_{p \times p}, \ R \approx \hat{R} = \left(\frac{s_{ij}}{\sqrt{s_{ii}} \sqrt{s_{jj}}}\right)_{p \times p}$$

第三，当用协方差矩阵 $S = (s_{ij})_{p \times p}$ 或者 $\hat{R}$ 计算主成分时，获得的主成分表达式要变为

$$y_k = u_{1k} \tilde{x}_1 + u_{2k} \tilde{x}_2 + \cdots + u_{pk} \tilde{x}_p \quad k = 1, \ 2, \ \cdots, \ q$$

此时对应的指标为

$$\tilde{x}_k = \begin{cases} x_k - \overline{x}_k, & \text{如果 } V = S \\ \dfrac{x_k - \overline{x}_k}{\sqrt{s_{kk}}}, & \text{如果 } V = \hat{R} \end{cases}$$

三、主成分分析技术

应用主成分分析法主要是为了对研究对象的高维指标实施降维，以便简化问题，分析问题。因此，当获得了需要的主成分后，我们首先就是对主成分做出解释，分析主成分表达式（4.9）的系数及其代表的含义。其次，主成分可用于揭示数据的奇异性，达到最终剔除奇异数据的目的。最后，也是主成分应用最重要的一点，就是对研究对象及其系统做出综合评价。

（一）主成分的解释

主成分 y_1, y_2, $\cdots$, y_q 是对原始变量 x_1, x_2, $\cdots$, x_p 的综合，然而原始变量都有明确的含义，无论是物理的，还是经济的。那么，对原始变量综合后的每个主成分又有什么含义呢？这就是主成分的解释。这种解释可以帮助我们更清楚地认识研究系统的系统结构、系统构成、系统特征等。尤其是对时间序列数据进行主成分分析时，主成分分析能够反映系统特征的变化趋势，这种趋势对于系统预测具有非常重要的意义。

解释主成分时，主要分析主成分表达式（4.9）的组合系数，并结合实际背景确定主成分及其相关系数含义。对于公式（4.9）右端的系数 $u_{jk}(j = 1, \ 2, \ \cdots, \ p)$ 称为第 k 主成分 y_k 在第 j 个原始变量 x_j 上的载荷，它度量了 x_j 对 y_k 的重要程度。在解释主成分时，我们需要考察载荷以及主成分 y_k 与原始变量 x_j 之间的相关性。根据公式（4.6）可知，载荷 $u_{jk}(j = 1, \ 2, \ \cdots, \ p)$ 与相关系

数 $\rho(x_j,\ y_k)$ 成正比，仅相差一个常数倍。这样，我们可以通过观察主成分 (4.9) 的组合系数的大小及其符号，对主成分 y_k 的物理含义做出解释、判断。如果这些系数既有正，又有负，说明该项主成分与一部分原始变量正相关，一部分负相关。正相关时，y_k 与 x_j 的变化趋势同向；负相关时，反向。如果组合系数 $u_{jk}(j=1,\ 2,\ \cdots,\ p)$ 大，说明 y_k 与 x_j 的关系密切。通常可以根据这些分析及其研究问题的背景，给出主成分的名称定义。

另外，对于公式（4.4）中最后一个主成分 y_p，由于它的贡献率往往非常小，此时可以认为 $\mathrm{Var}(y_p)=0$，此即 y_p 接近于一个常数。虽然 y_p 的贡献小而显得不重要，但却可能揭示出变量之间的一个共线性关系。如果最后几个主成分的贡献率都非常小，则可能表示变量之间有几个共线性关系。这方面容易忽略，但对问题的分析确有帮助，应该重视。

（二）综合评价

第一主成分与原始变量之间的综合相关性最强，因此，若要用一个综合变量来替代原始变量集，选择第一主成分无疑是最优策略。同时，第一主成分 y_1 也代表了数据变化的最大方向，这意味着它能在保留原始数据信息的同时实现最高精度的一维综合表示。基于这些特点，我们可以把 y_1 作为评估系统的有效指数。同时，由于在第一主成分方向上，样本点的性质差距最大，也易于对它们进行排序评估。显然，y_1 的贡献率可当作评估的精度。

在对问题进行排序评价时，则要注意此时要求第一主成分表达式中的所有载荷都为正，即 y_1 与所有原始变量都正相关，才能将 y_1 用作系统排序评价；否则，不能将 y_1 用作系统评价排序。

另外需要注意的是，第一主成分的载荷必须满足 $u_{jk}>0$，$j=1,\ 2,\ \cdots,\ p$，才能将第一主成分用作综合评价指标。因为如果某项载荷为零，即 $u_{jk}=0$，或近似为零，则在评价时，可能会遗漏对应指标 x_j 的重要信息。

一般情况下，如果要将所有主成分都用作评价系统，有文献建议如下评价公式

$$z=\sum_{k=1}^{q}\left(\frac{1}{p}\lambda_k\right)y_k$$

上式中的 y_k 为前 k 个主成分，其系数为权重。这里同样需要注意一个问题，就是所有主成分的载荷都为正时，才能将此公式用作综合评价。否则，由于这种多指标属性的无序（一些正相关，一些负相关），不能这样简单地构造评价公式。

第三节　因子分析法

一、因子分析原理

因子分析是根据相关性大小把原始变量进行分组，使得同组内的变量之间相关性高，而不同组的变量之间的相关性低。每组变量代表一个基本结构（即公共因子），并用一个不可观测的综合变量来表示。对于所研究的某一具体问题，原始变量分解为两部分之和：一部分是少数几个不可观测的公共因子的线性函数，另一部分是与公共因子无关的特殊因子。

从全部计算过程来看，作 R 型因子分析与作 Q 型因子分析都是一样的，只不过出发点不同，R 型从相关系数矩阵出发，Q 型从相似系数阵出发，都是对同一批观测数据，可以根据其所要求的目的决定用哪一类型的因子分析。

二、因子分析的数学模型

设有 p 个指标，则因子分析数学模型为

$$\begin{cases} X_1 = r_{11}Y_1 + r_{12}Y_2 + \cdots + r_{1p}Y_p \\ X_2 = r_{21}Y_1 + r_{22}Y_2 + \cdots + r_{2p}Y_p \\ \qquad\qquad\qquad\vdots \\ X_p = r_{p1}Y_1 + r_{p2}Y_2 + \cdots + r_{pp}Y_p \end{cases} \qquad (4.11)$$

其中，X_1，X_2，$\cdots$，X_p 是已标准化的可观测的评价指标。F_1，F_2，$\cdots$，F_k 出现在每个指标 X_i 的表达式中，称为公共因子，公共因子是不可观测的，其含义要根据具体问题来解释。ε_i 是各个对应指标 X_i 所特有的因子，故称为特殊因子，它与公共因子之间彼此独立。r_{ij} 是指标 X_i 在公共因子 F_j 上的系数，称为因子载荷，因子载荷 r_{ij} 的统计含义是指标 X_i 在公共因子 F_j 上的相关系数，表示 X_i 与 F_j 线性相关程度，主要反映该公共因子对相应原变量的贡献力大小。

用矩阵形式表示为

$$X = AF + \varepsilon \qquad (4.12)$$

其中 $X = (X_1,\ X_2,\ \cdots,\ X_p)'$，$F = (F_1,\ F_2,\ \cdots,\ F_k)'$，$\varepsilon = (\varepsilon_1,\ \varepsilon_2,\ \cdots,$

$$\varepsilon_p)',\ A = \begin{pmatrix} r_{11} & r_{12} & \cdots & r_{1m} \\ r_{21} & r_{22} & \cdots & r_{2m} \\ \vdots & \vdots & & \vdots \\ r_{p1} & r_{p2} & \cdots & r_{pm} \end{pmatrix}$$ ，A 称为因子载荷矩阵。

此矩阵的统计含义：

A 矩阵中的第 i 行元素 r_{i1}，r_{i2}，$\cdots$，r_{im} 揭示了指标 X_i 对各个公共因子的依赖程度。

A 矩阵中的第 j 列元素 r_{1j}，r_{2j}，$\cdots$，r_{mj} 体现了公共因子 F_j 与各指标之间的关联性。因此，我们常常基于该列中绝对值较大的因子载荷所对应的指标，来阐释这个公共因子的具体含义。

A 矩阵中第 i 行元素 r_{i1}，r_{i2}，$\cdots$，r_{im} 的平方和 $h_i{}^2 = \sum\limits_{j=1}^{m} r_{ij}^2$ 称为指标 X_i 的共同度。对于某个原始变量，其在所有因子上的载荷的平方和即为其共同度，它反映了所有公共因子对该原始变量变异的解释程度。若因子分析的结果显示大部分变量的共同度都超过了 0.8，则表明所提取的公共因子已基本涵盖了原变量 80% 以上的信息，说明因子分析的效果较好。变量共同度是评估因子分析效果的一个重要指标。

A 矩阵中第 j 列元素 r_{1j}，r_{2j}，$\cdots$，r_{mj} 的平方和 $g_j^2 = \sum\limits_{i=1}^{p} r_{ij}^2$，表示公共因子 F_j 对所有原始指标提供的方差贡献总和，这是衡量各个公共因子重要性的一个标准。

我们称 $\alpha_j = \dfrac{g_j}{p} = \dfrac{1}{p} \sum\limits_{i=1}^{p} r_{ij}^2$ 为公共因子 F_j 的方差贡献率，方差贡献率越大，说明该公共因子的重要性越高。换句话说，公共因子的方差贡献，即某个公共因子对所有原始变量载荷的平方和，反映了该公共因子对所有原始数据总变异的解释能力。它等价于因子载荷矩阵中某一列载荷的平方和。一个因子的方差贡献越大，表明这个因子的影响力越大。

三、因子分析的步骤

因子分析步骤如下：

（1）将原始变量数据进行标准化处理 $Z_i = \dfrac{X_i - \mu_i}{\sqrt{\sigma_{ii}}}$。

（2）计算标准化指标的相关系数矩阵 R 。

（3）导出相关系数矩阵 R 的特征向量 $u=(u_{ij})_{p \times p}$ 和特征值 $\lambda_1 \geqslant \lambda_2 \geqslant \cdots \geqslant \lambda_p \geqslant 0$ 。

（4）根据特征值大于 1 的数量或累积方差贡献率达到 80% 来确定公共因子的数量。

（5）采用主成分法求初始因子载荷矩阵，即从相关矩阵中导出主成分，选择前几个主成分，转化为方差为 1 的变量，从而获得因子载荷矩阵的估计值：

设从相关矩阵出发求解主成分，设有 p 个变量，则可以找出 p 个主成分，将所得的 p 个主成分由大到小排列，记为 Y_1 ，Y_2 ，$\cdots$ ，Y_p ，则主成分与原始变量之间有

$$
\begin{cases}
Y_1 = r_{11}X_1 + r_{12}X_2 + \cdots + r_{1p}X_p \\
Y_2 = r_{21}X_1 + r_{22}X_2 + \cdots + r_{2p}X_p \\
\quad\quad\quad\quad\quad\quad \vdots \\
Y_p = r_{p1}X_1 + r_{p2}X_2 + \cdots + r_{pp}X_p
\end{cases}
$$

其中 r_{ij} 是随机变量 X 的相关矩阵的特征值所对应的特征向量的分量，特征向量之间正交，从 X 到 Y 的转换关系的可逆得到由 Y 到 X 的转换关系

$$
\begin{cases}
X_1 = r_{11}Y_1 + r_{12}Y_2 + \cdots + r_{1p}Y_p \\
X_2 = r_{21}Y_1 + r_{22}Y_2 + \cdots + r_{2p}Y_p \\
\quad\quad\quad\quad\quad\quad \vdots \\
X_p = r_{p1}Y_1 + r_{p2}Y_2 + \cdots + r_{pp}Y_p
\end{cases}
$$

只保留前 m 个主成分，而把后面的 $p-m$ 个主成分用特殊因子 ε_i 代替，即

$$
\begin{cases}
X_1 = r_{11}Y_1 + r_{12}Y_2 + \cdots + r_{1m}Y_m + \varepsilon_1 \\
X_2 = r_{21}Y_1 + r_{22}Y_2 + \cdots + r_{2m}Y_m + \varepsilon_2 \\
\quad\quad\quad\quad\quad\quad \vdots \\
X_p = r_{p1}Y_1 + r_{p2}Y_2 + \cdots + r_{pm}Y_m + \varepsilon_p
\end{cases}
$$

为了把 Y_i 转化为合适的公因子，需要把主成分 Y_i 变为方差为 1 的变量，故令

$$
F_i = \frac{Y_i}{\sqrt{\lambda_i}} \ , \ a_{ij} = \gamma_{ji}\sqrt{\lambda_j}
$$

则

$$
\begin{cases}
X_1 = a_{11}F_1 + a_{12}F_2 + \cdots + a_{1m}F_m + \varepsilon_1 \\
X_2 = a_{21}F_1 + a_{22}F_2 + \cdots + a_{2m}F_m + \varepsilon_2 \\
\quad\quad\quad\quad\quad\quad \vdots \\
X_p = a_{p1}F_1 + a_{p2}F_2 + \cdots + a_{pm}F_m + \varepsilon_p
\end{cases}
$$

设样本相关系数矩阵 R 的特征值为 $\lambda_1 \geqslant \lambda_2 \geqslant \cdots \geqslant \lambda_p \geqslant 0$，其相应的标准正交特征向量为 γ_1，γ_2，$\cdots$，γ_p，设 $m < p$，则因子载荷矩阵 A 的一个估计值为

$$\hat{A} = (\gamma_1 \sqrt{\lambda_1},\ \gamma_2 \sqrt{\lambda_2},\ \cdots,\ \gamma_m \sqrt{\lambda_m}) = \begin{pmatrix} u_{11}\sqrt{\lambda_1} & u_{12}\sqrt{\lambda_2} & \cdots & u_{1m}\sqrt{\lambda_m} \\ u_{21}\sqrt{\lambda_1} & u_{22}\sqrt{\lambda_2} & \cdots & u_{2m}\sqrt{\lambda_m} \\ \vdots & \vdots & \vdots & \vdots \\ u_{p1}\sqrt{\lambda_1} & u_{p2}\sqrt{\lambda_2} & \cdots & u_{pm}\sqrt{\lambda_m} \end{pmatrix}$$

估计共同度：$\hat{h}_i = \hat{a}_{i1}^2 + \hat{a}_{i2}^2 + \cdots + \hat{a}_{im}^2$。

（6）构建因子模型，包含公共因子和特殊因子：

$$Z_j = \sum_{j=1}^{k} a_{ij}F_j + a_i\varepsilon_i \quad i = 1,\ 2,\ \cdots,\ p$$

其中 F_1，F_2，$\cdots$，F_k 为公共因子，$\varepsilon = (\varepsilon_1,\ \varepsilon_2,\ \cdots,\ \varepsilon_p)$ 为特殊因子。

（7）若初始因子载荷矩阵难以解释，则进行方差极大正交旋转，以便更清晰地解释公共因子的实际意义。

（8）对初始因子载荷矩阵进行旋转，以简化结构并明确关系。由于因子载荷矩阵不唯一，旋转变换可以是使初始因子载荷矩阵的每列或每行的元素的平方值趋于 0 或 1，从而使得因子载荷矩阵的结构简化，关系明确。如果初始因子之间不相关，公共因子 F_j 的解释能力能够用其因子载荷平方的方差来度量时，则可采用方差极大正交旋转法；如果初始因子之间相关，则需要进行斜交旋转，通过旋转后，得到比较理想的新的因子载荷矩阵 $A_1 = (r_{ij}')_{p \times k}$。

（9）将公共因子变为变量的线性组合，得到因子得分函数

$$F_i = \sum_{j=1}^{k} \beta_{ij}Z_{ij} = \beta_{i1}Z_1 + \beta_{i2}Z_2 + \cdots + \beta_{ip}Z_p \quad i = 1,\ 2,\ \cdots,\ m$$

系数 $\beta = B'A_1'R^{-1}$，F_i、Z_{ji} 均为标准化的原始变量和公共因子。

因子得分函数的估计值为

$$\hat{F} = A_1'R^{-1}X = \begin{pmatrix} b_{11} & b_{12} & \cdots & b_{1p} \\ b_{21} & b_{22} & \cdots & b_{2p} \\ \vdots & \vdots & \vdots & \vdots \\ b_{m1} & b_{m2} & \cdots & b_{mp} \end{pmatrix} \begin{pmatrix} X_1 \\ X_2 \\ \vdots \\ X_p \end{pmatrix}$$

其中 A_1 为因子载荷矩阵，R 为原始变量的相关矩阵，X 为原始变量向量。

（10）根据各公共因子的得分和权重，求出综合评价值 $\hat{Z} = \sum_{i=1}^{m} \omega_i \hat{F}_i$，

其中 $\omega_i = \dfrac{\lambda_i}{\sum\limits_{j=1}^{m} \lambda_j}$ 时第 i 个公共因子是 F_i 的归一化权重。即 $\hat{Z} = \dfrac{\sum\limits_{i=1}^{m} \lambda_i \hat{F}_i}{\sum\limits_{j=1}^{m} \lambda_j}$ 。

（11）利用综合评价值 $\hat{Z}$ 对评价对象进行排序和比较。

四、因子分析的评价

在进行因子分析时，必须调整原始变量数据的量纲和数量级，因此，我们需要对原始变量数据进行转换，常用的方法是标准化变换 $Z_i = \dfrac{X_i - \mu_i}{\sqrt{\sigma_{ii}}}$ 。尽管某些参考文献指出这种标准化处理方式存在不合理之处，但在实际操作中，为了简便性，我们通常还是选择这种方式进行转换。

在因子分析前，需要对原始变量之间的相关性进行探究，因为并非所有变量数据都适合进行因子分析。

因子分析更适合对大样本容量进行全面分析，对于小样本容量的分析结果可能不够精确。为了确保准确性，样本容量通常应超过指标个数的两倍。

初始因子载荷矩阵不应被简单地视为主成分系数矩阵（即特征向量矩阵），否则可能导致误解。所构建的综合评价函数 $F = \alpha_1 Y_1 + \alpha_2 Y_2 + \cdots + \alpha_m Y_m$ 仅提供了一个因子排序，它定性地展示了该函数包含原始变量信息的程度，但未给出具体的百分比或其他定量度量。

第四节　案例应用

主成分分析具有高效降维、客观赋权的特点，可以避免主观性，适合进行横向比较。而因子分析相应则具有揭示潜在结构、解释性强的特点，可以帮助制定针对性政策。即主成分分析适合综合评分与排名，因子分析更利于机制分析，因此本节案例在评价各省农产品流通能力时综合采用两种方法，以兼顾评价效率与政策指导价值。

一、使用主成分分析法对各省农产品流通能力进行评价

2018 年中央一号文件首次提及数字农业农村，2021 年中央一号文件指出，要将数字经济技术应用推广到"三农"领域方面，将数字经济落实到乡村全面

振兴的具体行动中。一个强大且稳固的农产品流通体系，对于稳定农产品供需关系，以及推动农业农村的现代化发展具有显著的促进作用。当前农产品流通能力水平存在发展不均衡的问题，用主成分分析法对各省农产品流通能力进行评价，可以较为客观地反映农产品流通能力真实水平，提供农产品流通相关的决策参考信息，以助力政策制定者与生产者做出明智的抉择。

（一）相关统计指标与数据的选取

结合数字经济的特征，按照科学性与系统性、全面性与代表性、特殊性与可比性、可行性与持续性原则设计数字经济视角下农产品流通能力评价指标：[1]

农产品生产消费能力深刻反映农产品流通发展的状况，它涵盖了农产品投入生产规模和农产品消费规模等多个层面。在本案例中，我们通过以下指标来量化农产品的规模能力（如表4.1所示）。

农作物播种面积（x_1）：涵盖谷物、豆类、薯类等粮食作物以及棉花、油料、糖料等经济作物的总播种面积。

人均主要农产品产量（x_2）：以粮食作物产量为代表，与地区总人口的比值来衡量农业生产效率。

$$人均主要农产品产量 = 粮食作物产量 / 地区总人口$$

人均农林牧渔产值（x_3）：表示农业、林业、牧业和渔业总产值与地区总人口的比例，反映地区农业综合生产能力。

$$人均农林牧渔产值 = 农林牧渔总产值 / 地区总人口$$

人均GDP（x_4）：反映地区宏观经济状况的关键指标。

$$人均GDP = 地区总产出 / 地区总人口$$

人均农产品消费支出（x_5）：体现居民在粮油、烟酒等方面的日常消费，是衡量居民消费水平和生活质量的重要指标。

在评估农产品流通效率能力方面，我们采纳了以下指标：

农产品流通从业人员（x_6）：涉及农产品流通各行业的总从业人数，包括农林牧渔、批发零售、交通运输等多个领域的从业人员。

公路密度（x_7）：表示地区交通设施的完善程度。

$$公路密度 = 地区公路总长度 / 地区土地面积$$

农产品流通业库存率（x_8）：反映农产品流通的顺畅程度。

---

① 本节案例来自程茹《数字经济视角下广东省农产品流通能力评价》（2022）。

农产品流通业库存率=限额以上批发业企业期末商品库存额/限额以上批发业企业商品销售额

农产品流通业周转率（x_9）：体现地区农产品流通的快慢。

农产品流通业周转率=限额以上批发业企业营业收入/限额以上批发业企业资产总额

农产品单位物流周转距离（x_{10}）：展示物流效率的重要指标。

农产品流通业周转距离＝（货运周转量/货运量）/社会消费品零售总额

此外，为了全面评估地区信息化及电子商务发展水平，我们还引入了以下指标。

互联网宽带接入端口数（x_{11}）：反映地区互联网基础设施的状况。

移动互联网普及率（x_{12}）：表示地区互联网使用的普及程度。

移动互联网普及率=地区互联网用户数/地区总人口

邮电业务总量（x_{13}）：涵盖邮件和各类通信服务的总量，是信息化程度的一个标志。

电子商务网络零售比重（x_{14}）：展示电子商务在社会消费品零售中的占比。

电子商务网络零售比重=电子商务网络零售额/社会消费品零售总额

地区用电量（x_{15}）：从一定程度上反映了地区的经济活跃度和物联网应用能力。

农业机械总动力（x_{16}）：农林牧渔各业所用机械设备的总动力，是农业现代化水平的一个重要标志。

表 4.1　数字经济视角下农产品流通能力评价指标

评价指标	变量表示	单位
农作物播种面积	x_1	千公顷
人均主要农产品产量	x_2	吨
人均农林牧渔产值	x_3	元
人均 GDP	x_4	元
人均农产品消费支出	x_5	元
农产品流通从业人员	x_6	万人
公路密度	x_7	公里/平方公里
农产品流通业库存率	x_8	%

续表

评价指标	变量表示	单位
农产品流通业周转率	x_9	%
农产品单位物流周转距离	x_{10}	公里
互联网宽带接入端口数	x_{11}	万个
移动互联网普及率	x_{12}	%
邮电业务总量	x_{13}	亿元
电子商务网络零售比重	x_{14}	%
地区用电量	x_{15}	万千瓦时
农业机械总动力	x_{16}	万千瓦

相关原始数据主要从2021年《中国统计年鉴》和全国各省份2021年统计年鉴中获取，并根据公式测算得出详细数据，如表4.2所示。

表4.2　农产品流通能力指标数据

地区	x_1	x_2	x_3	x_4	x_5	x_6	x_7	x_8
北京	98.20	0.01	1 203.44	164 927.20	8 373.90	202.40	1.36	0.09
天津	419.20	0.16	3 435.06	101 541.00	8 516.00	40.20	1.38	0.04
河北	8 089.40	0.51	9 033.35	48 508.69	4 992.50	60.60	1.08	0.10
山西	3 541.50	0.41	5 546.82	50 578.60	4 362.40	43.70	0.92	0.04
内蒙古	8 882.80	1.52	14 450.08	72 242.26	5 686.10	39.60	0.18	0.07
辽宁	4 287.80	0.55	10 769.84	59 024.57	6 110.10	69.90	0.88	0.05
吉林	6 151.00	1.59	12 405.16	51 318.54	5 021.60	35.30	0.58	0.10
黑龙江	14 910.10	2.38	20 303.09	43 199.31	5 287.20	63.00	0.36	0.13
上海	255.20	0.04	1 124.69	155 549.00	11 224.70	182.50	2.04	0.05
江苏	7 478.40	0.44	9 381.38	121 173.70	7 258.40	138.40	1.47	0.07
浙江	2014.50	0.09	5 406.52	99 896.93	8 922.10	105.50	1.17	0.04
安徽	8 818.00	0.66	9 305.34	63 358.93	6 280.40	57.00	1.69	0.05
福建	1 631.30	0.12	11 778.58	105 512.80	8 385.10	58.30	0.89	0.05
江西	5 644.40	0.48	8 454.82	56 852.17	5 780.60	42.60	1.26	0.05

续表

地区	x_1	x_2	x_3	x_4	x_5	x_6	x_7	x_8
山东	10 889.10	0.54	10 025.16	71 941.96	5 757.30	113.20	1.82	0.04
河南	14 688.00	0.69	10 015.44	55 323.48	4 417.90	97.80	1.62	0.05
湖北	7 974.40	0.47	12 713.03	75 619.60	5 897.70	79.00	1.56	0.07
湖南	8 400.10	0.45	11 306.39	62 886.05	6 251.70	59.10	1.14	6.00
广东	4 451.80	0.10	6 259.44	87 738.39	9 629.30	264.70	1.23	0.05
广西	6 107.30	0.27	11 781.79	44 145.63	5 591.50	39.90	0.56	0.04
海南	696.90	0.14	17 994.25	54 667.89	7 514.00	21.10	1.13	0.04
重庆	3 372.50	0.34	8 566.69	77 914.58	7 284.60	46.60	2.20	0.04
四川	9 849.90	0.42	11 009.92	58 056.10	7 026.40	92.70	0.81	0.06
贵州	5 475.30	0.27	11 297.61	46 206.74	4 606.90	31.20	1.17	0.05
云南	6 989.70	0.4	12 538.16	51 931.18	5 092.10	38.50	0.75	0.08
西藏	272.10	0.28	6 380.72	51 987.50	4 786.60	6.00	0.10	0.07
陕西	4 160.80	0.32	10 256.91	66 199.39	4 819.50	66.30	0.88	0.03
甘肃	3 931.80	0.48	8 411.07	36 052.37	4 678.80	27.20	0.34	0.03
青海	571.40	0.18	8 551.47	50 690.05	5 224.50	8.90	0.12	0.03
宁夏	1 174.20	0.53	9 751.34	54 376.51	4 816.30	7.40	0.56	0.04
新疆	6 080.00	0.61	1 662.57	53 272.51	5 225.90	33.60	0.13	0.08
地区	x_9	x_{10}	x_{11}	x_{12}	x_{13}	x_{14}	x_{15}	x_{16}
北京	1.09	0.03	2 084.10	1.50	3 727.87	0.71	1 139.97	120.20
天津	2.15	0.14	1 254.60	1.07	1 779.14	0.49	874.59	365.10
河北	1.87	0.04	4 598.20	0.95	6 825.41	0.22	3 933.92	7 965.70
山西	1.70	0.04	2 322.30	0.94	3 242.42	0.10	2 341.73	1 595.30
内蒙古	1.25	0.05	1 441.30	1.07	2 648.41	0.09	3 900.49	4 056.60
辽宁	2.08	0.04	3 305.20	0.92	3 667.28	0.17	2 423.40	2 471.30
吉林	1.64	0.11	1 651.20	1.02	2 242.09	0.13	845.4	3 896.9
黑龙江	1.47	0.06	2 127.50	0.94	2 235.84	0.11	1 014.40	6 775.10
上海	2.39	0.15	2 322.00	1.35	3 672.33	0.75	1 575.96	102.10

续表

地区	x_9	x_{10}	x_{11}	x_{12}	x_{13}	x_{14}	x_{15}	x_{16}
江苏	2.13	0.01	7 224.90	0.99	10 888.23	0.29	6 373.71	5 213.80
浙江	2.37	0.02	6 031.50	1.09	12 620.93	0.67	4 829.68	1 813.20
安徽	1.93	0.01	3 543.70	0.82	5 662.02	0.15	2 427.50	6 799.50
福建	2.07	0.03	3 370.00	0.96	4 764.94	0.31	2 483.00	1 260.20
江西	1.73	0.02	2 532.90	0.80	3 849.22	0.16	1 626.82	2 591.00
山东	1.94	0.01	6 756.80	0.86	8 192.52	0.16	6 939.84	10 964.70
河南	1.97	0.02	4 934.50	0.88	8 986.43	0.12	3 391.86	10 463.70
湖北	1.83	0.02	3 221.40	0.83	4 676.94	0.16	2 144.18	4 626.10
湖南	2.07	0.01	3 242.40	0.87	6 100.47	0.12	1 929.28	6 589.00
广东	1.85	0.02	8 653.20	1.13	20 833.11	0.64	6 926.12	2 495.40
广西	2.00	0.03	3 356.20	0.96	5 042.16	0.12	2 025.25	3 901.40
海南	2.25	0.90	852.30	0.95	1 177.98	0.20	362.08	615.60
重庆	2.22	0.02	2 368.80	0.97	3 392.33	0.10	1 186.52	1 498.00
四川	1.79	0.01	6 284.70	0.90	8 064.43	0.18	2 865.20	4 754.00
贵州	1.34	0.02	1 744.50	0.93	5 163.31	0.06	1 586.06	2 582.40
云南	1.77	0.01	2 218.00	0.84	5 805.94	0.09	2 025.66	2 786.70
西藏	2.10	0.51	219.00	0.76	434.08	0.16	82.45	576.80
陕西	2.61	2.00	2 576.50	0.98	4 385.51	0.12	1 740.90	2 388.00
甘肃	3.67	0.10	1 460.60	0.92	2 604.77	0.09	1 375.70	2 289.50
青海	0.76	0.33	412.80	0.98	837.13	0.13	742.01	491.40
宁夏	1.54	0.13	550.00	0.99	949.32	0.16	1 038.20	644.10
新疆	1.48	0.10	1 943.80	0.91	3 138.02	0.10	2 998.32	2 929.40

（二）数据分析过程

1. Bartlett 球形检验和 KMO 检验

主成分分析在实际运用中，核心理念在于降低高维数据的维度，去除多余信息，以此确定能够最充分体现原始数据特性的主成分，进而增强数据的实用性和准确性。但在实施主成分分析之前，必须通过 Bartlett 球形检验和 KMO 检验来评估数据是否适宜进行主成分分析。

Bartlett 球形检验，作为一种统计手段，主要用于评估数据的分布情况和变量间的相互独立性。它以变量的相关系数矩阵为基础，检验该矩阵中的变量相关性是否构成单位阵，以此判断各变量是否独立或存在显著关联。至于 Bartlett 球形检验的 P 值与主成分分析的适用性之间的联系，可参见表 4.3 的详细说明。

表 4.3　Bartlett 球形检验 P 值与是否适合进行主成分分析的关系

P 值	是否适合进行主成分分析
$P<0.05$	适合
$P>0.05$	不适合

KMO 检验是一种用于多元统计的因子分析方法，主要应用于比较变量间的简单相关系数和偏相关系数，即用于评估变量间的偏相关性，其值在 0~1 范围内。KMO 值越趋近于 1，表示各变量间的相关性越强，原有变量的解释力越强，主成分因子分析的效果也就越好。关于 KMO 值与是否适合进行主成分分析的关系，详见表 4.4。

表 4.4　KMO 值与是否适合进行主成分分析的关系

KMO 值	是否适合进行主成分分析
0.9<KMO 值≤1	极适合
0.8<KMO 值≤0.9	适合
0.7<KMO 值≤0.8	尚可
0.6<KMO 值≤0.7	勉强可以
0.5<KMO 值≤0.6	不适合
KMO 值≤0.5	非常不适合

使用 SPSS 软件对原始数据执行主成分分析，在此之前，先对数据进行前期检验，以确认其是否适合进行主成分分析。通过 SPSS 软件，我们对原始数据实施了 Bartlett 球形检验和 KMO 检验。根据 Bartlett 球形检验和 KMO 检验的结果（参见表4.5），我们确定案例所采用的原始数据适用于主成分分析进行统计分析。

表 4.5　**Bartlett 球形检验** P **值和 KMO 检验值**

检验方法	检验值		是否适合做因子分析
Bartlett 球形检验 P 值	近似卡方	423.015	适合
	自由度	120	
	显著性	<0.001	
KMO 检验值	0.636		适合

2. 提取主成分

由于本例中各指标之间信息有一定重复，因此采用主成分分析法提取因子，得出公因子差和分析结果如表 4.6 所示。

表 4.6　公因子差

公因子方差	初始	提取因子
x_1	1.000	0.900
x_2	1.000	0.703
x_3	1.000	0.493
x_4	1.000	0.856
x_5	1.000	0.802
x_6	1.000	0.868
x_7	1.000	0.562
x_8	1.000	0.723
x_9	1.000	0.629
x_{10}	1.000	0.408
x_{11}	1.000	0.951
x_{12}	1.000	0.808
x_{13}	1.000	0.859
x_{14}	1.000	0.903
x_{15}	1.000	0.854
x_{16}	1.000	0.856

注：提取方法为主成分分析法。

从表中可观察到，16 个变量的共同度普遍超过 80%，意味着这些变量的信息损失很小，且都能被因子有效解释，显示出本次信息提取的整体效果非常理想。

　　在选择主成分数量时，我们遵循的原则是选取特征值大于 1 的前 m 个主成分。特征值可以被视作衡量主成分影响力的一个指标。若特征值小于 1，则表明该主成分的解释能力低于单个原始变量的平均解释能力。因此，我们通常采用特征值大于 1 作为选择主成分的标准。根据表 4.7 的数据显示，我们选择了 4 个主成分，即 $m=4$。

表 4.7　总方差解释

成分	初始特征值			提取载荷平方和		
	总计	方差百分比	累积%	总计	方差百分比	累积%
1	5.656	35.349	35.349	5.656	35.349	35.349
2	3.897	24.355	59.704	3.897	24.355	59.704
3	1.521	9.508	69.212	1.521	9.508	69.212
4	1.100	6.876	76.088	1.100	6.876	76.088
5	0.996	6.224	82.312			
6	0.804	5.023	87.336			
7	0.621	3.884	91.220			
8	0.542	3.385	94.605			
9	0.236	1.477	96.082			
10	0.181	1.131	97.213			
11	0.142	0.085	98.098			
12	0.117	0.734	98.833			
13	0.070	0.439	99.272			
14	0.056	0.349	99.621			
15	0.045	0.281	99.902			
16	0.016	0.098	100.000			

注：提取方法为主成分分析法。

　　成分矩阵也称为载荷矩阵，每一个载荷量表示主成分与对应变量的相关系数（见表 4.8）。利用成分矩阵第 i 列的每个元素分别除以第 i 个特征根的平方根，就得到主成分系数矩阵（见表4.9）。

表4.8　主成分载荷矩阵

变量	1	2	3	4
x_1	−0.345	0.858	−0.186	0.099
x_2	−0.542	0.349	−0.535	0.017
x_3	−0.611	0.336	−0.057	0.060
x_4	0.863	−0.204	−0.206	0.166
x_5	0.868	−0.147	−0.038	0.160
x_6	0.865	0.315	−0.136	−0.042
x_7	0.575	0.247	0.205	0.359
x_8	−0.075	0.153	0.120	0.824
x_9	0.122	−0.006	0.777	0.102
x_{10}	−0.157	−0.352	0.464	−0.210
x_{11}	0.536	0.780	0.174	−0.156
x_{12}	0.714	−0.351	−0.419	0.011
x_{13}	0.594	0.662	0.171	−0.197
x_{14}	0.920	−0.195	−0.135	0.000
x_{15}	0.456	0.748	0.072	−0.284
x_{16}	−0.210	0.887	−0.019	0.158

表4.9　主成分系数矩阵

变量	1	2	3	4
x_1	−0.145 07	0.434 632	−0.150 82	0.094 393
x_2	−0.227 90	0.176 791	−0.433 80	0.016 209
x_3	−0.256 91	0.170 206	−0.046 22	0.057 208
x_4	0.362 874	−0.103 34	−0.167 03	0.158 275
x_5	0.364 977	−0.074 46	−0.030 81	0.152 554
x_6	0.363 715	0.159 568	−0.110 27	−0.040 05
x_7	0.241 776	0.125 121	0.166 222	0.342 293
x_8	−0.031 54	0.077 504	0.097 301	0.785 653

续表

变量	1	2	3	4
x_9	0. 051 299	−0. 003 04	0. 630 023	0. 097 253
x_{10}	−0. 066 02	−0. 178 31	0. 376 23	−0. 200 23
x_{11}	0. 225 377	0. 395 12	0. 141 086	−0. 148 74
x_{12}	0. 300 223	−0. 177 8	−0. 339 74	0. 010 488
x_{13}	0. 249 765	0. 335 346	0. 138 654	−0. 187 83
x_{14}	0. 386 842	−0. 098 78	−0. 109 46	0
x_{15}	0. 191 739	0. 378 91	0. 058 381	−0. 270 78
x_{16}	−0. 088 3	0. 449 323	−0. 015 41	0. 150 647

由成分得分协方差矩阵（见表4.10）可以看出，选出的4个主成分是互不相关的。

表 4. 10　成分得分协方差矩阵

成分	1	2	3	4
1	1	0	0	0
2	0	1	0	0
3	0	0	1	0
4	0	0	0	1

主成分系数矩阵内列出了4个特征根对应的特征向量，即各主要成分解析表达式中的标准化变量的系数向量。故各主成分解析表达式分别为

$$F_1 = (-0.145\ 07) \times x_1 + (-0.227\ 9) \times x_2 + \cdots + (-0.088\ 3) \times x_{16}$$

$$F_2 = 0.434\ 632 \times x_1 + 0.176\ 791 \times x_2 + \cdots + 0.449\ 323 \times x_{16}$$

$$F_3 = (-0.150\ 82) \times x_1 + (-0.433\ 8) \times x_2 + \cdots + (-0.015\ 41) \times x_{16}$$

$$F_4 = 0.094\ 393 \times x_1 + 0.016\ 209 \times x_2 + \cdots + 0.150\ 647 \times x_{16}$$

说明：式中数据均为标准化数据。

3. 主成分综合模型评价

主成分综合模型是基于每个主成分对应的特征值与所提取的所有主成分特征值总和的比例来确定权重，进而构建综合模型评价。当从数据中提取了 m 个主成分时，主成分综合模型的计算公式如下：

$$F = \frac{\lambda_1}{\lambda_1 + \lambda_2 + \cdots + \lambda_m} \times F_1 + \frac{\lambda_2}{\lambda_1 + \lambda_2 + \cdots + \lambda_m} \times F_2 + \cdots$$

$$+ \frac{\lambda_m}{\lambda_1 + \lambda_2 + \cdots + \lambda_m} \times F_m$$

在本例中提取了 4 个主成分，因此根据主成分综合模型即可计算综合主成分值，对其按综合主成分值进行排序，即可对各地区进行综合评价比较。

表 4.11　数字经济视角下各地区农产品流通能力综合评价得分与排序

地区	F1	F2	F3	F4	F	排序
广东	5.816 775	2.796 535	0.213 612	−1.611 3	3.478 746	1
江苏	2.746 581	2.605 915	0.321 119	−0.454 34	2.109 295	2
浙江	3.984 737	0.347 361	0.743 872	−0.678 94	1.994 08	3
上海	5.724 584	−2.753 85	−0.459 49	1.215 184	1.830 484	4
山东	0.793 175	4.240 128	0.535 565	−0.213 23	1.773 453	5
北京	5.121 719	−3.013 35	−2.717 42	0.519 805	1.122 393	6
河南	−0.616 98	3.632 199	0.160 596	0.178 145	0.912 212	7
四川	0.166 368	1.871 588	0.043 888	−0.462 5	0.640 099	8
湖南	−0.911 3	1.582 131	0.890 653	4.650 785	0.614 572	9
河北	−0.374 77	1.952 365	0.135 862	−0.355 83	0.435 674	10
安徽	−0.498 41	1.507 686	0.278 815	0.504 866	0.331 516	11
福建	1.156 863	−1.014 6	0.268 441	0.050 677	0.250 81	12
湖北	−0.476 89	0.921 239	0.110 394	0.447 596	0.127 571	13
重庆	0.411 675	−0.895 23	0.726 209	0.985 775	0.084 495	14
天津	1.762 339	−2.782 02	0.129 478	0.653 245	0.003 431	15
辽宁	−0.497 4	−0.103 3	0.207 065	−0.216 7	−0.257 87	16
江西	−0.930 38	−0.161 43	0.180 781	0.098 246	−0.452 46	17
广西	−1.115 9	0.207 615	0.281 716	−0.410 35	−0.453 86	18
陕西	−0.931 49	−1.394 66	2.808 939	−1.117 7	−0.629 26	19
云南	−1.559 35	0.251 572	0.099 559	−0.289 13	−0.657 62	20
山西	−0.956 14	−0.751 23	−0.001 36	−0.485 7	−0.728 75	21

地区	F1	F2	F3	F4	F	排序
贵州	−1.458 34	−0.251 11	−0.315 38	−0.142 37	−0.810 19	22
甘肃	−1.751 51	−1.017 1	2.231 228	−0.216 07	−0.880 09	23
新疆	−1.201 73	−0.532 57	−0.625 69	−0.894 46	−0.887 79	24
内蒙古	−1.838 96	0.594 32	−2.487 36	−0.499 58	−1.020 03	25
海南	−1.151 48	−2.306 9	1.439 644	0.151 591	−1.079 87	26
吉林	−2.210 01	−0.211 7	−1.643 48	0.008 479	−1.299 1	27
黑龙江	−3.542 03	2.077 496	−2.864 08	0.275 743	−1.313 51	28
宁夏	−1.671 06	−2.084	−0.617 63	−0.310 33	−1.548 68	29
西藏	−2.200 79	−2.716 18	1.063 493	−0.573 21	−1.810 87	30
青海	−1.789 9	−2.598 92	−1.139 03	−0.808 42	−1.878 87	31

（三）主成分分析案例小结

案例使用主成分分析对数字经济视角下各省农产品流通能力进行了评价，但是对于由于各主成分不具有实际意义，无法判别各指标对农产品流通能力的效力和作用，因此我们使用因子分析法完成评价问题。

二、使用因子分析法对各省农产品流通能力进行评价

背景同前述"使用主成分分析法对各省农产品流通能力进行评价"部分。以下"同前述"均指该部分的对应内容。

（一）相关统计指标与数据的选取

同前述。

（二）数据分析过程

1. Bartlett 球形检验和 KMO 检验

同前述，Bartlett 球形检验和 KMO 检验结果适宜进行因子分析。

2. 提取主因子

基本过程及选取的主因子（主成分）同前述过程。

3. 因子旋转及公因子命名

因为因子意义不明显，对初始因子进行旋转，采用旋转因子模型的方法是

方差最大正交旋转，旋转后，得到因子载荷矩阵（见表4.12）。

表 4.12　旋转后的总方差解释

成分	初始特征值			提取载荷平方和			旋转载荷平方和		
	总计	方差百分比	累积%	总计	方差百分比	累积%	总计	方差百分比	累积%
1	5.656	35.349	35.349	5.656	35.349	35.349	5.14	32.124	32.124
2	3.897	24.355	59.704	3.897	24.355	59.704	4.019	25.119	57.243
3	1.521	9.508	69.212	1.521	9.508	69.212	1.771	11.069	68.311
4	1.100	6.876	76.088	1.100	6.876	76.088	1.244	7.777	76.088
5	0.996	6.224	82.312						
6	0.804	5.023	87.336						
7	0.621	3.884	91.220						
8	0.542	3.385	94.605						
9	0.236	1.477	96.082						
10	0.181	1.131	97.213						
11	0.142	0.085	98.098						
12	0.117	0.734	98.833						
13	0.070	0.439	99.272						
14	0.056	0.349	99.621						
15	0.045	0.281	99.902						
16	0.016	0.098	100.000						

注：提取方法为主成分分析法，旋转方法为凯撒正态化最大方差法。

因子旋转后，总的累计方差贡献率保持不变，原有变量的共同度也未受影响。然而，旋转重新分配了各因子对原有变量方差的解释，从而改变了每个因子的方差贡献，这样做的目的是使因子更具可解释性。

通过表4.13旋转的结果，可以看出：第一个公因子在人均GDP、农作物播种面积、人均农林牧渔产值、人均农产品消费支出等指标上有较大的载荷，可以将其命名为地区农业发展因子；第二个因子在互联网宽带接入端口数、邮电业务总量、地区用电量和农业机械总动力上均有较大的载荷，这几个因素都与农业数字化转化奠定基础，可以命名为地区农业数字化基础因子；第三个因子在农产品流通业周转率、农产品单位物流周转距离上有较大的载荷，可以命名为农产品流通效率因子；第四个因子在公路密度载荷较大，将其命名为物流基本建设水平因子。四个主因子的性质也较好地体现了影响各省农产品流通能力。

表 4.13 旋转后的因子载荷矩阵

变量	1	2	3	4
x_1	−0.588	0.526	0.468	0.243
x_2	−0.494	−0.035	0.676	−0.003
x_3	−0.654	−0.005	0.231	0.105
x_4	0.908	0.132	0.041	0.111
x_5	0.852	0.212	−0.103	0.142
x_6	0.673	0.635	0.101	0.033
x_7	0.403	0.414	−0.169	0.447
x_8	−0.075	−0.072	0.01	0.844
x_9	−0.055	0.157	−0.745	0.216
x_{10}	−0.128	−0.242	−0.536	−0.215
x_{11}	0.12	0.965	−0.031	0.06
x_{12}	0.866	−0.06	0.208	−0.107
x_{13}	0.215	0.899	−0.072	−0.004
x_{14}	0.924	0.215	−0.045	−0.035
x_{15}	0.073	0.915	0.057	−0.088
x_{16}	−0.511	0.624	0.306	0.335

注：提取方法为主成分分析法，旋转方法为凯撒正态化最大方差法。

4. 计算因子得分

采用回归法求出因子得分函数，由系数矩阵将 4 个主因子表示为 16 项指标的线性组合，函数系数矩阵见表4.14。

表 4.14 成分得分系数矩阵

变量	1	2	3	4
x_1	−0.103	0.120	0.193	0.114
x_2	−0.039	−0.029	0.372	−0.021

变量	1	2	3	4
x_3	−0.116	0.007	0.078	0.063
x_4	0.201	−0.035	0.107	0.119
x_5	0.170	−0.003	0.006	0.133
x_6	0.121	0.130	0.084	−0.028
x_7	0.066	0.046	−0.095	0.351
x_8	0.026	−0.132	0.003	0.742
x_9	−0.087	0.073	−0.479	0.166
x_{10}	−0.077	0.006	−0.328	−0.159
x_{11}	−0.033	0.264	−0.078	−0.074
x_{12}	0.210	−0.070	0.220	−0.047
x_{13}	−0.015	0.251	−0.089	−0.116
x_{14}	0.184	0.014	0.049	−0.019
x_{15}	−0.038	0.267	−0.024	−0.198
x_{16}	−0.105	0.142	0.092	0.185

分别计算各地区的因子得分，按照相对方差贡献率进行加权，得到最终各应试者的综合评价。

$$F_1 = (-0.103) \times x_1 + (-0.039) \times x_2 + \cdots + (-0.105) \times x_{16}$$

$$F_2 = 0.120 \times x_1 + (-0.029) \times x_2 + \cdots + 0.142 \times x_{16}$$

$$F_3 = 0.193 \times x_1 + 0.372 \times x_2 + \cdots + 0.092 \times x_{16}$$

$$F_4 = 0.114 \times x_1 + (-0.021) \times x_2 + \cdots + 0.185 \times x_{16}$$

$$F = \frac{\lambda_1}{\lambda_1 + \lambda_2 + \lambda_3 + \lambda_4} \times F_1 + \frac{\lambda_2}{\lambda_1 + \lambda_2 + \lambda_3 + \lambda_4} \times F_2$$

$$+ \frac{\lambda_3}{\lambda_1 + \lambda_2 + \lambda_3 + \lambda_4} \times F_3 + \frac{\lambda_4}{\lambda_1 + \lambda_2 + \lambda_3 + \lambda_4} \times F_4$$

说明：式中数据均为标准化数据。

汇总各因子排序及综合得分排序见表4.15。

表 4.15 因子得分和综合评价得分及排序（得分按降序排列）

F_1（地区农业发展因子）		F_2（地区农业数字化基础因子）		F_3（农产品流通效率因子）		F_4（物流基本建设水平因子）		综合评价	
地区	得分	地区	得分	地区	得分	地区	得分	地区	得分
北京	3.03	广东	2.67	黑龙江	2.70	湖南	4.54	广东	16.40
上海	2.85	山东	2.09	内蒙古	2.05	重庆	0.90	北京	14.79
广东	1.43	江苏	1.79	北京	1.44	上海	0.83	上海	13.61
天津	1.23	河南	1.42	吉林	1.35	安徽	0.65	江苏	9.12
浙江	1.21	浙江	1.14	青海	0.53	河南	0.57	浙江	8.92
福建	0.58	四川	0.94	河南	0.43	湖北	0.52	山东	5.68
江苏	0.40	河北	0.85	新疆	0.39	山东	0.34	河南	2.29
重庆	0.28	安徽	0.48	贵州	0.27	天津	0.33	四川	2.01
青海	-0.01	湖北	0.22	宁夏	0.24	黑龙江	0.09	湖南	2.01
宁夏	-0.12	广西	0.00	四川	0.18	江西	0.08	天津	1.86
辽宁	-0.22	辽宁	-0.06	河北	0.15	海南	0.04	福建	1.52
海南	-0.22	云南	-0.10	山东	0.12	福建	-0.01	河北	0.63
山西	-0.24	陕西	-0.14	湖北	0.10	江苏	-0.05	安徽	0.36
新疆	-0.30	福建	-0.18	安徽	0.06	甘肃	-0.06	湖北	0.00
江西	-0.33	黑龙江	-0.22	云南	0.01	河北	-0.10	重庆	-0.22
湖北	-0.34	江西	-0.24	湖南	-0.02	北京	-0.10	内蒙古	-0.53
四川	-0.35	内蒙古	-0.31	江苏	-0.05	辽宁	-0.19	辽宁	-1.92
内蒙古	-0.39	新疆	-0.34	山西	-0.09	四川	-0.21	黑龙江	-2.04
湖南	-0.39	湖南	-0.38	江西	-0.10	贵州	-0.21	江西	-2.79
贵州	-0.44	贵州	-0.39	广西	-0.16	吉林	-0.24	吉林	-3.32
吉林	-0.47	山西	-0.40	辽宁	-0.16	云南	-0.24	新疆	-3.48
安徽	-0.48	甘肃	-0.42	广东	-0.21	广西	-0.33	广西	-3.49
西藏	-0.53	重庆	-0.42	上海	-0.23	浙江	-0.44	贵州	-3.68
广西	-0.54	上海	-0.42	福建	-0.40	山西	-0.54	山西	-3.73
河北	-0.57	吉林	-0.73	天津	-0.52	宁夏	-0.60	云南	-4.17
山东	-0.65	北京	-0.80	重庆	-0.62	内蒙古	-0.71	宁夏	-5.91
云南	-0.67	天津	-0.98	浙江	-0.79	西藏	-0.72	青海	-6.40

续表

F_1（地区农业发展因子）		F_2（地区农业数字化基础因子）		F_3（农产品流通效率因子）		F_4（物流基本建设水平因子）		综合评价	
地区	得分	地区	得分	地区	得分	地区	得分	地区	得分
陕西	-0.68	海南	-1.05	西藏	-1.13	陕西	-0.85	海南	-7.71
甘肃	-0.87	宁夏	-1.23	海南	-1.35	新疆	-0.97	陕西	-9.43
河南	-0.95	西藏	-1.31	甘肃	-1.78	广东	-1.07	甘肃	-9.44
黑龙江	-1.17	青海	-1.43	陕西	-2.39	青海	-1.18	西藏	-10.91

（三）因子分析案例小结

因子分析评价结果与主成分分析结果基本类似，广东、浙江、江苏、山东、北京、上海等这些经济发达省市始终在第一梯队，宁夏、青海、西藏、甘肃等省区市则排名较后。但是因子分析除了进行综合性分析外，还可以从地区农业发展、地区数字化因子、农产品流通效率、物流基本建设水平等不同角度来剖析各地区农产品流通能力的发展水平，有助于相关政策的调整与制定。

本章小结

为了应对高维数据的挑战，利用降维技术可以减少数据的复杂性，同时尽可能保留原始数据中的关键信息，降低计算成本。主成分分析法通过正交变换，将原始特征空间中的线性相关变量转换为新的线性无关变量，称为主成分。这些主成分能够最大程度地保留原始数据的方差，从而有效地降低数据的维度，同时保留数据中的主要变化模式。与主成分分析法不同，因子分析法是一种基于概率模型的降维方法，它试图解释原始变量之间的相关性，通过提取潜在的共同因子来实现降维。因子分析法在心理学、社会学和经济学等领域有广泛应用，可以帮助我们深入理解数据的内在结构和关系。本章通过案例展示了降维方法在实际问题中的应用，包含数据预处理、选择适当的降维技术、方法实施以及结果解释等环节。

课后习题

1. 什么是降维？为什么在某些数据分析任务中降维是必要的？

2. 简述主成分分析法的基本原理和步骤，并说明主成分分析法在降维过程中如何最大化保留原始数据的方差。

3. 描述主成分分析法与因子分析法的主要区别，解释因子分析法中"因子旋转"的目的和常用方法。在什么情况下，你会选择使用因子分析法而不是主成分分析法？

4. 案例思考题：假设你是一家大型电商公司的数据分析师，请收集一份包含多个商品属性的销售数据集，这些属性可能包括价格、颜色、尺寸、重量、材料、用户评分、销售量等。第一，考虑到数据的高维度给分析带来的困难，你需要选择一种合适的降维方法（如主成分分析法或因子分析法）来减少特征的数量，同时尽量保留原始数据中的主要信息。第二，用你选择的降维方法，将数据降到一个更易于处理的维度，解释每个主成分或因子的含义，以及它们与原始特征的关系。第三，评估降维后的数据在保留原始数据信息方面的效果，你可以使用方差解释率、重构误差等指标进行评估。第四，尝试使用降维后的数据进行一个简单的预测任务（如销售预测），并与使用原始数据进行预测的结果进行比较。第五，编写一份报告，详细记录数据预处理步骤、降维方法的选择、实施过程以及结果评估，并解释降维如何帮助提高数据分析的效率和准确性。第六，尝试使用不同的降维方法，并比较它们在保留数据信息和提高预测性能方面的差异。

第五章
时间序列分析

在量化投资中，所研究的绝大多数数据具有时序特征，所以，时间序列分析法在金融和量化投资中有广泛的应用。本章将介绍分析时间序列的相关方法。

第一节　时间序列分析概述

大数据时代，有一类特殊的数据，这类数据具有一定的时间序列特征，常见的时序数据如各种统计年鉴中的月平均气温、某公司的月财务数据、股票价格等。由于这类数据具有特殊性，在对这类数据进行挖掘时，方法也会有所不同，分析或挖掘这类数据的方法称为时间序列分析法。时间序列分析在数据分析和处理方面的运用日渐明显。时序数据是经济定量研究中的主要数据形式。将随机事件按时间的先后次序记载下来，就形成了一个时间序列。观察和研究时间序列，找出其变化的发展规律，并对其未来的趋势进行预测，这就是时间序列分析的基本思路。

接下来给出在统计研究中的一个时间序列，一组随机变量如果按照时间顺序排列，比如

$$X_1, \ X_2, \ \cdots, \ X_t, \ \cdots$$

我们称为一个随机事件关于时间的序列，简记为 X_t，$t \in T$ 或 $\{X_t\}$。

用 $x_1, \ x_2, \ \cdots, \ x_t, \ \cdots$ 或 $\{x_t, \ t = 1, \ 2, \ \cdots, \ n\}$ 来表示该随机序列中的 n 个有序观测值，我们把该序列称为序列长度为 n 的观测值序列。这种时间序列在日常生产生活中有很多。

一、时间序列类型及其特点

我们可以把时间序列分成不同的类型。根据变量个数，可分为一元时间序列和多元时间序列。某一种产品的销售序列是一元时间序列；如果所研究对象

不是一个数列，而是多个变量对应的多个数列，如温度、气压、雨量等按年或月份的次序排列，每一时刻都有多个变量相对应，则这种序列为多元时间序列。按照时间序列是否连续，可分为离散时间序列和连续时间序列。若序列中每个序列数值所对应的时间参数都是间断点，那么这个序列称为离散时间序列；若序列中每个序列的时间参数都是连续的，那么这个序列就是连续时间序列。根据统计特性，时间序列可以分为平稳时间序列和非平稳时间序列。从序列的时序图来看，如果一个序列总是在某一常数附近随机变化，其变化幅度是有限制的，没有明显的趋势性也没有周期性，即统计规律不会随着时间的推移而发生变化，那么这种序列就是平稳时间序列；相反，在一定时间内统计规则会随时间而改变，那么就是非平稳时间序列。

本章我们主要讨论平稳时间序列和非平稳时间序列。

在平稳时间序列中，线性序列是一类重要的研究对象，这类时间序列可以通过传统的回归模型建模，比如 AR 模型。非平稳时间序列通常是非线性时间序列，可以通过机器学习建模，比如 ARIMA 模型。

二、时间序列分析的方法

时间序列分析方法是一种被广泛应用的数据分析方法，该方法主要通过分析研究随时间变化并且又相关联的数据系列（或称为动态数据），来刻画和探究这一现象随时间发展变化的规律性。我们可以通过直观简便的数据图法以及指标法和模型法等方法来分析时间序列。而模型法比较具体也比较深入，使用模型法能从本质上了解数据的内在结构和复杂特征，以达到控制与预测的目的。总的来说，时间序列分析法包括描述性时序分析和统计时序分析。

（一）描述性时序分析

在早期的时间序列分析中，主要是通过观察数据本身和图形来发现序列的规律，这种分析方法就是描述性分析方法。

（二）统计时序分析

随着研究的深入，我们发现，纯粹的描述性时序分析存在严重的局限性，随机变量的发展通常会呈现出非常强的随机性，如果只是简单的通过观察和描述，总结出随机变量的发展变化的规律并预测走势是有难度的。为了提高预测的精度，在对时间序列进行了大量的研究后，不仅关注时间序列本身，而且开始关注其自身的内在联系。纵观时间序列分析方法可以分成两大类：一种是基于频率的频域分析方法；另一种则是侧重于时间维度的时域分析方法。

三、时间序列分析软件

现在很多软件都可以帮助我们进行时间序列分析，比如 Eviews、STATA、SPASS、SAS、Matlab、R 语言、Python 等。Eviews 是一种快速、高效、全面的计量经济学和时间序列分析软件包。二十多年来，它一直是全球大学、中央银行和企业的首选计量经济学软件。当前 Eviews 10.0 版比以往任何时候都更容易使用，继续为前沿的计量经济学研究提供最先进的工具。本章后续的案例正是基于 Eviews 来分析数据的。

四、时间序列的预处理

当我们拿到一个观测值的序列后，首先要考虑该序列是平稳的还是纯随机性的，我们就需要进行检验，根据检验的结果将序列分成不同类型的序列，采用不同的方法来进行分析。然后按照平稳时间序列和纯随机性时间序列来进行预处理。我们所说的平稳性是指序列的统计特征是平稳的，如果想描述清楚该特征，我们就需要用以下统计工具来说明。

（一）概率分布

在数理统计中，我们可以用分布函数或者概率密度函数来描述连续随机变量的统计特性。同理，如果是一个随机变量数组比如 $\{X_t\}$，我们也可以用联合分布函数或者联合概率密度函数来描述它的统计特性。在实际应用中，要想获得一个序列的联合概率分布是困难的，并且在这过程中还有复杂的数学计算过程，所以一般很少用联合概率分布来分析时间序列的统计特征。

（二）特征统计量

均值、方差、协方差和相关系数被认为是最简单且实用的可以用来描述时间序列统计特征的统计量，虽然它们不能完整地描述出一个随机序列的全部统计特征，但是它们概率上的意义很明显，计算相对简单，也能描述出序列的主要概率特性，所以一般情况下我们就使用这些特征统计量来分析序列的统计特征。

1. 均值

对于时间序列 $\{X_t, t \in T\}$ 而言，满足条件

$$\int_{-\infty}^{\infty} x \mathrm{d}F_t(x) < \infty \tag{5.1}$$

存在某个常数 μ_t，使得

$$\mu_t = EX_t = \int_{-\infty}^{\infty} x \mathrm{d}F_t(x) \tag{5.2}$$

随着 t 的变化，就得到了一个均值函数的序列 $\{\mu_t, \ t \in T\}$，均值反映序列的一个平均水平。

2. 方差

当 $\int_{-\infty}^{\infty} x^2 \mathrm{d}F_t(x) < \infty$ ，

$$\sigma^2 = DX_t = E(X_t - \mu_t)^2 = \int_{-\infty}^{\infty} x^2 \mathrm{d}F_t(x) \tag{5.3}$$

随着 t 的变化，就得到了一个方差函数的序列 $\{\sigma_t^2, \ t \in T\}$，方差反映了序列值围绕均值随机波动的程度。

3. 自协方差函数和自相关系数

协方差和相关系数用来描述两个事件相互影响的程度，同一个事件中不同时间的相互影响程度我们可以用自协方差函数和自相关系数来度量。自协方差函数和自相关系数的定义：

定义 5.1　$\gamma(t, \ s)$ 为序列 $\{X_t\}$ 的自协方差函数：

$$\gamma(t, \ s) = E(X_t - \mu_t)(X_s - \mu_s) 。$$

定义 5.1　$\rho(t, \ s)$ 为时间序列 $\{X_t\}$ 的自相关系数：

$$\rho(t, \ s) = \frac{\gamma(t, \ s)}{\sqrt{DX_t \cdot DX_s}} 。$$

（三）平稳性检验

对于时间序列 $\{X_t, \ t \in T\}$，定义 5.2 设 $\{X_t\}$ 满足如下三个条件：

任取 $t \in T$，有 $EX_t^2 < \infty$；

任取 $t \in T$，有 $EX_t = \mu$，这里 μ 为常数；

任取 $t, \ s, \ k \in T$，且 $k + s - t \in T$，有 $\gamma(t, \ s) = \gamma(k, \ k + s - t)$

称 $\{X_t\}$ 为平稳的时间序列。

由此，我们可以得出，一个平稳的时间序列一定具有如下两个的统计特征。

其一，常数的均值，即 $EX_t = \mu$，$\forall t \in T$。

其二，自协方差和自相关系数仅依赖于时间变化，而不依赖于时刻的起始点。

$$\gamma(t,\ s) = \gamma(k,\ k + s - t)\ ,\ t,\ s,\ k \in T$$

对序列进行平稳度分析的方法主要有两种：第一种是基于时序关系和自相关关系的图检测法；第二种是统计检验法，即通过构建检验统计量来进行假设检验。

（四）纯随机性检验

即使一个序列通过了平稳性检验，是否接下来对其进行建模分析，我们还需要进一步检验该序列是否是纯随机的。如果一个序列的序列值之间有很强的相关性，我们可以用过去的数据来预测未来的发展趋势，可以进行进一步的分析；如果序列值之间没有任何的相关性，对预测未来没有意义，也没有研究价值。为了确定一个平稳的时间序列有没有进一步的研究价值，我们还需要对序列进行纯随机性检验。

如果一个时间序列 $\{X_t\}$ 满足下面两条性质：

任取 $t \in T$，$EX_t = \mu$

任取 $t,\ s \in T$，

$$\gamma(t,\ s) = \begin{cases} \sigma^2, & t = s \\ 0, & t \neq s \end{cases}$$

称该序列 $\{X_t\}$ 是一个纯随机性的序列，或者白噪声序列。

白噪声序列有两个非常重要的性质：一是纯随机性，也就是说序列观测值之间没有任何关系，后续研究中我们就可以以此来判断一个序列中的信息是否提取充分；二是方差是齐性的，指的是序列中的方差都相等，反之认为序列是异方差的，方差齐性也是我们检验一个序列是否信息提取充分的手段之一，比如在对模型进行拟合时，可以通过检验残差是否为方差齐性来拟合效果。

对于随机性的检验，可以通过构造统计量来检验序列是否是纯随机性，根据前面的介绍，如果一个序列是纯随机的，那么它的序列观测值之间应该没有任何相关关系，即 $\gamma(k) = 0$，$\forall k \neq 0$，但这仅仅是一种理论上的分析。在实际中，由于我们获取的观察序列值都是有限的，因而纯随机性序列的样本自相关系数不会绝对的为零，我们只能通过考虑样本的自相关系数的分布性质来判断。

Barlett 论证了一个观察期数为 n 的纯随机观测序列，其时滞非零期的样本自相关系数，近似服从均值为 0、方差为序列观测期数的倒数这样的正态分布。

我们可以利用 Barlett 定理建立检验统计量来检验序列的纯随机性。

其一，假设条件。因为序列数值间的变异是绝对的，相关性是偶然的，因此假定条件如下。

原假设：延迟期数小于或等于 m 期的序列值之间彼此独立（即不相关）。

备择假设：延迟期数小于或等于 m 期的序列值之间有相关性。

其二，检验统计量。①Q 统计量。Box 和 Pierce 推导出了 Q 统计量：

$$Q = n \sum_{k=1}^{m} \hat{\rho}_k^2 \dot\sim \chi^2(m) 。$$

②LB 统计量。在实际应用中我们发现 Q 统计量仅适合大样本检验，检验效果相对较好，但在用它检验小样本时，就没有那么精确。为了提高精度，Box 和 Ljung 提出了 LB（Ljung-Box）统计量：

$$LB = n(n+2) \sum_{k=1}^{m} \left(\frac{\hat{\rho}_k^2}{n-k} \right) 。$$

LB 统计量实际上是 Box 和 Pierce 关于 Q 统计量的修正，一般都统称它们为 Q 统计量，我们经常使用的 Q 统计量其实指的就是 LB 统计量。

还有一点值得注意的是，若一组平稳序列的短期滞后数据间没有明显的相关性，那么长期延迟之间就更不会存在显著的相关关系，因此，我们仅需对这组数据进行短期相关分析。

第二节　平稳时间序列分析

如果一个序列经过前面的检验是平稳非纯随机的，我们就可以建立一个模型来拟合该序列。下面主要介绍三种传统的时间序列模型来做平稳性时间序列分析。

一、模型概述

（一）AR 模型

AR 模型又称"P 阶自回归模型"，常记为 AR（p）。P 阶的 AR 模型的表达式如下：

$$x_t = \phi_0 + \phi_1 x_{t-1} + \phi_0 x_{t-2} + \cdots + \phi_p x_{t-p} + \varepsilon_t = \sum_{j=1}^{p} \phi_j x_{t-j} + \phi_0 + \varepsilon_t \quad (5.4)$$

式（5.4）中，ϕ_0 是常数项，ϕ_1，ϕ_2，$\cdots$，ϕ_p 为模型的参数，ε_t 为白噪声的序列。该模型满足以下条件：

$$\begin{cases} E(\varepsilon_t) = 0, \ \mathrm{Var}(\varepsilon_t) = \sigma_\varepsilon^2, \ E(\varepsilon_t \varepsilon_s) = 0, \ s \neq t \\ Ex_s \varepsilon_t = 0, \ \forall s < t \end{cases} \tag{5.5}$$

对于 AR 模型，我们可以理解为当前时刻值是过去 p 个时刻值线性组合得到的。如果 $\phi_0 = 0$，该序列被认为是中心化的 AR（P）模型。在式（5.4）可以引入后移算子进行变换，就可以得到中心化的 AR（P）模型，表示为如下形式，即

$$x_t = \sum_{j=1}^{p} \phi_j x_{t-j} + \varepsilon_t \tag{5.6}$$

对于一个 AR 模型，当前的值与之前的值是存在联系的，一个样本数据是否可以用该模型我们需要考虑前后值之间的关系。接下来，我们介绍 AR 模型的自相关系数与偏自相关系数这两个统计性质。

1. 自相关系数

自相关系数（ACF）是衡量一个变量不同时刻之间相关性大小的统计量。设时间序列 x_t，时间间隔 $k(k = t_2 - t_1)$ 之间数值的自相关系数计算公式如下：

$$r(k) = \frac{1}{n-k} \sum_{t=1}^{n-k} \left(\frac{x_t - \overline{x}}{s} \right) \left(\frac{x_{t+k} - \overline{x}}{s} \right) \tag{5.7}$$

式（5.7）中，n 表示样本容量，整个序列的样本均值用 $\bar{x}$ 来表示，s 表示整个序列的样本方差。

平稳 AR 模型的自相关系数具有两个显著特征，一是拖尾性，二是呈指数衰减。AR 模型的自相关系数的表达式实际上是一个 p 阶齐次差分方程。自相关系数随时间间隔 k 的增长呈指数下降趋势，但是始终有非零的取值，这种性质称为拖尾性。AR 模型具有拖尾性的原因可以这样理解，即在表达式中 x_t 的值仅依赖于前一个时刻 x_{t-1} 的值，但 x_{t-1} 的值又依赖于它的上一个时刻 x_{t-2} 的值，这样下去的话，x_t 之前的每一个序列值都对其有影响，这种特性在自相关系数上体现就是自相关系数的拖尾性。并且，随着时间的平移长度变大，前面时刻的值对后续值的影响越来越小，表现在自相关系数上，是随着时间间隔 k 的拉长呈指数的衰减趋势。

2. 偏自相关系数

自相关系数虽然描述了两个时间间隔 k 之间序列值的相关性大小关系，但

这种相关性是不纯粹的，中间会受到其他变量对 x_t 与 x_{t-k} 相关影响。为了能单纯地测度 x_{t-k} 对 x_t 的影响，我们可以使用偏自相关系数（PACF）。

$$r_{x_t,\,x_{t-k}\,|\,x_{t-1},\,\cdots,\,x_{t-k+1}} = \frac{E\big[\,(x_t - \hat{E}x_t)(x_{t-k} - \hat{E}x_{t-k})\,\big]}{E\big[\,(x_{t-k} - \hat{E}x_{t-k})\,\big]} \tag{5.8}$$

AR（p）模型的滞后 k 偏自相关系数实际上是等于 k 阶 AR 模型的第 k 个模型自回归系数的值 ϕ_{kk}，可以通过求解尤尔—沃克（Yule-Walker）方程得到参数 ϕ_{kk}。平稳 AR 模型的偏自相关系数是具有 p 步截尾性的。p 步截尾性是指对 AR 模型来说，当 $\forall k > p$ 时，偏自相关系数等于 0。这个偏自相关系数的截尾性和自相关系数的拖尾性两者都是判断与定阶 AR 模型的重要条件。

（二）MA 模型

MA 模型也被认为是 q 阶滑动平均模型，记为 MA（q）。该模型是由沃克（Walker）于 1931 年在数学家尤尔提出的自回归模型的基础上建立的，它主要被用于平稳序列的建模，具体公式如下：

$$x_t = \mu + \varepsilon_t - \theta_1\varepsilon_{t-1} - \theta_2\varepsilon_{t-2} - \cdots - \theta_q\varepsilon_{t-q} = -\sum_{j=1}^{q}\theta_j\varepsilon_{t-j} + \varepsilon_t + \mu \tag{5.9}$$

其中，μ 代表常数项，θ_1，θ_2，$\cdots$，θ_q 表示模型中参数，ε_t 表示均值为 0 的白噪声序列。当 $\mu = 0$ 时，该模型是中心化的 MA（q）模型，如果是一个非中心化的 MA（q）模型，我们只需要平移变换转换成中心化的模型 MA（q）即可，比如：

$$x_t = -\sum_{j=1}^{q}\theta_j\varepsilon_{t-j} + \varepsilon_t \tag{5.10}$$

MA（q）模型的统计性质包括：均值为常数，方差为常数，自相关系数具有 q 阶截尾，偏自相关系数具有拖尾。

（三）ARMA 模型

ARMA 模型又称"自回归滑动平均模型"，通常记为 ARMA（p，q），表达式如下：

$$x_t = \varphi_0 + \varphi_1 x_{t-1} + \varphi_0 x_{t-2} + \cdots + \varphi_p x_{t-p} + \varepsilon_t - \theta_1\varepsilon_{t-1} - \theta_2\varepsilon_{t-2} - \cdots - \theta_q\varepsilon_{t-q}$$

$$= \sum_{j=1}^{p}\varphi_j x_{t-j} + \varphi_0 - \sum_{j=1}^{q}\theta_j\varepsilon_{t-j} + \varepsilon_t \tag{5.11}$$

前面介绍的 AR 模型和 MA 模型，实际上是 ARMA 模型的特例，可以把它们统称为 ARMA 模型。式（5.11）中各个参数意义与前面介绍的 AR（p）模型和 MA（q）模型中的参数相同。同理，当 $\varphi_0 = 0$ 时，该模型也就是中心化的

ARMA (p, q) 模型，对式（5.11）可以做平移交换得到中心化的 ARMA (p, q) 模型，中心化后的表达式为

$$x_t = \sum_{j=1}^{p} \phi_j x_{t-j} - \sum_{j=1}^{q} \theta_j \varepsilon_{t-j} + \varepsilon_t \tag{5.12}$$

ARMA 模型的统计性质有如下三点。

1. 均值

$$Ex_t = \frac{\phi_0}{1 - \phi_1 - \cdots - \phi_p}$$

2. 自协方差函数

$$\gamma(k) = E(x_t x_{t+k}) = \sigma_\varepsilon^2 \sum_{i=0}^{\infty} G_i G_{i+k}$$

3. 自相关系数

$$\rho(k) = \frac{\gamma(k)}{\gamma(0)} = \frac{\sum_{j=0}^{\infty} G_j G_{j+k}}{\sum_{j=0}^{\infty} G_j^2}$$

根据相关系数的表达式，可以看出 ARMA (p, q) 模型的自相关系数是不截尾的。同理，它的偏自相关性系数也不截尾。判断一个模型的好坏，我们可以通过评估其残差方差的大小。然而，仅仅根据残差方差的大小来确定模型阶数并判断是不是最优模型，是不够准确的。判断一个模型是不是最优的模型，与是否提取到了足够信息和模型参数估计准确性两者有关。接下来介绍两个判定准则，即赤池信息准则（AIC）和贝叶斯判别准则（SBC），来描述信息。

中心化的 AIC：

$$\text{AIC} = n\ln(\hat{\sigma}_\varepsilon^2) + 2(p + q + 1)$$

非中心化的 AIC：

$$\text{AIC} = n\ln(\hat{\sigma}_\varepsilon^2) + 2(p + q + 2)$$

中心化的 SBC（BIC）：

$$\text{SBC} = n\ln(\hat{\sigma}_\varepsilon^2) + \ln(n)(p + q + 1)$$

非中心化的 SBC（BIC）：

$$\text{SBC} = n\ln(\hat{\sigma}_\varepsilon^2) + \ln(n)(p + q + 2)$$

因为，在 AIC 中，拟合误差提供的信息经常会受到样本容量大小的影响。

所以，提出了较为全面描述模型好坏的 SBC。SBC 是最优模型真实阶数的相合估计。

二、模型建立

在一个序列经过预处理后判定为平稳的序列，接下来就可以选择用 AR 模型、MA 模型或 ARMA 模型建模。建模的基本步骤一般可以分为：①模型的平稳性分析。②选择合适阶数的模型进行拟合。③估计模型中的未知参数的值。④检验模型的有效性。⑤对模型进行优化。⑥利用拟合的模型，预测序列将来的走势。具体步骤如图 5.1 所示：

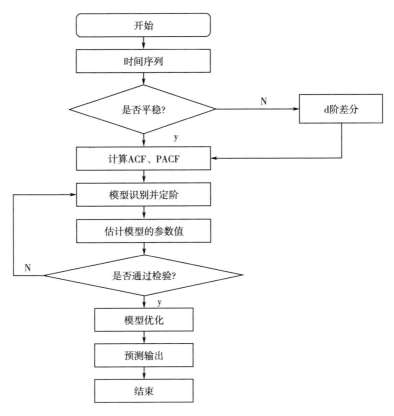

图 5.1 时间序列建模步骤

（一）模型的平稳性分析

拿到一个时间序列，我们先要对它进行平稳性分析，才能确定是否适用于 AR 模型、MA 模型、ARMA 模型。一个平稳的序列的均值和方差不发生系统性的改变，在时序图上通常变现为其序列曲线围绕着某一个常数值进行有限幅度波动。我们可以通过时序图来判断序列的平稳性。对于非平稳的序列，我们对它需要进行平稳性处理，可以使用差分方法。

（二）模型识别

根据观测值序列也就是样本的自相关系数以及偏自相关系数的特点选择合适的模型，来拟合观测值序列。前面介绍了 3 种模型的自相关性和偏自相关性的特征，如表 5.1 所示。

表 5.1　不同模型自相关系数和偏自相关系数特征

模型定阶	自相关系数 ACF	偏自相关系数 PACF
AR (p)	拖尾	P 阶截尾
MA (q)	q 阶截尾	拖尾
ARMA (p, q)	拖尾	拖尾

但是，在实际使用中，模型的定阶是有一定难度的，因为样本具有随机性，依据样本所求出的相关系数不一定能够很好地表示出理论上的截尾情形。根据经验，平稳的时间序列一般都具有短期的相关性，所以随着延迟阶数越来越趋于无穷大，自相关系数和偏自相关系数都会在 0 附近做小值波动。当 k 足够大时，平稳序列自相关系数呈负指数衰减。在这种情况下，怎样判定到底是相关系数的截尾，还是相关系数在延迟了若干阶后衰减到 0 附近拖尾波动呢？一般都是根据主观经验，但样本的自相关系数和偏自相关系数的近似分布可帮助我们作出合理判断。

在 1968 年，Jankins 和 Watts 论证了

$$E(\hat{\rho}_k) = \left(1 - \frac{k}{n}\right)\rho_k$$

从公式可以看出，样本自相关系数对总体自相关系数的估计是有偏差的。根据 Bartlett 公式，推导出样本自相关系数的方差

$$\mathrm{Var}(\hat{\rho}_k) \approx \frac{1}{n}\sum_{m=-j}^{j}\hat{\rho}_m^2 = \frac{1}{n}\left(1 + 2\sum_{m=1}^{j}\hat{\rho}_m^2\right), \ k > j$$

当样本容量足够充分大时，样本自相关系数是近似服从正态分布的。

$$\hat{\rho}_k \overset{\cdot}{\sim} N\left(0, \frac{1}{n}\right)$$

样本的偏自相关系数也近似服从这个正态分布。

$$\phi_{kk} \; \dot{\sim} \; N\left(0, \; \frac{1}{n}\right)$$

根据正态分布的性质，假设置信度为 $(1 - \alpha)$ ，

$$P\left(\left|\frac{\hat{\rho}_k}{\sqrt{\frac{1}{n}}}\right| \leq Z_{\frac{\alpha}{2}}\right) = 1 - \alpha$$

$$P\left(\left|\frac{\phi_{kk}}{\sqrt{\frac{1}{n}}}\right| \leq Z_{\frac{\alpha}{2}}\right) = 1 - \alpha$$

当 $\hat{\rho}_k$ 和 ϕ_{kk} 落在所求的区间，总体均值有 $(1 - \alpha)$ 的可能性为 0。其中 $Z_{\frac{\alpha}{2}}$ 为标准正态分布上的双侧 α 分位数，一般置信度为 95%。当样本的自相关系数和偏自相关系数均在此区间时，总体的均值为 0，对应的 $Z_{\frac{\alpha}{2}} = 1.96$。

在实践中，如果通过样本求出的自相关系数和偏自相关系数在 d 阶差分前明显超过该区间，而 d 阶差分后明显在该区间内，可认为 $\hat{\rho}_k$ 或 ϕ_{kk} 是 p 阶截尾的。

当自相关系数和偏自相关系数均表现出拖尾时，就可以选用 ARMA（p, q）模型，对与该模型的阶数在一定范围内可以多次实验，取 AIC 函数或者 SBC（BIC）函数中的最小值对应的阶数。如果一个时间序列的自相关系数和偏自相关系数均呈截尾性，并且 AR（p）模型和 MA（q）模型均能够对其进行拟合，则可通过 AIC 函数或 SBC 函数选择出最优模型。

（三）估计模型中未知参数的值

选择模型后，利用序列的观测值确定该模型最佳拟合模型系数。常用的估计方法有三种，即矩估计、最大似然估计、最小二乘估计。矩估计法具有计算量小，估计思路简单，且无需假设总体的分布这些优点，但也有方法比较粗糙，估计精度不高的缺点。由于在估计时只用到了 $p+q$ 个样本自相关系数即样本二阶矩的信息，观察值中的其他信息都被忽略了，所以才会有上述缺点。在使用时，我们可以先用矩估计估计出一个值，然后把该值作为极大似然估计和最小二乘估计迭代计算的初始值。与矩估计方法相比，极大似然估计的估计精度更高，并且还使得估计具有一致性、渐进正态性以及渐进有效性等优点，该方法使得分析相对来说更简便、更容易实现，现在机器学习使用该方法比较广泛。最小二乘估计是目前应用最广泛的参数估计方法，最小二乘估计的精度也

很高，因为它充分利用了序列观察值的信息。

（四）检验模型的有效性

1. 模型的显著性检验

确定了拟合模型后，我们还需要检验模型的有效性，可以通过模型的显著性检验来判断模型的有效性。一个好的拟合模型应该是提取了观测值序列中所有的基本信息，因此判断一个模型是否显著，主要是看它是否充分提取了信息。换言之，拟合的残差项中不能蕴含其他相关信息，残差的序列应该是一个白噪声的序列，这样的模型才被认为是显著有效的模型。如果残差序列为非白噪声序列，那就说明原序列中的信息没有提取充分，我们就要思考所选的模型不合适，需要再重新选择其他的模型进行拟合。在日常问题中，序列相关类型的是一阶自相关。如果判断出序列不存在一阶自相关，就更不会存在高阶自相关。白噪声序列的显著特征遵从自相关系数为 0 和正态分布，在残差的白噪声检验中只需要检验是否近似服从正态分布和检验一阶自相关系数是否显著为 0。

正态分布可以通过分位数图示法"Q-Q 图"来判断，这种方法经常用于检验两个数据分布的相似。如果数据的分布和正态分布接近，那么数据在 Q-Q 图上的点大致上呈一条直线分布。因此，残差序列可以通过该方法来判断是否呈正态分布。对于一阶自相关系数是否显著为 0 的判断可以通过杜宾-瓦斯特（D-W）检验法来检验。

2. 参数的显著性检验

参数的显著性检验，它的目的是使得模型达到最精简。需要对每一个未知参数进行检验是不是显著非零，当检验出某个参数是不显著的，我们可以判断该参数所对应的自变量对因变量的影响不明显，这时就要把该自变量从模型中去掉，最后的模型中只保留参数显著的自变量。

（五）模型优化

当一个模型通过了上述检验之后，就说明该模型在一定的置信水平能够有效地拟合观测值序列，有时候这种模型可能不止一个。比如同一个序列有可能构造出两个拟合模型，并且这两个模型还都显著有效，这时该如何选择呢？可以引入 AIC（最小信息量准则）和 SBS 信息准则进行模型的优化。

（六）预测输出

利用拟合的模型，预测序列将来的走势。线性最小方差预测是目前对平稳序列预测最常用的方法。

第三节　非平稳时间序列分析

上一节介绍了平稳时间序列分析，在实际问题中大部分时间序列都是非平稳的，因此更有必要去分析非平稳序列。可以把非平稳时间序列分析的方法分成两类，即确定性分析和随机分析。

一、确定性分析

（一）时间序列的分解

1938 年，Wold 提出了著名的 Wold 分解定理：对于任何一个离散平稳过程 $\{x_t\}$，都可以分解为两个不相关的平稳序列的和，其中一个是确定性的，另一个为随机性的。

之前讨论的 ARMA (p, q) 模型实际上是对随机平稳序列进行分析的模型。Wold 只是为了分析平稳序列的构成，但是后来 Cramer 论证了非平稳序列的分析同样可以用这种分解思路。

Cramer 分解定理是指任何一个时间序列都可以分解为一部分是由多项式来决定的确定性趋势成分，另一部分是平稳的零均值误差成分组成的。

换言之，Cramer 分解定理表明，任何一个序列之所以会出现波动是因为既受到了确定性影响又受到了随机性的影响。按照这个思路我们来分析平稳时间序列和非平稳时间序列：平稳时间序列这两方面都是稳定的，非平稳时间序列至少有一方面是不稳定的。

（二）确定因素的分解

对于确定性因素引发的非平稳时间序列，一般情况下会呈现出明显的规律性，像有的序列有显著的趋势或者固定的周期性，这种规律性的信息在提取时相对容易点，然而随机因素所导致的波动是我们难以确定和分析的。传统的时序分析把重点放在了确定性信息的提取上，而忽略了随机性信息。最常用的确定性分析方法是确定性因素分解法，该方法来源于长期实践观察。根据大量的经验总结，我们认为序列的变化受四类因素的综合影响，即长期趋势、循环波动、季节性变化、随机波动。序列有可能受这四个因素综合影响，也有可能受其中几个因素影响。这四种因素相互作用的模式，我们主要考虑加法模型和惩罚模型。

在宏观经济中广泛使用确定性因素分解法。还有一些序列有显著的趋势，我们分析这些序列中的趋势，采用趋势拟合法和平滑法来预测未来发展的状态。

（三）趋势分析

1. 趋势拟合法

趋势拟合法我们在拟合的时候自变量是时间，因变量是相应的时间序列的观测值。序列有可能是线性的，当然更多时候是非线性的，拟合的时候我们可以分成线性的拟合和曲线的拟合。如果通过序列的线形图发现明显是呈线性特征的，就使用线性模型去拟合。如果序列呈非线性的趋势，就用曲线来拟合。

2. 平滑法

如果一个时间序列的变动是长期趋势变动、季节变动、循环变动、不规则变动的耦合或叠加导致的，在确定性时间序列分析中，我们可以通过移动平均法、指数平滑法、最小二乘法等方法来反映像社会经济现象的长期趋势（或者带季节因子的长期趋势），来预测未来的发展趋势。

根据平滑技术的不同可以把平滑法分成移动平均法和指数平滑法。

移动平均法的基本思想：首先假定一个序列在短的时间间隔里，取值是比较稳定的，把这段时间间隔的平均值作为估计值。其次，根据对时间发展有无周期性、对趋势的平滑性有没有要求以及趋势对近期变化的反应灵敏性，我们可以总结出，如果想要拟合长期趋势，就选择移动平均的期数大的，如果拟合短期的趋势就做短期的移动平均。

移动平均法可以分成一次移动平均法和二次移动平均法。一次移动平均法指的是收集到一组观察值，并计算平均值，把计算出的均值作为下一期的预测值。二次移动平均法主要思想是在采用移动平均法进行预测时，求平均值的时期数 N，它的选择至关重要，这也是移动平均法的难点，因为 N 取值的大小对所计算的平均值的影响较大。如 $N=1$ 时，移动平均预测值也就是原数据的序列值。当 N 取全部数据的个数时，移动平均值就是全部数据的算术平均值。很明显，N 的值越小，就表示对近期观测值预测的作用越重视，预测值对数据变化的反应速度也越快，但预测的修匀程度较低，估计值的精度也可能降低。相反，N 值越大，预测值的修匀程度越高，但造成对数据变化的反应速度会变慢。视序列长度和预测目标而定,一般对水平型数据,N 值的选取较为随意;根据经验,如果考虑到历史上序列中含有很多随机因素,或者说序列的基本发展趋势变化不是很大,那么这时 N 可以适当取大一点。如果数据具有趋势性或阶跃性特点,为了提升预测值对数据变化的反应速度,减少预测的误差,N 应取得相应小一些,这样是为了使移动平均值更好地反映当前的发展变化趋势。具体的取值还是要根据实际情形来确定。

指数平滑法的基本思想是时间间隔对各期权重的影响呈指数衰减。这与实际生活经验是相符合的,对于一般的事件来说,近期的结果对现在影响比较明显,时间越久远影响越小。

确定性因素分解方法虽然简单、易操作、便于解释,但是也存在一些缺点,比如在信息提取的时候我们只提取了确定的信息,浪费了随机信息,并且把所有序列的变化都归结为四类因素综合影响,这种情况有可能造成无法提供明确、有效的方法来判断各因素之间准确的相互作用的关系。这些缺点会造成模型拟合精度有可能不够理想,随机分析就可以弥补这一缺点。

二、随机分析

拿到观测值序列之后,我们要提取序列中的信息,前面提到的趋势分析提取方法对确定性信息提取都不够充分。博克思(Box)和詹金斯(Jenkins)使用差分方法更有效地提取了序列中的信息,许多非平稳序列经过差分后,会显示出平稳序列的特征,我们称这个非平稳时间序列为差分平稳序列。根据不同的序列选择不同的差分方式,常见的有三种:比如一阶差分可以提取线性趋势,二阶或三阶差分可以提取曲线趋势,如果是周期性的序列可以根据周期的步长确定差分的阶数。差分平稳序列可以使用 ARIMA 模型进行拟合。

ARIMA 模型全称为自回归积分滑动平均模型(autoregressive integrated moving average model,ARIMA),是由博克思和詹金斯于 20 世纪 70 年代初提出的,所以又称为 Box-Jenkins 模型,是一种著名的时间序列预测方法。什么是 ARIMA 模型呢?它是指先把一个非平稳的时间序列转化为平稳时间序列,然后对因变量的滞后值以及随机误差项的现值和滞后值进行回归,所建立的一个模型。ARIMA 模型根据原序列是否平稳以及回归中所含部分的不同,可以分为滑动平均过程(MA)、自回归过程(AR)、自回归滑动平均过程(ARMA)以及 ARIMA 过程。

ARIMA 模型是一类广泛应用的随机时序模型。ARIMA (p, d, q) 模型是一种指在 d 阶差分后自相关最高阶数为 p、滑动平均最高阶数为 q 的模型，一般由 $p+q$ 个独立的未知系数组成。当模型中有部分自相关系数或部分滑动平滑系数为零时，即原 ARIMA (p, d, q) 模型中有部分系数省缺了，那么该模型称为疏系数模型。

它的表达式如下：

$$\Phi(B) \nabla^d x_t = \Theta(B) \varepsilon_t \tag{5.13}$$

其中，B 为滞后算子，满足 $x_{t-k} = B^k x_t$；d 为差分阶数；$\Phi(B) = 1 - \phi_1 B - \phi_2 B^2 - \cdots - \phi_p B^p$，是 ARIMA 模型中的自回归部分；$\Theta(B) = 1 - \theta_1 B - \theta_2 B^2 - \cdots - \theta_q B^q$，是 ARIMA 模型移动平均部分；$\varepsilon_t$ 是均值为 0 的白噪声序列。假定当前时刻的白噪声值与之前时刻序列无关，

$$\begin{cases} E(\varepsilon_t) = 0, \ \mathrm{Var}(\varepsilon_t) = \sigma_\varepsilon^2, \ E(\varepsilon_t \varepsilon_s) = 0, \ s \neq t \\ E\varepsilon_s \varepsilon_t = 0, \ \forall s < t \end{cases} \tag{5.14}$$

ARIMA 模型是通过差分后，把非平稳序列转化为平稳序列建立的模型，性质与 AR 模型、MA 模型、ARMA 模型 3 种平稳序列建立的模型性质相同（如图 5.2 所示）。

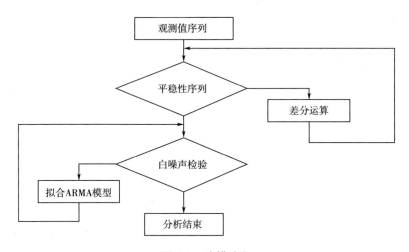

图 5.2　建模流程

三、残差自回归模型

差分方法在提取确定信息时表现比较好，但是我们很难直观地解释模型。

如果一个序列具有非常显著的确定性趋势或者季节效应，我们想获得类似确定性因素分解方法那样对确定性效应的解释，但是这时必须舍弃对残差信息的浪费，这种情况下构造了残差自回归模型。

（一）模型的结构

残差自回归模型的构造思想是首先提取确定信息，可以通过确定性因素分解方法提取确定性信息，但有时不一定能充分提取信息，然后需要检验残差序列的自相关显著性，如果自相关显著可以用式 $x_t = T_t + S_t + \varepsilon_t$，如果不显著就需要进一步提取信息。可以这样构造模型：

$$x_t = T_t + S_t + \varepsilon_t$$

$$\varepsilon_t = \varphi_1 \varepsilon_{t-1} + \cdots + \varphi_p \varepsilon_{t-p} + a_t$$

$$E(a_t) = 0，\operatorname{Var}(a_t) = \sigma^2，\operatorname{Cov}(a_t，a_{t-i}) = 0，\forall i \geqslant 1 \qquad (5.15)$$

上述模型就称为残差自回归模型。

（二）模型的检验

对于残差自相关的检验可以采用 D-W 检验和 Derbin h 检验。

1. D-W 检验

D-W 检验法常被用来检测回归分析的残差项是否存在自相关。该统计量可以表示成如下形式：

$$d = \frac{\sum_{i=2}^{n} e_t^2 + \sum_{i=2}^{n} e_{t-2}^2 - 2\sum_{i=2}^{n} e_t e_{t-1}}{\sum_{i=2}^{n} e_t^2} \qquad (5.16)$$

原假设，备择假设

$$H_0: \rho = 0，H_1: \rho \neq 0$$

4-W 检验法证明 d 的实际分布介于两个极限分布之间，分别称为"上极限分布"和"下极限分布"，上极限分布的上临界值为 d_U，下极限分布的下临界值为 d_L。d_U 和 d_L 在给定的显著水平下，可以根据自变量个数与样本容量查表来确定如图 5.3 所示。

当样本容量 n 充分大时，D-W 检验法的统计量如下：

$$d \approx 2(1 - \hat{\rho})$$

为简化判断，一般认为：当 $d \approx 2$，$\hat{\rho} = 0$；当 $d \approx 0$，$\hat{\rho} = 1$；当 $d \approx 4$，$\hat{\rho} = -1$。其中，$\hat{\rho}$ 为样本自相关系数。

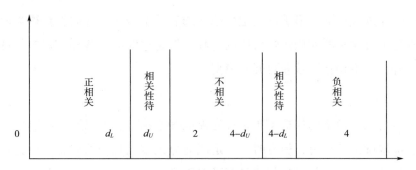

图5.3 相关性判断

2. Derbin h 检验

D-W 统计量要求自变量"独立"，如果在自回归场合，回归因子包含延迟因变量，有

$$x_t = \beta_0 + \beta_1 \cdot x_{t-1} + \cdots + \beta_k \cdot x_{t-k} + \varepsilon_t$$

残差序列 $\{\varepsilon_t\}$ 的 D-W 统计量是一个有偏的估计，即当 ρ 趋于零时，$DW \neq 2$。如果这个时候我们使用 D-W 统计量来检验，有可能导致产生残差序列正自相关性不显著这样的误判。这时我们可以使用 Q 统计量和 LB 统计量检验残差序列的自相关性。为了克服 D-W 检验的有偏性，在 D-W 的基础上给出了两个修正统计量即 Derbin t 和 Derbin h 统计量，具体表示如下：

$$D_h = DW \frac{n}{1 - n\sigma_\beta^2}$$

其中，n 代表序列观察值的长度，σ_β^2 是延迟因变量系数的最小二乘估计的方差。修正之后的统计量能有效地提高检验的精度。

四、条件异方差模型

在分析有些序列时，ARIMA 模型因为存在残差序列的异方差性始终无法取得理想的拟合效果，我们在使用 ARIMA 拟合时对残差假定为零均值噪声序列。如果方差齐性假定不成立，而是随时间变化而变化，那么可以表示为时间的某个函数：$\mathrm{Var}(\varepsilon_t) = h(t)$，我们称之为异方差。如果忽视异方差将会造成残差的方差被严重低估，参数显著性检验也可能出现伪错误这样的现象，最终影响模型的拟合精度，所以我们需要进行方差齐性检验。方差齐性变换是一种能较好拟合异方差序列的方法，但仅适用于部分异方差波动序列。接下来我们介绍一种条件异方差模型——ARCH 模型，这种异方差的处理方法被广泛应用于经济和金融领域。

(一) ARCH 模型的结构

ARCH 模型的全称是自回归条件异方差模型，该模型的构造原理是利用构造残差平方序列的自回归模型来拟合异方差函数。ARCH 模型的实质是将历史波动信息作为条件，采用某种自回归形式来描述波动的变化。比如，我们应该关注一个时间序列的水平和波动两个方面，首先提取出水平相关信息，然后分析残差中含有的波动相关信息。

假设在正态分布下，有

$$\varepsilon_t / \sqrt{h_t} \sim N(0, 1)$$

ARCH (q) 模型结构

$$\begin{cases} x_t = f(t, x_{t-1}, x_{t-2}, \cdots) + \varepsilon_t \\ \varepsilon_t = \sqrt{h_t e_t} \\ h_t = w + \sum_{j=1}^{q} \lambda_j \varepsilon_{t-j}^2 \end{cases} \quad (5.17)$$

其中，$f(t, x_{t-1}, x_{t-2}, \cdots)$ 为 $\{x_t\}$ 的确定信息拟合模型，$e_t \overset{i.i.d}{\sim} N(0, \sigma^2)$.

(二) ARCH 模型的检验

常用的检验方法有两种：Portmanteau Q 检验和 LM 检验。

1. Portmanteau Q 检验

假设条件为 H_0：残差平方序列纯随机　H_1：残差平方序列自相关

表示的也就是方差齐性以及方差非齐性。

转化为

$H_0: \rho_1 = \rho_2 = \cdots = \rho_q = 0$　$H_1: \rho_1, \rho_2, \cdots \rho_q$ 不全为零

使用的 LB 统计量为

$$Q(q) = n(n + 2) \sum_{i=1}^{q} \frac{\rho_i^2}{n - i}$$

其中 n 是观察序列长度，ρ_i 是残差序列延迟 i 阶自相关系数，有

$$\rho_i = \sqrt{\frac{\sum_{t=i+1}^{n} (\varepsilon_t^2 - \hat{\sigma}^2)(\varepsilon_{t-i}^2 - \hat{\sigma}^2)}{\sum_{t=1}^{n} (\varepsilon_t^2 - \hat{\sigma}^2)^2}}, \quad \hat{\sigma}^2 = \frac{\sum_{t=1}^{n} \varepsilon_t^2}{n}$$

如果原假设成立，统计量近似服从自由度为 $q-1$ 的卡方分布，即

$$Q(q) \sim \chi^2(q-1)$$

当 $Q(q)$ 检验统计量的 P 值小于显著水平 α 时，拒绝原假设，认为该序列方差非齐且具有自相关关系。

2. LM 检验

假设条件为 H_0：残差平方序列纯随机　　H_1：残差平方序列自相关

转化为 $H_0: \rho_1 = \rho_2 = \cdots = \rho_q = 0$　　$H_1: \rho_1, \rho_2, \cdots \rho_q$ 不全为零

LM 检验统计量为

$$LM(q) = \frac{(SST - SSE)/q}{SSE/T - 2q - 1}$$

其中 SST 为误差的平方和，自由度为 $T-q-1$，回归方程残差平方和表示为 SSE，自由度为 $T-2q-1$。如果原假设成立，统计量近似服从自由度为 $q-1$ 的卡方分布

$$LM(q) \sim \chi^2(q-1)$$

当 $LM(q)$ 检验统计量的 P 值比显著水平 α 小时，拒绝原假设，认为该序列方差非齐且具可以用 q 阶自回归模型拟合残差平方中的有自相关关系。

第四节　案 例 应 用

时间序列分析是定量预测方法之一，它根据系统的有限长度的运行记录观察数据，建立能够比较精确地反映序列中所包含的动态依存关系的数学模型，并借以对系统的未来进行预报。时间序列分析常用在国民经济宏观控制、区域综合发展规划、企业经营管理、市场潜量预测等方面，主要从系统描述、系统分析、预测未来、决策和控制等方面进行研究分析。

互联网的迅速发展正使得越来越多的活动能够线上化，例如电子商务网站中的在线购物、互联网在线金融服务。在这一背景下，互联网已不再仅仅是信息交流的平台，而是正在变成一个综合的线上办公系统。

通过互联网技术实现了生产、流通和消费的数字化、网络化和智能化。在这个过程中，互联网平台成为连接供需双方的桥梁，于是接下来我们根据数字经济及其核心产业统计分类（2021）中的互联网接入及相关服务进行一个关于中国互联网宽带接入用户（万户）为例进行时间序列的分析。

本小节案例分析所使用的软件是 EViews，EViews 在基于 Windows 的计算机上提供了复杂的数据分析、回归和预测工具。借助 EViews 这一软件，我们可以从数据中建立统计关系，然后利用建立的关系来预测数据的未来趋势。EViews 应用领域非常广阔，包括经济模拟预测、数据分析评估、财务分析、销售预测和成本分析等。EViews 是一组用于操作时间序列数据的工具的新版本，这些工具最初是在大型计算机的时间序列处理器软件中开发的。EViews 的前身是 MicroTSP，于 1981 年首次发布。虽然 EViews 是由经济学家开发的，其重点是时间序列分析，但其设计中没有任何东西限制它对经济时间序列的有用性。EViews 提供了方便的可视化方式，可以从键盘或文件中输入数据序列，从现有序列中创建新的序列，显示和打印序列，对序列之间的关系可以进行统计分析。同时 EViews 利用了 Windows 软件中非常便利的视觉功能。用户可以使用鼠标通过菜单和对话框来指导操作，并捕获这些操作以供以后使用。结果同样显示在 Windows 中，可以使用标准技术进行操作。用户也可以使用 EViews 强大的命令和批处理语言。用户可以在命令窗口中输入和编辑命令，还可以在记录研究项目的程序中创建和存储命令，以备以后执行。

根据数据绘制序列的线图，观测序列的特征。如果序列有明显的长期趋势，我们就要测度其长期趋势，测度方法有趋势拟合法、平滑法。接下来以趋势拟合法为例分析说明。

一、绘制时序图

以 2005—2022 年中国互联网宽带接入用户（万户）（数据来自中国统计年鉴）为例进行分析。

EViews 在进行数据分析过程中，必须在特定的工作文件（Workfile）中进行，所以在录入和分析数据之前，首先应该建立一个工作文件。双击 EViews 图标，进入 EViews 主画面。点击 File/New/Workfile/click，弹出对话框，给出要打开的 workfile 所在路径及文件名，点击 OK，则所需的 workfile 就被打开（如图 5.4、图 5.5 所示）。

根据样本数据画出变量之间的图形如图 5.5，从图 5.6 中可以看出，该序列有明显的上升趋势，所以进行序列对时间的线性回归分析。

图 5.4　导入数据

绘制趋势图，大致判断序列的特征如图 5.5 所示。

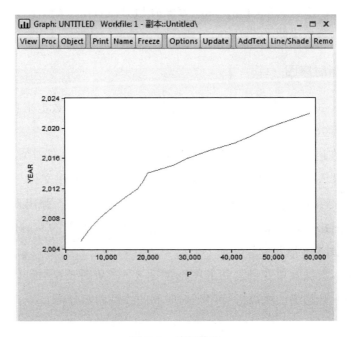

图 5.5　绘制线图

二、选择合适的拟合模型

根据样本数据，用一次模型进行拟合并观察拟合效果，如图 5.6、图 5.7 所示。

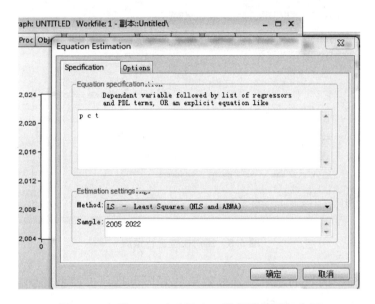

图 5.6 序列（p）对时间（t）进行线性回归分析

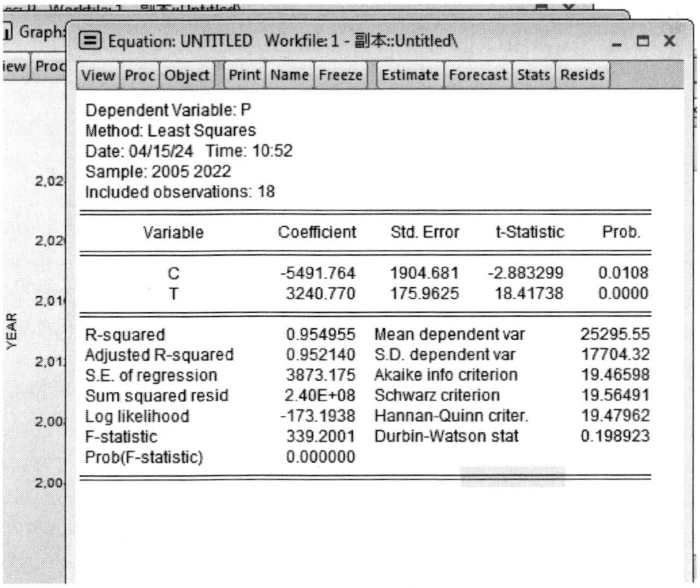

图 5.7 回归参数估计和回归效果评价

可以看出我们尝试用一次模型拟合，序列具有明显的线性趋势，接下来我们来看预测情况，具体操作如图 5.8~5.12 所示。

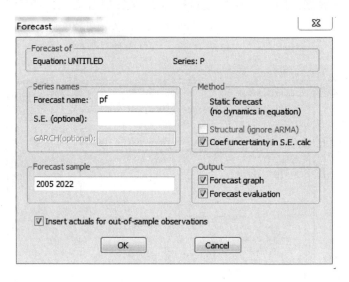

图 5.8　运用模型进行预测

预测是建模的目的之一，预测效果的好坏也是评价模型的优劣的标准之一，本次建模预测效果如图 5.9 所示。

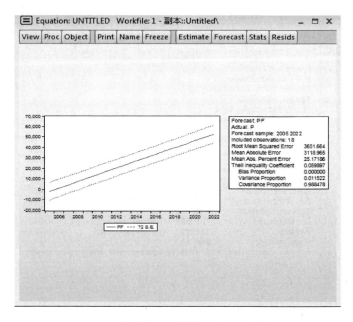

图 5.9　预测效果（偏差率、方差率等）

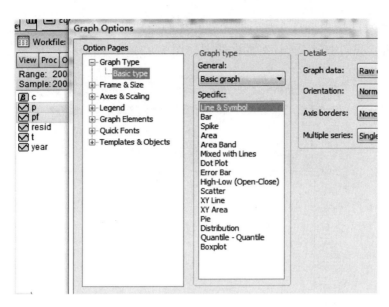

图 5.10 绘制原序列和预测序列的线图

为了进一步检验预测效果，我们来绘制原序列和预测序列的线图，如图 5.11 所示。

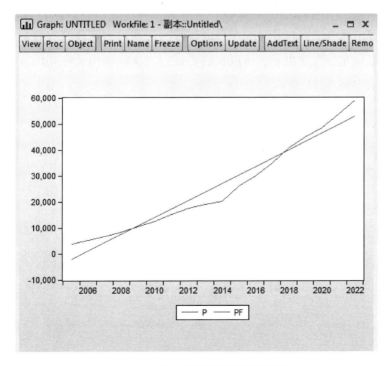

图 5.11 原序列和预测序列的线图

从图 5.11 中可以直观看出原序列和预测序列的拟合不是很理想，为了进一步分析，我们来看残差序列的曲线图（图 5.12）。

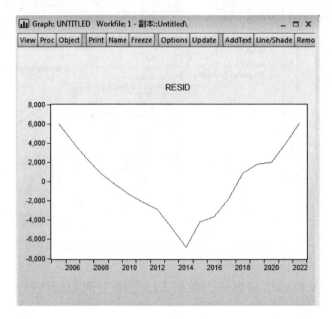

图 5.12　残差序列的曲线图

可以看出残差序列具有时间序列的特征，说明模型还没有很好地把原序列中蕴含的信息充分提取出来，所以我们尝试用二次模型拟合序列的发展具体操作如图 5.13、图 5.14 所示。

Equation: UNTITLED　Workfile: 1 - 副本::Untitled\

View | Proc | Object | Print | Name | Freeze | Estimate | Forecast | Stats | Resids

Dependent Variable: P
Method: Least Squares
Date: 04/15/24　Time: 11:18
Sample: 2005 2022
Included observations: 18

Variable	Coefficient	Std. Error	t-Statistic	Prob.
C	3771.707	890.8856	4.233660	0.0007
T	461.7283	215.8889	2.138731	0.0493
T*T	146.2653	11.04102	13.24745	0.0000

R-squared	0.996453	Mean dependent var	25295.55
Adjusted R-squared	0.995980	S.D. dependent var	17704.32
S.E. of regression	1122.498	Akaike info criterion	17.03551
Sum squared resid	18900018	Schwarz criterion	17.18391
Log likelihood	-150.3196	Hannan-Quinn criter.	17.05597
F-statistic	2106.993	Durbin-Watson stat	1.000073
Prob(F-statistic)	0.000000		

图 5.13　模型参数估计和回归效果评价

因为该模型中 T 的系数不显著，我们去掉该项再进行回归分析（见图 5.14）。

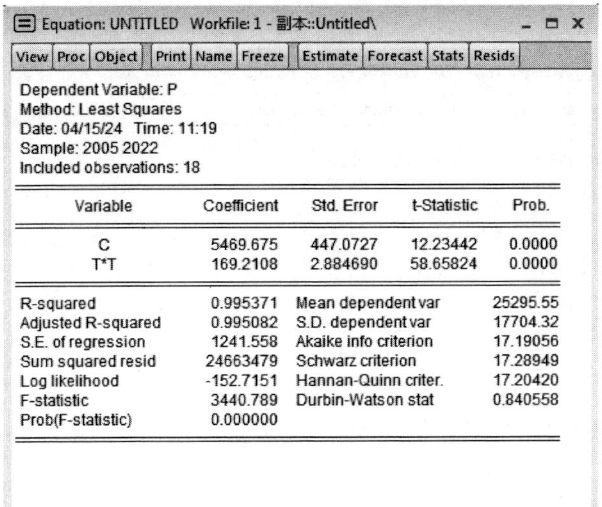

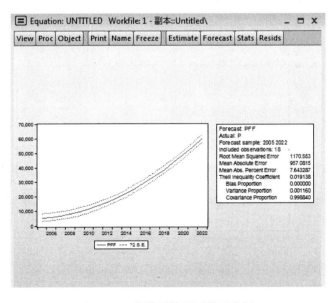

图 5.14　新模型参数估计和回归效果评价

三、序列预测

该序列预测结果分析，见图 5.15 ~ 5.19。在二次模型拟合中剔除了模型的 T，我们来看新模型的预测效果，绘制新模型预测效果分析图（图 5.15）。

图 5.15　新模型的预测效果分析

从图 5.15 的预测效果分析图中可以看出 MAPE 即平均绝对百分误差的值低于 10，我们一般认为预测精度较高。

obs	P	PFF
2005	3735.0000	5638.886
2006	5085.3117	6146.519
2007	6641.4000	6992.573
2008	8287.9000	8177.049
2009	10397.8000	9699.947
2010	12629.1000	11561.27
2011	15000.1000	13761.01
2012	17518.3000	16299.17
2013	18890.9000	19175.75
2014	20048.3400	22390.76
2015	25946.5700	25944.19
2016	29720.6500	29836.04
2017	34854.0089	34066.31
2018	40738.1500	38635.00
2019	44927.8574	43542.12
2020	48354.9500	48787.65
2021	53578.6600	54371.61
2022	58964.8375	60293.99

图 5.16 原序列和预测序列值

对原序列和预测序列值进行比较，绘制原序列和预测序列的曲线图（图 5.17）。

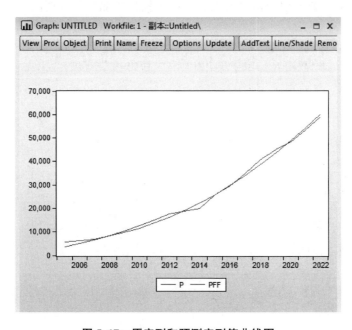

图 5.17 原序列和预测序列值曲线图

为了检验预测的效果，我们来计算预测误差并对预测误差进行单位根检验。

Generate Series by Equation

Enter equation

```
e=p-pff
```

Sample

```
2005 2022
```

OK Cancel

图 5.18 计算预测误差

Series: E Workfile: 1 - 副本::Untitled\

View | Proc | Object | Properties | | Print | Name | Freeze | | Sample | Genr | Sheet | Graph | Stats | I

Augmented Dickey-Fuller Unit Root Test on E

Null Hypothesis: E has a unit root
Exogenous: Constant
Lag Length: 3 (Automatic - based on SIC, maxlag=3)

		t-Statistic	Prob.*
Augmented Dickey-Fuller test statistic		-4.015368	0.0098
Test critical values:	1% level	-4.004425	
	5% level	-3.098896	
	10% level	-2.690439	

*MacKinnon (1996) one-sided p-values.
Warning: Probabilities and critical values calculated for 20 observations
　　　　and may not be accurate for a sample size of 14

Augmented Dickey-Fuller Test Equation
Dependent Variable: D(E)
Method: Least Squares
Date: 04/15/24 Time: 11:25
Sample (adjusted): 2009 2022
Included observations: 14 after adjustments

Variable	Coefficient	Std. Error	t-Statistic	Prob.

图 5.19 对预测误差序列进行单位根检验

拒绝原假设，认为序列没有单位根，为平稳序列，说明模型对长期趋势拟合的效果还不错。从整个模型预测来看，近几年互联网的接入依然会呈上升趋势。这势必会拓宽互联网的应用场景，当前我国互联网应用持续发展，为经济社会发展赋能，促进数字经济和实体经济更深层次的融合，推动发展新质生产力。

本章小结

时间序列分析是一类用于挖掘、分析时间序列数据的方法。对于时间序列分析，需要先判断时间序列的类型。对于平稳时间序列，可以用移动平均法、指数平滑法等方法；如果带有明显的季节特征，则可以用季节指数预测法。对于非平稳时间序列，则需要借助经典的模型（ARIMA 模型和 ARCH 模型）进行分析。在量化投资中，非平稳时间序列数据很常见，所以对于具有一定规律的数据，可以用这两个模型进行分析预测。

时间序列分析是经济学中一种重要的研究方法，也是一种用于分析经济特征和趋势的研究方法。在做数字经济分析时，观测变量可以是任何与时间相关的经济指标或者现象。时间序列还具有趋势性、季节性、循环性和随机性的特点，像经济预测就是通过对历史数据进行分析和建模，来预测未来的经济走向和趋势。时间序列分析还能用来评估经济政策，预测金融市场、物价指数等。

课后习题

1. 什么是时间序列？请搜集几个与数字经济相关的观测值序列。

2. 考虑序列 $\{1, 3, 5, 7, 9, 11, 13, 15, 17, 19\}$

（1）判断该序列是否平稳。 （2）绘制该序列的时序图，并观察时序图特点。

3. 简要概括非平稳时间序列如何提取序列信息。

第六章
聚类分析

第一节　聚类分析概述

聚类分析是一种探索性数据分析方法，它通过量化数据集中各个对象（如样本、记录或特征向量）之间的相似性或相异性，将这些对象划分为多个组群或类别，每个组群内的成员具有较高的相似度，而不同组群间的成员的相似度较低。聚类分析不依赖于预先知道的类别标签，而是通过算法自动检测数据分布的内在结构和模式，从而发现数据的自然分组。

一、聚类分析的基本原理

聚类分析是一种基于"物以类聚"原则的多元统计分析方法，旨在根据样本或指标的特性对其进行合理分类。该方法适用于处理大量样本数据，通过识别样本间的相似性和差异性来实现分类。在选定的属性或特征下，同一组内的数据模式高度相似，而与其他组的数据模式存在显著差异。聚类分析的核心思想在于认识到研究样本或变量间存在着不同程度的相似性（或称为亲疏关系）。衡量这种亲疏关系的数量指标主要有两种：一是相似系数，其中性质相近的样本或变量其相似系数接近 1 或 −1，而无关样本或变量的相似系数则趋近于 0，从而判定相似者归为一类，不相似者归为不同类别；二是距离度量，即将每个样本视为 P 维空间中的一个点，通过特定度量标准计算点之间的距离，距离较近的点被归为一类，而距离较远的点则被划分为不同的类别。

相较于分类问题，聚类分析所处理的样本并未事先标注类别，而是要通过聚类算法自动判定。换言之，聚类是将所有样本视为未知，并通过算法进行类别划分。因此，分类与聚类的算法本质区别：在分类问题中，样本的分类属性是已知的；而在聚类问题中，需要从样本中发掘并确定这一分类属性。

二、聚类分析的过程

聚类分析的过程通常包括以下几个步骤。

一是特征选择。选择用于聚类的数据特征，这些特征应能够反映数据对象之间的相似性或差异性。

二是相似性度量。定义并计算数据对象之间的相似性度量。

三是聚类算法选择。根据数据的特点和聚类目的选择合适的聚类算法。

四是聚类执行。利用选定的聚类算法对数据进行聚类。

三、聚类分析的主要算法

聚类分析的算法种类繁多，常见的有 K-均值算法、分层聚类算法等。

K-均值算法是一种基于距离度量的聚类算法，它通过迭代的方式将数据划分为 K 个簇，使得每个数据对象到其所属簇的质心距离最小。

分层聚类算法通过计算数据对象之间的相似性或距离，将数据对象组织成一棵有层次的嵌套聚类树。

四、聚类分析在数字经济中的应用

在数字经济中，聚类分析的应用广泛且多样，以下是一些主要的应用场景。

市场细分与客户群体划分。商家可以利用聚类分析来细分客户市场，根据不同客户的购买行为、消费习惯、地理位置、人口统计学特征等数据，划分出具有相似特点的客户群体，以便制定更为精准的营销策略和服务方案。

社交网络分析。在社交媒体平台上，通过聚类分析可以发现用户群体的兴趣偏好和互动模式，有助于企业进行针对性的产品推广和社会影响力分析。

产品推荐。电商平台依据用户的浏览历史、购物记录等数据进行聚类分析，识别出不同的用户类型和他们的共同喜好，从而实现个性化的产品推荐。

网络流量分析。在网络通信和网站运营中，聚类分析可用于区分不同类型的网络流量模式，识别异常流量或潜在的安全威胁，并优化网络资源分配。

文本挖掘与主题聚类。在海量的文本数据中，聚类分析可帮助找出文档、新闻或评论中的主题簇，进行信息的分类和组织。

供应链优化。在供应链管理中，通过分析供应商、物流节点、市场需求等多维度数据，聚类分析有助于发现最优组合，优化库存管理和物流配送路径。

金融风险评估。金融机构可以利用聚类分析识别出具有相似风险特征的资产或交易行为，进行风险的精细化管理。

聚类分析在数字经济中已经成为一种强大的数据分析工具，帮助企业从海量数据中提取有价值的信息，辅助决策并驱动业务增长。

五、聚类分析的应用局限性

尽管聚类分析在许多方面都取得了显著的成果，但它在应用中仍存在一些局限性：对初始簇中心的选择敏感，不同的初始值可能导致不同的聚类结果；对异常值和噪声敏感，可能会影响聚类的质量和稳定性；对高维数据和大规模数据集的处理能力有限，需要借助降维技术或其他方法进行处理；聚类结果的评价和解释依赖于领域知识和具体应用背景，缺乏通用的评价标准和方法。

针对这些挑战，研究者在不断探索新的聚类算法和技术，以提高聚类分析的准确性和可靠性。例如，集成聚类方法通过组合多个聚类结果来提高聚类的稳定性和鲁棒性，基于深度学习的聚类方法利用神经网络模型自动学习数据的表征和簇结构等。

第二节　K-均值算法

一、K-均值算法简介

K-均值算法，又称 K-平均，是广泛应用的聚类算法之一。此算法以各聚类子集中的数据样本均值为代表点。其核心思想是通过迭代将数据集划分为不同类别，旨在优化聚类性能的评估函数，从而实现类内紧密、类间独立的聚类效果。该算法对连续型属性表现出良好的聚类效能，但不适用于离散型属性。

二、划分聚类方法

对数据集进行聚类时包括如下三个要点。

（一）确定数据样本间的相似性度量标准

鉴于 K-均值聚类算法更适用于连续型属性，因此在衡量数据样本间距离时，可根据实际需求选择欧氏距离、曼哈顿距离或明考夫斯基距离等作为相似性度量。其中，欧氏距离最为常用。

假设给定的数据集 $X = \{x_m \mid m = 1, 2, \cdots, total\}$，$X$ 中的样本用 d 个描述属性 A_1，A_2，$\cdots$，A_d 来表示，并且 d 个描述属性都是连续型属性。数据样本 $x_i = (x_{i1}, x_{i2}, \cdots, x_{id})$、$x_j = (x_{j1}, x_{j2}, \cdots, x_{jd})$，其中，$x_{i1}$，$x_{i2}$，$\cdots$，$x_{id}$ 和 x_{j1}，x_{j2}，$\cdots$，x_{jd} 分别是样本 x_i 和 x_j 对应 d 个描述属性 A_1，A_2，$\cdots$，A_d 的具体取值。样本 x_i 和 x_j 之间的相似度通常用它们之间的距离 $d(x_i, x_j)$ 来表示，距离越小，样本 x_i 和 x_j 越相似，差异度越小；距离越大，样本 x_i 和 x_j 越不相似，差异越大。

欧氏距离的计算公式为 $d(x_i, x_j) = \sqrt{\sum_{k=1}^{d} (x_{ik} - x_{jk})^2}$。

（二）选定用于评估聚类效果的准则函数

K-均值聚类采用误差平方和作为评估准则。对于不含类别属性的数据集 X，若其包含 k 个聚类子集，且各子集的样本数和均值代表点（聚类中心）均已知，则误差平方和的计算公式为 $E = \sum_{i=1}^{k} \sum_{p \in X_i} \| p - m_i \|^2$。

（三）依据簇中对象的平均值来计算相似度

步骤①随机将所有对象分配至 k 个非空簇中。

步骤②计算各簇的平均值，并以此代表相应簇。

步骤③根据对象与各簇中心的距离，将其归入最近的簇。

步骤④重复步骤②，重新计算簇的平均值，直至满足特定准则函数后停止。

三、K-均值算法描述

（一）初始化

随机或根据某种策略选择 k 个样本作为初始中心向量。

（二）分组

第一，对于数据集中的每个样本，计算它与各中心向量的距离，并将其分配给距离最近的中心向量。

第二，根据这些分配，形成 k 个不相交的聚类。

（三）确定中心

重新计算每个聚类的中心，即计算聚类内所有样本的平均值，并将这个平均值作为新的中心向量。

（四）迭代

重复分组和确定中心的步骤，直到满足收敛条件（如中心向量的变化小于某个阈值）。

四、K-均值算法流程

输入：簇的数量 k，以及包含 n 个样本的数据集。

输出：k 个簇，这些簇的划分使得平方误差准则最小。

算法步骤分为以下 5 步：

步骤①初始化。从数据集中随机选择 k 个样本作为初始的聚类中心。

步骤②分配样本。根据最小距离原则，将数据集中的每个样本分配到最近的聚类中心。

步骤③更新聚类中心。对于每个聚类，计算其内所有样本的平均值，并将这个平均值设为新的聚类中心。

步骤④迭代优化。重复步骤②和③，直到聚类中心不再发生显著变化或达到预定的迭代次数。

步骤⑤结束。输出 k 个聚类结果。

五、K-均值算法举例

例 6.1　数据对象集合 $S = \{O_1(0,2), O_2(0,0), O_3(0,2), O_4(5,0), O_5(5,2)\}$，作为一个聚类分析的二维样本，要求的簇的数量 $k=2$。

①选择 $O_1(0,2)$，$O_2(0,0)$ 为初始的簇中心，即 $M_1 = O_1 = (0,2)$，$M_2 = O_2 = (0,0)$

②对剩余的每个对象，根据其与各个簇中心的距离，将它赋给最近的簇。

对 O_3：

$$d(M_1, O_3) = \sqrt{(0-1.5)^2 + (2-0)^2} = 2.5,$$

$$d(M_2, O_3) = \sqrt{(0-1.5)^2 + (0-0)^2} = 1.5$$

显然 $d(M_2, O_3) \leqslant d(M_1, O_3)$，故将 O_3 分配给 C_2。

对于 O_4：

$$d(M_1, O_4) = \sqrt{(0-5)^2 + (2-0)^2} = \sqrt{29},$$

$$d(M_2, O_4) = \sqrt{(0-5)^2 + (0-0)^2} = 5$$

因为 $d(M_2, O_4) \leqslant d(M_1, O_4)$，所以将 O_4 分配给 C_2。

对于 O_5：

$$d(M_1, O_5) = \sqrt{(0-5)^2 + (2-2)^2} = 5,$$

$$d(M_2, O_5) = \sqrt{(0-5)^2 + (0-2)^2} = \sqrt{29}$$

因为 $d(M_1, O_5) \leqslant d(M_2, O_5)$，所以将 O_5 分配给 C_1。

更新，得到新簇 $C_1 = \{O_1, O_5\}$ 和 $C_2 = \{O_2, O_3, O_4\}$

计算平方误差准则，单个方差为

$E_1 = [(0-0)^2 + (2-2)^2] + [(0-5)^2 + (2-2)^2] = 25$，$E_2 = 27.25$

总体平均方差：$E = E_1 + E_2 = 25 + 27.25 = 52.25$

③计算新的簇的中心。

$$M_1 = ((0+5)/2, (2+2)/2) = (2.5, 2)$$

$$M_2 = ((0+1.5+5)/3, (0+0+0)/3) = (2.17, 0)$$

重复步骤②和③，得到 O_1 分配给 C_1，O_2 分配给 C_2，O_3 分配给 C_2，O_4 分配给 C_2，O_5 分配给 C_1。更新，得到新簇 $C_1 = \{O_1, O_5\}$ 和 $C_2 = \{O_2, O_3, O_4\}$。中心为 $M_1 = (2.5, 2)$，$M_2 = (2.17, 0)$。

单个方差分别为 $E_1 = [(0-2.5)^2 + (2-2)^2] + [(2.5-5)^2 + (2-2)^2] = 12.5$，

$$E_2 = 13.15$$

总体平均误差：$E = E_1 + E_2 = 12.5 + 13.15 = 25.65$

可以看出，第一次迭代后，总体平均误差值显著减小。由于在两次迭代中，簇中心不变，所以停止迭代过程，算法停止。

六、K-均值算法的分析

K-均值算法分析是一种常用的聚类分析方法，用于将数据点划分为 K 个聚类或群组。这种方法有独特的优点和缺点，具体分析如下。

（一）K-均值算法优点

1. 算法简单易用

K-均值聚类算法的原理和实现相对简单，容易理解和实现。

2. 运行速度快

对于大规模数据集，K-均值聚类算法的运行速度较快，具有良好的可扩展性。

3. 适用于高维数据

K-均值聚类算法可以处理高维数据，并且在高维空间中，数据点之间的距离通常是可以定义的。

4. 广泛适用性

K-均值聚类算法适用于大部分数据集，无须对数据集做过多的假设。

（二）K-均值算法缺点

1. 对初始聚类中心敏感

K-均值聚类算法对初始聚类中心的选择敏感，不同的初始值可能会得到不同的聚类结果。

2. 对异常值和噪声数据敏感

K-均值聚类算法对噪声数据和离群值比较敏感，可能会导致错误的聚类结果。

3. 需要预先确定聚类数 K

K-均值聚类算法需要预先确定聚类的数量 K，但在实际应用中，这个值往往难以确定。而且，聚类结果可能会收敛到局部最优解而非全局最优解。

4. 无法处理非凸形状的聚类

K-均值聚类算法在处理非凸的聚类时可能会遇到困难，无法得到理想的聚类结果。

5. 只能处理数值型数据

K-均值聚类算法只能处理数值型数据，对于非数值型数据（如文本、图像等）则无法直接处理。

K-均值算法受初始值影响较大，可能因起点差异导致聚类结果不同。为解决此问题，可试验多个初始值，并对比运行结果，直至得到稳定和一致的聚类。但此方法耗时且资源消耗高。

第三节　分 层 聚 类

一、距离和相似系数

在对样品（或变量）进行分类时，样品（或变量）之间的相似性是如何度量的呢？这一节介绍两个相似性度量——距离和相似系数，前者常用来度量样品之间的相似性，后者常用来度量变量之间的相似性。样品间的距离和相似系数的定义多样，且与变量类型紧密相连。测量尺度通常分为三类：首先是间隔尺度变量，这类变量以连续数值表示，如长度、重量等；其次是有序尺度变量，其度量不依赖具体数量，而是依据等级，如产品等级划分；最后是名义尺度变量，表示无等级和数量关系的类别，如性别或产品型号。本节聚焦于探讨尺度变量的样品聚类分析方法。

（一）距离定义

设 x_{ij} 为第 i 个样品的第 j 个指标，数据以矩阵形式列于表 6.1 中。由于每个样品包含 p 个变量，因此可将每个样品视作 R^p 空间中的一个点，那么 n 个样品即代表 R^p 中的 n 个点。我们需要在 R^p 中定义一种距离，记第 i 个样品与第 j 个样品之间的距离为 d_{ij}。在聚类分析中，距离相近的点更可能归入同一类别，而距离较远的点则倾向于归入不同类别。所定义的距离 d_{ij} 通常应满足以下四个条件：

（Ⅰ）$d_{ij} \geq 0$，对所有 i，j；

（Ⅱ）$d_{ij} = 0$，当且仅当第 i 个样品与第 j 个样品的的所有变量值都相等；

（Ⅲ）$d_{ij} = d_{ji}$，对所有 i，j；

（Ⅳ）$d_{ij} \leq d_{ik} + d_{kj}$，对所有 i，j，k。

表 6.1　数据矩阵格式

样品	变量			
			...	
1			...	
2			...	
...				
n			...	

常用的距离如下：

1. 明考夫斯基（minkowski）距离

第 i 个样品与第 j 个样品间的明考夫斯基距离定义为 $d_{ij}(q) = \left[\sum_{k=1}^{p} (x_{ik} - x_{jk})^q\right]^{\frac{1}{q}}$，其中 q 为某一自然数，这是最为常用和直观的距离定义。

当 $q = 1$ 时，$d_{ij}(1) = \sum_{k=1}^{p} |x_{ik} - x_{jk}|$，称为绝对值距离；

当 $q = 2$ 时，$d_{ij}(2) = \left[\sum_{k=1}^{p} (x_{ik} - x_{jk})^2 \right]^{\frac{1}{2}} = \sqrt{\sum_{k=1}^{p} (x_{ik} - x_{jk})^2}$，称为欧氏距离；

当 $q = \infty$ 时，$d_{ij}(\infty) = \max_{1 \le k \le p} |x_{ik} - x_{jk}|$，称为切比雪夫距离。

若各变量的单位不同，或单位虽同但测量值差异显著时，不宜直接使用明考夫斯基距离；而应首先对各变量数据进行标准化处理，再基于标准化后的数据来计算距离。常用的标准化方法为令

$$x_{ij}^* = \frac{x_{ij} - \bar{x}_j}{\sqrt{s_{jj}}} \quad i = 1, 2, \cdots, n; \; j = 1, 2, \cdots, p$$

其中，$\bar{x}_j = \frac{1}{n} \sum_{i=1}^{n} x_{ij}$ 为第 j 个变量的样本均值，$s_{jj} = \frac{1}{n-1} \sum_{i=1}^{n} (x_{ij} - \bar{x}_j)^2$ 为第 j 个变量的样本方差。

2. 马氏（mahalanobis）距离

第 i 个样品与第 j 个样品间的马氏距离为 $d_{ij}^2(M) = (x_i - x_j)' S^{-1} (x_i - x_j)$ 其中 $x_i = (x_{i1}, x_{i2}, \cdots, x_{ip})'$，$S$ 为样本协方差矩阵。采用马氏距离的优势在于它考虑到了各个变量间的相关性，并且不受变量单位的影响。其不足之处在于，若马氏距离中的协方差矩阵在整个过程中保持不变，可能并不适宜；然而，若要求该矩阵随着聚类的进行而持续调整，又会引发诸多操作上的困扰。

3. 兰氏（lance 和 williams）距离

当 $x_{ij} > 0, i = 1, 2, \cdots, n, j = 1, 2, \cdots, p$ 时，可以定义第 i 个样品与第 j 个样品间的兰氏距离为 $d_{ij} = \frac{1}{p} \sum_{k=1}^{p} \frac{|x_{ik} - x_{jk}|}{x_{ik} + x_{jk}}$。此距离不受各变量单位影响，但未考虑变量之间的相关性。因其对大的异常值不敏感，所以特别适用于处理高度偏斜的数据集。

以上几种距离的定义均要求变量是间隔尺度的，如果使用的变量是有序尺度或名义尺度的，则有相应的一些定义距离的方法。下例是对名义尺度变量的一种距离定义。

例 6.2　设有五个变量均为名义尺度变量，x_1 取值 V 和 I，x_2 取值 M 和 Q，x_3 取值 S 和 A，x_4 取值 B、T 和 F，x_5 取值 D 和 K。现有两个样品

$$x_1 = (V, Q, S, T, K)', \; x_2 = (V, M, S, F, K)'$$

这两个样品的第一个变量都取值 V ，称为配合的，第二个变量一个取 Q ，一个取 M ，称为不配合的。记配合的变量数为 m_1 ，不配合的变量数为 m_2 ，定义它们之间的距离为 $\dfrac{m_1}{m_1+m_2}$ ，因此 x_1 与 x_2 之间的距离为 $\dfrac{2}{5}$ 。

（二）相似系数

聚类分析不仅用来对样品进行分类，而且可以用来对变量进行分类，在对变量进行分类时，常常采用相似系数来度量变量之间的相似性。变量之间的关系越密切，其相似系数越接近于 1 （或−1）；反之，它们的关系越疏远，其相似系数越接近于 0。在聚类过程中，相似度较高的变量往往被归入同一类别，而相似度较低的变量则被分到不同的类别。变量 x_i 与 x_j 之间的相似系数用 C_{ij} 来表示，这个系数通常应满足以下三个条件：

（Ⅰ） $C_{ij}=\pm1$ ，当且仅当 $x_i=ax_j+b$ ， $a(a\neq0)$ 和 b 为常数；

（Ⅱ） $|C_{ij}|\leqslant1$ ，对一切 i ， j ；

（Ⅲ） $C_{ij}=C_{ji}$ ，对一切 i ， j 。

最常用的相似系数有如下两种：

1. 夹角余弦

变量 x_i 与 x_j 的夹角余弦定义为 R^n 中变量 x_i 的观测向量 $x_i=(x_{1i}, x_{2i}, \cdots, x_{ni})'$ 与变量 x_j 的观测向量 $x_j=(x_{1j}, x_{2j}, \cdots, x_{nj})'$ 之间夹角 θ_{ij} 的余弦函数，即 $C_{ij}(1)=\cos\theta_{ij}$ 。

2. 相关系数

设 $x_i=(x_{i1}, x_{i2}, \cdots, x_{ip})'$ 和 $x_j=(x_{j1}, x_{j2}, \cdots, x_{jp})'$ 是第 i 和 j 个样品的观

测值，则二者之间的相关系数为 $C_{ij}(2)=\dfrac{\sum\limits_{k=1}^{p}(x_{ik}-\bar{x}_i)(x_{jk}-\bar{x}_j)}{\sqrt{\left[\sum\limits_{k=1}^{p}(x_{ik}-\bar{x}_i)^2\right]\left[\sum\limits_{k=1}^{p}(x_{jk}-\bar{x}_j)^2\right]}}$ ，

相关系数可以用 r_{ij} 来表示，这里表示为 $C_{ij}(2)$ 是为了与其他相似系数的符号一致。如果变量 x_i 与 x_j 是已标准化了的，则它们间的夹角余弦就是原变量的相关系数。样品之间有时也用相似系数来度量样品间的相似性程度。

一般来说，同一批数据采用不同的相似性度量，会得到不同的分类结果。在进行聚类分析的过程中，应根据实际情况选取好合适的相似性度量，如在经济变量分析中，常采用相关系数来描述变量间的相似性程度。一般情况下，相

关系数比其他的相似系数有更强的可变性，但分辨力要弱一些。

二、分层聚类的基本步骤

步骤①选择样本间距离的定义及类间距离的定义。

步骤②计算 n 个样本两两之间的距离，得到距离矩阵。

步骤③构造个类，每类只含有一个样本。

步骤④合并符合类间距离定义要求的两类为一个新类。

步骤⑤计算新类与当前各类的距离。若类的个数为 1，则转到步骤⑥，否则回到步骤④。

步骤⑥画出聚类图。

步骤⑦决定类的个数和类。

三、分层聚类的方法

分层聚类方法的核心在于定义样品间的距离以及类与类之间的距离。这些距离的不同计算方式催生了多种系统聚类分析方法。

分层聚类方法基础理念：起初，将每个样品都视为一个独立的类别，并设定样品间以及类别间的距离计算方式。随后，将距离最近的两个类别合并，形成一个新的类别，并重新计算新类别与其他类别的距离（需要注意的是未发生合并的类别间距离不需要重新计算）。此过程反复进行，每次操作都会减少一个类别，直到所有样品都合并为一个大类。接下来，我们介绍五种常用的分层聚类方法，它们之间的主要差异在于类别间距离的计算方式。

我们用 d_{ij} 表示第 i 个样品与第 j 个样品之间的距离，而 G_1，G_2，…表示不同的类别，D_{KL} 表示 G_K 与 G_L 之间的距离。在我们即将介绍的分层聚类法中（离差平方和法除外），由于初始时每个样品都被视为一个独立的类别，因此类别间的距离与样品间的距离是相同的，即 $D_{KL} = d_{KL}$。所以，初始的距离矩阵是统一的，我们将其记作 $D_{(0)} = (d_{ij})$。

（一）最短距离法

在此方法中，类别间的距离被定义为两个类别中距离最近的两个样品之间的距离，即 $D_{KL} = \text{Min}\{d_{ij}: x_i \in G_K, x_j \in G_L\}$

采用这种方法进行的分层聚类被称为最短距离法。其步骤如下：

首先，确定样品之间的距离计算方式，并计算出所有样品间的距离矩阵

$D_{(0)}$，这是一个对称矩阵。

其次，从 $D_{(0)}$ 中选择最小的元素，假设它是 D_{KL}，然后将 G_K 和 G_L 合并成一个新的类别，记为 G_M，即 $G_M = \{G_K, G_L\}$。

再次，计算新类与任意其他类 G_J 之间的距离为

$$D_{MJ} = \min_{i \in G_M, j \in G_J}(d_{ij}) = \min\{\min_{i \in G_K, j \in G_J}(d_{ij}), \min_{i \in G_L, j \in G_J}(d_{ij})\} = \min\{D_{KJ}, D_{LJ}\}$$

得到的矩阵记作 $D_{(1)}$。

最后，对矩阵 $D_{(1)}$ 重复上述对 $D_{(0)}$ 的操作，得到 $D_{(2)}$，以此类推，直到所有元素都合并为一个大类为止。

如果在某一步中，矩阵 $D_{(m)}$ 中的最小元素不止一个，那么与这些最小元素相对应的类别可以同时进行合并。

例6.3 设有五个样品，每个只测量了一个指标，分别为1，2，6，8，11，试用最短距离法将它们分类。

①样品间采用绝对值距离（这时它与其他的明考夫斯基距离完全相同），计算样品间的距离矩阵 $D_{(0)}$，列于表6.2。

表6.2 $D_{(0)}$

	G_1	G_2	G_3	G_4	G_5
G_1	0				
G_2	1	0			
G_3	5	4	0		
G_4	7	6	2	0	
G_5	10	9	5	3	0

② $D_{(0)}$ 中最小的元素是 $D_{12} = 1$，于是将 G_1 和 G_2 合并成 G_6，G_6 与其他类的距离列于表6.3。

表6.3 $D_{(1)}$

	G_6	G_3	G_4	G_5
G_6	0			
G_3	4	0		
G_4	6	2	0	
G_5	9	5	3	0

③ $D_{(1)}$ 中最小的元素是 $D_{34} = 2$，于是将 G_3 和 G_4 合并成 G_7，G_7 与其他类的距离列于表 6.4。

表 6.4　$D_{(2)}$

	G_6	G_7	G_5
G_6	0		
G_7	4	0	
G_5	9	3	0

④ $D_{(2)}$ 中最小的元素是 $D_{57} = 3$，于是将 G_5 和 G_7 合并成 G_8，G_8 与其他类的距离列于表 6.5。

表 6.5　$D_{(3)}$

	G_6	G_8
G_6	0	
G_8	4	0

⑤最后将 G_6 和 G_8 合并为 G_9，这时所有五个样品聚为一类，过程终止。

（二）最长距离法

类与类之间的距离定义为两类最远样品间的距离，即

$$D_{KL} = \mathrm{Max}\{d_{ij} : x_i \in G_K,\ x_j \in G_L\}$$

称这种分层聚类法为最长距离法。最长距离法与最短距离法的并类步骤完全相同，只是类间距离的递推公式有所不同。以下使用最长距离法解例1。

① $D_{(0)}$ 与前面相同，将 G_1 和 G_2 合并成 G_6，计算 D_{6J}（$J = 3, 4, 5$）的公式为 $D_{6J} = \max\{D_{1J}, D_{2J}\}$，$D_{(1)}$ 的计算结果列于表 6.6。

表 6.6　$D_{(1)}$

	G_6	G_3	G_4	G_5
G_6	0			
G_3	5	0		
G_4	7	2	0	
G_5	10	5	3	0

② $D_{(1)}$ 中的最小元素是 $D_{34} = 2$，合并 G_3 和 G_4 成 G_7，计算 D_{7J}（$J = 5$，6）的公式为 $D_{7J} = \max\{D_{3J}, D_{4J}\}$，$D_{(2)}$ 的计算结果列于表 6.7。

表 6.7　$D_{(2)}$

	G_6	G_7	G_5
G_6	0		
G_7	7	0	
G_5	10	5	0

③ $D_{(2)}$ 中的最小元素为 $D_{57} = 5$，将 G_5 和 G_7 合并成 G_8，见表 6.8。最后将 G_6 和 G_8 并为 G_9。

表 6.8　$D_{(3)}$

	G_6	G_8
G_6	0	
G_8	10	0

最长距离法可能被异常值严重地扭曲，这是值得我们在应用中注意的问题。一个有效的方法是删去这些异常值之后再进行聚类。

（三）类平均法

类与类之间的平均距离定义为样品对之间平方距离的平均数，即

$$D_{KL}^2 = \frac{1}{n_K n_L} \sum_{x_i \in G_L} \sum_{x_j \in G_K} d_{x_i x_j}^2$$

其中 n_K 和 n_L 分别为类 G_K 和 G_L 的样品个数，称这种分层聚类法为类平均法。

类平均法较好地利用了所有样品之间的信息，在很多情况下它被认为是一种比较好的分层聚类法。使用类平均法解例 6.3。

①计算 $D_{(0)}^2$，见表 6.9，它是将表的各数平方。

表 6.9　$D_{(0)}^2$

	G_1	G_2	G_3	G_4	G_5
G_1	0				
G_2	1	0			

续表

	G_1	G_2	G_3	G_4	G_5
G_3	25	16	0		
G_4	49	36	4	0	
G_5	100	81	25	9	0

②找 $D^2_{(0)}$ 中的最小元素，它是 $D^2_{12} = 1$，将 G_1 和 G_2 合并为 G_6，计算 G_6 与 $G_J(J = 3，4，5)$ 的距离。这时 $n_1 = n_2 = 1$，$n_6 = 2$，同样可算得 D^2_{46} 和 D^2_{56}，列于表 6.10。

表 6.10　$D^2_{(1)}$

	G_6	G_3	G_4	G_5
G_6	0			
G_3	20.5	0		
G_4	42.5	4	0	
G_5	72.5	25	9	0

③对 $D^2_{(1)}$ 重复上述步骤，将 G_3 和 G_4 并为 G_7，得平方距离矩阵 $D^2_{(2)}$，见表 6.11。

表 6.11　$D^2_{(2)}$

	G_6	G_7	G_5
G_6	0		
G_7	31.5	0	
G_5	90.5	17	0

将 G_5 和 G_7 合并成 G_8 得 $D^2_{(3)}$（见表 6.12），最后将 G_8 和 G_6 合并成 G_9，聚类过程终止。

表 6.12　$D^2_{(3)}$

	G_6	G_8
G_6	0	
G_8	51.1	0

（四）重心法

类与类之间的距离定义为它们的重心（均值）之间的欧氏距离。设 G_K 和 G_L 的重心分别为 $\bar{x}_K$ 和 $\bar{x}_L$ ，则 G_K 和 G_L 之间的平方距离为 $D_{KL}^2 = d_{\bar{x}_K \bar{x}_L}^2$

这种分层聚类法称为重心法。重心法在处理异常值方面比其他分层聚类法更稳健，但是在别的方面一般不如类平均法或离差平方和法效果好。

（五）离差平方和法

类 G_K 、G_L 和合并成的新类 G_M 的（类内）离差平方和分别是

$$D_K = \sum_{i \in G_K} (x_i - \bar{x}_K)'(x_i - \bar{x}_K)$$

$$D_L = \sum_{j \in G_L} (x_j - \bar{x}_L)'(x_j - \bar{x}_L)$$

$$D_M = \sum_{j \in G_K \cup G_L} (x_j - \bar{x})'(x_j - \bar{x})$$

它们揭示了各自类别内部样品的离散情况。若类别 G_K 和 G_L 彼此接近，那么二者合并后所带来的离差平方和增量会相对较小；反之，则会相对较大。于是我们定义 G_K 和 G_L 之间的平方距离为 $D_{KL}^2 = D_M - D_K - D_L$。这种分层聚类法称为离差平方和法或 Ward 法。可以验证，这个距离定义满足定义距离所需满足的四个条件。

至于在聚类过程中如何确定类的个数才是最适宜的，人们至今仍未找到令人满意的方法，如果样品只有两个或三个变量，可通过观测数据的散点图来确定类的个数。一般情况下，可以给出一个你认为合适的阈值 T，要求类与类之间的距离要大于 T，这种方法有较强的主观性，例 6.3 中，取 T=3.3，即在距离为 3.3 处切一刀，5 个样品分为 {1，2} 和 {6，8，11} 两个类。

第四节　案例应用

在聚类分析中，系统聚类无需预设类别数，适合探索性分析，同时对数据量要求低，能处理非数值型数据，一般适用于小样本。K-均值聚类计算速度快，能高效处理大数据，聚类过程通过中心点迭代优化聚类结果，适合需要清晰分组的场景。因此系统聚类结果可解释性强，但计算复杂度高；K-均值聚类需预先指定 K 值，对异常值敏感，但易于实现自动化分析。在岗位分

类中，系统聚类用于岗位体系初步构建，K-均值用于快速分类或动态调整岗位结构。

　　企业绩效考核指标的设计和考核体系的构建都建立在岗位分类的基础之上。然而，许多企业在岗位分类时主要依靠定性的岗位分析，导致分类结果往往受到主观因素较大的影响，从而无法满足企业对绩效考核的精确要求。为了解决这一问题，可以将聚类分析法引入岗位分类过程，通过定量的方法对企业岗位进行科学聚类。这样做不仅可以使聚类结果更加客观和准确，还能为企业绩效考核指标的确定和体系的构建提供坚实的基础[①]。

一、聚类指标与数据准备

　　本小节案例遵循共性、差异、可度量性、全面性和科学性五大原则，精心筛选了四个核心聚类指标，并进一步细化为十六个具体指标。

　　这四个核心聚类指标涵盖：①职责要素，它体现岗位本身的特性，反映了对企业生产流程的关键影响，包括工作标准、常规考核要求和工作责任心等客观条件；②知识与能力，这涉及岗位所需的学历背景、专业技术能力和相关工作经验；③工作挑战度，主要评估岗位的工作压力、工作强度和复杂性；④工作环境，这考虑了岗位所处环境的实际状况以及工作的安全保障。

　　关于这四个核心岗位聚类指标的详细分解及赋值，见表 6.13。

表 6.13　聚类指标赋值

指标	说明	聚类因素影响指标赋值	
		赋值 0	赋值 5
x_1 管理决策层级	衡量工作中所需决策的重要性，以其在管理决策层级中的位置为标准	身处基层岗位，决策权完全不在其职责范围内	身居企业最高层级，其决策对企业有重大影响
x_2 成本费用控制	考察在正常工作状态下，个体能直接掌控的成本费用的状况	不存在任何成本费用控制的职责	对成本费用的控制具有绝对权力与责任

---

　　① 本小节案例来源于陈旺《企业岗位聚类与考核指标提取方法研究》，2011。

续表

指标	说明	聚类因素影响指标赋值	
		赋值0	赋值5
x_3 风险控制	评估在不确定环境中应对突发状况所需承担的责任，依据损失产生后的影响来衡量责任大小	风险管理的职责完全不涉及	需持续预测并严格管理各类风险
x_4 工作结果责任	评估个体对本职工作成果的责任感，以工作成果对企业的影响力为标准	其工作成果对企业没有直接影响	其工作成效对企业的整体运营有着举足轻重的影响
x_5 考核激励责任	在日常工作中，考察对其他员工的考核与激励手段以及所承担的责任大小	不需要参与员工的绩效考核	全面执掌员工的绩效考核与激励机制
x_6 学历要求	确定工作所需的最适宜的教育程度，通过学历水平进行衡量	学历要求仅为高中及以上	学历要求至少为博士文凭
x_7 工作复杂程度	评估岗位工作的繁杂性，依据所需的规划、分析和判断能力来判定	岗位职责清晰、工作内容单一且有规律	岗位职责多变，工作内容高度复杂且难以预测
x_8 知识专业程度	考察工作所需的专业知识技能，以其专业深度和精度为衡量标准	无需具备特定的专业知识或技能	要求掌握极其专业和深入的知识技能
x_9 要求管理水平	明确完成岗位工作所必备的管理知识、技能以及个人素养	管理工作与其完全无关	必须具备全面的管理知识、能力和高素质
x_{10} 工作经验	评估工作所需的经验积累，以积累经验所需的时间长度为衡量尺度	无需任何先前的工作经验	要求具备多年丰富的工作经验
x_{11} 创新开拓要求	探究岗位工作中创新活动的需求程度，而非仅仅是例行工作	工作完全按照既定程序进行，无需任何创新思考	工作内容非程序化，需持续进行创新

续表

指标	说明	聚类因素影响指标赋值	
		赋值 0	赋值 5
x_{12} 工作压力	考察由工作的连续性、多样性和快速决策需求所带来的职场压力	工作内容简单，不产生任何工作压力	职责繁重且复杂，工作压力巨大
x_{13} 组织协调程序	评估岗位工作所需的内外沟通与协调的工作量	工作过程中无需进行内外部的沟通与协调	需进行全方位的内外部联系、沟通与协调
x_{14} 工作时间量	明确岗位工作的特性及其时间跨度，以时间长短为衡量依据	工作时间固定，加班不在其工作职责之内	工作时间不固定，加班是常态
x_{15} 地点稳定性	考察是否需要频繁变动工作地点，例如出差等需求	工作地点稳定，不会发生任何变化	工作地点需根据工作需要经常变动
x_{16} 工作危险性	评估岗位工作的危险性，如职业病的潜在风险等	工作环境安全，不存在任何危险因素	工作环境存在极高的危险性

聚类指标各指标赋值 0 分到 5 分，通过德尔菲法得到样本岗位评分均值表，见表6.14。

表6.14　样本岗位评分均值

岗位	x_1	x_2	x_3	x_4	x_5	x_6	x_7	x_8
总经理	5.00	5.00	4.92	5.00	4.80	4.28	5.00	4.17
办公室主任	4.11	3.59	2.83	3.99	3.77	2.98	3.15	2.97
行政专员	1.77	1.64	2.08	1.98	1.12	2.13	1.94	2.05
前台文员	1.58	1.54	1.81	1.66	1.01	1.78	1.64	1.82
客服专员	1.67	1.59	1.78	1.72	1.03	1.71	1.71	1.86
合约专员	1.69	1.58	2.13	1.86	1.08	2.04	1.85	2.26
司机	1.68	1.78	2.33	1.71	1.12	1.58	1.69	1.77
财务部经理	4.56	4.18	4.22	4.09	3.61	3.32	4.31	4.62
主管会计	3.53	3.11	3.21	3.12	2.33	2.49	3.37	3.55
会计	2.36	1.98	2.45	2.41	1.22	2.41	2.36	2.46

续表

岗位	x_9	x_{10}	x_{11}	x_{12}	x_{13}	x_{14}	x_{15}	x_{16}
出纳	2.29	1.86	2.56	2.38	1.19	2.21	2.24	2.22
招采部经理	4	4.44	3.62	4.05	3.24	3.01	3.97	3.21
采购主管	2.91	3.02	2.83	3.03	2.51	2.23	3.08	2.45
采购助理	2.04	2.34	2.2	2.54	2.22	2.02	2.26	2.21
采购专员	1.85	2.07	2.61	2.12	1.08	2.02	2.08	2.01
运营部经理	3.94	3.45	3.48	3.97	3.41	3.01	4.02	3.16
运营专员	1.92	1.79	2.19	2.07	1.11	2.09	1.98	2.25
土建主管	3.87	3.74	3.88	4.01	3.46	2.98	3.82	4.18
土建工程师	2.38	2.23	2.77	3.45	1.21	2.36	2.34	3.12
景观工程师	2.08	2.06	2.56	3.24	1.19	2.31	2.27	3.05
电气工程师	2.17	2.11	2.64	3.31	1.18	2.32	2.31	3.06
合同管理员	1.84	1.61	2.26	1.88	1.07	2.04	1.87	2.14
工程资料员	1.76	1.67	2.21	1.94	1.01	2.06	1.89	2.09
人力资源部经理	4.33	4.07	3.66	3.98	4.39	3.26	3.82	3.01
人力专员	1.74	1.62	2.25	2.09	1.25	2.12	2.06	2.12
市场经营部经理	4.21	4.26	4.09	4.08	3.88	3.31	4.01	3.12
成本控制部经理	4.09	4.68	4.27	4.11	3.31	3.28	4.05	4.08
保安	1.66	1.6	1.98	1.69	1.06	1.65	1.61	1.59
总经理	5.00	5.00	4.84	5.00	4.91	4.41	3.82	1.01
办公室主任	4.21	4.04	2.28	3.19	3.62	2.72	1.45	0.62
行政专员	2.04	2.14	2.13	1.59	1.63	2.58	1.45	0.62
前台文员	1.71	1.89	1.88	1.31	1.51	2.65	1.31	0.61
客服专员	1.61	1.77	1.79	1.25	1.62	2.65	1.32	0.61
合约专员	2.03	2.06	2.11	1.54	1.59	2.65	1.45	0.63
司机	1.62	1.78	1.78	1.28	1.49	2.65	3.12	1.84
财务部经理	4.01	4.06	3.14	3.28	3.01	2.61	1.49	0.63
主管会计	3.2	3.21	2.24	2.65	2.31	2.69	1.49	0.62

续表

岗位	x_9	x_{10}	x_{11}	x_{12}	x_{13}	x_{14}	x_{15}	x_{16}
会计	2.09	2.18	2.04	2.21	1.78	2.68	1.49	0.61
出纳	2.05	2.06	1.98	2.08	1.62	2.68	1.56	0.65
招采部经理	4.03	4.16	3.59	3.25	3.82	3.28	3.62	1.45
采购主管	3.12	3.08	2.56	2.64	2.14	2.72	3.44	1.45
采购助理	2.24	2.23	2.08	2.28	2.08	2.65	3.02	1.42
采购专员	2.03	2.12	2.05	1.68	1.59	2.69	2.02	1.31
运营部经理	4.07	4.90	2.98	3.06	3.19	2.59	1.51	0.72
运营专员	2.03	2.09	2.05	1.59	1.58	2.65	1.44	0.71
土建主管	4.09	3.45	2.26	3.26	3.56	4.21	3.32	2.42
土建工程师	2.19	2.28	2.18	2.31	2.07	3.58	2.83	2.28
景观工程师	2.17	2.26	2.15	2.26	2.04	3.55	2.82	2.26
电气工程师	2.17	2.26	2.16	2.26	2.04	3.56	2.79	2.26
合同管理员	2.03	2.06	1.89	1.52	1.54	2.67	1.44	0.64
工程资料员	2.02	2.12	1.94	1.53	1.56	2.71	1.4	0.71
人力资源部经理	4.08	4.27	3.74	3.98	4.09	2.71	2.46	0.74
人力专员	2.23	2.12	2.14	1.62	1.61	2.66	1.46	0.69
市场经营部经理	4.12	4.14	4.18	4.14	4.04	3.61	3.68	0.81
成本控制部经理	4.06	4.08	3.72	4.09	3.89	3.58	2.44	0.74
保安	1.58	1.68	1.71	1.31	1.44	2.65	1.41	0.65

二、数据分析

(一)系统聚类分析

1. 系统聚类原理

本小节案例选用了系统聚类法进行分类。该方法的操作流程如下：起初，每个对象自成一个类别，接着将最相似的两个对象进行合并，然后评估新形成的类别与其他类别的相似度或距离。这一过程会不断重复，直至所有对象都归入同一个类别。整个分类流程只须遵循系统聚类的标准步骤，即可得出客观且自然的聚类结果。在系统聚类分析中，Q 型聚类主要用于对样品进行分类。与传统的数据处理方法相比，Q 型聚类在衡量数据样本间的距离和相似度方面表现得更为合理、全面和精细。此外，运用 SPSS 软件进行数据处理，可以有效地减少聚类过程中的计算负担，从而提升聚类分析的效率和结果的准确性。

采用层次聚类方法进行聚类分析，在衡量数据间的亲疏程度时设计两个方面的问题：一是度量个体之间的亲疏程度，本例采用平方欧氏距离；二是度量个体与小类之间、小类与小类之间的亲疏程度，这方面的度量也是通过距离来度量的，并且这里的距离在个体距离的基础上定义的，该例采用离差平方和法。由于该案例不存在数量级上的差异，因此，不进行标准化处理。

2. 聚类分析过程及结果

表 6.15 第一列展示了聚类的步骤编号，涵盖了 28 个样本，共进行了 28 次聚类。第二和第三列详细列出了每一步聚类涉及的样本原始编号或已形成的类别编号。例如，在首次聚类中，编号为 20 和 21 的两个样本被合并。第四列展示了被合并样本（或原始类别）间的距离，该距离以聚类系数表示，此处为 0.025。第五和第六列指明了进行合并的类别编号，若为 0，则代表原始数据，否则表示已存在的类别编号。最后一列即第七列，指明了合并完成后新类别将参与的下一个聚类步骤。以编号为 20 和 21 的两个样本为例，它们在首次合并后形成新类别，这个新类别将在第 7 步与样本 19 进行进一步合并，从而形成更新的类别。

表 6.15　聚类表

阶段	组合聚类		系数	首次出现聚类的阶段		下一个阶段
	聚类 1	聚类 2		聚类 1	聚类 2	
1	20	21	0.025	0	0	7
2	22	23	0.038	0	0	5
3	4	5	0.075	0	0	9
4	3	6	0.105	0	0	5
5	3	22	0.122	4	2	6
6	3	17	0.146	5	0	8

续表

阶段	组合聚类		系数	首次出现聚类的阶段		下一个阶段
	聚类 1	聚类 2		聚类 1	聚类 2	
7	19	20	0.168	0	1	18
8	3	25	0.197	6	0	11
9	4	28	0.205	3	0	11
10	10	11	0.214	0	0	12
11	3	4	1.142	8	9	13
12	10	15	1.584	10	0	13
13	3	10	2.066	11	12	19
14	12	26	2.527	0	0	16
15	2	16	2.876	0	0	20
16	12	27	3.657	14	0	17
17	12	24	3.882	16	0	22
18	14	19	4.46	0	7	23
19	3	7	5.353	13	0	23
20	2	8	6.266	15	0	22
21	9	13	6.586	0	0	25
22	2	12	8.652	20	17	24
23	3	14	9.063	19	18	25
24	2	18	10.583	22	0	26
25	3	9	16.127	23	21	27
26	1	2	22.75	0	24	27
27	1	3	54.769	26	25	0

　　图 6.1 清晰地展示了聚类的结果，它将实际距离按比例调整到 0～25 的范围，用逐级连线的方式连接性质相近的个案或新类。

　　我们可以通过"纵切截断法"来确定不同分类数时各个类中包含的样本值。表 6.16 至表 6.18 列出了将全部岗位分为四类、五类、六类的聚类表。

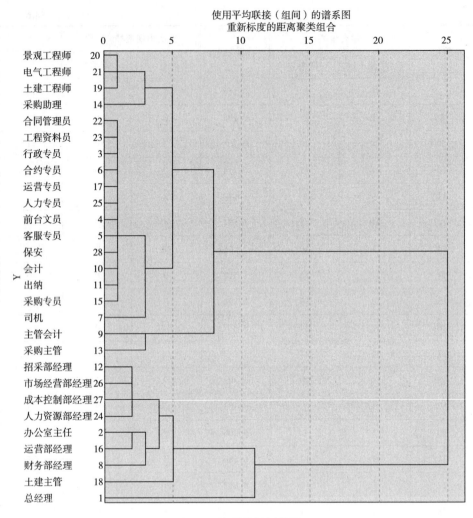

图 6.1　聚类分析树状图

表 6.16　岗位聚类表（四类）

一类	总经理
二类	办公室主任、财务部经理、招采部经理、运营部经理、土建主管、人力资源部经理、市场经营部经理、成本控制部经理
三类	行政专员、前台文员、客服专员、合约专员、司机、会计、出纳、采购经理、采购专员、运营专员、土建工程师、景观工程师、电气工程师、合同管理员、工程资料员、人力专员、保安
四类	主管会计、采购主管

表 6.17　岗位聚类表（五类）

一类	总经理
二类	办公室主任、财务部经理、招采部经理、运营部经理、人力资源部经理、市场经营部经理、成本控制部经理
三类	行政专员、前台文员、客服专员、合约专员、司机、会计、出纳、采购经理、采购专员、运营专员、土建工程师、景观工程师、电气工程师、合同管理员、工程资料员、人力专员、保安
四类	主管会计、采购主管
五类	土建主管

表 6.18　岗位聚类表（六类）

一类	总经理
二类	办公室主任、财务部经理、招采部经理、运营部经理、人力资源部经理、市场经营部经理、成本控制部经理
三类	行政专员、前台文员、客服专员、合约专员、司机、会计、出纳、采购专员、运营专员、合同管理员、工程资料员、人力专员、保安
四类	主管会计、采购主管
五类	采购助理、土建工程师、景观工程师、电气工程师
六类	土建主管

（二）动态聚类分析（K-均值聚类）

1. 动态聚类原理

动态聚类常采用误差平方和作为聚类的准则函数。其核心观念是选取样本空间中的 k 个点作为聚类的中心点，然后将最接近这些中心的对象归入相应的类别。通过反复的迭代过程，不断更新各个聚类的中心点，直至达到最优的聚类效果。详细的操作步骤如下：

步骤①从 n 个数据对象中随机选择 k 个对象，作为初始的聚类中心点；

步骤②根据已定的聚类中心，计算每个对象与这些中心的距离，然后根据最短距离对对象进行重新分类，即将每个对象归入距离最近的类别；

步骤③重新确定每个聚类的中心点；

步骤④反复执行第②步和第③步，直到每个聚类的成员稳定，不再变动为止。

2. 数据分析

在确定聚类的数量时，需要权衡聚类的细致度与差异性展现。太多的聚类会导致复杂性增加，难以清晰理解；而聚类太少则可能无法充分展现数据间的差异。对于这 28 个岗位，结合企业的实际情况，我们决定将其划分为四个类别，即设定聚类数量 k 为 4。按照这一设定，我们计算得出了各个类别的中心点，具体的结果展示在表 6.19 中。

表 6.19　各类别的中心值

指标	聚类			
	1	2	3	4
x_1 管理决策层级	5.00	3.22	4.14	1.91
x_2 成本费用控制	5.00	3.07	4.05	1.83
x_3 风险控制	4.92	3.02	3.76	2.28
x_4 工作结果责任	5.00	3.08	4.04	2.24
x_5 考核激励责任	4.80	2.42	3.63	1.19
x_6 学历要求	4.28	2.36	3.14	2.05
x_7 工作复杂程度	5.00	3.23	3.89	2.01
x_8 知识专业程度	4.17	3.00	3.54	2.24
x_9 要求管理水平	5.00	3.16	4.08	1.99
x_{10} 工作经验	5.00	3.15	4.14	2.06
x_{11} 创新开拓要求	4.84	2.40	3.24	2.00
x_{12} 工作压力	5.00	2.65	3.53	1.74
x_{13} 组织协调程序	4.91	2.23	3.65	1.69
x_{14} 工作时间量	4.41	2.71	3.16	2.82
x_{15} 工作地点稳定性	3.82	2.47	2.50	1.90
x_{16} 工作危险性	1.01	1.04	1.02	1.09

以误差平方和准则函数为聚类准则函数，由此可以得到样本的分类结果以

及各类别样本至其中心的距离之和，结果如表 6.20、表 6.21 所示。

表 6.20　最终聚类中心之间的距离

聚类	1	2	3	4
1		7.641	4.404	10.854
2	7.641		3.418	3.506
3	4.404	3.418		6.744
4	10.854	3.506	6.744	

表 6.21　分类结果

一类	总经理
二类	办公室主任、财务部经理、招采部经理、运营部经理、土建主管、人力资源部经理、市场经营部经理、成本控制部经理
三类	行政专员、前台文员、客服专员、合约专员、司机、会计、出纳、采购经理、采购专员、运营专员、土建工程师、景观工程师、电气工程师、合同管理员、工程资料员、人力专员、保安
四类	主管会计、采购主管

分析得到的这一结果与使用系统聚类法划分四类后所得的表 6.16 完全一致。

三、聚类分析总结

本小节案例所提供的岗位聚类流程，特别适用于岗位数量和种类繁多的大中型企业。系统聚类法因其广泛的适用性，可以产生完整的聚类结果集，且聚类系谱图提供了直观的视觉呈现。然而，系统聚类法运行效率不高，因此不适合处理大规模的样本数据。相比之下，动态聚类法在计算速度和运行效率上具有明显优势，但每次运算仅能产生特定数量的岗位聚类结果，并且无法直观地整合展示所有聚类结果。

📝 本章小结

聚类不同于分类，不依赖于预先定义的类或标签，而是基于数据本身的特征来进行分组。K-均值聚类算法的核心思想是初始化 K 个中心点，然后将每个数据点分配给最近的中心点，形成 K 个簇。接着重新计算每个簇的中心点，并重复分配和更新中心点的过程，直到达到收敛条件。K-均值算法的优点是效率高，但需要预先确定簇的数量 K，且对初始中心点的选择敏感。分层聚类是一种基于原型的聚类方法，它试图在不同层次上对数据集进行划分，形成一种树状的聚类结构。分层聚类从每个数据点作为一个簇开始，然后逐渐合并相近的簇，直到达到预设的簇数量或满足某个停止条件。聚类分析广泛应用于市场细分、社交网络分析、图像分割等领域。通过聚类分析，我们可以发现数据中的隐藏模式，为决策提供有价值的见解。

 课后习题

1. 什么是聚类分析？它与分类分析的主要区别是什么？

2. 简述 K-均值聚类算法的基本步骤，讨论 K-均值聚类中如何选择合适的 K 值。

3. 阐述分层聚类的基本思想，并比较 K-均值聚类有哪些独特的优点和挑战。给定一个具体的数据集，你会如何决定使用 K-均值聚类还是分层聚类？请给出你的理由。

4. 假设你是一家大型电商平台的数据分析师，平台上销售各种类型商品，如家电、服饰、书籍等。为了提升用户体验，平台希望建立一个商品推荐系统，能够根据用户的购买历史和浏览行为，为他们推荐相似的商品。为此，你需要利用聚类分析方法来对商品进行分类。一是从平台数据库中提取商品的相关数据，包括商品的描述、价格、销量、用户评价等信息。二是尝试使用 K-均值聚类算法和分层聚类算法对商品进行聚类。比较两种聚类方法的结果，分析它们的异同和优劣。三是对于每种聚类方法，选择合适的评估指标以评估聚类效果，结合业务知识和数据可视化工具（如散点图、热图等），对聚类结果进行解释和验证。要确保聚类结果符合业务逻辑和实际需求。

第七章
神经网络分析

　　人工神经网络（artificial neural network，ANN），也被称为神经网络（neural network，NN），是一种数学模型，它类似大脑神经突触之间传递信息的结构，在工程和学术界，人们通常把它简称为"神经网络"或"类神经网络"。它是对人脑进行抽象、简化和仿真的过程，体现了人脑的基本特征。神经网络的研究是以人类大脑的生理构造为基础，来研究人的智能行为，模拟人类大脑的信息加工过程。这是一门根植于神经科学、数学、统计学、物理学、计算机科学，以及工程学科的技术。

　　神经网络也是一种运算模型，它由许多节点（或称神经元或单元）和相互之间的加权连接构成。每个节点表示一种特定的输出函数，即激励函数（activation function）。每两个节点间的连接，表示一个对于通过该连接信号的加权值，称之为权重（weight），这相当于神经网络的记忆。网络的输出受网络的连接方式、权重值和激励函数的影响。而网络本身一般是对自然现象的某种算法或者函数的近似，也可能是表达一种逻辑策略。

　　神经网络的建构想法来源于生物（人或其他动物）的神经网络的运作。人工神经网络一般是借助一个数学统计学类型的学习方法（learning method）然后对其优化。所以神经网络也可以认为是数学统计学方法的一种实际应用，通过数学方法用函数来表达的局部结构空间；在人工智能学中的人工感知领域，我们通过使用数学统计学来处理做人工感知方面的决定问题，这种方法与正式的逻辑学推理演算相比其实更有优势。神经网络借鉴了生物脑神经的许多研究成果，在 20 世纪 80 年代再度活跃起来，并成为一个新的信息处理科学研究领域。神经网络涉及许多学科的知识，应用领域非常广泛，并且一直在不断地扩展。

　　神经网络是一类受人脑结构启发从而形成的计算模型。我们知道人工神经网络是由以神经元为单元处理信息组成的网络。根据神经网络构成的分析，我们用神经网络可以对复杂关系进行分析建模。

本章将介绍神经网络分析方法，包括神经网络的基本构成、反馈神经网络、自组织神经网络等常见神经网络模型。

第一节　神经网络分析概述

神经网络分析在人工智能领域占有很重要的位置。受生物神经学研究的启发，人们有了神经网络的研究灵感。1943 年，心理学家 W. McCulloch 与数理逻辑学家 W. Pitts 在对人的神经元反射进行研究后，将其研究引申到分析和计算领域，紧接着推出了神经元的基本数学模型，我们称这种模型为 M-P（McCulloch-Pitts）模型。M-P 模型就是在借鉴了简单生物神经元的结构及其工作原理的基础上抽象出的一个计算模型。神经系统的基本结构和功能单位是神经细胞，也就是神经元（neurons），神经元包括细胞体、树突、轴突和突触，典型的生物神经元及其简化结构如图 7.1 所示。

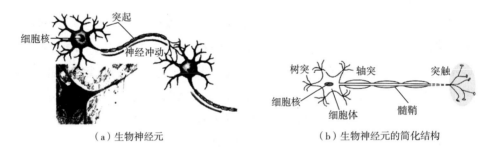

（a）生物神经元　　　　　　　　　　　（b）生物神经元的简化结构

图 7.1　典型神经元及其简化结构

除细胞核外，细胞体还包含线粒体、高尔基体、尼氏体（nissl's bodies）等。尼氏体是由糙面内质网和游离核糖体构成的颗粒状混合物，在这里可以合成神经元的各种蛋白质。细胞质还有一些中间纤维，即神经元纤维（neurofilaments），由神经丝和有不同走向的微管构成，有着保持神经元形态的作用；微管还有运输物质的功能。

在生物学上，神经元伸出的突起分为树突和轴突两种。树突（dendrites）的特点是既短又多分支，每支还可以再分支，尼氏体也可以深入到树突中，树突的表膜像细胞体的表膜一样有接受刺激的功能，树突表面有小棘状突起，这些突起可以与其他神经元的轴突相连。不管是形态还是功能上，轴突和树突都不相同。对于每一个神经元来说，一般只有一个轴突，它是从细胞体的一个凸出部分伸出的。轴突不含尼氏体，轴突的表面也没有棘状突起。一般轴突比树突长，它的功能是把从树突和细胞表面传入细胞体的神经冲动，传到其他神经元或效应器。由此可见，树突其实是传入纤维，而轴突是传出纤维。

在生物神经系统中，神经元具有很多功能：时空整合功能；动态极化性；兴奋与抑制状态；结构的可塑性；脉冲与电位信号的转换；突触延期和不延期；学习、遗忘和疲劳。

神经网络是由大量的神经元单元互相连接而构成的网络系统。虽然神经网络模型的理念正是受生物神经网络模型的研究启发而产生的，但是在实际使用时，神经网络的模型只是对生物神经网络的抽象、简化和模拟，并不能够完全反映大脑的功能。

一、神经网络基础结构

神经网络由相互连接的神经元组成，所以神经元是神经网络中计算的基本单位。神经网络被组织成由节点或神经元组成的层。节点本身就是神经元，并且相互连接，信息被传递到输入层，由一个或多个隐藏层处理，然后被提供给输出层以进行最终（或继续进行）处理，节点间的连线以及连接的权重的大小反映了人脑神经元的连接和连接强弱。

如前所述，每个节点代表一种特定函数，我们称该函数为激励函数（activation function）。权重指的是每两个节点间的连接所代表的一个对于通过该连接信号的加权值。网络的输出依赖于网络的连接方式、权重值和激励函数，随它们的不同而不同。

即使再复杂的神经网络，也是基于神经网络的基础结构构建的。

神经网络包含如下部分：

- 一个输入层 x；
- 一定数量的隐藏层；
- 一个输出层 $\hat{y}$；
- 每一层之间包含权重 W 和偏差 b；
- 为每个隐藏层所选择的激活函数 σ。

图 7.2 所示的是一个两层神经网络的结构（注意，在统计神经网络层数的时候，输入层通常不被计算在内）。

由上图可以看出，一个简单的神经网络可以看成是由排列成层的处理单元组成的，输入层是接收输入信号的神经元层，输出信号的神经元层我们称为输出层，中间层或隐藏层是不直接与输入/输出发生联系的神经元层。

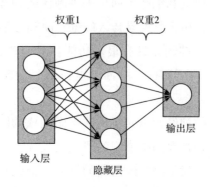

图 7.2　两层的神经网络结构

接下来我们根据两层神经网络的结构来分析神经网络的工作原理，当我们获得一组数据，要先数据输入，输入层的每个神经元接收到输入数据后，输入层就会把输入信息通过连接传递给隐藏层，隐藏层接收到整个输入模式。由于传递函数发挥的作用，隐藏层单元的输出和输入层会产生不同。隐藏层再把信息传递给输出单元，由于隐藏层单元要经过权重的连接往输出层传递信号，所以输出层单元有的可能被激发，有的可能被抑制，进而产生相应的输出信号。输出层单元输出的模式其实就是网络对输入模式激励的总响应。

在使用网络的时候，对于大多数的神经网络而言，一旦选定传递函数，就不能改变。所以动态地修改权重就变成学习中最基本的过程了，由此不难发现，网络最重要的信息存储在调整过的权重之中。

二、神经网络的重要性

神经网络是一种通用函数逼近器（universal function approximator）。给定任意一个函数，即使该函数非常的复杂，神经网络也能够表示出该函数。假设在现实中可以用函数来表示复杂的问题，那么该函数就可以用神经网络来表示，从而有效地对现实世界的问题进行建模。

神经网络结构的可扩展性非常好而且很灵活。比如我们可以将神经网络堆叠起来，以此来增加神经网络的复杂性。

三、一个简单的神经网络

一个简单的两层神经网络的输出 $\hat{y}$ 表述为如下形式：

$$\hat{y} = \sigma \left[W_2 \sigma (W_1 x + b_1) + b_2 \right] \tag{7.1}$$

在式（7.1）中，权重 W 以及偏差 b 是影响输出 $\hat{y}$ 的变量。因此，正确的权重和偏差决定了预测的精度。对权重和偏差进行调优的过程被称为神经网络的训练。迭代训练神经网络的每一个循环都包括以下步骤：

步骤①计算预测输出 $\hat{y}$，被称为前馈（feedforward）。

步骤②更新权重和偏差，被称为反向传播（backpropagation）。图 7.3 对该步骤做出了解释。

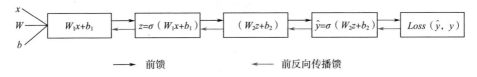

图 7.3　神经网络步骤

步骤③在图 7.3 中我们可以看到，前馈就是简单的计算。而对于一个基础的两层神经网络来说，网络的输出可以用式（7.1）表示。

如何检验预测的准确率？可以用损失函数（loss function）来检验。

a. 损失函数有很多种，具体用什么函数作为损失函数可以根据待解决问题的本质来决定。我们可以用一个平方和误差（sum-of-squares error）作为损失函数：

$$Sum - of - Squares \quad Error = \sum_{i=1}^{n} (y - \hat{y})^2 \tag{7.2}$$

平方和误差就是对实际值和预测值之间的差值求和，再对其进行平方运算，计算结果是其绝对差值。目的是训练神经网络并找到能使得损失函数最小化的最优权重和偏差。

b. 现在已经计算出了预测结果的误差（损失），我们需要找到一种方法将误差在网络中反向传导以便更新权重和偏差。为了找到合适的权重及偏差矫正量，我们需要求出损失函数关于权重及偏差的导数。在微积分知识中，一个函数的导数就是该函数的斜率，如图 7.4 所示。如果得到了导数，就可以通过增加导数值或减少导数值的方式来调节权重和偏差，这种方法称为梯度下降法（gradient descent）。然而，我们不能直接求损失函数关于权重和偏差的导数，因为损失函数并不包含它们。它本质上是一个符合函数需要利用链式法则（chain rule）进行计算。计算出损失函数关于权重的导数（斜率），就可以调整权重。

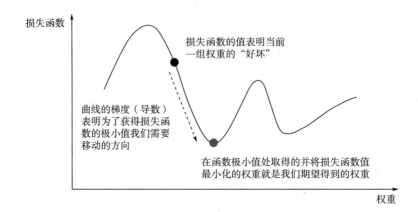

图 7.4　损失函数

神经网络也是一类常见的机器学习算法，该算法受到了人类大脑中神经元的启发。不过，我们没必要将该算法完全类比于人类大脑，把神经网络用数学方程描述为将给定输入映射到期望输出，理解起来会更简单。为了理解上述问题，让我们看看单层神经网络（也被称为"感知机"）是什么样的。

第二节　从感知机开始

在众多的神经网络结构中，最简单的是感知机神经网络。感知机（perceptron）神经网络传递函数采用的是阈值函数，输出只具有两个状态，它是美国学者 Rosenblatt 等人于 1957 年在 M-P 模型和 Hebb 学习规则的基础上提出来的，可以说是最早的神经网络模型。

通过对网络权值和偏差进行训练，可以使感知机在一组输入向量下获得 0 或 1 的目标响应，正是由于这个特点，感知机神经网络特别适合简单的模式分类问题，但是通常也只能用来实现线性可分的两类模式识别。感知机虽然是最简单的模拟生物神经网络的人工模型，但因为感知机模型包含了自组织、自学习的思想和概念，直观而易于理解，因此在神经网络研究中具有重要的意义。

一、感知机

感知机是一种最简单的人工神经元模型，也是神经网络的基本构成单元之一。它由输入、权重、偏置和输出组成。感知机的输入可以是任意数量的二进制数，这些输入通过权重与偏置相加，然后用激活函数对其作非线性变换，获得一个二进制的输出结果。其中，每个输入的重要性由权重来调整，而偏置被用来调整输出的阈值。感知机的训练过程就是调整权重和偏置的过程。训练数据被送入感知机，如果感知机的输出与期望的输出不同，则通过梯度下降等优化算法来调整权重和偏置，使得感知机更准确地预测。感知机最早由美国科学家 Frank Rosenblatt 在 1957 年提出，他也被称为神经网络领域的开山鼻祖。尽管感知机仅用于求解线性问题，但是它为神经网络的研究打下了坚实的基础，以至于后面复杂的多层神经网络（即深度学习）也是在感知机的基础上发展而来。现在，感知机已经被广泛应用于模式识别、图像处理、自然语言处理和人工智能等多个领域。它被认为是一种强大的工具，可以模拟人脑神经元的计算机制，对于解决大规模数据分类和预测等问题有着重要的作用。

感知机是一种特殊的神经网络，它是最早被设计和被实现的。感知机是一种基本的前馈式两层神经网络模型，由输入层和输出层构成。感知机在众多的改进模型中广泛应用，尽管它的能力非常有限，主要用于线性分类，但是它在人工神经网络发展史上非常重要。

二、感知机模型

感知机是二分类的线性分类模型，模型如下：

$$f(x) = sign(w * x + b) \tag{7.3}$$

感知机的核心结构是节点（图 7.5）。

图 7.5 简单感知机结构

感知机的几何意义可以解释为线性方程：

$$w * x + b = 0$$

对应于特征空间中的一个超平面 S，其中 ω 表示超平面的法向量，b 表示超平面的截距。

它的核心就是一个数学函数，接收一组输入，然后进行某种数学运算，最后将计算结果输出。

$$y = \sum (\omega_i * x_i)$$

ω_i 是感知机的权重。目前我们只需要知道神经网络就是一些简单的数学函数，它们将给定的输入映射为期望的输出。

基本的感知机神经元的工作方式是比较加权总和与神经元的阈值的大小，若加权总和大于阈值，神经元就被激活。当它被激活时，信号通过传递函数被传送到与其相连的更高一级神经元，在此过程中采用硬限值函数作为传递函数。

不同类型的神经网络采用不同的传递函数，常使用的传递函数有硬限值函数（hardlim）、线性函数（purelin）、Sigmoid 函数（logsig）、高斯径向基函数，等等。不同的传递函数造成各种神经网络在结构和功能上的差异。

三、感知机简单的设计

（一）感知机的学习规则

感知机神经网络的可调参数包括网络权值和偏差，这两者的调整是通过一定的学习规则来实现的，通过对一定输入样本的训练，使调整后的权值与偏差对输入向量产生期望的目标响应，使得经过训练的网络能够完成对某些特定的信息进行处理的任务。一般情况下，依据在学习的过程中是否存在期望目标的响应，神经网络的学习算法可分为两种，即有监督学习（supervised learning）和无监督学习（unsupervised learning）。如果是有监督学习，我们提供一系列正确的输入/输出训练样本，比如 $\{p_1, t_1\}$，$\{p_2, t_2\}$，…，$\{p_q, t_q\}$，其中 p_i 代表输入样本，t_i 表示期望的目标响应。比较期望的目标响应与训练时产生的目标输出，得到网络误差，然后根据学习规则调整网络权值和偏差，以便网络响应越来越接近正确的目标响应。感知机神经网络的学习规则是有监督学习，训练的目的是获得一个对特定的输入能够产生正确响应的网络。对于无监督学习的这种情况，在训练中不提供目标响应样本，这就使得网络权值与偏差调整仅仅根据输入来进行。大多数采用聚类法来训练这种学习规则，并且把输入归于有限的种类，无监督学习规则一般只应用在特定的网络中。

假设一个感知机对应的输入向量 p，输出向量 a，目标矢量为 t，设该感知机的学习误差为 e，所以就能得到 $e = t - a$。此时，感知机的权值和阈值修正公

式可以表示为

$$\Delta w(i, j) = [t(i) - a(i)] \cdot p(j) = e(i) \cdot p(j)$$

$$\Delta b(i) = [t(i) - a(i)] \cdot 1 = (i) \cdot 1$$

这里，$i = 1, 2, \cdots, n$ 表示的是输出神经节点的个数，$j = 1, 2, \cdots, m$ 表示输入神经节点的个数。更新后的权值和阈值变成了如下形式：

$$w(i, j) = w(i, j) + \Delta w(i, j)$$

$$\Delta b(i) = b(i) + \Delta b(i)$$

感知机学习规则的本质可以概括为权值变化量与正负输入向量相等。随着权值修正次数的增加，感知机产生正确响应的概率也会随之提高，这种学习规则称为梯度下降算法。专家学者已经证明了当解存在的时候，该算法经过有限次的迭代运算可以收敛到正确的目标向量。

（二）感知机的训练

感知机神经网络在应用之前必须进行训练，通过训练来决定网络的权值以及阈值。要注意，提供的期望输出向量 t 的取值范围必须为 0 和 1，因为感知机神经网络只能够输出这两个值。根据输入向量和网络输出的值，感知机的学习规则是根据下面几种情况来进行参数调整的。

其一，对于给定的输入向量 p，计算网络的实际输出 a，将其与相应的目标向量 t 进行比较，就可以得到误差 e，根据规则调整权值和阈值。

其二，调整后的权值和阈值，感知机重新计算网络在其作用下比较输入值和目标值，以此重复进行权值和阈值的调整。

其三，当网络的输出与目标值相等或者训练的次数达到预先设定的最大值时，训练结束。

要验证经过训练的感知机网络是否达到要求，也就是说感知机网络是否训练成功，如果感知机网络训练成功，那么训练后的网络对应被训练的每一组输入向量都能产生一组对应的期望输出。假设在给定的最大训练次数和输入向量作用下，网络依然没有能完成训练，这时我们就可以增加训练的次数，继续训练网络。当经过足够多次的训练后，网络仍然达不到要求，就需要考虑感知机能否解决目前的问题。其实感知机并不适用于任何分类问题。

（三）标准化感知机网络学习算法

一般的感知机学习规则权值调整可以采用的公式为

$$\Delta w = (t - a) p^T$$

可见，输入向量 p 越大，则权值的变化也就越大，因此当输入样本中存在奇异样本的时候，会让权值产生一个非常大的变化，而占大多数的小样本则需要花费很多的时间才能够抵消少量的奇异样本引起的权值的变动。因此对于输入样本中含有奇异样本的情形，感知机网络的训练时间会大大增加，为了解决这个问题，人们提出了一种标准化感知机学习规则。

标准化的学习规则的目标是使得奇异样本和其他正常样本对权值产生均衡的影响，所采取的权值修正公式为

$$\Delta w = (t - a) \frac{p^{T}}{\| P \|}$$

相对于原始的学习规则而言，标准化学习规则所用的时间稍长一些，但是通过归一化的方法的处理，就可以修正权值调整过程中所发生的少数大样本抵消大量小样本的作用的这种情况，从而可以应用于奇异样本的输入情形。

四、感知机的局限性

由于感知机的出现，神经网络在 20 世纪 40 年代就初步展现了它的功能和诱人的发展前景，20 世纪 60 年代，在 Rosenblatt 等人的推进下，感知机的研究又获得了更大的发展。正当人们为取得的进展高兴的时候，却发现了很多应用神经网络无法解决的问题。Minsky 进行研究后得出结论，单层的神经网络无法解决异或等基本的问题，这使得神经网络的发展一下受到了挑战，人们开始反思神经网络。

感知机神经网络在结构和学习规则上的局限性，使得其应用也受到一定的限制。它的局限性主要包括以下几点：

第一，由于采用阈值函数作为网络传递函数，所以感知机的输出只能为 0 或 1 两个值。

第二，单层感知机神经网络只能够解决线性可分的模式分类问题，也就是说，只能够对线性可分的输入样本进行分类识别，而对于线性不可分的输入样本就显得无能为力了，即使通过网络学习，也无法达到分界点。不过，对于线性可分的情形，只要通过训练，总能在有限的循环次数内使网络达到期望值。

第三，感知机学习算法只用于单层感知机网络，所以一般感知机网络都是单层的。

第四，采用常规感知机学习算法的感知机神经网络，当遇到含有奇异样本的输入向量，即少数样本相对于其他样本非常大时，对其训练所需要收敛时间

将会变得很长，解决此问题可以采用标准化感知机学习规则。

　　为改善单层感知机网络对于较为复杂模式分类问题的局限性，20 世纪 60 年代，人们发展了多层感知机神经网络，在网络中包含了一层以上的感知机神经元，这样在输入层与输出层之间增加一些隐藏层，网络得以实现一些更复杂的功能。一个多层感知机模型可以用来解决比较困难的问题，这些问题往往是一些单层感知机所无法解决的。此外，对于 Minsky 提出的单层感知机所无法解决的异或问题，应用二层感知机网络也可以成功地解决。

第三节　基本神经网络

一、线性神经网络

　　线性神经网络也是最简单的神经网络，它与感知机神经网络在网络结构上比较相似，最早期的代表是自适应线性元件（adaptive linear element，adaline），是在 20 世纪 50 年代由 Widrow 和 Hoff 提出的。线性神经网络采用的传递函数不是硬限值函数而是线性函数。这使得网络的输出可以取任何值，而不是像感知机那样只能够取 0 或者 1。正因为采用了线性函数作为传递函数，线性神经网络也只适用于线性分类问题，这点与感知机网络一样。

　　线性神经网络的设计目标，也是通过对输入向量赋予不同的权值和偏差值，在给定的输入情况下产生符合期望的网络响应。误差依然由输出向量和目标向量之间的差值来表示。这时，我们需要找到合适的一组权值和偏差，使得网络输出相对于期望响应的均方误差达到最小。对于线性系统，这个最小值是唯一存在的，因此这个问题是可解的。在大多数情况下，我们可以直接求解出一个线性网络，使得对于特定的输入向量和期望响应，其输出误差达到最小。而在另一些场合，直接求解可能会有些难度。

　　从网络拓扑结构来看，线性神经网络虽然与感知机网络相同，但是它的输入是连续线性模拟量，其在自适应系统和连续可调过程应用广泛。自适应线性神经元是线性神经网络最早的典型代表，学习算法是由 Widrow 和 Hoff 提出的 LMS 算法（least mean squares）对网络进行训练得到期望的最小均方误差网络。线性神经网络在函数逼近、信号处理滤波、预测、模式识别等方面应用十分广泛。

（一）线性神经元模型

假设线性神经元的输入为 P，权值和阈值分别为 w 和 b，线性神经元模型的输出为 y，其传递函数为线性传递函数 purelin，由于线性神经网络中神经元的传递函数为线性函数，网络输入和输出之间存在简单的比例关系，所以，线性传递函数直接将输入的值作为神经元的输出结果，其具体表达式如下：

$$y = purelin(w \cdot p + b) \tag{7.4}$$

由于传递函数是线性的，因此线性神经元经过训练可以拟合一个线性函数，或者求得一个非线性函数的线性逼近，但是不能直接应用于非线性的计算。线性神经网络模型是具有多个神经元的模型。线性神经元的结构和我们在上一节提到的感知机神经元的结构一样，不同的是线性神经元采用线性（purelin）函数作为网络传递函数。

（二）线性神经网络学习规则

线性神经网络是使用 Widrow-Hoff 提出的学习规则（W-H 学习规则）来修正权值矢量的，W-H 学习规则的优势是可以使网络能够线性逼近一个函数式，由此进行模式的联想。

线性神经网络还具备不经过训练而直接计算网络的权值和阈值的能力。如果网络有不止一个零误差解，那么选取最小的一组权值和阈值；如果网络不存在零误差解，就选取网络的误差平方和对应的最小的一组权值和阈值。因为线性系统有唯一的误差最小值，所以可以利用给定的输入向量和目标向量，来计算实际输出向量和目标向量的误差最小值。

如果不能直接求出网络权值和阈值，线性神经网络可以采用使均方误差最小的学习规则，即 LMS 算法。线性神经网络的均方误差性能指标是一个二次函数，因此，此均方误差性能指标或者有一个全局最小解，或者有一个局部最小解，或者没有最小解，这取决于输入向量的特性。也就是说，输入向量的性质决定了对线性网络进行训练的解是否存在。该规则是对前一步权值沿误差的最陡下降方向进行修正。如果有 n 个训练样本 $\{p_1, t_1\}$，$\{p_2, t_2\}$，…，$\{p_n, t_n\}$，LMS 学习规则的基本思想是要寻找最佳的权值和阈值，使得各个神经元的输出均方误差最小。

神经元的均方误差计算公式有

$$mse = \frac{\sum_{i=1}^{n}(t_i - y_i)^2}{n} = \frac{\sum_{i=1}^{n}e_i^2}{n} \tag{7.5}$$

其中，n 为训练样本数，y 是神经元输出值，t 是神经元输出的目标值。为了寻找满足每个神经元输出均方误差最小的权值和阈值，以 x 代表权值或者阈值，对 x 求偏导

$$\frac{\partial mse}{\partial x} = \frac{\partial \sum\limits_{i=1}^{n} e_i^2}{\partial n} \tag{7.6}$$

令式（7.6）等于 0，则可以求出 mse 的极值点。由于 mse 只能是正值，所以极值点肯定是极小值。对式（7.5）求偏导，计算很繁杂，特别是当输入向量的维数很高时，计算非常麻烦。一般我们使用搜索优化法：假设得到了第 i 次训练所得到的权值或阈值 $x(i)$，进而找出该点在 mse-x 曲面上的最陡下降方向，再沿这个方向对权值进行修正。

LMS 算法又称为 Widrow-Hoff 学习规则，它是基于近似最陡下降方法的学习规则。Widrow 和 Hoff 发现，可以通过计算每一步迭代过程中的方差，来得到近似的均方误差。如果将第 k 次迭代的方差对各个神经元的权值和偏差求偏导数，对于单个线性神经元 $a(i) = \omega_{1,j}(i) p + b(i)$，表示如下：

$$\frac{\partial e(i)}{\partial W_{1,j}(i)} = \frac{\partial [t - a(i)]}{\partial W_{1,j}(i)} = \frac{\partial [t - [W_{1,j}(i) p + b(i)]]}{\partial W_{1,j}(i)} = -p$$

$$\frac{\partial e(i)}{\partial b(i)} = \frac{\partial [t - a(i)]}{\partial b(i)} = \frac{\partial [t - [W_{1,j}(i) p + b(i)]]}{\partial b(i)} = -1$$

由于求解均方误差梯度比较复杂，我们可以用误差平方的梯度来代替均方误差的梯度：

$$\frac{\partial mse(i)}{\partial W_{1,j}(i)} = \frac{\partial e(i)^2}{\partial W_{1,j}(i)} = 2e(i) \frac{\partial e(i)}{\partial W_{1,j}(i)} = -2e(i) p$$

$$\frac{\partial mse(i)}{\partial b(i)} = \frac{\partial e(i)^2}{\partial b(i)} = 2e(i) \frac{\partial e(i)}{\partial b(i)} = -2e(i)$$

最陡梯度下降方向其实就是梯度的反方向：

$$W_{1,j}(i+1) = W_{1,j}(i) + 2ae(i) p$$

$$b(i+1) = b(k) + 2ae(i)$$

上式中，以向量的形式给出偏差 b 和误差 e，α 是学习速率，在 α 相对比较大时，学习过程速度会非常快，同时，学习过程过快有可能造成求解过程的不稳定，反而会导致误差 e 的增加。上面讨论的线性神经元的 LMS 算法是单个的情况，也可以将其推广到多个线性神经元的情况，可以得到具体公式如下：

$$W_{1,j}(i+1) = W_{1,j}(i) + 2ae(i)p^T$$
$$b(i+1) = b(k) + 2ae(i)$$

线性神经网络的 LMS 学习规则在均方误差最小化的基础上，表现为曲面上的梯度下降。在无限次的学习后，误差与权值构成抛物面，在抛物面上只有一个极小值点，所以 LMS 算法才可以使得误差函数达到最小。在实践中，有限次的学习得到的解也只能是近似解，仅仅当输入模式与线性无关时 LMS 算法才能使得误差函数为零。线性神经网络广泛用于自适应滤波方面，所以正确理解和掌握线性神经网络模型及其学习规则非常重要。

二、BP 神经网络

（一）BP 神经网络概述

20 世纪 80 年代，David Rumelhart、Geoffrey Hinton 以及 Williams 都给出过 BP 算法。BP 算法实现了多层网络的设想，解决了多层神经网络的学习问题。BP 神经网络是一种多层的前向型神经网络，也称为误差反向传播（back propagation）神经网络。在 BP 网络中，信号是前向传播的，而误差是反向传播的。BP 网络通常由一个或多个 sigmoid 隐藏层和线性输出层构成，同时可以对具有有限个不连续点的函数进行逼近。反向传播指的是误差的调整过程，该过程是从最后的输出层依次向之前各层逐渐进行的。标准的 BP 网络与 Widrow-Hoff 学习规则相似，都是采用梯度下降算法，网络的权值是沿着性能函数的梯度的反向调整的。BP 网络及其变化形式目前被广泛使用。作为前向型网络的核心部分，BP 神经网络具有广泛的适应性和有效性，主要应用于模式识别与分类、数据压缩和函数逼近等方面。

（二）BP 神经网络结构

BP 网络属于多层网络，其神经元常用的传递函数主要有 log-sigmoid 型函数 logsig、tan-sigmoid 函数 tansig，以及线性函数 purelin。

前向型神经网络一般由输入层、一个或多个隐藏层（隐藏层由 sigmoid 神经元构成），以及输出层构成。输入和输出之间的非线性关系可以由多个非线性传递函数的神经元层网络学习，同时线性输出层又会使网络产生 [−1，+1] 之外的输出值。如果需要限制网络输出的值域，比如将网络输出值限制在 [0，1] 以内，这时输出层可以使用 sigmoid 类型的传递函数。sigmoid 型传递函数的曲线是 S 形的，log-sigmoid、tan-sigmoid 型函数都是 S 形的，如果在 BP

网络中输出层使用 sigmoid 型传递函数，那么网络的输出就限制在 $[-1, +1]$ 范围，而如果输出层的传递函数采用线性函数 purelin，输出可以取任意值。基于以上分析在隐藏层中采用 sigmoid 函数进行中间结果的传递，而在最后输出层采用线性传递函数对输出进行值域扩展。在 BP 神经网络的训练过程中，计算传递函数的导数是非常重要的。

（三）BP 神经网络学习规则

BP 网络的学习属于有监督学习，在训练过程中，需要给出输入向量 p 和期望响应 t，训练过程中网络的权值和偏差，可以根据网络误差性能进行调整，来达到实现期望的功能的目的。前向型神经网络也使用均方误差作为默认的网络性能函数，使均方误差最小化也是网络学习的过程。

BP 神经网络包含 sigmoid 隐藏层和线性输出层，具有很强的映射能力，BP 神经网络的主要原理可以概括为：首先输入学习样本，然后使用反向传播进行反复的调整训练网络的权值和阈值，以达到输出向量与期望向量尽可能接近或相等，如果网络输出层的误差落在指定范围，这时可以认为训练完成。

具体步骤如下：①选择一组学习样本，样本由输入信息和期望的输出结果两部分组成。②从学习样本集中取一组样本，把输入信息输入到网络中。③分别计算经神经元处理后的输出层各节点的输出。④通过计算网络的实际输出和期望输出之间的误差，来判断误差是否落在了指定范围。如果落在指定范围，就认为训练完成；如果没有落在指定范围，那么继续执行步骤。⑤反向地从输出层计算到第一个隐藏层，并遵循能使误差逐渐减小的原则，调整网络中各神经元的连接权值及阈值，再执行步骤④。

经过上述步骤的描述，我们发现 BP 算法也是沿着误差函数减小最快的方向，即梯度的反方向来改变权值和偏差，这一点与线性网络的学习算法是一致的。

BP 神经网络算法的计算过程如下：

1. 信号的前向传播过程

隐藏层第 i 个节点的输入 net_i 为

$$net_i = \sum_{j=1}^{M} w_{ij} x_j + \theta_i \tag{7.7}$$

隐藏层第 i 个节点的输出 o_i 为

$$o_i = \phi(net_i) = \phi\left(\sum_{j=1}^{M} w_{ij} x_j + \theta_i\right) \tag{7.8}$$

输出层第 k 个节点的输入 net_k 为

$$net_k = \sum_{i=1}^{q} w_{ki}y_i + a_k = \sum_{i=1}^{q} w_{ki}\phi\left(\sum_{i=1}^{M} w_{ij}x_j + \theta_i\right) + a_k \qquad (7.9)$$

输出层第 k 个节点的输出 o_k 为

$$o_k = \psi(net_k) = \psi\left(\sum_{i=1}^{q} w_{ki}y_i + a_k\right) = \psi\left(\sum_{i=1}^{q} w_{ki}\phi\left(\sum_{i=1}^{M} w_{ij}x_j + \theta_i\right) + a_k\right)$$

$$(7.10)$$

误差和信号是相反方向传播的，也就是从后向前传播的，通过反向传播，逐层修改权值和偏差。

下面计算此反向传播和误差调整的过程。

2. 误差的反向传播过程

下面给出每一个样本 p 的二次型误差准则函数 E_p 为

$$E_p = \frac{1}{2}\sum_{k=1}^{L}(T_k - o_k)^2 \qquad (7.11)$$

系统对 P 个训练样本的总误差准则函数可以表示为

$$E_p = \frac{1}{2}\sum_{p=1}^{P}\sum_{k=1}^{L}(T_k^p - o_k^p)^2 \qquad (7.12)$$

根据误差梯度下降法，依次修正输出层权值的修正量 $\Delta\omega_{kj}$、输出层阈值的修正量 Δa、隐藏层权值的修正量 $\Delta\omega_{kj}$、隐藏层阈值的修正量 $\Delta\theta_i$。

$$\Delta w_{ki} = -\eta\frac{\partial E}{\partial w_{ki}}; \quad \Delta a_k = -\eta\frac{\partial E}{\partial a_k}; \quad \Delta w_{kj} = -\eta\frac{\partial E}{\partial w_{ij}}; \quad \Delta\theta_i = -\eta\frac{\partial E}{\partial \theta_i}$$

输出层权值调整公式

$$\Delta w_{ki} = -\eta\frac{\partial E}{\partial w_{ki}} = -\eta\frac{\partial E}{\partial net_k}\frac{\partial net_k}{\partial w_{ki}} = -\eta\frac{\partial E}{\partial o_k}\frac{\partial o_k}{\partial net_k}\frac{\partial net_k}{\partial w_{ki}}$$

输出层阈值调整公式

$$\Delta a_k = -\eta\frac{\partial E}{\partial a_k} = -\eta\frac{\partial E}{\partial net_k}\frac{\partial net_k}{\partial a_k} = -\eta\frac{\partial E}{\partial o_k}\frac{\partial o_k}{\partial net_k}\frac{\partial net_k}{\partial a_k}$$

隐藏层权值调整公式

$$\Delta w_{ki} = -\eta\frac{\partial E}{\partial w_{kj}} = -\eta\frac{\partial E}{\partial net_k}\frac{\partial net_k}{\partial w_{kj}} = -\eta\frac{\partial E}{\partial y_k}\frac{\partial y_k}{\partial net_k}\frac{\partial net_k}{\partial w_{kj}}$$

隐藏层阈值调整公式

$$\Delta\theta_i = -\eta\frac{\partial E}{\partial \theta_i} = -\eta\frac{\partial E}{\partial net_k}\frac{\partial net_k}{\partial \theta_i} = -\eta\frac{\partial E}{\partial y_k}\frac{\partial y_k}{\partial net_k}\frac{\partial net_k}{\partial \theta_i}$$

因为

$$\frac{\partial E}{\partial o_k} = -\sum_{p=1}^{p}\sum_{k=1}^{L}(T_k^p - o_k^p)$$

$$\frac{\partial net_k}{\partial w_{ki}} = y_i; \quad \frac{\partial net_k}{\partial a_k} = 1; \quad \frac{\partial net_k}{\partial w_{ij}} = x_j; \quad \frac{\partial net_k}{\partial \theta_i} = 1$$

$$\frac{\partial E}{\partial y_i} = -\sum_{p=1}^{p}\sum_{k=1}^{L}(T_k^p - o_k^p)\cdot\psi'(net_k)\cdot w_{ki}$$

$$\frac{\partial y_i}{\partial net_i} = \phi'(net_i); \quad \frac{\partial o_k}{\partial net_k} = \psi'(net_k)$$

所以最后得到以下公式

$$\Delta w_{ki} = \eta\sum_{p=1}^{p}\sum_{k=1}^{L}(T_k^p - o_k^p)\cdot\psi'(net_k)\cdot y_i$$

$$\Delta a_k = \eta\sum_{p=1}^{p}\sum_{k=1}^{L}(T_k^p - o_k^p)\cdot\psi'(net_k)$$

$$\Delta w_{ij} = \eta\sum_{p=1}^{p}\sum_{k=1}^{L}(T_k^p - o_k^p)\cdot\psi'(net_k)\cdot w_{ki}\cdot\phi'(net_k)x_j$$

$$\Delta\theta_i = \eta\sum_{p=1}^{p}\sum_{k=1}^{L}(T_k^p - o_k^p)\cdot\psi'(net_k)\cdot w_{ki}\cdot\phi'(net_i)$$

梯度下降算法的实现有两种方式：一种是递增模式，在这种模式下，网络每获得一个新的输入样本，就需要重新计算一次梯度并更新权值；另一种是批处理模式，在这种模式下，网络需要获得所有的输入样本，然后根据所有的输入样本更新权值。

（四）BP 神经网络的优点和局限性

BP 神经网络的优点是理论基础较好，推导过程严谨，通用性较好。

BP 神经网络的局限性有：标准的梯度下降算法的训练速度比较慢，为了使训练过程的稳定性很好，造成标准的梯度算法学习速率较低；相比较而言，有动量的学习算法速度快一些，它能够在保持训练过程稳定性的前提下，选择更快的学习速率。在递增模式的训练过程中这两种方法使用比较广泛。

如果使用中小规模的 BP 神经网络，一般采用 Levenberg-Marquardt 算法，它具有较快的收敛速度和较低的存储量两个优点，然而在存储空间不足的情况下，我们还需要选择其他类型的快速算法。当应用大型的网络时，可以选择使用 Scaled 共轭梯度算法或者弹性梯度算法。

很明显，多层神经网络改进了单层感知机和线性网络的缺陷，既可以对线性的输入、输出关系实现逼近，又可以对非线性实现逼近。理论上，经过训练的网络可以正确地完成任何问题的求解，但是训练有可能会陷入局部极小点，BP训练算法却有可能无法找到切合问题的解。

对于非线性网络来说，如何选择一个合适的学习速率，会比较有难度，因为学习速率过高可能会导致学习过程的不稳定，而学习速率过低又会造成训练过程消耗太长的时间。相对来说，线性网络学习速率的选取就比较容易。根据经验，如果采用快速学习算法，默认的学习速率值的表现也还算比较满意。此外，采用非线性传递函数的多层网络的误差性能表面上会产生多个局部极小点，这就表明非线性网络的误差性能表面要比线性网络复杂。采用梯度下降算法进行训练时，有可能会陷入局部极小点，当然，这与训练初始点的选取也有关。正是上述原因，当我们发现用BP网络对于训练确定的问题得不到正确解的时候，就要重新初始化网络以确保最终能够得到最优解。

隐藏层中的神经元个数的选择对于BP网络来说也很重要。隐藏层中神经元数目太少会导致训练的不适性，反之，神经元数目太多可能导致过适性，即使每一个点都很符合，也可能导致拟合曲线在各个点之间振荡。

BP神经网络可以用作分类、聚类、预测等。神经网络需要有一定量的历史数据，通过历史数据的训练，网络可以学习到数据中隐含的知识。

三、RBF 神经网络

（一）RBF 神经网络简介

1985年，Powell提出了径向基函数方法（radial-based function method），1988年，Broomhead和Lowe在此基础上提出了径向基神经网络（radial basis function neural network），也就是RBF神经网络。径向基神经网络采用高斯函数等径向基函数作为神经元传递函数，能够实现非线性关系的映射。径向基神经网络广泛应用在函数逼近、时间序列分析、非线性控制、模式分类、图像处理等方面。

从结构来看，径向基神经网络仍然属于多层前向型神经网络，也是由隐藏层、输出层两个神经元层组成的。与BP神经网络相比，径向基神经网络需要更多的神经元，但是它的训练速度很快，即使在输入向量样本数目较多的情况下，径向基网络的效果也是很好的。

（二）基本原理

RBF神经网络由输入层、隐藏层和输出层组成，拓扑结构如图7.6所示。其中，隐藏层由隐单元构成，隐单元的个数可根据实际需求设定。我们称隐藏层中的激活函数为径向基函数，它是一种通过局部分布的、对中心点径向对称衰减的非负非线性函数，高斯函数是常被采用的径向基函数，如公式（7.13）所示。

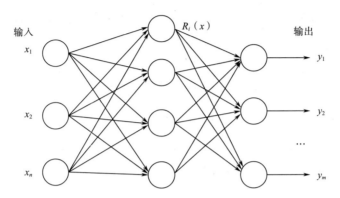

图 7.6　RBF 神经网络拓扑结构

$$\varphi_i(x) = \exp\left(-\frac{\|x - c_j\|^2}{2\sigma_i^2}\right) \quad i = 1, \cdots, h \qquad (7.13)$$

式中，$\varphi_i(x)$ 为隐藏层第 i 个单元的输出，x 是输入向量，c_i 是隐藏层第 i 个高斯单元的中心，σ_i 表示该基函数围绕中心点的宽度，范数 $\|x - c_i\|$ 表示向量 x 与中心 c_i 之间的距离。

RBF 网络的基本原理是利用径向基函数作为隐单元的激活函数来构建隐藏层空间。输入向量由输入层到隐藏层时，被直接映射到隐藏层空间；再由隐藏层到输出层时，是通过简单的线性相加。

假设输入层节点数为 n，隐藏层和输出层节点的个数分别为 h 和 m，则网络的输出可表示为

$$y_k = \sum_{i=1}^{h} w_{ki}\varphi_i(x) \quad k = 1, 2, \cdots, m \qquad (7.14)$$

其中，y_k 为网络的输出，w_{ki} 是第 i 个隐藏层节点到输出层第 k 个节点的权值。上式的矩阵形式为

$$Y = W\Phi \qquad (7.15)$$

其中，$Y = [y_1, y_2, \cdots, y_m]^T$，$W = [w_1, w_2, \cdots, w_m]^T$，$W_k = [w_{k1}, w_{k2}, \cdots, w_{kh}]^T$，$\Phi = [\varphi_1(x), \varphi_2(x), \cdots, \varphi_h(x)]^T$。

RBF 神经网络是将原始的非线性不可分的向量空间，变换到另一空间（通

常是高维空间），将低维空间非线性不可分问题通过核函数映射到高维空间，使其达到在高维空间线性可分的目的。

RBF 神经网络算法步骤如下：

（1）以 K-均值聚类方法，确定基函数中心 c_i。

（2）计算宽度 $\sigma_i = \dfrac{C_{\max}}{\sqrt{2u}}$，$i = 1, 2, \cdots, u$（其中 $C_{\max}$ 为中心之间的最大距离，u 为中心的个数）。

（3）计算隐藏层与输出层之间的权值 $w = \exp\left(\dfrac{u}{C_{\max}} \| x_p - c_i \|^2\right)$，$p = 1, 2, \cdots, P$（其中 P 为非中心样本个数）。

RBF 神经网络是一种高效的前馈式神经网络，具有最佳逼近性能和全局最优特性，其结构简单，训练速度快。

第四节　案 例 应 用

在神经网络中，单个神经元具有能够反映非线性本质特征的能力，通过这些基本的单元自组织复合，神经网络能够构建任意的非线性连续函数。学习这一归纳过程，就可以使网络获得序列的内在规律，进而预测序列的变化。使用神经网络方法避免了复杂的常规建模过程，而且神经网络模型有良好的自适应和自学习能力、较强的抗干扰能力，易于给出工程上容易实现的算法。BP 神经网络、RBF 神经网络、Elman 神经网络等常被应用于预测领域。

神经网络应用于预测大体可以分为两种方式：基于回归分析的神经网络预测和基于时间序列的神经网络预测。回归分析预测法是利用因素之间的因果关系，通过建立回归网络进行预测，该方法具有使用方便、可进行长期预测，以及预测精度较高的特点。两种预测方式的建模过程基本上是相同的，基于时间序列的神经网络预测不需要确定影响因素，所以两种方式在对输入神经元的确定上有所不同。在样本数据确定的情况下，输入神经元的数目过多，会造成网络训练的学习样本太少；反过来，如果输入神经元的数目过少，那么学习样本太多。该方法的优点是没有复杂的理论问题，简便易行；缺点是缺少理论依据。目前，已有多种不同形式的神经网络被用于工业、经济等的预测。研究结果表明，神经网络用于预测的效果较好，为一类高度非线性动态关系的时间序列预测提供了一条有效途径。

当使用神经网络来进行预测时，我们可以根据已知数据建立一系列准则。比如，假设观测过去值与预测值之间是存在联系的，把观测值作为输入值，通过函数输出预测值。与传统的统计预测方法相比，神经网络模型有非常好的非线性品质、有效灵活的学习方式，和完全分布式的存储结构等优点。

本案例以北京市东城区 2000—2022 年每百人互联网用户数、计算机服务和软件从业人员占比、人均电信业务总量、每百人移动电话用户数、数字普惠金融指数、数字经济指数 6 个指标来分析。与数字经济相关的数据样本较多，但是选取合适的样本却很困难，本案例假设影响数字经济指数数据的因素包含这几类：每百人互联网用户数、计算机服务和软件从业人员占比、人均电信业务总量、每百人移动电话用户数、数字普惠金融指数，考虑将其作为 BP 神经网络的训练集，通过训练该神经网络，测试训练好的神经网络，最后使用测试合格的神经网络进行预测工作。

我们使用 MATLAB 来进行实证分析，MATLAB 是国际上公认的最优秀的数值计算和仿真分析软件之一，并且具有很强的开放性。到目前为止，MATLAB 平台已经推出了几十种针对不同应用的工具箱，其中为满足神经网络研究而开发的神经网络工具箱是其重要组成部分。神经网络工具箱几乎涵盖了所有的神经网络的基本常用模型，如感知机和 BP 网络等。对于各种不同的网络模型，神经网络工具箱集成了多种学习算法，为用户提供了极大的便利。MATLAB 神经网络工具箱包含了许多用于 BP 网络分析与设计的函数。基于代码的 MATLAB 神经网络工具箱主要为用户提供了一系列的函数，用来进行神经网络的建构、训练和数据分析。神经网络的形式有很多种，MATLAB 很难完全涵盖，因此在 MATLAB 神经网络工具箱里仅包含了一部分经典和常见神经网络的函数工具。BP 神经网络是一种比较成熟的神经网络，自出现以后就在很多领域得到广泛的应用。因此，在 MATLAB 中，相应的函数比较丰富。此部分使用 MATLAB 进行 BP 预测，采用 xlsread 函数读取 Excel 中存储的数据集，接下来是 MATLAB 代码实现的过程：

第一步，归一化处理。由于样本所选用的数据单位和量纲并不一定相同，因此需要做归一化处理，将原始数据转换成无量纲的标准值。

第二步，求解最佳隐藏层。

（1）计算出输入和输出矩阵的列数，即为输入节点数和输出节点数。

（2）根据输入节点数和输出节点数计算隐藏层节点的范围。隐藏层节点的范围由公式（7.16）计算得出，m 代表输入层节点数，n 代表输出层节点数，a 的取值范围为 1~10 之间的整数，根据公式（7.16）求出 10 个可选择的隐藏层节点数，依次对 BP 网络设置这 10 个隐藏层节点并通过计算训练集均方误差 MSE 的方式，最终得出误差最小所对应的隐藏层节点，即为最佳隐藏层节点。

$$x = \sqrt{m + n} + a \qquad (7.16)$$

第三步，构建最佳隐藏层的 BP 神经网络。根据求出来的最佳隐藏层节点，重新构建最佳隐藏层的 BP 神经网络。

第四步，结果展示。

（1）最佳隐藏层节点的确定过程如图 7.7 所示。

从运行结果可以看出，最佳隐藏层节点数为 3，均方误差为 0.000 699 44.

```
命令行窗口
输入层节点数：5，  输出层节点数：1
隐含层节点数范围为  3 至 12

最佳隐含层节点的确定...
当隐含层节点数为3时，训练集均方误差为：0.00069944
当隐含层节点数为4时，训练集均方误差为：0.026403
当隐含层节点数为5时，训练集均方误差为：0.0055902
当隐含层节点数为6时，训练集均方误差为：0.0008291
当隐含层节点数为7时，训练集均方误差为：0.094739
当隐含层节点数为8时，训练集均方误差为：0.045419
当隐含层节点数为9时，训练集均方误差为：0.0021923
当隐含层节点数为10时，训练集均方误差为：0.0013385
当隐含层节点数为11时，训练集均方误差为：0.018672
当隐含层节点数为12时，训练集均方误差为：0.036055
最佳隐含层节点数为：3，均方误差为：0.00069944
```

图 7.7　最佳隐藏层

（2）各项误差指标结果如图 7.8 所示。

```
各项误差指标结果：
误差平方和SSE: 2.4857
平均绝对误差MAE: 0.38593
均方误差MSE: 0.24857
均方根误差RMSE: 0.49857
平均百分比误差MAPE: 11.332%
预测准确率为：88.668%
相关系数R: 0.93493
```

图 7.8　各项误差指标结果

（3）BP 预测值和实际值的对比以及预测误差如图 7.9、图 7.10、图 7.11 所示。

测试集结果：

编号	实际值	BP预测值	误差
1.0000	2.1562	2.2302	0.0740
2.0000	2.4765	2.5164	0.0400
3.0000	2.7880	2.6606	-0.1274
4.0000	3.0455	2.7977	-0.2478
5.0000	2.8268	2.6514	-0.1754
6.0000	3.2214	2.7860	-0.4354
7.0000	4.0364	2.9594	-1.0771
8.0000	3.4803	2.8404	-0.6399
9.0000	3.0862	2.7493	-0.3369
10.0000	3.5523	2.8469	-0.7054

图 7.9　实际值和预测值

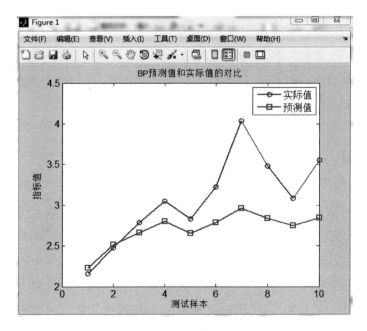

图 7.10　实际值和预测值对比

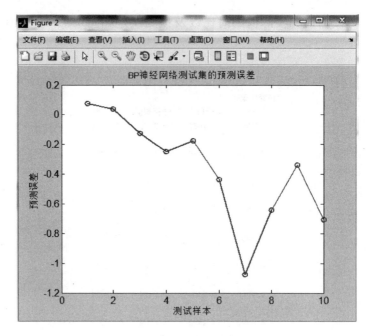

图 7.11　预测误差

从图 7.10 和图 7.11 可以看出预测的效果并不好，原因可能是①数据质量不佳。样本的容量太小，并且地区的指标太单一。②数据量太小。如果输入数据的样本量太小，可能会导致模型预测效果不佳。③输出结果数量不足。如果输出结果数量不足，也会导致模型预测效果不佳。④训练过程中损失函数可能提前收敛到一个较高的值。BP 神经网络预测效果不佳的原因可能是多方面的，需要针对具体情况进行分析和解决。在实际应用中，需要不断优化和调整模型，以提高模型的预测效果。

 本章小结

神经网络是一种能不断适应新环境的系统，它通过对过去经验的重复学习，而具有分析、预测、推理、分类等功能，是当今能够仿效人类大脑去解决复杂问题的系统。神经网络是人工智能技术领域的重要方向，在自动控制、信号处理、工业控制，以及模式识别等诸多领域获得了广泛应用。神经网络是一种通用函数逼近器（universal function approximator），这一特性对神经网络和人工智能具有深远的影响。假设现实中的任何问题都能用数学函数来表示，那么我们可以用函数来表示神经网络，从而有效地对现实世界的问题进行建模。神经网络结构的可扩展性非常好而且很灵活。我们可以将神经网络堆叠起来，以此来增加神经网络的复杂性。

📖 **课后习题**

1. 什么是神经网络？
2. 简述 BP 神经网络的原理。
3. BP 神经网络如何预测？

第八章
路径分析

第一节　路径分析概述

在统计学和数据科学领域，路径分析是一种用于研究多个变量之间关系的方法。研究者应用该方法不仅可以检验变量之间的直接关系，而且还能探讨变量间的间接关系，这些间接关系通常被称为"路径"。路径分析可以揭示变量间复杂的因果关系，并为理解数据集中各元素如何相互作用提供依据。

一、路径分析基本概念

作为一种用于探究系统中元素之间关联路径的研究手段，路径分析方法通过分析数据或实体间的连接关系和流向，揭示出系统中的关键路径、传播机制以及可能存在的瓶颈。路径分析的基础是回归分析，但它超越了简单回归分析，因为它能够同时考虑多个相互依赖的回归方程。在这些方程中，一些变量可能作为因变量与自变量有关联，同时还可能作为中介变量传递其他变量的影响，或作为调节变量影响其他两个变量之间的关系。

路径分析在多个学科和领域中有着广泛的应用，如社会学、传播学、交通运输、生物信息学等。通过路径分析，研究者可以更深入地理解系统的结构和动态，为决策和优化提供有力支持。

二、路径分析常见方法

图论是路径分析的基础理论之一，它使用节点和边来表示路径网络。通过分析图的连通性、子图结构等性质，可以找出网络中的关键路径和节点。最短路径算法主要用于在图中找到两个节点之间的最短路径，其中，Dijkstra 算法和 Floyd 算法是最知名的最短路径算法。这些算法在网络路由、地图导航等领域有广泛应用。

网络流算法用于解决涉及流量和容量限制的路径问题。例如：最大流算法用于找到在给定容量限制下，网络中两点间可以传送的最大流量；最小费用流算法则用于找到在满足一定流量需求下，总费用最小的路径。

可视化工具虽然不是一种分析方法，但在路径分析中起着重要作用，可以帮助研究人员直观地看到网络中的路径、流量和关键节点，从而更好地理解和解释分析结果。

需要注意的是，不同的路径分析方法可能适用于不同的场景和数据类型。在选择具体方法时，应根据问题的性质、数据的可用性以及分析目标综合考虑。本章重点介绍社会网络分析方法和关联分析方法。

社会网络分析是路径分析的一个重要分支，它主要关注社会实体（如个人、团体或国家）之间的关系结构和互动模式。通过构建社会网络图，利用各种网络指标（如中心性、密度、子群结构等）来分析网络中的关键节点和群体，以及信息、资源或影响力的流动路径。社会网络分析不仅可以帮助我们理解社会结构的形成和演变，还能揭示网络中的关键角色和群体动态。

关联分析方法旨在挖掘数据集中元素之间的关联规则和模式，帮助我们发现网络中的频繁路径或模式，从而揭示元素之间的隐藏关系。这种方法通常应用于市场篮子分析、生物信息学中的基因关联研究等领域。通过关联分析，我们可以更准确地理解系统中各元素之间的相互作用和依赖关系。

三、路径分析的应用

路径分析在众多实际场景中有着广泛的应用。例如，在社交媒体分析中，可以通过路径分析追踪信息或舆论的传播路径，识别关键传播者和影响力节点。在交通运输领域，路径分析可以帮助优化交通流量和路线规划，提高道路利用效率和交通安全性。此外，在生物信息学中，路径分析也被广泛应用于基因调控网络、代谢路径等研究中，以揭示生物系统的复杂相互作用。

随着数字经济的发展，大量的数据产生和被收集，这些数据蕴含着丰富的信息和价值。路径分析能够帮助我们从这些数据中挖掘出有用的信息和模式，为数字经济的决策和优化提供支持。

在数字营销方面，路径分析可以帮助企业了解消费者的购买路径和行为习惯。通过分析用户的浏览、搜索、购买等行为数据，企业可以找出消费者从了解产品到最终购买的整个路径，以及在这个过程中可能受到的外部影响。这有助于企业优化营销策略，提高营销效率和转化率。

在电子商务领域，路径分析可以帮助平台优化用户购物流程。通过分析用户在平台上的浏览和购买路径，可以找出用户流失的原因和瓶颈，从而改进网站设计、提高用户体验和购物转化率。同时，路径分析还可以揭示用户的购物偏好和需求，为个性化推荐和精准营销提供支持。

在供应链管理方面，路径分析也有其独特的应用。通过分析原材料采购、生产加工、物流配送等整个供应链流程中的数据，可以找出供应链中的瓶颈和风险点，优化供应链的运作效率和管理水平。这有助于降低企业运营成本、提高响应速度和客户满意度。

在金融领域，路径分析也常被应用于风险评估和预测。例如，在信贷风险评估中，可以通过分析借款人的还款路径和历史信用记录，预测其未来的还款能力和违约风险。这有助于金融机构做出更准确的信贷决策，降低不良贷款率。

总的来说，路径分析在数字经济领域的应用是多方面的，它可以帮助企业更好地了解市场和消费者需求、优化业务流程、降低运营成本并做出更明智的决策。随着大数据和人工智能技术的不断发展，路径分析将会在数字经济领域发挥更加重要的作用。

第二节　社会网络分析

社会网络分析（social network analysis，SNA）是一种跨学科的研究方法，用于量化并研究社会系统中个体（或称行动者、节点）之间的相互关系、联系以及这些关系构成的整体网络结构。社会网络分析的思想起源于早期的社会学、人类学研究，20 世纪 20 至 30 年代开始系统性地探讨社会关系的模式和结构。随着计算机技术和数据分析方法的发展，SNA 逐渐形成了独立的研究领域，特别是在数学家和社会学家的共同努力下，该方法在第二次世界大战后得到快速发展，并在近几十年内广泛应用于各个学科，比如物理学和计算机科学，类似的研究被称为复杂网络，在数学领域，则属于图论的研究范畴。不同领域的研究重点可能有所不同，但基本的分析方法和理论基础是相似的。

社会网络分析的核心目标是揭示隐藏在个体间互动背后的社会结构特征，如节点的重要性（中心性）、集群现象、关系的强弱及方向性等。通过这些量化指标，研究者能够深入理解网络中信息和资源如何流动、群体动态如何变化、社会影响力如何分布等问题，以及这些结构特性如何影响个体和集体的行为与结果。

社会网络分析不仅用于学术研究，也被用来解决实际问题。例如：在社会学中研究社区结构、社会资本、社会影响力；在心理学中探究人际关系、情感支持网络；在组织管理中了解组织内部沟通、团队协作和权力结构；在市场营销中，识别影响消费者决策的关键节点，研究口碑传播；在情报学与国家安全中追踪信息源和信息传播路径；在公共卫生领域流行病学中分析疾病传播；在数字经济中则可以用来进行用户行为分析、社交平台影响力评估、推荐系统设计、互联网金融风险控制、创新合作网络构建和数字供应链管理等。

一、社会网络分析基础

（一）网络分析的形式化表达

网络分析的形式化表达包括图论和矩阵两种方法。

1. 图论

网络分析中的图论方法利用图形来表示实体及其相互关系，其中社群图是一种常用的抽象形式。社群图根据不同的特征可进行如下分类。

（1）有向图（directed graph）和无向图（undirected graph）。有向图表示节点之间的关系是有方向的，例如，A 关注 B 但 B 不一定关注 A。无向图表示节点之间的关系没有方向性，例如，A 和 B 是朋友关系，这种关系是相互的。

（2）二值图（binary graph）和多值图（valued graph）。二值图指节点之间的关系只有两种状态，如存在或不存在、是或否。多值图指节点之间的关系可以有多种状态或权重，如关系的强度、频率等。

将关系的方向和取值结合在一起，社群图可以分为四种类型：二值无向图、二值有向图、多值有向图、多值无向图（见图 8.1）。

（3）完备图（complete graph）和非完备图（non-complete graph）。完备图（complete graph）指图中任意两个不同的节点都存在连接。对于无向图，意味着完全图中的每对节点都有边相连；对于有向图，则是每对节点之间既有从 A 到 B 的边，又有从 B 到 A 的边。非完备图（non-complete graph）指并非所有节点对之间都有边相连，这是大多数实际网络的常态。

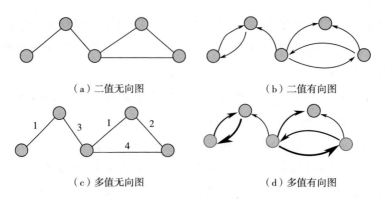

图 8.1　社群图四种类型

此外，社群图还包括符号图（signed graphs）。符号图的边带有正负符号，用来表示关系的正面或负面性质，如友好或敌对。在矩阵表示中，元素可能是正数、负数或 0，反映了关系的情感色彩或倾向性。

2. 矩阵

矩阵（matrix）是用于表示图数据的一种高效存储和操作方式。根据图的不同类型，矩阵也有相应的表示方法。

二值无向矩阵（binary undirected matrix）用于表示无向图中的边，矩阵中的元素为 0 或 1，表示两个节点之间是否存在边。

二值有向矩阵（binary directed matrix）用于表示有向图中的边，矩阵中的元素为 0 或 1，表示从行节点到列节点是否存在有向边。

多值无向矩阵（valued undirected matrix）用于表示无向图中具有权重的边，矩阵中的元素表示边的权重值。

多值有向矩阵（valued directed matrix）用于表示有向图中具有权重的边，矩阵中的元素表示从行节点到列节点的边的权重值。

选择使用哪种类型的社群图或矩阵取决于研究的具体问题和数据的性质。例如，在社交网络分析中，研究者可能会选择有向图来表示用户之间的关注关系，而在分析合作关系时可能会选择无向图。同样，如果关系有强度或频率的差异，那么使用多值图或矩阵可能更合适。

在社会网络分析中，邻接矩阵、发生矩阵和隶属矩阵也是用于描述分析网络结构的重要工具。

邻接矩阵（adjacency matrix）是一种二维数组，它描绘了网络中各节点之间的相互关联。在该矩阵中，行与列均代表网络的各个节点，而矩阵内的元素则揭示了节点对之间的连接状态。如果节点 i 与节点 j 之间存在连接关系，则矩阵中的对应元素为 1，否则为 0。邻接矩阵常用于描述无权无向网络的结构，可以方便地计算网络的密度、连通性等指标。此外，邻接矩阵还可以用于进行矩阵运算，如计算节点的中心度、路径等。在社交网络分析中，通过构建邻接矩阵，可以研究社交网络中的朋友关系、关注关系等，进而分析社交网络的密度、连通性、中心性等指标；在网络安全中，邻接矩阵可以用于分析网络攻击者之间的关系，从而揭示潜在的攻击模式和团伙；在生物信息学中，在蛋白质相互作用网络中，邻接矩阵可以用于描述蛋白质之间的相互作用关系，进而预测新的蛋白质功能。

发生矩阵（incidence matrix）是一个二维数组，用于表示网络中节点与边之间的关系。矩阵的行代表网络中的边，列代表网络中的节点。矩阵中的元素表示边与节点之间的关系。如果边 e 连接了节点 i 和节点 j，则矩阵中的对应元素为 1，否则为 0。发生矩阵常用于描述有权有向网络和无权有向网络的结构。它可以用来计算边的权重、节点的入度和出度等指标。此外，发生矩阵还可以用于进行矩阵运算，如计算最短路径、网络流等。在交通网络分析中，可以通过构建发生矩阵，研究交通网络中节点（如车站、机场）之间的连接关系，进而分析网络的可达性、最短路径等问题。在生态系统分析中，发生矩阵可以用于描述物种之间的捕食关系，进而分析生态系统的稳定性、能量流动等问题。在舆情传播网络中，发生矩阵可以用于描述个体之间的信息传播关系，进而预测舆情的扩散趋势和影响范围。

隶属矩阵（membership matrix）是一个二维数组，用于表示网络中节点所属的社区或群组。矩阵的行代表网络中的节点，列代表社区或群组。矩阵中的元素表示节点属于某个社区或群组的程度。通常情况下，如果节点属于某个社区，则对应的元素为 1，否则为 0。但在某些情况下，也可以使用连续值表示节点与社区的隶属程度。隶属矩阵常用于描述网络中的社区结构，可以用于识别网络的模块性、评估社区发现算法的性能等。此外，隶属矩阵还可以用于分析节点在社区间的角色和地位，以及研究社区间的相互影响。通过构建隶属矩阵，可以识别网络中的社区结构，进而分析社区的内部特征、演化过程等。在基于社交网络的推荐系统中，隶属矩阵可以用于描述用户之间的相似性，进而为用户提供个性化的推荐内容。在疾病传播网络中，隶属矩阵可以用于描述个体所属的感染群体，进而分析疾病的传播途径和防控策略。

总之，邻接矩阵、发生矩阵和隶属矩阵在社会网络分析中具有广泛的应用价值，可以帮助我们更好地理解和分析各种复杂网络的结构与动态特性。

（二）网络的组成

网络的组成主要是节点（个体）和连线（关系）。

节点（个体）是网络中的基本元素，代表现实世界中的个体或实体。例如，在社会网络中，节点可以是人、组织、公司、国家等；在信息网络中，节点可以是网页、文献、产品等。每个节点在网络中都有一个唯一的标识符，以便于区分和识别。

连线（关系）表示节点之间的联系或相互作用。连线可以是单向的（即从一个节点指向另一个节点），也可以是双向的（即两个节点之间相互指向）。连线的权重可以用来表示关系的强度、频率或其他属性。在某些情况下，连线也可以表示节点之间的空间距离或时间间隔。

节点和连线共同构成了网络的基本结构，反映了现实世界中个体之间的相互关系和相互作用。

（三）关系数据类型

关系数据是指描述网络中节点之间关系的数据。根据关系的性质和类型，关系数据可以分为五类：二分类关系数据、多分类关系数据、定序关系强度数据、定距关系强度数据和符号图数据。以下是这五类数据的定义及在社会网络分析中的相应例子。

二分类关系数据表示节点之间是否存在某种关系，通常用 0 和 1 表示。0 表示两个节点之间不存在关系，1 表示存在关系。例如，在一个社交网络中，我们可以用一个邻接矩阵表示用户之间的关注关系，矩阵中的元素为 0 或 1，分别表示用户 A 是否关注用户 B。

多分类关系数据表示节点之间存在多种类型的关系。例如，在一个学术合作网络中，可以用三个数值表示作者之间的合作关系：0 表示没有合作，1 表示共同发表过一篇论文，2 表示共同发表过两篇及以上论文。

定序关系强度数据表示节点之间的关系具有顺序性或强度差异。例如，在一个在线评论系统中，可以用 1~5 的整数表示用户对产品的评价等级，其中 1 表示非常不满意，5 表示非常满意。

定距关系强度数据表示节点之间的关系具有数值距离或强度差异。例如，在一个交通网络中，我们可以用两个地点之间的实际距离表示它们之间的关系强度。

符号图数据表示节点之间的关系具有正负符号，通常用于表示竞争、合作等二元关系。例如，在一个企业竞争网络中，我们可以用+1表示两家企业存在合作关系，用-1表示存在竞争关系。

　　这些不同类型的关系数据在社会网络分析中有着各自的应用和意义。通过明确地定义和分类这些数据，研究者可以更准确地分析和理解社会网络中的复杂关系。

　　（四）网络数据的模

　　在社会网络分析中，"模"（mode）的概念用于描述网络中不同类型个体的集合或层。网络数据的模数指的是构成网络的不同个体集合的数量。

　　1-模网络，又称为单模网络，指一个行动者集合内部各个行动者之间的关系构成的网络。网络中的所有节点属于同一类型，即只有一个个体集合。例如，在社交媒体的朋友网络中，所有的节点都是用户，节点之间的连线表示用户间的某种关系（如朋友关系）。在这种情况下，最常用的数据结构是邻接矩阵，其中行和列对应网络中的每一个节点，矩阵中的元素表示两个节点间是否存在关系及其强度。

　　2-模网络，又称为双模网络或多模态网络，涉及两种不同类型的个体集合，它们之间的联系形成网络。例如，在企业间的合作网络中，模1可以是企业，模2可以是项目，节点间的连线表示企业在某个项目上有合作关系。这时，可以使用发生矩阵来记录每个企业参与的所有项目，或者使用隶属网络（affiliation network）来可视化这种多模态关系，其中节点代表一种类型的实体，连线或子网则代表不同实体间的关联。2-模网络数据在诸如社团成员与组织、作者与期刊文章、电影演员与影片等场景下被广泛应用，能够更全面地揭示不同实体类型间的互动模式和结构特征。

　　（五）网络分析的层次

　　网络分析是一种研究社会结构和个体之间关系的方法，可以分为多个层次，包括个体网、局域网和整体网。

　　个体网（ego-networks）是指以某个特定个体为中心，研究其与其他个体之间的关系。在这个层次上，我们关注个体如何与其他个体互动，以及这些互动如何影响个体的行为和认知。个体网分析可以探讨个体在数字经济中的行为模式，通过分析个体与其直接联系人之间的关系，了解个体如何受到其社交圈的影响，以及这些关系如何影响数字经济活动，如消费者购买决策、个人投资

者的投资行为等。另外，利用个体网分析企业在创新网络中的中心性，可以揭示其在技术传播和创新成果商业化方面的作用

局域网（partial networks）是指网络中的一部分，通常包括二方关系网络、三方关系网络和子群网络等。这些网络结构可以作为社会生活的基本单元进行研究。其中，二方关系网络和三方关系网络的研究尤为重要，因为它们是社会生活的基石，主要探讨两人和三人之间的互动如何影响社会结构和人际关系。二方关系网络是指仅包含两个节点的网络，例如夫妻、朋友或同事等。研究二方关系网络有助于理解亲密关系的形成和维护。三方关系网络是指包含三个节点的网络，例如家庭、团队或组织等。研究三人群体有助于揭示群体内部的权力动态、冲突解决和合作模式。子群网络是指网络中的一个子集，通常由具有某些共同特征的节点组成。研究子群网络有助于理解社会结构的多样性和复杂性。局域网分析在数字经济中同样具有重要意义。例如，研究二方关系网络可以揭示企业与供应商、客户和合作伙伴之间的关系，研究三方关系网络可以探讨产业集群内部的竞争与合作模式，研究子群网络可以分析不同行业或领域的专业化分工和网络协同效应。

整体网（whole networks）是指研究整个网络的结构和特性，包括网络中的所有节点和关系。在这个层次上，我们关注网络的宏观特性，如密度、连通性、中心性和社区结构等。整体网分析有助于揭示社会系统的整体结构和功能。在数字经济中，整体网分析有助于揭示整个经济系统中的结构和功能，如企业间的合作关系、产业链结构、创新网络等。通过分析整体网，可以了解数字经济的宏观趋势、产业竞争力和创新能力等方面，也可以通过关注整个网络市场的结构和动态，如整个电子商务市场的竞争格局、消费者行为模式等，洞察市场的整体趋势、预测未来发展方向，并为企业制定战略决策提供重要参考。

总之，从个体层面到整体层面，网络分析为我们提供了理解社会结构和个体之间关系的全面视角。

（六）社会网络分析的相关概念及其测量指标

1. 与"关联度"有关的概念

（1）子图（subgraph）。子图是原图的一个部分，它的所有节点和边都来自原图，也就是说，如果图 Gs 中的节点集合是原图 G 节点集合的子集，且边集合也是原图 G 边集合的子集，则称图 Gs 为图 G 的子图。子图保留了原图的

部分结构特征，可用于聚焦分析特定节点和关系。在社会网络分析中，子图通常用来指代整个网络的一个局部结构。这个局部结构包含了一定数量的社会行动者（节点）以及它们之间的关系（边）。子图可以帮助研究者聚焦于网络的某个特定部分，以便于深入分析该部分的结构特性和功能作用。

（2）成分（component）。在一个图中，关联子图（connected graph）是指这样一个子图：其中任意两个节点都可通过一系列边相连。而成分则是指图中最大规模的关联子图，即不能再添加更多节点而仍保持所有节点相互可达的子图。在一个非完全连通的图中，可能包含一个或多个成分。

子图和成分在社会网络分析中扮演着重要的角色，主要用法包括：研究边界的划定，即通过识别特定的子图，研究者可以将注意力集中在网络的一个特定区域，这有助于更细致和深入地分析该区域内的行动者之间的互动关系；社会关系的深化理解，即通过子图和成分的分析揭示个体或团体在社会网络中的相对位置和角色，帮助理解其社会关系的复杂性和层次性；网络结构的量化描述，借助子图和成分的概念，对网络的凝聚性、中心性等进行量化分析，进而构建起关于网络结构及其动态的理论模型，或信息流动和资源分配的研究等，即通过分析不同子图和成分之间的联系，了解信息、资源等在网络中如何流动和分配，深刻理解社会运作机制。

2. 与"距离"有关的概念

（1）节点的度数。一个节点连接的线的数目，用 $d(i)$ 表示。在图论和网络分析中，节点的度数是衡量一个节点与图中其他节点直接相连的边的数量。节点的度数可以根据图的类型进一步细分：在无向图中，每条边连接两个节点，因此一个节点的度数就是与它相连的边的总数。例如，如果一个节点与三条边相连，那么它的度数就是 3。在有向图中，边具有方向，因此节点的度数被分为入度和出度。入度指的是指向该节点的边的数量，而出度是指从该节点出发指向其他节点的边的数量。节点的度数是理解节点在图中重要性的一个关键指标。通常，度数较高的节点在网络中可能更为重要或中心。例如，在社交网络分析中，一个拥有更多朋友（度数更高）的人可能会被视为更有影响力。

（2）途径（walk）。途径是图中一系列连续的节点和边，从一个节点开始，沿着边移动到下一个节点，直到达到另一个节点结束。这些节点和边必须按照图的连接性来选择，确保每个节点都通过一条边与其前一个和后一个节点相连。

（3）路径（path）。路径是途径的一个特殊类型，其中所有的节点和边都是唯一的，没有重复。也就是说，路径上的每个节点和每条边只出现一次。在社会网络中，途径和路径可以揭示个体或群体之间的社交互动模式。例如，通过分析路径长度，我们可以了解两个人之间的社交距离或关系强度，如果路径较短，可能意味着这两个人之间有紧密的联系或共同的兴趣爱好。此外，路径分析还可以用于发现社会网络中的关键节点或群体，这些节点或群体可能在社会网络中扮演着重要的角色，如意见领袖或信息传播者。

（4）捷径（geodesics）或测地线（shortest path）。捷径是连接两个节点的最短路径。在加权图中，捷径通常是权重和最小的路径；在无权图中，捷径是边数最少的路径。两点之间的捷径可能不唯一。在社会网络中，捷径（最短路径）通常代表最有效的信息传递或社交互动路径。例如，在社交媒体中，信息往往通过最短路径在用户之间传播。通过识别这些捷径，我们可以更好地理解信息的传播路径和速度，以及个体或群体在社会网络中的影响力。

（5）距离（distance）。在无向图中，距离是指两个节点之间捷径的边数。在有向图中，距离是从一个节点到另一个节点的最短路径上的权重之和。在邻接矩阵中，两个节点之间的距离可以通过矩阵中的相应元素来表示，其值通常是 1（直接相连）到 $n-1$（通过 $n-1$ 个节点相连）之间的整数。距离也被称为最短路径长度（shortest path length），可以用来说明网络中信息的传播速度、资源流动的效率以及节点之间的接近程度。此外，两节点间的距离还可以用于计算网络的平均路径长度（average path length），即网络中所有节点对之间距离的平均值。平均路径长度是衡量网络小世界特性的一个重要指标，可以帮助我们了解网络的整体结构和性质。

（6）节点的离心度（eccentricity）。一个节点的离心度是指该节点到图中所有其他节点的距离中的最大值。换句话说，它是从该节点出发的最长捷径的长度。节点的离心度反映了该节点在社会网络中的位置重要性。具有较高离心度的节点通常位于网络的边缘，可能与其他节点之间的联系较弱。这些节点可能代表着社会网络中的孤立个体或边缘群体。相反，具有较低离心度的节点通常位于网络的中心，与其他节点之间的联系较强，可能在社会网络中具有较大的影响力。

（7）图的直径（diameter）。图的直径是指图中任意两个节点之间距离的最大值。换句话说，它是图中所有节点离心度的最大值。用符号 d 表示。图的直径反映了社会网络中任意两个个体之间的最大社交距离。一个较小的直径意味着社会网络中的个体之间的联系较为紧密，信息可以迅速传播到整个网络。而一个较大的直径则可能表示社会网络中存在一些孤立的子群体或个体，这些子群体或个体与其他节点之间的联系较弱。因此，图的直径可以帮助我们评估社会网络的连通性和信息传递效率。

（8）图的周长（girth）。图的周长是指图中所有路径中最长路径的长度。它通常用于无向图中，并且仅考虑简单路径（没有重复顶点的路径）。用符号 l 表示。图的周长反映了社会网络中存在的最长路径的长度。较长的周长可能意味着社会网络的结构较为复杂，存在多个层次或子群体。通过分析周长，我们可以了解社会网络的层次结构和复杂性，从而更好地理解个体或群体在社会网络中的位置和角色。

（9）半径（radius）。图的半径是指图中所有节点离心度的最小值。换句话说，它是从图中某个节点出发可以到达图中所有其他节点的最短路径的长度。用符号 r 表示。半径所对应的节点被称为绝对中心点。图的半径代表了社会网络中信息或影响从一个节点传播到所有其他节点的最短路径长度。具有较小半径的节点通常被认为是社会网络中的中心节点，它们具有较大的影响力，能够迅速地将信息或影响传播到整个网络。因此，半径可以帮助我们识别社会网络中的关键节点和中心性位置。

3. 密度

密度（density）反映了网络中节点间关联的紧密性，它定义为图形中实际边数与可能边数的比值。密度是衡量行动者间关系紧密度的指标，用于评估社会网络中行动者的联结程度。其值介于 0 到 1 之间，数值越趋近于 1，表明网络中的行动者关系越为紧密。在密度较高的网络中，节点间的交互行为较多，信息交流通常更为顺畅。相反，在密度较低的网络中，可能存在信息沟通不畅、情感交互较少以及团体归属感不强等问题。

（1）个体网密度关注的是网络中的小团体现象，在社会网络分析中，衡量小团体现象的严重程度时会使用这一指标。

个体网密度=与核心点相连的点之间的关系数/与核心点相连的点的理论最大关系数

（2）整体网络密度反映一个群体的结构形态，如紧密关系或疏离关系。

整体网络密度=实际关系数/理论最大关系数

假设网络中有 n 个行动者，其中包含的实际关系数为 m。当整体网络是无

向关系网时，其中包含的关系总数在理论上的最大可能值是 $\dfrac{n(n-1)}{2}$，则其

网络密度为 $\dfrac{2m}{n(n-1)}$。当整体网是有向关系网时，其中包含的关系总数在理

论上的最大可能值是 $n(n-1)$，则其网络密度为 $\dfrac{m}{n(n-1)}$。

二、中心性分析

中心性分析是社交网络分析中的一个关键概念，它用于识别和分析网络中具有重要影响力和地位的节点。中心性分析可以帮助我们理解网络中的权力结构、信息传播路径以及节点之间的相互依赖关系。中心性分析的基本思路：首先确定一个节点的各类"绝对中心度"计算方式，接着为了实现对不同网络节点中心度的对比，需要计算出"相对中心度"的数值，即将"绝对中心度"进行"标准化"处理，最后计算出整个网络的中心势指标。

（一）度数中心性（degree centrality）

度数中心性是最简单且直观的度数中心性度量方法。它基于节点直接相连的边的数量来衡量节点的重要性。一个节点的度数中心度越高，意味着该节点与其他节点之间的联系越多，因此在网络中占据重要地位。度数中心性可以分为入度中心性（in-degree centrality）和出度中心性（out-degree centrality），分别表示节点接收和发送连接的能力。

1. 点的绝对度数中心性（C_{ADi}）

点 A 的绝对中心度即与点 A 相连的关系的数目（此处忽略了间接相连的点数，为局部度数中心度）。有向图分为点出度（所对应的行）和点入度（所对应的列）。

$$C_{ADi} = d(i) = \sum_j X_{ij}$$

2. 点的相对度数中心性（C_{RDi}）

点 A 的绝对中心度是与图中点能达到的最大度数之间的比值。

（1）无向图。在一个 n 点图中，任何一点的最大可能的度数一定是 $n-1$。

$$C_{RDi} = d(i)/(n-1)$$

（2）有向图。$C_{RDi} = （点入度+点出度）/(2n-2)$

（3）赋值图。$C_{RDi} = （点入度+点出度）/(2n-2) \times$ 平均赋值

3. 图的度数中心势

图的度数中心势=最大度数与其他度数差值的和/差值的理想最大值

首先找到图中各个点的最大中心度的值；然后，我们需计算点 A 的绝对中心度与图中其他点中心度的差值，得到一系列的"差值"；之后对这些"差值"进行求和；最终将这个总和除以理论上所有差值总和可能达到的最大值。

因为星形网络（中心节点与其他所有节点直接相连，而其他节点之间没有直接的联系）是可以达到最大值，最大值是（$n-1$），其他为 1，（$n-1-1$）为各个差值，共有（$n-1$）个，即（$n-2$）（$n-1$）。

图的绝对度数中心势 C_{AD} 是基于点的绝对度数中心度计算得出的，而相对度数中心势 C_{RD} 则是通过点的相对度数中心度得出的（C_{AD} 除以 $n-1$ 即可得到）。具体计算公式如下：

$$C_{AD} = \frac{\sum_i (C_{AD\max} - C_{ADi})}{(n-1)(n-2)}$$

$$C_{RD} = \frac{\sum_i (C_{RD\max} - C_{RDi})}{n-2}$$

在星形网络图中，"核心点"拥有最大的度数中心度，而其他所有点的度数中心度均为 1，因此该类图具有较高的度数中心势；而在 n 点完备图中，由于每个点的度数都等于 $n-1$，意味着没有突出的中心点，因此该图的度数中心势为 0，即无中心势。

4. 平均节点度数和节点度数变异系数

平均节点度数=所有节点度数和/n=2×线的数量/n

平均节点度数指示了整体网中边的多少，其值越高则整体网络的密度越高，类似网络密度。

节点度数变异系数=平均节点度数/节点度数方差

节点度数变异系数测量节点度数的概率分配，代表边集中在某些节点上，而其他节点则少有连接，类似图的度数中心势。

（二）中介中心性（betweenness centrality）

中介中心性衡量节点在网络中作为"桥梁"或"中介"的能力。它衡量了节点在多大程度上控制其他节点之间的信息传递路径。一个节点的中间中心性越高，意味着该节点在网络中的路径上越频繁地出现，因此具有更大的影响力。中间中心性可以帮助识别网络中的关键节点，这些节点在信息传播和权力结构中具有重要作用。若一个点位于众多点对之间的最短路径上，则该点被认为具有较高的中间中心性。

假设点 j 和点 k 之间存在的捷径条数用 g_{jk} 来表示，点 j 和点 k 之间存在的经过第三点 i 的捷径数目用 $g_{jk}(i)$ 表示，第三个点能够控制此两点的交往的能力用 $b_{jk}(i)$ 来表示，则 $b_{jk}(i) = \dfrac{g_{jk}(i)}{g_{jk}}$。

1. 点的绝对中间中心性（C_{ABi}）

$$C_{ABi} = \sum_{j<k} b_{jk}(i) = \sum_{j<k} g_{jk}(i)/g_{jk}$$

2. 点的相对中间中心性（C_{RBi}）

在星形网络中，"核心点"的绝对中间中心性达到最大值 $C_{\max} = (n-1)(n-2)/2$。（每个点有 $n-2$ 个点与之有中介点的测地线，总共有 $n-1$ 个这样的点，重复了 2 次。）

$$C_{RBi} = 2C_{ABi}/[(n-1)(n-2)]$$

3. 图的中间中心势（C_B）

$$C_B = 2\sum_i (C_{AB\max} - C_{ABi})/[(n-1)^2(n-2)] = 2\sum_i (C_{RB\max} - C_{RBi})/(n-1)$$

星形网络的中间中心势指数达到最大值 1，而环形网络（各点首尾相连构成闭合环）的中间中心势指数则为最小值 0。

（三）接近中心性（closeness centrality）

接近中心性是通过衡量节点与网络中所有其他节点的平均最短路径长度来确定的。节点的接近中心性越高，表明它与其他节点的平均距离越短，因此在网络中具有更高的可达性和信息传递效率。接近中心性揭示了节点在网络中的有利位置，体现了其迅速接近网络中其他节点的能力。

1. 点的绝对接近中心性（C_{APi}^{-1}）

点与图中所有其他点的捷径距离之和。

$$C_{APi}^{-1} = \sum_j d_{ij}$$

2. 点的相对接近中心性（C_{RPi}^{-1}）

在星形网络中，"核心点"的接近中心性达到最小 n-1。

$$C_{RPi}^{-1} = C_{APi}^{-1}/(n-1)$$

3. 图的接近中心势（C_C）

$$C_C = \frac{\sum_i (C'_{RCmax} - C'_{RCi})}{(n-2)(n-1)}(2n-3)$$

星形网络展现出最大的接近集中趋势，值为 1，而完备网络则表现出最小的接近集中趋势，值为 0。

（四）三者的联系和区别

度中心性主要描绘行动者在网络中的局部中心性，它衡量的是行动者自身的交互能力，并未涉及其对他人的控制能力。

中间中心性探讨一个行动者在何种程度上位于其他两个行动者之间，从而反映其对他人的控制能力或中介能力。

接近中心性着眼于行动者在何种程度上能够保持独立性，减少对其他行动者的依赖或被控制的可能性。

若关注交互活动，并希望基于点度来进行测量，以探究对交互活动的掌控力，那么可以运用中间中心性进行分析。若要深入分析信息传递的独立性和效率，则应采用接近中心性。

三、凝聚子群分析

在社会网络分析中，凝聚子群（cohesive subgroup）研究占据重要地位，其目的是挖掘社会行动者之间显性或隐性的联系。当网络中的某些行动者因紧密的关系而形成次级团体时，我们称之为凝聚子群。若网络中确实存在这样的子群，并且其内部密度较高，那么这意味着这些行动者之间有着紧密的联系，他们在信息共享与协作方面交往颇为频繁。

（一）互惠性基础上的派系（cliques）

派系是指一个网络中最小的、最大的、完全互连的节点子集。也就是说，派系中的任何两个节点之间都存在直接的关系。

派系分析可以揭示网络中的小群体结构，这些群体内部成员关系紧密，可能有着共同的利益或行为模式。假设有一个朋友圈网络，其中每个人都是一个节点，两人互为朋友则用一条连线连接。比如有四个人 A、B、C、D，他们彼此之间都是朋友（即 A-B、A-C、A-D、B-C、B-D、C-D 都存在连线），那么这个小团体就是一个派系，因为在派系内部，任意两个人之间都直接相连。

（二）可达性基础上的 n-派系（n-Cliques）、n-宗派（n-Clan）、n-Club

n-派系、n-宗派、n-Club 这些概念涉及节点之间的可达性，即从一个节点到另一个节点是否存在路径。

n-派系是一个扩展概念，指网络中任意两个节点之间的最短路径长度不超过 n 的子群。例如，在 1-派系中，所有节点距离均为 1，也就是传统意义上的派系；在 2-派系中，任意两个节点间距离不超过 2 步。同样是朋友圈网络，如果有五个人 A、B、C、D、E，其中 A-B、A-C、B-D、C-E、D-A 存在连线，虽然不是每个人之间都有直接的连线，但是每个人都可通过最多 2 步与其他所有人建立联系（如 A-B-D-A，A-C-E-A），那么这是一个 2-派系。

n-宗派类似 n-派系，但放宽了定义，允许部分节点间存在间接联系，只要经过最多 n 步可达即可。与 n-派系相比，n-宗派中的节点不需两两直接相连。假设有六个人 A、B、C、D、E、F，他们之间的关系是 A-B、A-C、B-D、C-E、D-F，虽然没有人和所有人都直接相连，但任何人都能在 2 步之内到达其他人，因此构成了一个 2-宗派。

n-Club 指在一定时间内节点间可达且保持持续联系的子群，这里的可达性同样是有时间限制的 n 步可达。n-Club 强调子群内部成员之间的紧密性，以及子群与外部节点之间的相对隔离性。例如，在一个即时通信群聊中，如果某段时间内，群内成员的消息传递可以在 n 步之内覆盖全体成员，即使不是每两个人都直接交谈，这个群聊也可以被视为一个 n-Club。

这些概念有助于理解网络中不同规模和紧密程度的子群结构，以及这些子群如何与网络的其他部分相互作用。

（三）点度数基础上的 k-丛（k-Plex）、k-核（k-Core）

k-丛是指网络中每个节点至少与 k 个其他节点直接相连的节点子集。与派系相比，k-丛的要求稍微宽松，不必保证完全连通。例如，在一个学术合作网络中，一个 k-丛可能是指一组学者，其中每位学者至少与除自己外的 k 位学者合作发表了论文。

k-核则是指网络中所有节点的度数至少为 k 的最大子图。换句话说，k-核中的任意节点至少有 k 个邻居节点也在该子图内。k-核分析揭示了网络中高度密集且稳定的部分。在社交网络中，一个 k-核可能是一个子群，其中每个人都至少有 k 个朋友，并且这些朋友也都至少有 k 个朋友（这样递归下去），这个

子群就是 k-核。

这些概念基于节点的度数来定义子群，可以揭示网络中节点连接强度的不同水平，以及这些水平如何影响子群的形成和演化。

（四）子群内外关系基础上的成分（component）

成分是指网络中的最大连通子图，即在不离开该子图的情况下可以从任何节点到达任何其他节点。在一个网络中，如果一部分节点通过连续的边连接在一起，而与网络其余部分没有连接，那么这个节点集合就是一个成分。例如，在一个公司内部通讯录中，如果部门 A 的员工之间都有联系，但与部门 B 没有直接联系，那么部门 A 内的员工关系网络构成一个成分。

这一概念侧重于网络中的连通性和可达性，可以帮助识别网络中的不同区域和子群，以及它们之间的相互关系。

第三节　关联分析

关联分析是一种在数据挖掘领域被广泛应用的技术，主要用于探寻大型数据集中不同项目或对象之间的内在关联、频繁模式、因果结构或相关性。这项技术最初因"购物篮分析"问题而闻名，其中最著名的案例是"啤酒与尿布"的故事，揭示了在超市购物数据中，购买尿布的顾客往往也会购买啤酒这一有趣的关联现象。

关联分析通常涉及两个主要步骤：首先，搜索数据集中的频繁项集，即那些经常一起出现的项的组合；其次，从这些频繁项集中提取出强关联规则，即那些满足一定支持度和置信度阈值的规则。这些关联规则可以用于预测用户的行为或偏好，从而为企业决策提供支持。

关联分析应用广泛，除了"购物篮分析"，还可以应用于其他领域，如社交媒体分析、生物信息学等。在社交媒体分析中，关联分析可以帮助发现用户之间的关联性和社区结构，从而揭示用户的行为和兴趣。在生物信息学中，关联分析可以用于基因表达数据的分析，以发现不同基因之间的关联性和调控关系。关联分析在数字经济中扮演着关键角色，能够帮助企业、组织和个人充分利用海量数据资源，发掘隐藏在用户行为、交易记录、网络交互以及其他各类数字信息背后的深层次联系。

总之，关联分析是一种强大的数据挖掘技术，可以帮助我们发现数据中有趣的关联模式，从而为企业决策和其他领域的研究提供支持。

一、基本概念

设 $I = \{i_1, i_2, \cdots, i_m\}$ 为项目的集合。数据 D 是由数据库事务构成的集合，其中每个事务 T 也是一个项目的集合，满足得 $T \subseteq I$。每个事务都配有一个唯一的标识符，称为 TID。若 A 是一个项目集，则事务 T 包含 A 当且仅当 $A \subseteq T$。关联规则是形如 $A \Rightarrow B$ 的蕴含关系，其中 $A \subset I$，$B \subset I$，并且 $A \cap B = \phi$。

（一）支持度与置信度

规则的支持度和置信度是衡量规则兴趣和价值的两个重要指标，分别体现了规则的有效性和可靠性。

对于规则 $A \Rightarrow B$ 在事务集 D 中成立的情况，其支持度 s 定义为 D 中包含 $A \cup B$（即同时包含 A 和 B）的事务所占的百分比。数学上，这等同于概率 $P(A \cup B)$。

$$support\ (A \Rightarrow B) = P(A \cup B)$$

对于关联规则 $A \Rightarrow B$（其中 A 和 B 是项目的集合），其支持度定义为

$$支持度(A \Rightarrow B) = \frac{包含\ A\ 和\ B\ 的元组数}{元组总数}$$

该规则在事务集中具有置信度 c，其定义为在包含 A 的事务中同时也包含 B 的比例，数学表达为条件概率 $P(B|A)$：

$$confidence(A \Rightarrow B) = P(B|A)$$

即对于关联规则 $A \Rightarrow B$（其中 A 和 B 是项目的集合），其确定性度量置信度定义为

$$置信度(A \Rightarrow B) = \frac{包含\ A\ 和\ B\ 的元组数}{包含\ A\ 的元组数}$$

同时满足用户设定的最小支持度阈值（min_sup）和最小置信度阈值（min_conf）的规则被称为强规则，这些阈值以百分比形式表示，范围在 0% 到 100% 之间。

如果我们将商品全集视作一个布尔域，每个商品对应一个布尔变量，表示其存在与否，那么，每个购物篮可以表示为一个布尔向量。对这些布尔向量的分析可以揭示出商品之间的频繁关联或同时购买模式，这些模式可以用关联规则来展现。例如，以下关联规则表示购买计算机的顾客也倾向于购买财务管理软件：

computer⇒financial＿ management＿ software〔support＝2%，confidence＝60%〕

这里，2%的支持度意味着在所有分析的事务中，有2%的事务同时包含计算机和财务管理软件；60%的置信度则表示购买计算机的顾客中，有60%也购买了财务管理软件。只有当关联规则同时满足最小支持度阈值和最小置信度阈值时，它才被视为有趣的规则，这些阈值可由用户或专家根据实际需求设定。

（二）期望可信度（c_e）

如果事务集中有 $e\%$ 的事务包含项集 B，那么 $e\%$ 就被称为关联规则 $A \Rightarrow B$ 的期望可信度。这个指标描述了在没有其他条件影响的情况下，项集 B 在所有事务中出现的概率。例如，如果有 1 000 名顾客在一天内购物，其中 200 人购买了冰箱，那么相关规则的期望可信度就是20%。

（三）作用度（lift）

作用度定义为置信度与期望可信度的比值，它衡量了项集 A 的出现对项集 B 出现的影响程度。置信度反映了在项集 A 出现的情况下项集 B 出现的概率，而期望可信度则反映了项集 B 在所有事务中的出现概率。作用度反映了加入"项集 A 出现"这一条件后，项集 B 出现概率的变化。如果购买微波炉的顾客中有70%也购买了冰箱，那么作用度就是这个比例与冰箱期望可信度的比值70%：20%＝3.5。

用 P（A）表示事务中出现项集 A 的概率，$P(B|A)$ 表示在出现项集 A 的事务中出现 B 的概率，那么上述四个参数可以用表8.1中的公式表示。

表8.1　各参数的含义及计算公式

名称	描述	公式
置信度（c）	在 A 出现的前提下，B 出现的概率	$P(B|A)$
支持度（s）	A 和 B 同时出现的概率	$P(A \cup B)$
期望可信度（c_e）	B 出现的概率	P（B）
作用度（$lift$）	置信度对期望可信度的比值	$P(B|A) | P(B)$

置信度衡量了关联规则的准确性，而支持度则衡量了规则的重要性。支持度越高，规则越具有代表性。有些规则虽然置信度高，但支持度低，说明其实用机会小，因此重要性也相对较低。

期望可信度描述了在没有项集 A 的情况下项集 B 的自然出现概率，作用度则揭示了项集 A 对项集 B 影响力的强弱。一般来说，有用的关联规则的作用度应该大于 1，这表明项集 A 的出现对项集 B 的出现有促进作用，显示了它们之间的某种相关性。如果作用度不大于 1，则该关联规则就失去了意义。

项的集合被称为项集，包含 k 个项的项集被称为 k-项集。例如，集合 $\{computer, financial\_management\_software\}$ 就是一个 2-项集。项集的出现频率是指包含该项集的事务数量，也称为项集的频率、支持计数或计数。如果项集的出现频率大于或等于 $min\_ sup$ 与 D 事务总数的乘积，则该项集满足最小支持度要求，被称为频繁项集。频繁 k-项集的集合通常用 L 来表示。

二、关联规则的挖掘

在关联规则的四个属性中，支持度和置信度能够比较直接形容关联规则的性质。根据关联规则的定义，任意两个物品集之间均存在关联规则，但其属性数值会有所差异。在事务数据库中，如果不加限制地考虑关联规则，那么可能发现的规则数量将是无限的。然而，实际上，用户通常只对那些达到一定支持度和置信度的规则感兴趣。因此，为了挖掘出有意义的关联规则，我们需要设定两个阈值：最小支持度和最小置信度。前者用来确定规则必须达到的最低支持度标准，而后者则设定了规则必须满足的最小置信度要求。通常，那些满足特定标准（如具有较高的支持度和置信度）的规则被称为强规则。

在挖掘关联规则时，应特别关注以下两点：首先，要合理地设定最小支持度和最小置信度，这需依据用户对目标的预期而定。设定值过低可能导致大量无效规则的涌现，降低效率，浪费资源，甚至掩盖真正目标；而设定值过高，则可能遗漏重要规则，错失宝贵知识。其次，深入理解关联规则至关重要。数据挖掘工具能发掘出符合条件的规则，但无法评估其实际意义。理解关联规则需要深厚的业务背景和丰富的经验，以便对数据有全面认识。在某些情况下，看似无关联的物品间可能存在高支持度和置信度的规则，这需结合业务知识和经验来判断其是偶然现象还是具有内在逻辑。反之，主观上认为紧密相关的物品，数据可能显示其关联性并不强。只有深入理解关联规则，才能精准筛选，发掘数据的真正价值。

如何由大型数据库挖掘关联规则？关联规则挖掘主要包含两个核心步骤：

首先，需要从数据集中筛选出所有的高频项目组（frequent itemsets）。这些项目组在整体数据中出现的频率需达到一定标准。具体来说，一个项目组的出现频率被称作支持度。例如，对于包含 A 和 B 两个项目的 2-itemset，我们可以通过特定公式计算出其支持度。当这个支持度超过预设的最小支持度（minimum support）阈值时，我们就称这个项目组为高频项目组。满足最小支持度的 k-itemset 被定义为高频 k-项目组（frequent k-itemset），常被表示为 Large k 或 Frequent k。算法会持续从 Large k 项目组中生成 Large k+1，直到无法找到更长的高频项目组。

其次，基于这些高频项目组，我们会生成关联规则。这一过程依赖于前一步骤得到的高频 k-项目组。在规则满足最小置信度（minimum confidence）的条件下，如果规则的置信度达到或超过这个最小置信度，我们就称这条规则为关联规则。

此外，关联规则挖掘更适用于处理离散值数据。如果原始数据库中的数据是连续的，那么在挖掘之前需要进行数据离散化处理，即将连续的数据值映射到特定的区间或值上。这一步骤对于数据挖掘至关重要，其合理性直接影响到最终的挖掘结果。

三、关联规则的多样化分类

关联规则可根据不同维度进行分类。

其一，根据规则中涉及的变量类型，关联规则可分为布尔型关联规则和数值型关联规则。

布尔型关联规则专注于处理离散且分类化的值，揭示变量间的关联关系。而数值型关联规则则可以与多维或多层规则结合，对数值字段进行动态分割或直接处理原始数据，同时也可包含分类变量。例如，"性别='女'→职业='秘书'"是典型的布尔型规则，而"性别='女'→平均收入=2 300"由于涉及数值型收入，因此属于数值型关联规则。

其二，从数据抽象层次的角度，关联规则可分为单层关联规则和多层关联规则。

在单层规则中，不考虑数据的多层次性；相对地，多层规则则充分考虑了数据的层次性。比如，"IBM 台式机→Sony 打印机"反映了具体品牌产品的单层关联，而"台式机→Sony 打印机"则展示了不同抽象层次间的多层关联。

其三，根据涉及的数据维度，关联规则还可分为单维关联规则和多维关联规则。

单维规则仅涉及数据的一个维度，如用户购买行为；多维规则则跨越多个维度。简而言之，单维规则关注单一属性内的关系，而多维规则探讨不同属性间的关系。例如，"啤酒→尿布"仅涉及购买行为这一维度，而"性别＝'女'→职业＝'秘书'"则跨越了性别和职业两个维度。

四、Apriori 算法

Apriori 算法是一种最有影响的挖掘布尔关联规则频繁项集的算法。其核心是基于两阶段频集思想的递推算法。该关联规则在分类上属于单维、单层、布尔关联规则。单维、单层、布尔关联规则是关联规则挖掘中的一种简单形式，单维仅涉及一个维度（如"购买商品"），单层指所有项处于同一抽象层级（如具体商品名，不分类别），布尔则是指数据为二元状态（存在/不存在，如"买"或"不买"）。同时，我们将所有支持度大于最小支持度的项集称为频繁项集，简称频集。

该算法的基本思想：首先找出所有的频集，这些项集出现的频繁性至少和预定义的最小支持度一样。然后由频集产生强关联规则，这些规则必须满足最小支持度和最小置信度。其次使用第 1 步找到的频集产生期望的规则，产生只包含集合的项的所有规则，其中每一条规则的右部只有一项，这里采用的是中规则的定义。一旦这些规则被生成，那么只有那些大于用户给定的最小置信度的规则才被留下来。为了生成所有频集，使用了递推的方法。

（1）Apriori 使用一种称作逐层搜索的迭代方法，"K-项集"用于探索"$K+1$-项集"。首先，找出频繁"1-项集"的集合，该集合记作 L_1。L_1 用于找频繁"2-项集"的集合 L_2，而 L_2 用于找 L_3，如此下去，直到不能找到"K-项集"。找每个 L_K 需要一次数据库扫描。

（2）"K-项集"产生"$K+1$-项集"。

设 K-项集 L_K，$K+1$ 项集 L_{K+1}，产生 L_{K+1} 的候选集 C_{K+1}。有公式：

$$C_{K+1}=L_K L_K = \{XY, \text{其中 } X, Y \in L_K, |XY|=K+1\}$$

其中 C_1 是 1-项集的集合，取自所有事务中的单项元素。

如：$L_1 = \{\{A\}, \{B\}\}$

$C_2 = \{A\} \{B\} = \{A, B\}$，且 $|AB|=2$

$L_2 = \{\{A, B\}, \{A, C\}\}$

$C_3 = \{A, B\} \{A, C\} = \{A, B, C\}$，且 $|ABC|=3$

例如生成频繁项目集过程（见表 8.2）：

表 8.2　项目集的生成

事务 ID	事务的项目集
T1	A, B, E
T2	B, D
T3	B, C
T4	A, B, D
T5	A, C
T6	B, C
T7	A, C
T8	A, B, C, E
T9	A, B, C

解：

①在算法的首次迭代中，每个项均被纳入候选 1-项集 C_1。算法会遍历所有事务，对每个项的出现进行计数。

②设定最小事务支持计数为 2（min-sup＝2/9≈22%），从而确定频繁 1-项集 L_1，该集合包含满足最小支持度的候选 1-项集。

③为了发现频繁 2-项集 L_2，算法利用 L_1 与自身的组合来生成候选集 C_2。

④遍历数据集 D，计算 C_2 中每个候选项集的支持度。

⑤确定频繁 2-项集 L_2，它由满足最小支持度的 C_2 中的候选 2-项集组成。

⑥生成候选 3-项集 C_3，得到候选集合：C_3 ＝ { {A, B, C}, {A, B, E}, {A, C, E}, {B, C, D}, {B, C, E}, {B, D, E} }。根据 Apriori 性质，非频繁项集的超集不可能是频繁的。由于 {A, D}，{C, D}，{C, E}，{D, E} 不是频繁项集，因此 C_3 中的后四个候选集被排除。然后遍历数据集 D，计算 C_3 中剩余候选项集的支持度。

⑦确定 L_3，它由满足最小支持度的 C_3 中的候选 3-项集组成。

⑧根据规则生成候选 4-项集 C_4，得到结果 {A, B, C, E}，但由于其子集 {B, C, E} 不是频繁的，因此被剔除。这样，L_4 为空集，算法结束。L_3 是最大的频繁项集，包括 {A, B, C} 和 {A, B, E}。

值得注意的是，Apriori 算法存在两个主要缺点：可能生成大量的候选集和可能需要多次遍历数据库。

五、关联规则的应用场景

(一) 市场营销场景

关联规则可以应用于超市购物推荐系统中。通过分析顾客的购买记录，挖掘出不同商品之间的关联关系，可以为顾客提供个性化的购物推荐。例如，当顾客购买了牛奶和面包时，系统可以向他们推荐黄油或果酱，以提高销售额。

在电商平台上，关联规则可以用于交叉销售。通过分析用户的购买历史，找出不同商品之间的关联关系，可以为用户推荐其他相关商品。例如，当用户购买了一台电视机时，可以向他们推荐音响或电视机支架。

关联规则可以用于优化商品陈列。通过分析商品销售数据，挖掘出不同商品之间的关联关系，可以调整商品陈列的位置。例如，如果某个商品与其他商品之间存在较强的关联关系，可以将它们放在相同的陈列区域，以提高销售额。

(二) 医疗场景

关联规则可以应用于疾病诊断。通过分析患者的病历和症状，挖掘出不同病症之间的关联关系，可以帮助医生进行疾病诊断。例如，如果患者同时出现发热、咳嗽和乏力等症状，可以初步判断为感冒。

在药物治疗中，关联规则可以用于药物推荐。通过分析患者的病历和用药记录，找出不同药物之间的关联关系，可以为患者推荐最适合的药物组合。例如，如果某种药物和其他药物之间存在较强的关联关系，可以考虑将它们一起使用。

关联规则可以用于预防保健。通过分析人群的健康数据，挖掘出不同健康指标之间的关联关系，可以为人们提供个性化的健康建议。例如，如果某个人的体重超标，可以建议他进行减肥并加强运动。

(三) 社交场景

关联规则可以应用于社交推荐系统。通过分析用户的社交网络和兴趣爱好，挖掘出不同用户之间的关联关系，可以为用户推荐朋友或兴趣相投的人。例如，当用户的好友 A 和好友 B 之间存在较强的关联关系时，可以推荐给用户认识好友 B。

在社交网络分析中，关联规则可以用于发现社交网络中的群体结构和社区发现。通过分析用户之间的关系和交互行为，挖掘出不同用户群体之间的关联关系，可以帮助人们更好地理解社交网络的结构和演化过程。

关联规则可以用于舆情分析。通过分析社交媒体上的用户评论和转发关系，挖掘出不同事件之间的关联关系，可以帮助人们了解公众对某个事件的态度和情感倾向。例如，当某个事件引发了大量的讨论和转发时，可以判断出该事件具有较高的关注度。

（四）数字经济场景

在电商平台上，关联分析能基于用户的购买历史、浏览记录和评价信息，发现商品间的关联性，进而实现精准的商品推荐。例如，当用户购买 A 商品时，关联分析可能揭示出购买 A 商品的用户同时也倾向于购买 B 商品，从而建议将 B 商品推荐给购买 A 商品的用户。

通过关联分析，企业可以得知哪些商品和服务之间存在着强烈的购买关联，据此设计捆绑销售、交叉销售策略，甚至调整产品陈列和广告投放，如前文提到的"啤酒与尿布"案例，超市可根据此规则调整货架摆放以促进连带消费。

关联分析可以用于库存管理和供应链优化，预测哪些商品在未来可能会因为与其他商品的关联购买而产生更大的需求，有助于企业合理安排库存和采购计划，减少滞销风险，提高资金周转率。

在金融科技领域，关联分析可用于信用卡欺诈检测、信贷风险评估等方面，通过发现异常交易行为模式或关联事件，及时预警潜在风险。

数字媒体和社交媒体平台利用关联分析理解用户的行为习惯，找出用户访问、点击、分享内容之间的规律，以便推送个性化的内容和广告。

智能客服与客户关系管理方面，关联分析可帮助分析客户的服务请求、投诉、满意度反馈等数据，找出客户服务过程中的关键环节和改进点，优化客户体验和服务质量。

（五）其他场景

关联规则可以应用于网络安全领域。通过分析网络流量和用户行为，挖掘出不同网络事件之间的关联关系，可以帮助人们发现网络攻击和异常行为。例如，当某个 IP 地址和其他 IP 地址之间存在较强的关联关系时，可以初步判断该 IP 地址可能是一个恶意攻击者。

在交通管理中，关联规则可以用于交通流预测和路况优化。通过分析车辆行驶轨迹和交通信号灯状态，挖掘出不同道路和交通事件之间的关联关系，可以帮助交通管理部门预测交通流量和优化路况。

关联规则可以用于金融风控领域。通过分析用户的交易记录和信用评估数据，挖掘出不同交易和用户之间的关联关系，可以帮助金融机构识别风险和欺诈行为。例如，当某个用户的交易行为与其他用户之间存在较强的关联关系时，可以对该用户进行风险评估。

总之，关联规则作为一种数据挖掘方法，在市场、医疗、社交和其他领域都有广泛的应用。通过挖掘不同数据之间的关联关系，可以为人们提供个性化的推荐、辅助决策和改进服务质量。未来随着数据量的不断增长和算法的不断改进，关联规则的应用前景将更加广阔。

第四节　案例应用

社会网络分析的核心特点是关系导向，其分析关注节点间的联结，而不是各节点的孤立属性。作为一种量化工具，社会网络分析量化指标丰富，比如用中心度衡量节点重要性、用网络密度揭示关键枢纽与脆弱环节等。这一特点可应用于城市网络分析，可帮助刻画游客流动、评估资源协同以及追踪网络演化，为政策调整提供依据。

旅游流的情况反映了游客在一定时间和空间内的移动现象，随着我国旅游经济的发展，城市与城市之间的旅游经济联系也在不断加深，对旅游经济联系进行网络结构分析，有助于了解旅游要素在各城市间流通的广度和深度，推动旅游经济走上可持续发展之路。长三角城市群作为国内规模最大的城市群，同时也是国内最重要的游客来源地和热门旅游目的地之一，其区域内游客的流动性极为频繁，因此，选择其作为本节案例研究旅游流网络结构具有深远的意义。[①]

一、研究方法和研究数据

（一）研究方法

社会网络，简而言之，是由社会行动者及他们之间纷繁复杂的关系所构成

---

① 本节案例来源朱冬芳《长江三角洲都市圈旅游地角色研究》（2013）。

的网络。在这个网络中,点代表社会行动者——这些行动者可以是个人、公司、城市或国家等任何社会单位或实体;而点之间的连线则揭示了这些行动者之间的多样化关系,如朋友关系或社区间的联系。社会网络的核心组成便是这些行动者及其相互关系。社会网络分析的目的在于构建关系的模型,以描绘群体关系的架构,并深入探究这些结构如何影响群体的功能或其内部个体。其独特性在于,它关注的是行动者之间的关系特性,而非行动者本身的属性,"关系"是这里的研究单元。随着网络动态研究的进步,我们还能利用这一方法探讨群体的历史变迁,并预测网络结构的未来走向。总的来说,社会网络分析为我们提供了一种直观且具有说服力的方式来剖析社会结构,使我们能够洞察行动者在社会网络中的交互作用及他们所形成的连接模式。

长江三角洲都市圈,横跨江苏、浙江和上海,涵盖了上海、南京、无锡等 16 个城市,已成为我国最吸引游客和最具竞争力的旅游热点之一。从社会网络分析的视角出发,我们可以将这些城市视为网络中的节点或行动者,而城市间游客的流动则形成了网络中的连线或联系,从而构建了一个由游客流动所连接的旅游空间网络结构。

(二)研究数据

在探讨区域旅游经济联系时,我们通常采用修正后的引力模型来揭示不同区域间的旅游经济关联及其在空间上的相互作用。本节案例使用的修正引力模型为

$$R_{ij} = K \frac{\sqrt{P_i G_i} \sqrt{P_j G_j}}{D_{ij}^2}$$

上式中,R_{ij} 为城市 i 和城市 j 的旅游经济联系强度值,G_i 和 G_j 分别是城市 i 和城市 j 的旅游收入,P_i 和 P_j 分别是城市 i 和城市 j 的旅游总人数,K 为常数,一般取 1,D_{ij} 为两城市之间的空间物理距离。选取长三角都市圈 16 个旅游地(城市)作为行为主体,根据《中国高速公路及城市公路网地图集 2010》以及各市 2009 年统计公报整理计算,得到 2009 年旅游经济联系强度矩阵。由于网络分析专注于"关系数据"的研究,且 UCINET 软件仅识别二值关系数据,因此必须进行"关系数据处理"。在多次利用 UCINET 工具进行测试后,我们选择了适当的切分值,以此将旅游经济联系强度矩阵成功转换为 UCINET 软件能够识别的由 0 和 1 组成的二值关系矩阵。具体结果见表 8.3,同时绘制网络图见图 8.2。

表 8.3 长三角城市旅游经济联系强度矩阵

	上海	南京	杭州	苏州	无锡	宁波	常州	南通	镇江	扬州	嘉兴	湖州	绍兴	泰州	舟山	台州
上海	0	1	1	1	1	1	1	1	1	1	1	1	1	1	1	1
南京	1	0	1	1	1	0	1	0	1	1	0	1	0	1	0	0
杭州	1	1	0	1	1	1	1	0	1	0	1	1	1	0	1	1
苏州	1	1	1	0	1	1	1	1	1	1	1	1	1	1	0	0
无锡	1	1	1	1	0	0	1	1	1	1	1	1	1	1	0	0
宁波	1	0	0	1	0	0	0	0	0	0	0	0	1	0	1	1
常州	1	1	1	1	1	0	0	1	1	1	1	1	0	0	0	0
南通	1	0	0	1	1	0	1	0	0	0	0	0	0	0	0	0
镇江	1	1	1	1	1	0	1	0	0	1	0	0	0	1	0	0
扬州	1	1	1	0	1	0	1	0	0	0	0	0	0	1	0	0
嘉兴	1	0	1	1	1	0	1	0	0	0	0	1	1	0	0	0
湖州	1	1	1	1	1	0	1	0	0	0	1	0	1	0	0	0
绍兴	1	0	1	1	1	1	0	0	0	0	1	0	0	0	0	0
泰州	1	1	0	1	1	0	0	0	1	1	0	0	0	0	0	0
舟山	1	0	1	0	0	1	0	0	0	0	0	0	0	0	0	0
台州	1	0	1	0	0	1	0	0	0	0	0	0	0	0	0	0

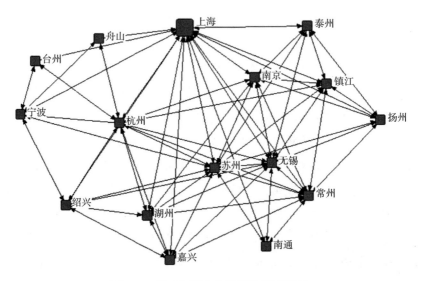

图 8.2 长三角城市旅游经济联系网络

二、研究结果

（一）整体网络指标测算

整体网络指标主要包括网络密度、核心-边缘模型、凝聚子群三个指标。

1. 网络密度

网络密度是衡量网络中各节点间旅游经济联系紧密度的指标，用于评估整体网络的紧密或分散程度，其值域为［0，1］。网络密度值越高，说明网络中节点间的联系越紧密，交流频率越高，旅游要素在网络中的流动性越强，网络稳定性也越高。相反，密度值越低则表明情况相反。将表 8.3 矩阵导入 UCINET 软件，沿"Network—Density"路径对网络密度进行分析研究。具体计算结果见表 8.4。

表 8.4　长三角城市旅游经济联系网络密度

网络密度（Density）	0.5375
标准差（Standard deviation）	0.4986

长三角城市旅游经济联系网络密度值为 0.5375，说明网络的联系度占网络总连结的 50% 以上，总体来看，网络连接较为紧密。

2. 核心-边缘模型

核心-边缘模型主要用于分析网络节点的位置特性，确定节点是处于核心区域还是边缘区域。该模型通过考察核心与边缘之间的联系密度，来探讨各区域成员的内部联系紧密程度以及它们与区域外成员的联系情况。在 UCINET 分析工具中，我们常常利用聚类方法来区分节点的空间位置。其中，"核心"指网络中经常共同出现的个体所形成的聚类，而"边缘"则指在网络中不常共同出现的个体。在旅游经济联系的网络中，核心区代表着在整体区域中具有优越网络地位的地方，它们在网络中拥有较大的影响力，并在地理位置、旅游资源、交通条件等方面具有显著优势。相对而言，边缘区域则在网络中处于较为被动的地位，并较大程度上受到核心区的控制。将表 8.3 的二值矩阵导入 UCINET 软件，沿"Network-Core-periphery"路径对核心边缘模型进行分析研究。具体计算结果见表 8.5 和表 8.6。

表 8.5　长三角城市旅游经济经济联系网络核心区与边缘区

核心区	1. 上海　南京　杭州　苏州　无锡　常州
边缘区	2. 宁波　南通　镇江　扬州　嘉兴　湖州　绍兴　泰州　舟山　台州

表 8.6　长三角城市旅游经济联系网络核心区与边缘区密度矩阵

	核心区	边缘区
核心区	1.000	0.683
边缘区	0.667	0.200

3. 凝聚子群

凝聚子群体现了网络中联系紧密的小型组织群体，这些紧密相连的小型群体被称作凝聚子群，这是一个涵盖广泛的子群定义，社会学领域尚未给出确切的定义。凝聚子群分析的主要目标是揭示群体内部的次级结构，理解网络节点的聚类层次及其成员构成。其划分的基础是子群内部节点之间"存在着强烈、直接、紧密、频繁或积极的关系"。

在旅游经济联系网络中，由于地理位置相邻、资源互补等因素，旅游节点城市间会维持着紧密且频繁的旅游经济联系，这样往往会形成一个或多个行动者子集合，这种子结构即为凝聚子群。通过社会网络分析方法，我们可以识别出由不同节点组成的凝聚子群，在复杂且难以量化的社会网络中揭示不同个体之间的相互关系，进而为区域旅游一体化的发展提供有价值的参考。

将表 8.3 的二值矩阵导入 UCINET 软件，沿"Network—Concor"路径进行凝聚子群分析，由此得到长三角城市旅游经济联系网络的凝聚子群树权图（图 8.3）和凝聚子群密度表（表 8.7）。具体计算结果如下。

表 8.7　长三角城市旅游经济联系网络凝聚子群密度矩阵

	1	2	3	4	5	6	7	8
1		1.000	1.000	1.000	1.000	1.000	1.000	1.000
2	1.000	1.000	0.500	0.667	0.250	0.000	1.000	1.000
3	1.000	0.000		1.000	0.000	0.000	0.333	0.000
4	1.000	0.667	1.000	0.000	0.000	0.000	0.222	0.333

续表

	1	2	3	4	5	6	7	8
5	1.000	0.250	0.000	0.000	1.000	0.000	0.917	0.250
6	1.000	0.000	0.000	0.000	0.000		1.000	0.000
7	1.000	1.000	0.333	0.222	0.917	1.000	1.000	1.000
8	1.000	1.000	0.000	0.333	0.250	0.000	1.000	

注：由图8.3，可以清晰看出长三角城市旅游经济联系网络中16个城市被分为8个凝聚子群：1上海；2杭州、嘉兴；3宁波；4台州、绍兴、舟山；5南京、扬州、泰州、镇江；6南通；7无锡、苏州、常州；8湖州。

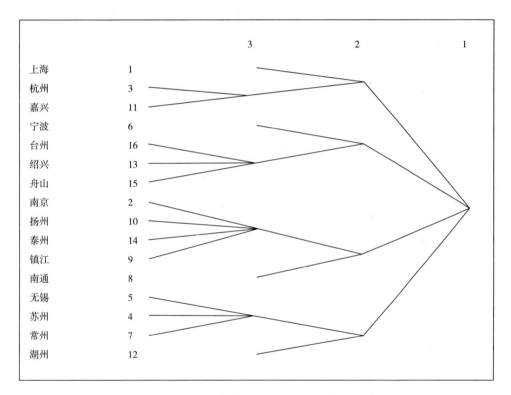

图8.3 长三角城市旅游经济联系网络凝聚子群树权图

（二）个体网络指标测算

个体网络指标涵盖中心性和结构洞两大类。中心性进一步细分为度数中心性、接近中心性和中介中心性，而结构洞则包括有效规模、效率和限制度。以下是对这些指标的详细解读。

1. 中心性

中心性是一个量化分析指标，从"关系"的角度出发，衡量个体或组织在网络中的权力和地位优越性。它主要包括三个维度：

一是度数中心性，衡量节点与其他节点交往密切程度的最直观指标。一个节点的度数中心性指标值越大，意味着它在网络中的支配能力越强。

二是接近中心性，反映了一个节点与其他所有节点的联系紧密程度。接近中心性指标值越大，表示该节点与其他节点的联系越紧密，且更不容易受到其他节点的控制。

三是中介中心性，表示一个节点在网络中作为中介的次数。当某一节点的中介中心性指标值高时，说明该节点是许多其他节点进行联系的必经之地，从而在网络中扮演着重要的中介角色。在旅游经济联系网络中，这样的节点城市往往是旅游经济交往的枢纽。

将表 8.3 的二值矩阵导入 UCINET 分析工具，沿"Network—Centrality—Degree"路径进行中心性分析，具体测算结果如表 8.8。

表 8.8　2009 年长三角城市旅游经济联系网络节点中心性

	（度数中心性）degree	（接近中心性）closeness		（中介中心性）betweenness
		内接近中心度	外接近中心度	
1. 上海	15.000	100.000	100.000	45.883
2. 南京	9.000	71.429	71.429	2.300
3. 杭州	12.000	78.947	83.333	19.383
4. 苏州	13.000	88.235	88.235	18.550
5. 无锡	12.000	83.333	83.333	11.100
6. 宁波	6.000	62.500	60.000	3.333
7. 常州	10.000	75.000	75.000	5.300
8. 南通	4.000	57.692	57.692	0.000
9. 镇江	8.000	68.182	68.182	1.067
10. 扬州	7.000	65.217	65.217	0.333
11. 嘉兴	7.000	65.217	65.217	0.333
12. 湖州	8.000	68.182	68.182	1.067
13. 绍兴	7.000	65.217	65.217	1.950

续表

	（度数中心性）degree	（接近中心性）closeness		（中介中心性）betweenness
		内接近中心度	外接近中心度	
14. 泰州	6.000	62.500	62.500	0.000
15. 舟山	3.000	55.556	55.556	0.200
16. 台州	3.000	55.556	55.556	0.200
均值	8.125	70.173	70.291	6.893
标准差	3.426	11.920	12.283	11.803

总体上看，这一结果与整体网络分析结果相似，上海在旅游经济网络中稳坐核心地位，凭借其最高的度数中心性、接近中心性和中介中心性脱颖而出。紧随其后的是苏州、杭州、无锡、南京和常州，这些城市在网络中同样展现出较高的度数中心性和接近中心性。然而，在中介中心性方面，南京和常州相较于杭州、苏州和无锡略显逊色，这意味着它们在连接长三角内外部城市时所扮演的中介角色相对较弱。另一方面，湖州、镇江和扬州在中心性特征上呈现出相似性，表明它们在网络中发挥着类似的功能。

2. 结构洞

结构洞是描述网络中两个节点间不存在直接竞争或合作关系的术语。当网络中的某个节点与一些节点有联系，而与另一些节点无直接联系时，网络结构会出现断裂，这些断裂之处即结构洞所在。若两个节点间的联系必须经由第三个节点来建立，那么第三个节点就拥有了结构洞的优势，从而有机会获取更多的信息和资源，在竞争中占据有利地位。衡量结构洞水平的指标主要有三个：有效规模、效率和限制度。在旅游经济联系网络中，节点城市的有效规模和效率越大，其结构洞优势越显著，网络中的冗余联系越少。而限制度的高值则表明该节点城市较易受网络中其他节点的影响，冗余联系较多。具体指标解释如下：①有效规模指网络中某节点的个体网络规模减去冗余部分后的实际规模，数值越大，节点的竞争力越强；②效率是节点城市的有效规模与其实际规模的比例；③限制度反映网络中节点间的直接或间接依赖程度，数值越小，表示节点在网络中的优势地位越明显。

将表 8.3 二值矩阵导入 UCINET 分析工具，沿 "Network—Egonetworks—Structural Holes" 的路径进行结构洞水平分析，具体计算结果如表 8.9。

表 8.9　2009 年长三角城市旅游经济联系网络节点结构洞水平

城市	有效规模（EffSize）	效率（Efficiency）	限制度（Constraint）
上海	8.400	0.560	0.239
南京	2.333	0.259	0.391
杭州	5.783	0.482	0.298
苏州	6.000	0.462	0.279
无锡	4.833	0.403	0.301
宁波	2.818	0.470	0.534
常州	3.400	0.340	0.357
南通	1.000	0.250	0.766
镇江	1.750	0.219	0.435
扬州	1.286	0.184	0.490
嘉兴	1.286	0.184	0.490
湖州	1.750	0.219	0.435
绍兴	2.000	0.286	0.483
泰州	1.000	0.167	0.560
舟山	1.333	0.444	0.882
台州	1.333	0.444	0.882

　　结构洞的三个关键指标一致显示，上海、杭州、苏州和无锡这四个旅游地在三个旅游经济网络中都显著地展现出结构洞的优势。这表明它们不仅具备高水平的结构洞地位，而且在旅游经济网络中拥有无法被取代的区位优势和竞争优势。这些旅游地一方面与其他地区保持着紧密的经济联系，充当关键的"桥梁"角色，掌控着重要的信息、技术和资本等资源；另一方面，由于它们的独特性，一旦缺失可能导致其他旅游地之间的经济联系断裂，从而影响整个网络的紧密性。常州、南京和宁波三地的结构洞水平虽不及前四者，但也具有一定的地位，其中南京在入境游网络中的结构洞地位较低，意味着在入境游相关的经济联系中，南京的参与机会有限，较少扮演关键的"中间人"角色。南通、泰州、舟山和台州这四个旅游地在结构洞水平上表现最低，其优势相对最不

明显。

三、案例小结

本节案例借助社会网络分析工具 UCINET 软件，深入描述了旅游经济网络的特征。通过综合分析旅游地的网络中心性和核心-边缘结构，我们初步确定了各个旅游地在网络中的具体角色。研究结果显示，在长三角城市旅游经济中上海稳坐第一核心旅游地的位置，而苏州、杭州、无锡、南京和常州则被视为次核心旅游地。湖州、镇江、扬州和宁波被定位为重要旅游地，其余城市则被归类为一般或边缘旅游地。此外，我们还发现旅游发展能力、经济发展水平、交通便捷性和城市发展状况等因素，都在不同程度上塑造和影响了各个城市在旅游经济网络中所扮演的角色及其功能。

本章小结

本章对路径分析进行了全面而深入的探讨，为读者提供了清晰的学习路径。在具体方法上，我们重点介绍了社会网络分析法。这种方法通过构建和分析社会网络，揭示了网络结构、关系强度以及信息传播等方面的特点。通过社会网络分析，我们可以更好地理解和解释社会现象，为政策制定和决策提供有力支持。关联分析法是一种用于探索变量之间关系的统计技术。通过关联分析，我们可以发现变量之间的相关性和因果关系，从而揭示隐藏在数据背后的规律和运行模式。这种方法在市场调研、数据分析等领域具有广泛的应用价值。在本节案例应用部分，我们结合长三角城市旅游经济案例，展示了路径分析的实际应用过程。

课后习题

1. 简述社会网络分析方法的核心思想和主要步骤。解释节点和边在社会网络分析中的含义，并给出一个实际例子。

2. 解释关联分析中支持度、置信度和作用度等概念，讨论它们在评估关联规则时的重要性，举例说明其在实际研究中的应用。

3. 假设你是一名市场研究员，请设计一个路径分析方案，用于研究消费者购买决策的影响因素。

4. 尝试使用社会网络分析法分析一个你熟悉的社会现象（如社交网络中

的信息传播、团队内部的合作关系等），并讨论分析结果对理解该现象有何帮助。

5. 选择一组你感兴趣的数据集，运用关联分析法，探究变量之间的潜在关系，并解释这些关系对实际问题的意义。

第九章
综合评价分析

综合评价（synthetical evaluation）方法是指运用多个指标或者多个总体同时进行定量评价和比较的一种方法，又称为多变量综合评价方法或者多指标综合评估技术。综合评价不是简单地把多个指标分析相加，而是在掌握了有关历史资料的基础上，集中各种有关因素的信息，适当加工提炼它们的内在联系，紧密结合工作实践，用数理统计方法或生物数学方法制订出恰当的评价模型，客观地判断出评价对象的类别或优劣等级，以此为后续的工作决策提供参考依据。综合评价的基本思想是将多个指标转化为一个能够反映综合情况的指标来进行评价。比如不同国家经济实力、不同地区社会发展水平、小康生活水平达标进程、企业经济效益等，都可以应用这种方法评价。当获得的数据是"二维"数据（评价对象和评价指标）时，该评价问题属于多指标的静态综合评价问题；当获得的数据是"三维立体"数据（评价对象、评价指标及评价时点）时，那么该评价问题就属于多指标的动态综合评价问题。

第一节　综合评价分析概述

在日常生活和工作中会经常遇到评价问题，简单来说评价可以概括为以不同侧面所得的数据对客观事物作出总的评价。由于评价会涉及日常生活中的各个方面，所以，研究评价方法具有很现实的意义。

评价的研究对象是自然、社会、经济等领域中的同类事物或同一事物在不同时期的表现。综合评价的依据就是指标，指标可分为实物指标和价值指标、相对指标和绝对指标、单项指标和综合指标等。因为评价所用的指标是多种多样的，所以评价的问题也是复杂的。

一、基本概念

随着决策科学的发展，评价科学也在不断发展。所谓评价（evaluation），是指按照某些标准对观测结果做出判断，并给这种结果一个恰当合理的解释的过程。通常情况下，观测结果只能反映现状，在评价之后，就可以对现状的意义加以判断。只有一个因素的评价相对简单，只需要按一定的准则给研究对象一个评价等级或分数，按照等级或分数的高低，排出优劣顺序；如果是复杂的状况，由于同时受到很多因素的影响，就需要综合考察很多个相关因素，选取多个有关指标对评价对象进行评价，并排出优劣顺序，这就是综合评价。

二、综合评价的条件

（一）内容丰富的信息源

信息其实就是消息，比如主体和客体之间有关情况的消息，同时也是一种提供确定因素、消除不确定因素的消息。如果没有消息，就无法认识事物间的相互联系，当然也无法探求事物的规律。有的消息反映现状，有的消息反映历史，有定量的也有定性的。从某种意义上讲，综合评价就是信息管理的全过程，包括信息的收集、处理和分析，只有在充分拥有了关于评价对象及其相关因素的信息的基础上，才有可能作出较为可靠的评价。信息越多、越真实，评价的准确性与可靠性越高。

1. 信息的收集

一种是直接收集到的数据，比如各种统计报表、各种医疗卫生的工作记录和报告卡、专题调查或实验等。获取这些资料往往需要很长时间，并且费用也很高，但是很可靠。另一种是已经公布或发表的有关资料，很容易获取，所花费代价较低，同时数据精度也是可以保证的。其缺点是可能不宜直接应用，在应用时，要进行恰当的修正或处理。在搜集数据时应该保证数据完整、及时、适用、经济，完整就是数据要内容全面、无遗漏、范围明确、时间连续、准确反映实际情况，各项目之间无矛盾，各数字无不合理现象；及时即有明确的时间限制；适用即信息能反映本质问题；经济即要尽可能用最低的费用获取最多的信息。

2. 信息的处理

信息的可靠性直接影响到评价的客观性，由于多方面的原因，我们收集到的资料的可靠程度不可避免地会受到某些干扰。同时，考虑到资料使用的方便程度，还有必要对数据进行处理。信息处理，即用各种技术手段对原始资料进行审核、汇总和存储，使之条理化、系统化的过程。信息处理包括：清除不合理的可疑值，从而改善资料的质量；缺失数据数量与性质的评价，并按照一定原则进行缺失值估计，从而保证资料的完整性；定性资料或等级资料与定量资料间的相互转换，尤其是定性资料或等级资料定量化，从而适于进一步分析；由已知信息来推算有关的未知信息，从而获得新信息。

（二）历史资料的综合利用

充分利用现有的计算机软件，使得通过各种途径而获取的各种信息发挥最大的作用，这也将使得不同形式的综合评价模型更加稳定可靠。

三、综合评价分析的思路

对某事件进行多因素综合评价的过程其实就是一个科学研究与决策的过程，原则上应当包含如下几个基本阶段：设计、收集资料、整理资料和分析资料。在后续实施时应重点注意下面的几个基本环节：确定评价的目标—确定指标的权重—确定指标评价等级—建立评价模型—分析评价结果。

其一，选择恰当的评价指标（evaluation indicator），评价指标是依据评价目的选择的，接着考察各指标间的内在联系，选出能反映事物本质的评价指标，这些指标应当明确、具体、可行、可靠。

其二，根据评价目的，确定每个评价的权重，主要是依据对某事物评价的相对重要性。

其三，合理确定各个指标的评价等级（evaluation grade）及其界限。

其四，根据评价目的、数据特征，选择适当的综合评价方法，并根据已掌握的历史资料，建立综合评价模型（evaluation model），计算综合指标。

其五，确定综合指标的等级数量界限，在对同类事物综合评价的应用实践中，对选用的评价模型进行考察，并不断修改补充，使之具有一定的科学性、实用性与先进性，然后推广应用。

四、综合评价分析的种类

综合评价分析大致可分为三类：确定权重类、分组类、排序类。

（一）确定权重类

层次分析法、熵值法、主成分分析、因子分析等都属于确定权重类，但是它们的原理各不相同。因子分析和主成分分析这两种方法利用了数据的信息浓缩原理，采用方差解释率计算权重；如果希望提取出的因子具有可解释性，就可以使用因子分析法；主成分分析的结果解释性相对较差，但是它计算更快，因此也被广泛地应用。熵值法利用数据熵值信息，也就是信息量大小来计算权重，熵值是系统无序程度的一个度量。某个指标的信息熵越小，表明指标值的变异程度越大，提供的信息量越多，在综合评价中所能起到的作用也越大，其权重也就越大。层次分析法（analytic hierarchy process，AHP）是一种定性分析与定量分析相结合的系统分析方法，利用数字的相对大小信息进行权重计算，数字越大其权重相对越高。该方法能够使复杂的问题系统化、数学化和模型化，把按人的主观判断为主的定性分析定量化，将各种判断要素之间的差异数值化，帮助人们保持思维过程的一致性，是目前被广泛应用的一种综合评价方法。

（二）分组类

模糊综合评价就是应用模糊集理论，根据多个评价因子，来评定一个事件的等级或类别，然后再进行决策。由于模糊数学方法的数量划分有不同程度的模糊性，所以采用该方法会使客观事物的评价更合理可靠。而多因子评价指的是在具有多个因子的模糊决策环境中，给某个对象提供一种综合的评价。

秩和比（rank sum ratio，RSR）指行（或列）秩次的平均值，它是一个非参数统计量，并且具有 0~1 连续变量这一特征。秩和比综合评价法（RSR）是利用 RSR 进行统计分析的系列方法。秩和比方法的基本思路是在一个 n 行 m 列 RSR，利用秩的转换，转换成无量纲统计量 RSR；再利用参数统计分析的方法分析 RSR 的分布；用 RSR 值对评价对象的优劣进行分档排序，从而对评价对象做出综合评价。该方法可被用做四格表资料的综合评价，适用于 n 行 m 列资料的综合评价，同时也适用于计量资料和分类资料的综合评价；可以消除异常值的干扰，既可以直接排序，又可以分档排序，一般档次数量为 3 档（优、良、差），也可以是 4 档、5 档。

数据包络分析（DEA）的基本原理是通过观察到的 n 个决策单元的 m 项输入和 s 项输出的数据，再根据公理假设建立相应的生产可能集（production possibility set），根据判断决策单元是否位于生产可能集的生产前沿面（production surface/frontier）上，来确定该决策单元是否 DEA 有效。数据包络分析的特点有：适用于多输出-多输入的有效性综合评价问题，并且处理这类问题具有绝对优势；使用 DEA 方法建立模型前无需对数据进行量纲化处理；无需任何权重假设。

（三）排序类

优劣解距离法（TOPSIS）逼近理想解，意思是与理想方案相近似的顺序选优技术，该方法常被用在系统工程中有限方案多目标决策分析中。TOPSIS 法可用于工作效益或质量的分析比较评价，如评价工作质量、餐厅环境等，是系统工程中有限方案多目标决策分析中的一种常用方法。

灰色关联分析（grey related analysis）是基于灰色系统理论提出的一种系统分析方法。灰色系统理论是把一般系统论、信息论和控制论的观点和方法延伸到社会、经济、生态、医学等抽象系统，再结合数学的方法，发展而成的一套解决信息不完备系统的理论和方法。在进行灰色关联分析时，数据一定要大于 0；如果小于 0，计算时就会出现"抵消"现象，这与灰色关联分析的计算原理不符合。当出现小于 0 的数据时，一般作为空值处理或者填补。灰色关联分析中的母序列是指标的参照对比项，比如研究 5 个指标与母序列的关联程度，通常研究者需要自己提供母序列数据。

第二节　动态综合评价方法

事物总是不断发展的，综合评价也不例外。随着时代的进步，尤其是数字经济快速发展的今天，有一些反映经济发展的指标会被逐步淘汰，新的统计指标又会不断出现。比如在数字经济中，互联网使用数、电子商务量、软件成交量等新的指标不断涌现，这就需要我们不断地改进和充实综合评价指标。

一、定义和特点

动态综合评价方法是一种在活动过程中，通过实时监测、分析和反馈，对评价对象进行连续的调整和干预，以达到最佳的评价效果。

动态综合评价方法有着广泛的应用，也取得了很多理论成果。目前对于动态综合评价方法的研究，基本上都是依据定量的综合评价值对评价对象的优劣做出判断。动态综合评价方法的核心是评价指标在不同时刻的权重系数的确定。

动态综合评价方法的特点是实时性、过程性、交互性。

实时性指动态评价方法能够实时收集和分析数据，及时发现问题并进行调整。

过程性指动态评价方法强调在时间维度上进行连续的观察和评价，通过时间的推移，观察和分析事物和系统的变化过程。

交互性指动态评价方法强调评价者与被评价者之间的互动和沟通，共同解决问题。

二、动态综合评价模型

设有 n 个被评对象 s_1，s_2，$\cdots$，s_n，m 个指标 x_1，x_2，$\cdots$，x_n，按时间顺序 t_1，t_2，$\cdots$，t_n 收集被评价对象 s_i 在指标 x_j 下的原始数据 $\{x_{ij}(t_k)\}$，从而构成一个时序数据表。由于指标有极大、极小、居中及区间等多种类型，不同的指标标准是不同的，不能直接进行比较，所以在被评价对象进行信息整合之前，需要对指标进行一致化和无量纲处理。

动态评价问题由时间、指标和被评价对象构成，是一个三维综合评价问题，动态评价是通过构造综合评价模型，获得在整个时间范围上的被评价对象综合评价值。

我们可以建立如下动态评价模型

$$\varphi_i(x_j,\ \tau_k,\ w_j) = \sum_{k=1}^{N} \tau_k \sum_{j=1}^{m} w_j x_{ijk} \quad i = 1,\ 2,\ \cdots,\ n \tag{9.1}$$

其中，w_j 是第 j 个指标的权重系数，τ_k 是时间权重。

（一）指标赋权

动态评价的核心问题是评价指标在不同时间样本点权重的确定，一般的赋权方法有主观赋权、客观赋权以及组合赋权，下面简单介绍一种客观赋权法。

对于时刻 t_k，选取综合评价函数为

$$y_i(t_k) = \sum_{j=1}^{m} w_j x_{ijk} \quad i = 1,\ 2,\ \cdots,\ n;\ k = 1,\ 2,\ \cdots,\ N \tag{9.2}$$

被评价对象 s_1，s_2，$\cdots$，s_n 在时序数据表 $\{x_{ij}(t_k)\}$ 上的整体差异，可以用 $y_i(t_k)$ 的最大总离差平方和来表示，权重系数 w_j 的选取应该可能使得被评价对象之间的差异最大化体现，即有

$$\max\sigma^2 = \sum_{k=1}^{N} \sum_{j=1}^{m} \left(y_i(t_k) - \bar{y}\right)^2 \tag{9.3}$$

在式（9.3）中，如果原始数据采用标准化处理，那么 $\bar{y} = 0$。

首先求各时段的权重系数 w_{1k}，w_{2k}，$\cdots$，w_{mk}，然后基于离差最小的原理求解综合指标权重 w_j，各个时段指标权重系数的选取需要使得被评价对象之间的差异最大化。

$$\max \varepsilon^2 = \sum_{k=1}^{N} \left(y_i(t_k) - \bar{y}(t_k) \right)^2，\text{其中} \bar{y}(t_k) = \frac{1}{n} \sum_{k=1}^{N} \sum_{j=1}^{m} w_{jk} x_{ijk}$$

构建最小离差平方和的求解模型，w_j 可由如下规划模型求得

$$\max \sigma^2 = \sum_{k=1}^{N} \sum_{i=1}^{n} \sum_{j=1}^{m} \left[\left(w_{jk} - w_j \right) x_{ijk} \right]^2$$

$$s.t. \begin{cases} \sum_{i=1}^{m} w_j = 1 \\ w_j \geq 0 \quad j = 1, 2, \cdots, m \end{cases} \tag{9.4}$$

（二）时间权重

在动态综合评价中，合理有效地确定时间权重也是求得合理评价结果的关键，时间权重是表示在动态评价中不同时刻的重视程度，实际使用时可以根据不同的评价准则使用不同的方法来确定。

下面介绍一种时间权重确定的方法即

$$\tau_k = \frac{\lambda_k}{\sum_{k=1}^{N} \lambda_k} \quad k = 1, 2, \cdots, N$$

$$\lambda_k = \exp\left(-\frac{[k-N]^2}{2} \right) \quad K = 1, 2, \cdots, N \tag{9.5}$$

综上，在确定了指标权重和时间权重的基础上，在根据综合评价模型，我们就可以得到最终的综合评价值。

（三）方法和步骤

动态综合评价方法和步骤可以简单归纳如下：
步骤 1 对原始数据进行标准化和无量纲化处理。
步骤 2 根据处理后的数据求出指标权重系数。
步骤 3 求出时间权重系数。
步骤 4 求出评价值。
步骤 5 按照评价值大小顺序进行排序。

动态评价方法主要应用场景包括企业绩效评价、项目风险评估、城市可持续发展评估、行业发展趋势预测等。

第三节　灰色关联分析

在系统研究过程中，系统内外扰动和人类认识能力的局限，都会使得人们所获得的信息带有某种不确定性。随着科学技术的发展和人类社会的进步，人们对各类系统不确定性的认识逐步深化，对不确定性系统的研究也日益深入。1982年，邓聚龙教授提出灰色系统这一理论，该理论是运用特定的方法，来描述信息不完全的系统，并进行预测、决策和控制的系统理论。而灰色关联分析是一种新的多因素分析方法，它的基本思想是根据序列曲线几何形状的相似程度来判断其联系紧密程度。曲线越接近，相应序列之间的关联度就越大，反之就越小。灰色关联分析评价为进一步遴选评价指标和挖掘影响因素提供了有效的指导与依据。

在系统分析中我们最关注的问题是在众多的因素中，哪些是主要因素，哪些是次要因素；哪些因素对系统发展影响大，哪些因素对系统发展影响小；哪些因素对系统发展起推动作用要强化发展，哪些因素对系统发展起阻碍作用而要加以抑制。一般的抽象系统包含许多种因素，多种因素共同作用的结果决定了该系统的发展态势。

在数理统计中，我们常使用的方法，比如回归分析、方差分析、主成分分析等都是系统分析的方法。但是这些方法存在一些不足：一是需要大量数据，如果数据较少就很难找到统计规律；二是要求样本服从某个典型的概率分布，要求各因素数据与系统特征数据之间是呈线性关系且各因素之间彼此无关，实际问题中这种要求其实很难满足；三是计算过程复杂并且计算量大，一般要依靠计算机；四是有可能出现量化后结果与定性分析结果不相符，这就会造成系统的关系和规律受到歪曲。在我国，统计数据灰度其实是比较大的，一些数据并没有典型的分布规律，因此，采用数理统计方法有时候难以实现。灰色关联分析刚好可以弥补采用数理统计方法作系统分析所导致的这种缺陷。无论样本量有多少，以及样本有无规律，灰色关联分析都适用，并且计算量相对较小，十分方便快捷，也不会出现量化结果与定性分析结果不符的情况。

一、灰色关联分析基本概念

灰色关联分析是一种系统的关联度分析方法，根据因素之间发展态势的相似或相异程度来衡量因素间的关联程度，将指标之间的信息不完全性和不确定性特征，通过灰色关联处理，揭示各个因素之间的主要关系，并进行评价。灰色关联分析不仅可以作为优势分析的基础，而且也是进行科学决策的依据。

灰色关联分析的基本思想是通过比较分析数列指标变化对参考列指标的影响来判别其关联度。灰色关联分析的数列可以是时间数列，也可以是非时间数列（或称指标数列）；可以根据评价指标对评价对象进行综合评价，也可以进行影响因素的分析，两者的区别在于参考列的选取。

二、灰色关联分析基本步骤

（一）灰色关联因素

我们在进行系统分析的时候，当选准系统行为特征的映射量后，还需进一步明确影响系统主行为的有效因素。比如，要进行量化研究分析，则需对系统行为特征映射量和各有效因素进行适当处理，通过算子作用，使之化为数量级大体相近的无量纲数据，并将负相关因素转化为正相关因素。

（二）距离空间

因子空间是指由系统因素集合和灰色关联算子集构成的，它是灰色关联分析的基础，而灰色关联分析的首要任务是对因素行为之间进行比较、评估。如果将系统因素集合中的各个因素看作空间中的点，每一因素关于不同时刻、不同指标、不同对象的观测数据视为点的坐标，就可以在特定的 n 维空间中研究各因素之间或因素与系统特征之间的关系，并能够依托 n 维空间中的距离定义灰色关联度。

灰色关联度的计算步骤可以简要概括为下面几步：

第一步，根据评价目的确定评价指标体系，收集评价数据。

$$(X'_1,\ X'_2,\ \cdots,\ X'_n) = \begin{pmatrix} X'_1(1) & X'_2(1) & \cdots & X'_n(1) \\ X'_1(2) & X'_2(2) & \cdots & X'_n(2) \\ \vdots & \vdots & & \vdots \\ X'_1(m) & X'_2(m) & \cdots & X'_n(m) \end{pmatrix} \tag{9.6}$$

$$X'_i=(X'_i(1),\ X'_i(2),\ \cdots,\ X'_i(m))^T \quad i=1,\ 2,\ \cdots,\ n$$

其中 m 是指标的个数。

第二步，确定参考数据列。参考数据列是一个比较理想的标准，可以用各种指标的最优的值构成参考数据列，也可以根据评价目的确定。

$$X'_0 = (X'_0(1),\ X'_0(2),\ \cdots,\ X'_0(m))$$

第三步，对指标数据进行无量纲化处理。

无量纲化后数据：

$$(X_1', X_2', \cdots, X_n') = \begin{pmatrix} X_0(1) & X_1(1) & X_2(1) & \cdots & X_n(1) \\ X_0(2) & X_1(2) & X_2(2) & \cdots & X_n(2) \\ \vdots & \vdots & \vdots & & \vdots \\ X_0(m) & X_1(m) & X_2(m) & \cdots & X_n(m) \end{pmatrix} \quad (9.7)$$

常用的无量纲化方法有均值化法、初值化法等。

$$x_i(k) = \frac{x_i'(k)}{\frac{1}{m} \sum_{k=1}^{m} x_i'(k)}$$

$$x_i(k) = \frac{x_i'(k)}{x_i'(1)}$$

第四步，逐个计算每个被评价对象指标序列与参考序列对应的绝对值。

$$|x_0(k) - x_i(k)| \quad (9.8)$$

第五步，确定 $\min\limits_{i=1}^{n}\min\limits_{k=1}^{m} |x_0(k) - x_i(k)|$ 和 $\max\limits_{i=1}^{n}\max\limits_{k=1}^{m} |x_0(k) - x_i(k)|$。

第六步，计算关联系数。

分别计算每个比较序列与参考序列的关联系数：

$$\zeta_i(k) = \frac{\min\limits_{i=1}^{n}\min\limits_{k=1}^{m} |x_0(k) - x_i(k)| + \rho \cdot \max\limits_{i=1}^{n}\max\limits_{k=1}^{m} |x_0(k) - x_i(k)|}{|x_0(k) - x_i(k)| + \rho \cdot \max\limits_{i=1}^{n}\max\limits_{k=1}^{m} |x_0(k) - x_i(k)|} \quad (9.9)$$

$$k = 1, 2, \cdots, m$$

式中 ρ 是在（0，1）内取值的分辨系数，ρ 越小，关联系数间的差异越大，区分能力越强，通常 ρ 选取 0.5。

第七步，计算关联序。

对各个评价对象分别计算其 m 个指标与参考序列对应元素的关联系数的均值，用来反映各评价对象与参考序列的关联关系，把它称为关联序，简记为 r_{0i}

$$r_{0i} = \frac{1}{m} \sum_{k=1}^{m} \zeta_i(k) \quad i = 1, 2, \cdots, n \quad (9.10)$$

第八步，如果各个指标在综合评价中所起到的作用不同，可以对关联系数求加权平均值即

$$r_{0i} = \frac{1}{m} \sum_{k=1}^{m} w_k \zeta_i(k) \quad k = 1, 2, \cdots, m \quad (9.11)$$

其中 w_k 为各指标的权重。

第九步，依据各观察对象的关联序，得到评价结果。

灰色关联分析实质上可以描述为几种曲线间几何形状的分析比较，几何形状越接近，发展变化态势越接近，关联程度越大。当我们按这种结论作因素分析时，不会出现异常的情况，并且对数据量大小也没有太严格的要求。但是我们要明确的是，直观分析只能说是一种观点，并不能算是一种精确的方法。这种方法其实也存在一些缺点，比如说如果这几条曲线相差不大，有些虽然有差别，但是有可能会出现分段来看的话情况不一样，这时就很难用直接观察的方法来判断个别曲线之间的关联程度，而且这种直观的几何形状的判断比较是不能量化的。因此我们有必要找出一种衡量因素间关联程序大小的量化方法。

三、利用灰色关联分析进行综合评价

灰色关联分析用于综合评价的核心是，通过指标关联度确定每个指标的权重，之后加权求和打分。灰色关联分析的对象是时间序列，目的是揭示因素之间关系的影响大小，最终的结果按照关联度对各序列进行排序。综合评价的对象也可以看作时间序列，也需要对这些序列进行排序，那么我们就可以使用灰色关联分析来进行，比较序列是由被评事物的各项指标值构成的序列，参考序列应该是一个比较标准的最优样本数据，当然与其关联度越大越好。

四、灰色关联分析小结

简单总结一下灰色关联分析的特点：第一，按照各评价指标的相近程度，来衡量相互间的关联水平，不需要预先知道原始数据的分布类型，也无指标量纲化的影响。第二，采用灰色关联分析进行影响因素分析时（可看成是对影响因素的综合评价），对样本含量要求不高。第三，作为评价基准的参考数列是人为确定的，因而其评价结果的客观性不高。

第四节 数据包络分析

一、数据包络分析的基本概念

1978 年，著名运筹学家 A. Charnes、W. W. Cooper 和 E. Rhodes 提出了数据包络分析法（data envelopment analysis，DEA）。数据包络分析法是用来评价决策单元间的相对有效性（DEA 有效）的方法。在相对效率概念的基础上，把

凸分析和线性规划作为工具，采用线性规划模型来计算比较决策单元之间的相对效率，并对评价对象做出评价，它能充分考虑对于决策单元本身最优的投入产出方案，因而能够更理想地反映评价对象自身的信息和特点；同时，它对于评价复杂系统的多投入多产出分析也非常适用。数据包络分析的基本思想可以概括为：通过观察到的 n 个决策单元的 m 项输入和 s 项输出数据，根据公理假设建立相应的生产可能集（production possibility set），由判断决策单元是否位于生产可能集的生产前沿面（production surface/frontier）上，来确定该决策单元是否 DEA 有效。生产前沿面是指生产可能集包络面的有效部分，这也是被称作数据包络分析法的原因。数据包络分析不仅可对同一类型各决策单元的相对有效性做出评价与排序，而且还可进一步分析各决策单元非 DEA 有效的原因及其改进方向，从而为决策者提供重要的管理决策信息。

数据包络分析作为运筹学的一个新的研究领域，是研究具有相同类型的部门（或单位）间的相对有效性的十分有用的方法；也是理论上处理一类多目标决策问题的完备方法，更是经济理论中估计具有多种输入，特别是具有多种输出的"生产前沿函数"（也称生产前沿）的有力工具（魏权龄，1988）。在多种投入多种产出的情况下，由 DEA 方法构建的生产前沿是多维的超平面。

先介绍一下多维向量的比较。对 $X \in E_n$，$Y \in E_n$，

$X \geqq Y \Leftrightarrow x_i \geq y_i$, $i = 1, 2, \cdots, n$, $\exists i_0(i_0 \in \{i = 1, 2, \cdots, n\}$, 有 $x_{i0} \geq y_{i0})$

$X \geq Y \Leftrightarrow x_i \geq y_i$, $i = 1, 2, \cdots, n$。因此，$X \geqq Y \Leftrightarrow X \geq Y \cap X \neq Y$

（一）生产函数

生产函数是经济学中刻画投入与产出关系的重要工具，代表技术中最有效的生产行为。长期以来，经济学研究大多采用一条光滑、连续的函数曲线作为生产函数，使用该函数来描述多种投入与一种产出之间的数量关系。

生产函数表示如果技术水平不变，生产要素（投入）与所能生产的最大产量（产出）之间的一种技术关系，通常用函数、图形或表格的形式给出。在只有一个输出的情况下，生产函数的形式如下：

$$y = f(x) = f(x_1, x_2, \cdots, x_m) \tag{9.12}$$

（二）生产可能集

生产可能集可以用集合的形式表示：$T = \{(X, Y) \mid 投入 X，可产出 Y\}$。

在单投入和单产出的情况下，生产可能集为生产函数 $y = f(x)$ 与 x 轴之间的面积，在 DEA 各种不同的模型中，生产可能集为根据参与考察的所

有决策单元的输入输出数据，按照模型对应的公理系统，生成构造的凸多面体（锥）。在多投入多产出的情形下，可以定义集值映像 $X \Rightarrow S(X) \subset E_+^s$，其中 $S(X) = \{Y \in E_+^s \mid 投入 X 可产出 Y\}$，由此，生产可能集可以表示为 $T = \{(X, Y) \mid Y \in S(X), X \in E_+^s\}$。

（三）生产前沿面

生产前沿面是生产可能集中所有（弱）DEA 有效的点构成的集合。确定生产前沿面的方法也就是判断是否 DEA 有效的方法，研究生产前沿面的结构与特征，可以深刻而又直观地揭示经济系统的特性。

（四）决策单元

决策单元的信息（输入输出的数据）是构造生产可能集的基础数据。判定某个决策单元是否（弱）DEA 有效，本质上就是判断该决策单元是否落在由所有决策单元输入输出数据所构造的生产可能集的（弱）生产前沿面上。在 DEA 模型中，将参与评价或考察的所有部门或单位定义为决策单元（DMU）。

（五）生产可能集的公理体系

对同一组决策单元的输入输出数据，选用不同的公理组合，可以构造出不同的生产可能集，有不同的经济学意义，适用于不同的经济环境。下面介绍几种生产可能集 T 的一些公理。

1. 平凡公理

$$(X_j, Y_j) \in T \quad j = 1, 2, \cdots, n。$$

2. 凸性公理

对于任意的 $(X, Y) \in T$，$(\hat{X}, \hat{Y}) \in T$ 以及 $\alpha \in [0, 1]$

$$\alpha(X, Y) + (1 - \alpha)(\hat{X}, \hat{Y})$$

$$= (\alpha X + (1 - \alpha) Y, \alpha(\hat{X}) + (1 - \alpha)\hat{Y})。$$

凸性定理的经济学意义：对应两种不同的生产活动 (X, Y) 和 $(\hat{X}, \hat{Y})$，分别以 X 与 $\hat{X}$ 的 α 和 $(1-\alpha)$ 倍之和的投入，可以产出以 Y 与 $\hat{Y}$ 的 α 和 $(1-\alpha)$ 倍之和的输出。

3. 无效性公理

无效性公理也称自由处置性公理。

对任意的 $(X, Y) \in T$，如果 $\hat{X} \geqslant X$，$\hat{Y} \leqslant Y$，均有 $(\hat{X}, \hat{Y}) \in T$，表示有

可能是有较多的投入和较少的产出的生产活动。

4. 生产规模相关公理

（1）锥性公理（可加性公理）。对任意的 $(X, Y) \in T$ 及 $\alpha \geqslant 0$，均有 $\alpha(X, Y) = (\alpha X + \alpha Y) \in T$，加倍投入，就可以加倍产出。

（2）收缩性公理（非递增的规模收益）。对任意的 $(X, Y) \in T$ 及 $\alpha \in (0, 1]$，均有 $\alpha(X, Y) = (\alpha X + \alpha Y) \in T$，收缩性公理表明生产规模的缩小是可能的。

（3）扩张性公理（非递减的规模收益）。对任意的 $(X, Y) \in T$ 及 $\alpha \geqslant 1$，均有 $\alpha(X, Y) = (\alpha X + \alpha Y) \in T$，扩张性公理表明生产规模的扩大是可能的。

上面三个公理是相互矛盾的，实际应用中最多只能选择其中的一个。

DEA 利用数学规划等技术来处理多数据变量和关联（约束），并且放松了对投入产出要素的要求，利用 DEA 所有技术克服了困难从而扩大了选择范围。放松候选投入产出要素的条件能够使其处理复杂问题从而处理许多管理、社会政策方面的内容。甚至，从数学规划理论方法上的拓展达到指导分析解释的作用。由于许多所需要素已经在之前 DEA 应用中有所体现，因此也能影响计算。DEA 不需要像线性回归模型和非线性回归模型那样，不需要任何形式的假设和不同模型变量而直接表示出来。

二、DEA 模型

DEA 模型是一种以数据为导向，评价相同类型部门或单位（称为决策单元）相对有效性的一种数学工具。DEA 模型的独特优势是它能够应对具有多种投入和多种产出的情况，允许投入要素间或者产出间存在相关关系，并且不需要预先假设生产前沿的函数形式。目前，DEA 模型已广泛应用于辨识最优的生产行为、估计生产前沿、评估全要素生产率、评价多阶段或者复杂网络中的生产行为、估计规模报酬、资源配置等诸多领域。

按照建立生产可能集的公理组合的不同，可以把 DEA 模型分成不同的类型，下面简单介绍几种常见的 DEA 模型。

（1）BCC 模型。BCC 模型在 1984 年被提出，主要用来测算综合效率与规模报酬的问题。把综合效率分解拆分为纯技术效率和规模效率，并且综合效率＝纯技术效率×规模效率，因此如果综合效率无效，那么就可分为纯技术效率无效或规模效率无效。纯技术效率无效可能来自资源配置（投入产出）不当，也可能源于决策单元（decision making unit，DMU）的规模不适度，如果我们想改进其无效率的状态，就可以调整决策单元的规模。该模型满足平凡公理、凸性公理、无效性公理和最小性公理建立生产可能集的 DEA 模型。其生产可能集由式（9.13）唯一确定：

$$T_{BC^2} = \left\{ (X,\ Y) \mid \sum_{j=1}^{n} X_j \lambda_j \leqslant X,\ \sum_{j=1}^{n} Y_j \lambda_j \leqslant Y, \right.$$

$$\left. \sum_{j=1}^{n} \lambda_j = 1,\ \lambda_j \geqslant 0,\ j = 1,\ 2,\ \cdots,\ n \right\} \tag{9.13}$$

（2）CCR 模型。CCR 模型是最基本的 DEA 模型，CCR 模型于 1978 年被提出，用于测算多项投入与产出的相对效率，对整体效率的衡量非常有效。该模型是满足平凡公理、凸性公理、无效性公理、锥性公理和最小性公理建立生产可能集的 DEA 模型。其生产可能集由式（9.14）唯一确定：

$$T_{C^2R} = \left\{ (X,\ Y) \mid \sum_{j=1}^{n} X_j \lambda_j \leqslant X,\ \sum_{j=1}^{n} Y_j \lambda_j \leqslant Y,\ \lambda_j \geqslant 0,\ j = 1,\ 2,\ \cdots,\ n \right\}$$

$$\tag{9.14}$$

（3）FG 模型。由满足平凡公理、凸性公理、无效性公理、收缩性公理和最小性公理建立生产可能集的 DEA 模型。其生产可能集 TFG 由式（9.15）唯一确定：

$$T_{FG} = \left\{ (X,\ Y) \mid \sum_{j=1}^{n} X_j \lambda_j \leqslant X,\ \sum_{j=1}^{n} Y_j \lambda_j \leqslant Y, \right.$$

$$\left. \sum_{j=1}^{n} \lambda_j \leqslant 1,\ \lambda_j \geqslant 0,\ j = 1,\ 2,\ \cdots,\ n \right\} \tag{9.15}$$

（4）ST 模型。由满足平凡公理、凸性公理、无效性公理、扩张性公理和最小性公理建立生产可能集的 DEA 模型。其生产可能集 TST 由式（9.16）唯一确定：

$$T_{ST} = \left\{ (X,\ Y) \mid \sum_{j=1}^{n} X_j \lambda_j \leqslant X,\ \sum_{j=1}^{n} Y_j \lambda_j \leqslant Y, \right.$$

$$\left. \sum_{j=1}^{n} \lambda_j \geqslant 1,\ \lambda_j \geqslant 0,\ j = 1,\ 2,\ \cdots,\ n \right\} \tag{9.16}$$

以上的讨论没有考虑输入 DEA 模型和输出 DEA 模型的差别，只要决策单元落在指定的生产可能集的左包络线或右包络线上，就可评价为相应模型的弱 DEA 有效。

DEA 模型的优点：一是适用于多指标输入–多指标输出的有效性综合评价问题；二是不需要对数据进行无量纲化的处理，是因为 DEA 并不是直接对数据进行综合，所以与决策单元的最优效率指标、投入指标值及产出指标值的量纲选取无关；三是无须做任何权重假设，而是以决策单元输入输出的实际数据求得最优权重，排除了很多主观因素，具有很强的客观性；四是 DEA 假定每个输入都关联到一个或者多个输出，且输入输出之间确实存在某种联系，但不必确定这种关系的显式表达式。

DEA 模型的缺点：一是 DEA 计算的投入产出效率依赖于收集到的数据，最优效率来自收集到的样本点或其凸组合；二是 DEA 对技术有效单元无法进行比较，如果系统中存在随机因素，也就是样本中存在特殊点时，DEA 的技术效率结果将会受到影响。

DEA 已广泛应用到生产、行政各部门的绩效评价；对于多种方案之间的相对有效性（例如投资项目评价）的研究也被广泛使用；也可以用来研究如何在做决策之前去预测，以及一旦做出决策后它的相对效果会如何；也可以用来进行政策评价。

三、DEA 模型的选择

常用的 DEA 模型按研究目的或导向不同，可以分为 3 类：一是输入 DEA 模型，主要用于评价投入的相对有效性；二是输出 DEA 模型，主要用于评价产出的相对有效性；三是输出加法 DEA 模型，主要用于评价弱"拥挤"现象。每类依据建立生产可能集的公理组合的不同，又可细分为几种不同的 DEA 模型，其中常见的有 CCR，BCC，FG，ST。另外 DEA（NEW）模型被用于评价生产规模的"拥挤"现象。在多投入和多产出的 DEA 模型中，其决策单元的（弱）有效性的判定虽然与单投入和单产出的原理相同，但难以借助图形工具直观地给出判定结果。自从 DEA 出现以来，国内外学者相继给出了不少 DEA 模型及其相对有效性评价的算法。这些模型的定义和算法实际上与线性规划或多目标规划及其求解有十分密切的内在联系。

按照评价目的的不同，我们可以选择不同的 DEA 模型。在 DEA 中，通常会根据评价目标，应用多种 DEA 模型，求出其最优化值及对应的解向量，从中获取更多和更为深刻的经济学信息，然后再综合这些信息，对决策单元给出有关其相对有效性、规模收益状态及规模是否（弱）"拥挤"的评价。在进行相对有效性分析的同时，通常会计算决策单元在生产前沿面上的投影，为决策单元生产状态的改善提供定量依据。

四、数据包络分析小结

数据包络分析具有许多优良的特性，是一种非参数、非统计的综合评价方法。虽然其方法产生的时间不算太长，但是发展速度非常快，尤其在经济领域被广泛使用。数据包络分析理论基础很坚实，与线性规划、多目标规划、广义最优化模型、凸分析等理论在方法上相互借鉴和补充，在结论上相互印证和引申，已经形成了比较完美的理论体系。国内以魏权龄为代表的学者为数据包络分析的发展和完善做出了重大贡献。

第五节　案例应用

当前，国内外综合评价方法琳琅满目，灰色关联分析就是一种常用的方法，该方法通过分析系统中各因素间的关联程度，揭示内部各因素间的紧密联系。通过计算分析灰色关联度，来量化地描述各因素间的相互关系，从而为决策提供科学依据。

信息传输、软件和信息技术服务业，作为关系国民经济和社会发展全局的基础性、战略性、先导性产业，具有技术更新快、产品附加值高、应用领域广、渗透能力强、资源消耗低、人力资源利用充分等突出特点，对经济社会发展具有重要的支撑和引领作用。对信息传输、软件和信息技术服务业价值创造额的构成展开进一步分析，可以反映信息传输、软件和信息技术服务业股东、政府、员工及债权人等利益相关者的分配所得在企业新创价值中所占的比重及变化趋势，为政府相关部门有针对性地制定收入分配和税收等政策提供参考。

在数字经济中，现代信息网络与数字平台作为载体的作用，远大于互联网与宽带。云计算、大数据、物联网、人工智能、区块链等信息通信与数字技术将成为数字经济的关键驱动支撑技术。正因为在技术上人们的认识是普遍一致的，所以对数字经济相关技术的投入更容易得到支持和激励。

数字经济大致分为四到五个层次，其中第一层是软件、硬件的电子交易基础设施层。由此我们做了如下的实证分析。根据中国统计年鉴，软件和信息技术服务业主要经济指标中，软件业务收入包括软件产品收入、信息技术收入、信息安全收入和嵌入式系统软件收入。表 9.1 是 2018—2022 年软件和信息技术服务业主要经济指标。

表 9.1 软件和信息技术服务业主要经济指标

年份	软件业务收入（亿元）	软件产品收入	信息技术收入	信息安全收入	嵌入式系统软件收入	软件出口
2018	61 908.73	17 378.56	37 563.08	1 162.92	5 804.18	510.66
2019	72 071.87	20 857.20	43 580.34	1 301.78	6 332.55	569.39
2020	81 585.91	21 045.01	52 588.01	1 293.78	6 659.12	620.17
2021	95 501.99	22 970.36	62 691.04	1 397.04	8 443.54	629.91
2022	107 790.13	24 862.99	70 597.57	1 468.93	10 860.64	642.65

为了探究哪个因素对软件业务收入影响最大，我们使用灰色关联度分析法来分析。

其一，母序列与子序列。为了计算灰色关联度，首先得确定母序列与子序列。母序列便是要研究的目标，如图 9.1 中软件行业总收入；子序列则是影响母序列的因素，如嵌入式系统软件收入信息技术服务收入、软件产品收入。

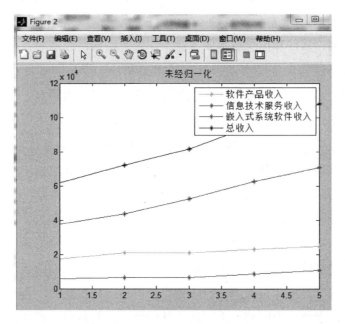

图 9.1 未经归一化图

其二，归一化。因为这些要素是不同的指标，可能有的数字很大，而有的数字很小，这是由于量纲不同导致的，因此需要对它们进行无量纲化，这个操作一般在数据处理领域叫作归一化，也就是减少数据的绝对数值的差异，将它们统一到近似范围内，然后重点关注其变化和趋势。

ρ 是分辨系数，在（0，1）内取值，ρ 越小，关联系数间的差异越大，区分能力越强，通常 ρ 取 0.5。

我们来看 matlab 运行结果如图 9.2~图 9.5 所示：

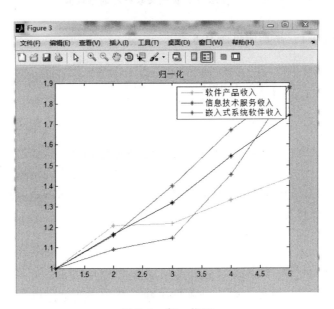

图 9.2　归一化图

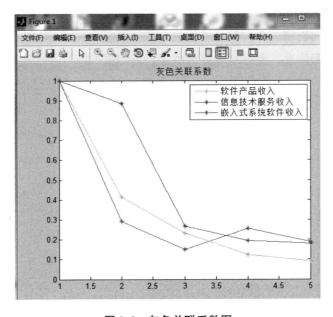

图 9.3　灰色关联系数图

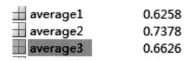

	average1	0.6258
average2	0.7378
average3	0.6626

图 9.4 ρ 取 0.5 灰色关联系数的平均值

如果 ρ 取 0.1，平均值见图 9.5。

	average1	0.3721
average2	0.5050
average3	0.3774

图 9.5 ρ 取 0.1 灰色关联系数的平均值

根据关联系数的平均值，可知影响因素为信息技术服务收入>软件产品收入>嵌入式系统软件收入。

本章小结

随着中国数字经济发展势头越来越迅猛，我们需要多维度、多元化地研究数字经济的发展趋势，在拓宽数字经济广度和深度的同时，我们也需要更合适的方法去评价预测数字经济的发展。对于数字经济发展的综合评价，应该注重评价指标体系的构建、评价方法的研究、数字经济对整个国家经济的影响，不断优化综合评价体系，更好地为评价数字经济服务。

课后习题

1. 简单概括综合评价的定义。
2. 简单描述综合评价的指标包含哪些。
3. 简单描述综合评价的步骤。

第十章
计量经济分析

近年来，我国的经济学发生了深刻的变化，其中计量经济学的发展是一个显著的标志。计量经济学在我国经济学科中的地位越来越重要。近十多年来，计量经济学模型方法已经成为我国经济学理论研究和实际经济分析的主流方法，研究对象遍及经济的各个领域，所应用的模型方法遍及计量经济学的各个分支。进入 21 世纪以来，随着微观计量经济学模型的发展与传播，计量经济学的应用研究在社会学、管理学领域迅速扩张，也已经成为一种趋势。

第一节　计量经济分析在政策评估方面的应用

一、政策评估的定义

政策评估指的是对政策实施效果进行系统、客观、科学的考察和评价，以衡量政策是否实现预期目标。政策评估是对政策实施前后的数据进行比较分析，识别政策干预对经济、社会、环境等方面的影响。计量经济分析为政策评估提供了有效的工具和技术。

做政策评估之前要先知晓政策的类型，我们需要根据数据结构的不同和政策类型的不同采用相应的评估方法，还要反复地检查验证评估方法是否适用。

政策评估包括三个层面的含义：一是事前评估指针对政策方案的评估，评估的重点在于拟出政策的预期效果，根据评价政策方案预期的效果来判断出台哪种政策更有利于解决问题。二是政策评估是对公共政策整个过程的评价，从政策评估的环节来看，既包括对政策内容的阶段性分析，也包括整个政策过程的评估，也就是包含了事前评估、事中评估、事后评估。三是针对政策效果的评价即事后评估，只对政策实施以后的实际效果和效用进行评估，而不关注政策内容的描述和政策原因的解释。

在推进国家治理体系和治理能力现代化的进程中，建立健全政策评估制度至关重要。政策评估主要涉及两个方面：一是风险评估，也就是重大决策出台前的可行性论证与环境、经济等各方面的；二是对政策实施效应和社会影响的评估。对政策效果科学性、准确性的评估不仅有助于制定、执行和完善政策，也有助于政策的运行，同时对于更合理地配置资源，提高政府正确履行职责的能力也起到了促进作用。政策效应评估作为经济学关注的核心问题，在实际的评估中经常会遇到困难，其中比较常见的问题是经济事件与经济政策可能存在内生性和虚拟事实不可观测。如何解决内生性这一问题，专家学者进行了深入的研究，比如使用多种计量经济学工具估计政策的处理效应。常见的方法包括倍差法、工具变量法、断点回归法、倾向值匹配法等，这些方法各自具有优缺点（Imbens and Wooldridg，2009）。对这些方法的研究比较深入、发展较快，并且受到了政策效应评估者的喜好，我们接下来介绍这些方法。

二、政策效应评估的四种主流计量经济方法

（一）倍差法

近年来，倍差法在政策效应评估中得到了广泛应用。倍差法处理选择偏差的基本思路是允许存在不可观测因素的影响，但是假定它们是不随时间变化的。正是由于倍差法允许不可观测因素的存在，而且允许不可观测因素对个体是否接受干预的决策产生影响，从而放松了政策评估的条件，使得政策评估的应用更接近于经济现实，因而应用更广。但是，我们在应用中也要充分了解倍差法的局限性：①数据要求非常苛刻。②个体时点效应没有得到控制。③没有考虑个体所处的环境对个体的不同影响。为了解决上面这些问题，我们在使用倍差法时，可以对其进行扩展，扩展的方向主要有两个：一是考虑倍差法中未控制的因素，来放松其应用条件；二是将倍差法与倾向值匹配法等其他政策评估方法相结合，提出新的估计量。

（二）工具变量法

标准的计量经济学提供了一种处理内生性问题的方法——工具变量法。工具变量法是一个相对简单的估计方法，但是有两个重要的缺陷：

一是工具变量的选择问题。在实际应用中，工具变量的选择比较麻烦。在政策评估问题中，要找出满足条件的工具变量并不容易。在实践中，当我们获

得纵向数据和政策实施前的数据时，我们习惯使用因变量的滞后变量作为工具变量。但是，这样就会引发相关性，并不能从根本上解决问题。

二是个体的异质性问题。如果个体对于政策的反应不同，只有当个体对政策反应的异质性并不影响参与决策时，工具变量才能识别 ATE、ATT。但这是一个很强的假定，有时不得不假定非理性，或者忽略研究对象的异质性。

（三）断点回归估计

断点回归估计是一种准实验法，类似于随机受控实验。它的主要思想是如果个体的某一关键变量的值比临界值大时，那么个体就接受政策干预；相反，则不接受政策干预。一般情况下，个体在接受干预时，是无法观测到其没有接受干预的。在断点回归估计中，小于临界值的个体，就可以作为一个控制组来反映个体没有接受干预时的情况，特别是在变量连续的情况下，临界值附近样本的差别可以很好地反映干预和结果变量之间的因果联系，进而计算出 ATE、ATT 等政策效应变量。

断点回归估计虽然是一种类似于随机实验的方法，但是它是准实验方法中最可信的一种方法。断点回归估计方法应用的关键是，假设在断点附近的个体的特征相同，可以通过统计分析得到检验这一假设。因此，断点回归估计的优势不仅仅在于它的实验性，还在于可以方便地得到检验它的因果推断。

（四）倾向值匹配法

倾向值匹配是一种非实验方法，是针对那些没有采用或不方便采用实验方法区分实验组和控制组的数据，进而采用的一种近似实验的方法。倾向得分匹配法假定，控制协变量之后，具有相同特征的个体对政策具有相同的反应。换言之，不可观测因素不影响个体是否接受政策干预的决策，只在可观测变量上选择。因此，每一个实验组个体，可以根据可观测特征为其选择一个控制组个体构成反事实。倾向值匹配法作为非参数方法，相比参数方法是具有优势的，它不需要对可观测因素的条件均值函数和不可观测因素的概率分布进行假设。但是，倾向值匹配法也有局限性，主要表现为以下几点：①前提假设比较严格。②并不能为所有的实验组个体找到控制组个体。③要求极大的数据量。④结果的稳健性不好控制。

下面我们具体介绍这四种方法。

第二节　倍　差　法

在回归分析中，进行因果推断的关键是控制所有其他可能影响到因变量的因素，然而，这些因素常常不可观测，因此很难直接作为控制变量纳入回归方程。考虑使用一种使用控制变量来处理干扰因素的方法：考察数据在时间或者代际维度上的差异来控制不可观测而遗漏的控制变量。这种方法的基本思路是考虑个体在未受干预时表现出的趋势特征，然后在处理组和对照组中控制这种趋势特征，比较两者的水平差异，这种方法就是双重差分法，即倍差法中的一种。

倍差法是政策分析和工程评估中经常使用的一种计量经济方法，主要应用在混合截面数据集中，用来评价某一事件或政策的影响程度。该方法的基本思路：将调查样本分为两组，一组是作用组即政策或工程作用对象，另一组是对照组即非政策或工程作用对象。根据作用组和对照组在政策或工程实施前后的相关情况，通过计算作用组在政策或工程实施前后某个指标的变化情况，来计算对照组变化量，再计算上述两个变化量的差值，即差分与控制组差分之差，这就是我们常说的双重差分估计量（difference in differences，DD 或 DID），该法最早由 Ashenfelter（1978）引入经济学。

常用的倍差法主要包括双重差分法和三重差分法。双重差分法（difference-in-difference，DID）还可以称为倍差法、差分再差分等。该方法要求至少有两期数据，所有的样本被分为两类：作用组和对照组。作用组在第一期没有受到政策影响，此后政策开始实施，第二期就是政策实施后的结果；对照组由于一直没有受政策干预，因此第一期和第二期都是没有政策干预的结果。双重差分法的测算非常简单，两次差分的效应就是政策效应。

一、双重差分法

双重差分法本质上是通过测量对照组和作用组在处理前后两个阶段表现的差异来剔除选择性偏误。

假定有两次观测，$t = \{0, 1\}$，一次发生在处理前（$t=0$），一次发生在处理后（$t=1$）；令 Y_t^T 与 Y_t^C 分别代表 t 时间点作用组和对照组的表现，则双重差分估计的平均处理效应：

$$DD = E(Y_1^T - Y_0^T \,|\, t_1 = 1) - E(Y_1^T - Y_0^T \,|\, t_1 = 0) \tag{10.1}$$

其中，$t_1 = 1$ 是处理后的时间点，$t_1 = 0$ 是处理前的时间点。双重差分指的就是对处理前后两个时间点对照组与作用组的表现的差异取差分。通过这两次差分，那些可能影响到结果但却观察不到的因素的影响不会随着时间而改变，将得到控制。作用组与对照组在处理前与处理后两次差异的差分（双重差分）就是所谓的处理效应。双重差分估计可以通过回归技术实现。

为了使用普通最小二乘法一致地估计方程，需要做以下两个假定。

假定 1：平行趋势假定。无论是作用组还是对照组，不会随着时间的变化而变化，此假定即"平行趋势假定"（parallel trend assumption）。双重差分法最重要和关键的前提条件是共同趋势（common trends）。

双重差分法并不要求作用组和对照组是完全一致的，两组之间可以存在一定的差异，但是两组在政策实施之前必须具有相同的发展趋势，也就是说即使存在差异，这种差异不会随着时间发生变化。这意味着误差项中未观测到的影响因素独立于是否受处理，独立于时间，且独立于处理效应随时间发生的变化。

假定 2：暂时性冲击与政策虚拟变量不存在相关性。这一点可以满足双向固定效应是一致估计量（consist estimator）这一重要条件。允许个体固定效应与政策虚拟变量可以相关。

$$Y_{it} = \alpha + \rho T_{i1} + \gamma t + \beta T_{i1} t + \varepsilon_{it} \tag{10.2}$$

其中，β 是处理与否的虚拟变量和时间虚拟变量的交互项，也就是处理效应；ρ 是处理效应；γ 是时间效应。

双重差分法允许根据个体特征进行选择，只要这个特征不随时间改变，这也就部分地缓解了因"选择偏差"（selection bias）而引起的内生性（endogeneity）。

双重差分法特别适合用来做政策或者制度效应的评估。对于一些政策制度，只要我们能够找到两个小组，其中一个小组受政策或者制度的影响更大，或者对政策或者制度变革的反应更为敏感（亦即存在个体效应），那也可以进行双重差分分析，但是我们需要严格检验这两个小组是否满足共同趋势，以确保受政策影响更小或者对政策反应更弱的小组构成一个合格的对照组。

倍差法是一种评估设有对照组的干预项目效果的方法，对于一些干预试验或随机化干预项目，其实很难做到完全随机化。如果选择性偏误出现差异，那么双重差分估计就不再无偏，也因此需要修正。为此，应用计量经济学家又发展出了一些双重差分模型的变种，其中最著名的就是三重差分模型。

二、三重差分法

三重差分法的根本思想就是估算出因为时间趋势不同带来的偏差，然后从双重差分结果中减去这个偏差。其思路是，在作用组和对照组所在地区中找到一个没有受到干预影响的小组，进而对两组的双重差分估算出时间趋势的差异，再从原来作用组和对照组的双重差分估算中减去这个时间趋势差异。模型是

$$Y_{it} = \alpha + \beta_1 X_{ist} + \beta_2 T_i + \beta_3 \tau_t + \beta_4 \sigma_s + \beta_5 \tau_t \sigma_s + \beta_6 T_i \sigma_s \quad (10.3)$$
$$+ \beta_7 T_i \tau_t + \beta_8 T_i \tau_t \sigma_s + \varepsilon_{ist}$$

式中，X_{ist} 是个体层面的控制变量，T_i 是处理变量，τ_t 是时间固定效应，σ_s 是区域固定效应，β_8 就是研究所关注的核心。

三、倍差法的优缺点

双重差分能够消除或者减小系统误差和随机误差，对数据的准确性和可靠性有一定的提高，能够提高模型的可解释性和可信度，具有较高的灵活性和适用性。

双重差分模型简单好用、计算量小的优点带来了计算精度较低、需要较多数目差分的缺点；三重差分虽然在精度上有了一定的提高，但是模型也更为复杂，需要更多的计算资源。

倍差法大多应用在经济学领域，也被用在医学领域中的卫生经济学等评估方面。对设有对照的干预项目、没有进行随机化分组干预项目或者随机化失败的干预项目的效果也可以进行评估。双重差分法作为一种严谨的计量经济学方法，在公共政策评估领域的应用逐渐成熟。

第三节　工具变量法

工具变量法是目前最常见的解决内生性问题的方法。这种方法的核心含义是，通过找到一个与自变量高度相关但与会影响结果的未观察到的特征无关的变量作为工具，先重新估计一个新的自变量，再以新的自变量来估计因变量。工具变量法根据其发展，可以分为两种类型：第一种类型假设干预对所有个体的影响是相同的，即同质性工具变量法；第二种类型是后来 Imbens and Angrist（1994）、Angrist et al.（1996）发展的异质性工具变量法，假设干预对个体的

影响是异质的。

一、工具变量法概念

工具变量法是一种用于解决因果关系高度可能被混淆的问题的方法。在许多应用中，难以控制所有相关因素，可能会引起因果关系的混淆，工具变量法利用工具变量的影响来识别因果效应。

二、工具变量假设

作为工具变量，必须满足下述四个条件：
其一，与所替的内生解释变量高度相关；
其二，与随机误差项不相关；
其三，与模型中其他解释变量不相关；
其四，同一模型中需要引入多个工具变量时，这些工具变量之间不相关。

三、工具变量法的步骤

应用工具变量法一般包括以下几步：
步骤①选择合适的工具变量。
步骤②利用工具变量来估计被解释变量的影响。可以用多元回归来实现，工具变量作为一个变量来控制干扰因素。
步骤③检验工具变量的有效性。可以利用统计检验来完成。

四、工具变量法应用举例

假设有一个解释变量的结构方程

$$y_t = \beta_0 + \beta_1 x_t + u_t \tag{10.4}$$

其中 x_t 是该方程所在模型中的内生变量，因而 $\mathrm{Cov}(x_t,\ u_t) \neq 0$，可以找到外生变量 z_t，z_t 与 x_t 高度相关，但是 z_t 与 u_t 不相关，$\mathrm{Cov}(z_t,\ u_t) = 0$，$z_t$ 就满足工具变量的条件。

由式（10.4）有

$$\beta_0 = \bar{y} - \beta_1 \bar{x} - \bar{u} \tag{10.5}$$

用 z_t 乘式（10.4）两边并求和，得到

$$\sum y_t z_t = \beta_0 \sum z_t + \beta_1 \sum z_t x_t + \sum z_t u_t \tag{10.6}$$

因为 $E(u_t) = 0$，所以式（10.6）可以改写成

$$\hat{\beta}_0 = \bar{y} - \hat{\beta}_1 \bar{x} \qquad (10.7)$$

同理因为 $E(u_t) = 0$，所以 $\sum z_t u_t \approx 0$，式（10.6）可以改写成

$$\sum y_t z_t = \hat{\beta}_0 \sum z_t + \hat{\beta}_1 \sum z_t x_t \qquad (10.8)$$

把式（10.7）带入式（10.8）得到

$$\sum y_t z_t = (\bar{y} - \hat{\beta}_1 \bar{x}) \sum z_t + \hat{\beta}_1 \sum z_t x_t。$$

（一）什么是内生性

内生性是指解释变量和误差项 ε 存在相关性，这就造成了最小二乘估计的参数 β 有偏非一致。统计学上我们更希望保持一致性，比如大数定律和中心极限定理都是假定样本在样本量无穷大的情况下，无限接近于真实总体；样本统计量（估计量）无限接近总体参数（待估参数）。

1. 什么情况下会产生内生性

一是遗漏重要解释变量；

二是联立方程问题，y 可以解释 x，x 也可以解释 y；

三是测量误差，观测到的 x，y 与真实的 x 和 y 存在一定的差距。

$y = X\beta + \varepsilon$，X 为 $n \times p$ 的矩阵，β 为 p 维系数向量。

2. 工具变量法的要求及其性质

工具变量法的要求如图 10.1 所示。

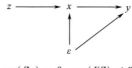

$$\mathrm{cov}(Z\varepsilon) = 0,\ \mathrm{cov}(XZ) \neq 0$$

图 10.1　x、y 之间的关系

工具变量法的性质：大样本条件下，估计量是一致估计；小样本下，估计量不是无偏估计。

工具变量法的一般形式如下：

$$y_{n \times 1} = X_{n \times p} \beta_{k \times 1} + \varepsilon_{n \times 1}$$
$$R'W'y = R'W'X\beta + R'W'\varepsilon$$
$$R'W'y = R'W'X\beta_{IV}$$

$$\beta_{IV} = (R'W'X)\, x^{-1} R'W'y$$

其中，W 为工具变量矩阵、R 为权矩阵。

（二）工具变量估计量

如前所述，工具变量法是处理不可观测变量选择（不可见偏差）所引发的内生性问题的有效方法之一。在使用该方法时，首先要找到至少一个工具变量，且该变量需与内生解释变量（D）直接相关，同时不能与误差项相关。

设结构模型中第一个方程具有以下形式

$$y_1 = \gamma_{10} + \gamma_{12}y_2 + L + \gamma_{1g1}y_{g1} + \beta_{11}x_1 + \beta_{12}x_2 + L + \beta_{1k1}x_{k1} + u_1 \quad (10.9)$$

共有（$g_1 - 1$）个内生说明变量和 k_1 个前定变量。

（1）如果式（10.9）恰好识别，根据阶条件可知

$$K_1^* + G_1^* = G - 1 \ 或者 \ K_1^* = G - G_1^* - 1 = g_1 - 1 \quad (10.10)$$

式（10.10）表示的是方程（10.9）中不包含的前定变量的个数等于（10.9）中作为说明内生变量的个数。工具变量选择是唯一的，作拟正规方程组，可以求得结构参数唯一的工具变量估计值。所以说工具变量对于恰好识别的结构方程是一种有效的方法。

（2）如果对于式（10.9）过度识别，有 $K_1^* > g_1 - 1$，表明模型中有 K_1^* 前定变量可以选作工具变量。由于 $K_1^* > g_1 - 1$，所以，可以从 K_1^* 个前定变量中选出 $g_1 - 1$ 个作为工具变量，这就造成了选择的任意性问题，而估计量与所选的工具变量有关，因此使得估计量不唯一。

（三）工具变量的选择问题

在政策评估实际问题中，找出满足条件的工具变量并不简单。在实践中，当可以获得纵向数据和政策实施前的数据时，我们习惯使用因变量的滞后变量作为工具变量，但这会引发相关性。

尽管工具变量法十分好用，也十分流行，但是其弱点也非常明显。工具变量法最明显的缺陷就在于找到一个好的工具变量并不容易。当工具变量与未观测到的变量或者遗漏变量相关时，对处理效应的估计也就会出现偏差。与此同时，如果工具变量与处理变量仅仅是弱相关关系的话，工具变量估计的标准误就会增加，对处理效应的估计也就不再精确，甚至比 OLS 估计得到的结果更不可靠。

第四节　断点回归估计

一、断点回归概述

最早的断点回归模型是由 histlethwaite 和 Campbell（1960）提出的，该模型的主要思路是：寻找一个参考变量，其某一临界值能够决定个体是否接受政策干预——高于或等于临界值的个体进入处理组（干预对象），反之则为控制组（非干预对象）。通过对比两组的结果变量，将控制组的结果视为处理组的反事实状态。

通常，假设断点为某常数 c，而分组规则为

$$D_i = \begin{cases} 1 & \text{若 } x_i \geq c \\ 0 & \text{若 } x_i < c \end{cases}$$

在实验之前，假设结果变量 y_i 与 x_i 之间存在如下的线性关系：

$$y_i = \alpha + \beta x_i + \varepsilon_i \quad i = 1, 2, \cdots, n \tag{10.11}$$

如果处理效应为正，那么 y_i 与 x_i 之间的线性关系在 c 处就存在一个向上跳跃的断点。

由于在 c 附近，个体各方面均无系统差别，之所以会造成条件期望函数在此跳跃，可能是因为 D_i 的处理效应。

为了估计此跳跃，我们改写式（10.11）

$$y_i = \alpha + \beta(x_i - c) + \delta D_i + \gamma(x_i - c)D_i + \varepsilon_i \quad i = 1, 2, \cdots, n \tag{10.12}$$

其中 $x_i - c$ 为 x_i 的标准化，使得 $x_i - c$ 的断点为 0。

引入了互动项 $\gamma(x_i - c)D_i$ 就允许断点两侧的斜率不同。

对此方法进行最小二乘法回归，所得到的 $\hat{\delta}$ 就是在 c 处局部平均效应。

正是由于此回归存在了一个断点，所以才被称为"断点回归"（regression discontinuity）或"断点回归设计"（regression discontinuity design）。由于在断点附近可能存在着随机分组，一般认为断点回归是内部有效性比较强的一种准实验。断点回归也可被看作"局部随机试验"（local randomized experiment），随机性可通过考察协变量在断点两侧的分布是否有差异来检验。但断点回归仅推断在断点处的因果关系，并不能推广到其他样本值，所以外部是否有效性是受限制的。

一般我们把断点回归分为精确断点回归和模糊断点回归。精确断点回归假设干预分配完全由参考变量决定，精确断点回归与其他几种政策评估的不同之处在于，其不满足共同区间假设，即当参考变量大于临界值时，所有个体都进入处理组，而当参考变量小于临界值时，所有个体都进入控制组。相反，模糊断点回归则假设干预状态不是完全由参考变量决定，还与其他未观测到的因素有关。

二、精确断点回归和模糊断点回归

(一) 精确断点回归

使用式（10.12）估计精确断点回归，存在两个问题：如果回归函数包含高次项，有可能遗漏偏差；由于断点回归是局部的随机实验，原则上只应使用断点附近的观测值，但是式（10.12）使用了整个样本。

为了解决这个问题，我们引入高次项并且限定 x 的取值范围 $(c-h,\ c+h)$。

$$y_i = \alpha + \beta_1(x_i - c) + \delta D_i + \gamma_1(x_i - c)D_i + \beta_2(x_i - c)^2 + \gamma_2(x_i - c)^2 D_i + \varepsilon_i$$
$$(c - h < x < c + h) \tag{10.13}$$

上式没有确定 h 的取值，依然依赖于具体的函数形式。我们可以进行非参数回归，减少依赖具体的函数形式。

直观来看的话，h 越小，偏差越小，离 c 很近的点可能很少，导致方差变大；反之方差变小。

非参数回归我们可以选用局部线性回归，最小化如下目标函数：

$$\min_{|\alpha,\ \beta,\ \delta,\ \gamma|} \sum_{i=1}^{n} K[(x_i - c)/h] [y_i - \alpha + \beta(x_i - c) + \delta D_i + \gamma(x_i - c)D_i]^2$$
$$\tag{10.14}$$

其中，$K(\cdot)$ 为核函数。局部线性回归的实质是在一个小范围内进行加权最小二乘法估计，此权重由核函数来计算，离 c 越近的点权重越大。

(二) 模糊断点回归

模糊断点回归的特征是在断点 c 处，个体得到处理的概率从 a 跳跃到 b，其中 $0 < a < b < 1$。即使 $x > c$，也未必得到处理，但是得到的处理的概率在 c 点有不连续的跳跃。

在模糊断点的情况下，处理变量 D 不完全由分组变量 x 确定。

一般情况下，影响处理变量 x 的其他因素也会影响结果变量 y，就会使得在回归过程中处理变量 D 与扰动项 ε 相关，导致存在内生性问题，为了在模糊断点情况下识别平均处理效应，需要引入条件独立假定如下所示：假定给定 x，则 $(y_1 - y_0)$ 独立于 D，由于 $y = y_0 + D(y_1 - y_0)$，故

$$E(y|x) = E(y_0|x) + E[D(y_1 - y_0)|x]$$
$$= E(y_0|x) + E(D|x) \cdot E[(y_1 - y_0)|x] \qquad (10.15)$$

其中，$E[(y_1 - y_0)|x]$ 是平均处理效应，而 $E(D|x)$ 为倾向得分。

局部平均处理效应推导如下：

对式（10.15）左右两边分别取极限。

左极限：

$$\lim_{x \to c^-} E(y|x) = \lim_{x \to c^-} E(y_0|x) + \lim_{x \to c^-} E(D|x) \cdot E[(y_1 - y_0)|x]$$

右极限：

$$\lim_{x \to c^+} E(y|x) = \lim_{x \to c^+} E(y_0|x) + \lim_{x \to c^+} E(D|x) \cdot E[(y_1 - y_0)|x]$$

右极限减去左极限为

$$\lim_{x \to c^+} E(y|x) - \lim_{x \to c^-} E(y|x) = \left[\lim_{x \to c^+} E(D|x) - \lim_{x \to c^-} E(D|x) \right] E[(y_1 - y_0)|x = c]$$

将上式化简：

$$E[(y_1 - y_0)|x = c] = \frac{\lim_{x \to c^+} E(y|x) - \lim_{x \to c^-} E(y|x)}{\left[\lim_{x \to c^+} E(D|x) - \lim_{x \to c^-} E(D|x) \right]} \qquad (10.16)$$

式（10.16）的分子就是精确断点回归的局部处理平均效应，分母是处理的概率在断点 c 处的跳跃。这个式子是精确断点回归的推广。

三、断点回归的优点和缺点

作为一种准自然实验，断点回归可以得到对处理效应的无偏估计，可以重复利用某种已知的资格规则。但是，断点回归也有其缺点：它得到的是局部平均处理效应，并不一定能够一般化；由于只能考虑断点上下或者周边很少的那部分样本，因此常常面临样本规模不大的问题；模型设定对函数形式很敏感，尤其是非线性的关系和交互项。因此，断点回归一定要做大量的稳健性检验。

第五节　倾向值匹配法

一、倾向值匹配法概述

倾向值匹配法是利用能观测到的特征，在概率模型基础上，构建统计学意义上的控制组，在这个倾向值的基础上，将参与者与非参与者进行匹配。倾向值匹配法的使用必须满足两个条件：一是条件独立性假设；二是处理组和控制组样本的倾向值中存在着大量共同支持或重合区域。

匹配方法也是常用的一种政策评估方法。它的主要思想是根据某种"距离"来匹配控制组个体和处理组个体，使用成功匹配的控制组个体的观测结果，来近似描述处理组个体的反事实结果，把两组的平均差异作为政策的平均处理效应。匹配实施前需要满足两个假设条件，即条件独立性和共同区间。条件独立性指的是在控制协变量后，个体到底在处理组还是控制组，是独立于潜在结果；共同区间指的是要求样本中要同时存在处理组和控制组。

匹配方法主要包括精确匹配和倾向得分匹配。精确匹配根据可观测变量进行匹配，会遇到随着观测变量越多，匹配效果越差的"维数诅咒"问题。为了解决这一问题，Rosenbaum 和 Rubin（1983）提出把多维可观测变量进行匹配的方法变为一维倾向得分匹配方法，也就是依据控制组个体受干预的概率来匹配，这在一定程度上降低了样本的自我选择问题，也正是这一优势，才使得倾向得分匹配广泛应用在政策评估中。在讨论匹配方法和倍差法这两种方法时，我们发现倍差法可以认为是一种特殊的匹配方法，只不过它是对潜在结果增量的匹配，而不是直接对潜在结果进行匹配。匹配法的主要缺陷是不允许存在未观测的混杂因素，所以无法解决内生性问题。一般情况下，我们可以将匹配方法与倍差法相结合，摒除不随时间变化且未观测的混杂因素，以此消除内生性问题。同时，该方法要求控制组中要有足够的个体可以供处理组个体进行匹配。

二、倾向值匹配法的步骤

（1）对数据进行数据质量核查，鉴别数据类型，考察数据的完整性和逻辑性，然后根据数据类型和样本量大小选择相应的倾向性得分的分析方法。

（2）选择纳入模型的协变量。

a. 针对实验目的，参照倾向性得分变量选择的要求，选择合适合理的混杂因素。

b. 以处理因素为因变量，以混杂因素为自变量构建模型，根据模型获得倾向得分估计值。

c. 估计倾向得分可选的模型包括 Logistic 回归等。

（3）根据数据结构类型和选定的模型计算每一个实验对象的倾向得分，倾向得分在 0~1 之间，表示实验对象被分配到实验组或者对照组的概率。

比如最常用的模型是 Logistic 回归模型，Logistic 回归模型可以表示为

$$\ln\left(\frac{p}{1-p}\right) = \alpha + \beta_1 X_1 + \beta_2 X_2 + \cdots + \beta_n X_n \tag{10.17}$$

转化上式

$$p = \frac{\exp(\alpha + \beta_1 X_1 + \beta_2 X_2 + \cdots + \beta_n X_n)}{1 + \exp(\alpha + \beta_1 X_1 + \beta_2 X_2 + \cdots + \beta_n X_n)} \tag{10.18}$$

式中，p 为倾向值得分，a 为常数项，β_1，β_2，$\cdots$，β_n 为回归系数，X_1，X_2，$\cdots$，X_n 为纳入模型的所有协变量或者其交互效应项。

（4）选择合适的倾向得分应用方法。

如果选用倾向得分匹配法，在估计出实验对象倾向得分之后，需要选择合适的算法，如 PS 分层法、PS 匹配法和 PS 协变量校正法等，计算组间倾向得分之间的距离，即近似程度。

（5）根据每个实验对象的倾向得分值，通过选择好的匹配算法进行组间匹配，匹配结束后得出匹配数据集。

（6）在匹配前后，需要进行组间均衡性检验。

组间基线的均衡性是一个很好的评价指标，在实际应用中该指标被用作倾向得分方法中控制选择性偏倚及混杂效应；假设检验是常用的均衡性检验方法，但是假设检验存在缺陷，这时我们可以利用标准化差异法。

匹配后的处理组和控制组均值非常接近，我们称这个过程为数据均衡，但是两者的差距是与计量单位有关的，通常情况下，对于 x 的每一个分量 x 考虑的标准距离（标准偏差）表示如下：

$$\frac{|\bar{x}_{treat} - \bar{x}_{control}|}{\sqrt{(s_{x,\ treat}^2 + s_{x,\ control}^2)/2}}$$

通常要求标准化差距不能超过 10%，如果超过，要返回到第二步和第三步

重新估计倾向值得分，或者改变匹配方法。

（7）匹配后的数据集，选择统计分析方法来估计处理效应。

由于匹配后实验组和对照组之间的协变量已经均衡，数据可以看作是近似随机化的，如果选择的统计学方法合适，那么得到的处理效应就是真实可信的。

（8）对数据进行敏感性分析。

在实验中，即使是很好的匹配方法，也可能会产生不完整的匹配集，可能导致匹配不精确，因此，如何在精度和完整度之间选择仍然需要更深层次的研究。

三、倾向值匹配法的优缺点

倾向值匹配法的优点为在无法进行随机试验的情况下，可构建虚拟的对照组并对增量进行可信的估算；实现较为容易，实验组的样本能够充分地利用。

倾向值匹配法的最主要的一个缺点是使用者永远无法保证所有的混淆变量都被包含在建模用的特征当中，但可通过敏感性分析校验，如增减混淆变量后重复完成计算步骤观测结果是否一致，或通过纳入不确定性对估算增量的区间值。

第六节　案例应用

在经济学和其他社会科学的研究中，我们通常观察数据来推断因果关系，理解变量之间的影响机制。实际的数据往往受很多因素的影响，使得自变量和因变量之间可能出现内生性问题，也就是自变量与模型的误差项存在相关性。这种内生性问题会导致普通最小二乘法的估计产生偏差和不一致性，影响结论的可靠性。当模型存在内生性问题时，工具变量法可以很好的解决这一问题。

一、数据介绍

普惠金融是一个金融体系，能有效地、全方位地为社会所有阶层和群体提供服务。普惠金融通过金融基础设施的不断完善，提高金融服务的可得性，实现以较低成本向社会各界人士，尤其是欠发达地区和社会低收入者提供较为便捷的金融服务。在国内从最初重点关注银行物理网点和信贷服务的可获得性，到广泛覆盖支付、存款、贷款、保险、信用服务和证券等多种业务领域。当前，中国实践的普惠金融和创新型数字金融有很强的关联性，随着互联网的深入发展，新型数字金融业务，通过信息化技术及产品创新，降低金融服务产品的成本，扩大金融服务的覆盖范围，因此新型数字金融模式已经成为普惠金融的重要源动力和增长点。

数字普惠金融指标体系应该是综合性的。中国各地级市的数字普惠金融指数数据，从数字金融覆盖广度、数字金融使用深度和普惠金融数字化程度3个维度来构建数字普惠金融指标体系。数字普惠金融指数一共3个维度、33项具体指标。现有关于普惠金融的相关研究，主要是从传统银行业务角度来考虑的，随着金融服务的不断创新发展，金融服务已呈现出多层次性和多元化发展的特征。为了体现数字金融服务的多层次性和多元化，全面刻画数字普惠金融，要求所构建的指标体系不仅包括银行服务（主要是信贷），还要包括支付、投资、保险、货币基金、信用服务等业态（表10.1）。

表 10.1　数字金融指标体系

总指数	一级指数	二级指数
数字普惠金融指数	覆盖广度（54%）	
	使用深度（29.7%）	支付（4.3%），货币基金（6.4%），信用（10%），保险（16%），投资（25%），信贷（38.3%）
	数字化程度（16.3%）	信用化（9.5%），便利化（16%），实惠化（24.8%），移动化（49.7%）

接下来我们来看一个具体的例子，该案例所选取的数据是2022年江苏省13个地级市的数字普惠金融指数，一级指数包括覆盖广度、使用深度和数字化程度。很多专家、学者阐明了我们在计算数字金融普惠指数时所选取的使用深度的指标往往还是局限于传统的金融业务，在数字经济的推动下，我们应该多元化地呈现不同金融业务，所以我们以江苏省13个市的一些数据来分析使用深度对整个数字普惠金融指数的核算情况，由于使用深度包含了表10.1中的诸多二级指标，这里我们选取占比比较大并且与我们生活密切相关的

支付、保险、投资、信贷。分析使用的方法是工具变量法。关于工具变量法的内容上述章节已经简单介绍，接下来直接分析。

二、数据分析

这里我们用 Stata 对数据进行分析。Stata 不仅包括一整套预先编排好的分析与数据功能，同时还允许软件用户根据自己的需要来创建程序，从而添加更多的功能。该软件自从被引入我国后，迅速得到了广大用户的认可，适用范围越来越广泛。Stata 可以满足用户对数据操作、可视化、统计和自动报告的系列需求。

先输入数据，使用菜单方式输入数据后，我们来看数据的统计特征。

（一）数据的统计特征

数据的统计特征如图 10.2 所示。

```
. sum
```

Variable	Obs	Mean	Std. dev.	Min	Max
jz	13	228.2654	11.43128	211.39	249.94
gd	13	239.3846	12.18469	218.79	261.62
sd	13	296.4754	14.21125	272.64	315.4
sz	13	317.5954	22.56397	277.76	363.45
zf	13	306.5085	15.55989	281.85	327.35
bx	13	401.4277	20.26501	366.14	426.01
tz	13	195.2562	11.33655	173.81	209.16
xd	13	282.7031	15.04064	254.2	304.23

图 10.2 数据的统计特征

（二）数据的相关关系

数据的相关关系如图 10.3 所示。

（三）回归分析

先进行 OLS 回归，作为一个参考。从图 10.4 和图 10.5 可以看出，如果只引入使用深度和数字化程度或者只引入覆盖广度和数字化程度，并没有完全体现出普惠数字金融的所有信息。

pwcorr gd sd,sig

	gd	sd
gd	1.0000	
sd	0.8224	1.0000
	0.0006	

pwcorr gd sz,sig

	gd	sz
gd	1.0000	
sz	0.8057	1.0000
	0.0009	

图 10.3　相关关系

. reg jz sd sz,r

Linear regression

Number of obs	=	13
F(2, 10)	=	93.29
Prob > F	=	0.0000
R-squared	=	0.9170
Root MSE	=	3.6068

jz	Coefficient	Robust std. err.	t	P>|t|	[95% conf. interval]	
sd	.767512	.1447352	5.30	0.000	.4450217	1.090002
sz	.0022658	.0623731	0.04	0.972	-.1367102	.1412417
_cons	-.002611	25.30442	-0.00	1.000	-56.38436	56.37914

图 10.4　使用深度和数字化程度的回归

. reg jz gd sz,r

Linear regression

Number of obs	=	13
F(2, 10)	=	19.71
Prob > F	=	0.0003
R-squared	=	0.7419
Root MSE	=	6.3618

jz	Coefficient	Robust std. err.	t	P>|t|	[95% conf. interval]	
gd	.6937616	.2958442	2.35	0.041	.0345796	1.352944
sz	.0738906	.1535506	0.48	0.641	-.2682413	.4160226
_cons	38.7222	34.47224	1.12	0.288	-38.08673	115.5311

图 10.5　覆盖广度和数字化程度的回归

接下来我们用使用深度下面的信贷、投资、保险、支付这些变量作为使用深度的工具变量，进行 2SLS 回归，如图 10.6 所示。

```
. ivregress 2sls jz gd sz (sd=bx zf tz xd),r
note: xd omitted because of collinearity.

Instrumental variables 2SLS regression        Number of obs   =         13
                                               Wald chi2(3)    =     260.56
                                               Prob > chi2     =     0.0000
                                               R-squared       =     0.9358
                                               Root MSE        =     2.7833
```

jz	Coefficient	Robust std. err.	z	P>|z|	[95% conf. interval]	
sd	.6580636	.0890956	7.39	0.000	.4834394	.8326877
gd	.2563341	.1368439	1.87	0.061	-.011875	.5245432
sz	-.0559998	.0685573	-0.82	0.414	-.1903696	.0783699
_cons	-10.41143	23.92028	-0.44	0.663	-57.29432	36.47147

图 10.6　2SLS 回归

在 2SLS 回归中，我们发现数字化程度对普惠金融的贡献变成了负值，接下来进行最大似然估计。

（四）最大似然估计

最大似然估计如图 10.7 所示，可以发现，最大似然估计和 2SLS 回归估计很接近，但是数字化程度的贡献依然是负值，这显然和事实不符，那么我们考虑工具变量是不是有效的，是不是存在异方差的情况，如果存在异方差，那么 GMM 比 2SLS 更有效率。接下来我们尝试进行 GMM 估计。

```
. ivregress liml jz gd sz (sd=bx zf tz xd),r
note: xd omitted because of collinearity.

Instrumental variables LIML regression         Number of obs   =         13
                                                Wald chi2(3)    =     259.53
                                                Prob > chi2     =     0.0000
                                                R-squared       =     0.9358
                                                Root MSE        =     2.7834
```

jz	Coefficient	Robust std. err.	z	P>|z|	[95% conf. interval]	
sd	.6573714	.0943163	6.97	0.000	.4725148	.842228
gd	.2567942	.1365404	1.88	0.060	-.0108201	.5244086
sz	-.0558632	.0691821	-0.81	0.419	-.1914576	.0797313
_cons	-10.35975	24.20106	-0.43	0.669	-57.79295	37.07346

Instrumented: sd

图 10.7　最大似然估计

（五）GMM 估计

GMM 估计如图 10.8 和图 10.9 所示，容易看出迭代的 GMM 估计明显比 GMM 估计更符合事实。

```
. ivregress gmm jz gd sz (sd=bx zf tz xd),r
note: xd omitted because of collinearity.

Instrumental variables GMM regression          Number of obs   =         13
                                                Wald chi2(3)    =     504.80
                                                Prob > chi2     =     0.0000
                                                R-squared       =     0.9279
GMM weight matrix: Robust                       Root MSE        =     2.9491
```

jz	Coefficient	Robust std. err.	z	P>|z|	[95% conf. interval]	
sd	.5805688	.0819697	7.08	0.000	.4199111	.7412266
gd	.1993532	.1203515	1.66	0.098	-.0365314	.4352377
sz	.0071114	.0508847	0.14	0.889	-.0926208	.1068436
_cons	5.924533	18.01762	0.33	0.742	-29.38935	41.23842

图 10.8　GMM 估计

```
Instrumental variables GMM regression           Number of obs   =         13
                                                 Wald chi2(3)    =     825.46
                                                 Prob > chi2     =     0.0000
                                                 R-squared       =     0.9059
GMM weight matrix: Robust                        Root MSE        =      3.369
```

jz	Coefficient	Robust std. err.	z	P>|z|	[95% conf. interval]	
sd	.4630802	.0638463	7.25	0.000	.3379437	.5882166
gd	.2413645	.1229546	1.96	0.050	.0003779	.4823511
sz	.0540801	.0454495	1.19	0.234	-.0349992	.1431595
_cons	16.72656	9.229937	1.81	0.070	-1.363786	34.8169

```
Instrumented: sd
 Instruments: gd sz bx zf tz
```

图 10.9　迭代 GMM 估计

三、江苏省 13 市数字普惠金融指标

江苏省 13 市数字普惠金融指标如图 10.10 和图 10.11 所示。

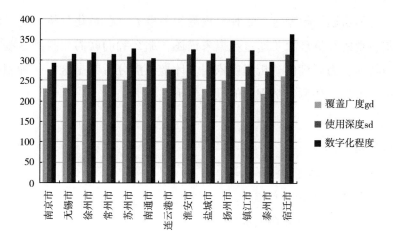

图 10.10　覆盖广度、使用深度和数字化程度

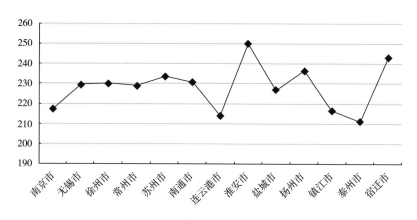

图 10.11　普惠金融总指数

　　江苏省各地区之间的差距大幅缩小，而且数字金融应用程度的加深开始逐步成为数字普惠金融指数增长的重要驱动力，不同地区数字普惠金融发展差距总体上大幅缩小，数字普惠金融为经济不是很发达的地区实现普惠金融赶超提供了可能，并使广大中低收入者和弱势群体获得了覆盖更广、使用深度更大的金融服务，为支付、保险、投资、信贷等奠定了基础，这有助于缓解中国经济发展中存在的不平衡问题。

本章小结

　　计量经济分析也是数字经济量化分析的一种常用方法，我们把相关理论表示成可计量的数学模型然后再数值化，用统计的推论的方法对变量之间的关系作出估计，最后运用模型进行解释、预测相关事务。在量化分析一些经济现象时，一些客观的经济现象是通过数据来描述，那么我们就需要找到这些数据中的规律与特征，为后续的分析提供依据。计量经济分析就是这样一种用于检验经济理论，解释、预测经济现象的量化分析方法。

 课后习题

1. 简要描述工具变量法的步骤。
2. 断点回归的思想是什么？
3. 倾向值匹配法的步骤有哪些？

第十一章
大规模机器学习

近年来，人工智能和机器学习的发展势头十分迅猛，已经对社会生活产生越来越多的影响。目前，机器学习作为实现人工智能的一项核心技术，已在数据挖掘、计算机视觉、搜索引擎、语音识别、游戏博弈、经济预测与投资分析等众多领域得到了广泛应用。

过去十年，机器学习经历了飞速发展，已经成为子领域众多、内涵丰富的一个学科领域。如何与实际应用结合、解决现实问题，成为机器学习发展最主要的目标。在机器学习发展过程中，涌现出多种机器学习模式，例如监督学习、弱监督学习、半监督学习、代价敏感学习、流数据挖掘、社会网络分析等，这些学习模式都起源于实际应用中抽象出来的问题。

第一节　机器学习概述

什么是机器学习呢？下面我们从五个阶段来分析机器学习。

第一阶段，启蒙时期（20 世纪 50 年代中期至 60 年代中期），其研究对象为各种类型的自组织系统与适应性系统，其核心研究方法是持续调整控制参数以及提高系统性能，不依赖于特定任务的相关知识。

第二阶段，平静时期（20 世纪 60 年代中叶到 70 年代中叶），在这一阶段，人类受概念学习过程的启发，尝试用逻辑结构或图结构来描述机器内部。

第三阶段，从 20 世纪 70 年代中叶到 80 年代中叶，在这一时期主要是探索不同的学习策略和方法，已开始把学习系统与各种应用结合起来，并取得很大的成功，大大促进了机器学习的发展。

第四阶段，20 世纪 90 年代到 21 世纪初，这个时期的机器学习研究方向主要集中在以下三个方面：一是面向任务学习。分析和开发学习系统是基于给定的任务，不断提升完成任务的水平，这是专家系统研究中提出的研究问题。二是认识模拟研究。从心理学角度研究人类的学习过程及计算机的行为仿真。三是理论分析研究。在理论上，我们探讨各种可能学习方法的空间以及独立于应用领域之外的各种算法。上述三个研究方向都有自己的研究目标，每一个方向的进展都会促进另两个方向的研究。这三个方向的研究促进了各方面问题和学习基本概念的交叉结合，推动了整个机器学习的研究。

第五个阶段，21世纪初至今，主要研究领域是模式识别、计算机视觉、语音识别、自然语言处理等，机器学习的实用性越来越高。

经过50余年的发展，机器学习已经成为一个具有丰富研究内涵、新技术与新应用的重要研究方向。在大数据时代，数据呈现出多源异构、语义复杂、规模庞大、动态变化等特点，对传统机器学习方法提出了新的挑战。

机器学习的理论基础涉及很广，比如概率论、数理统计、线性代数、数学分析、数值逼近、最优化理论和计算复杂理论等，其核心构成要素主要是数据、算法和模型。在数据挖掘、搜索引擎、电子商务、自动驾驶、图像识别、量化投资、自然语言处理、计算机视觉、医学诊断、信用卡欺诈检测、证券金融市场分析、游戏和机器人等领域，机器学习都有着广泛的应用前景，机器学习相关技术的进步促进了人工智能在各个领域的发展。

一、人工智能

为摆脱复杂繁重的科学与工程计算任务，人们发明了计算机代替人脑进行计算。实践证明，计算机不仅能够胜任科学与工程计算工作，而且算得比人脑更快、更准确。1956年夏天，以麦卡赛、明斯基、罗切斯特、申农为代表的一群杰出的科学家，对如何利用机器来模仿人的思想或者说人的智力进行了深入的研究，第一次提出了"人工智能"这一概念，从而揭开了人工智能这门学科的序幕。

在人工智能发展的初期，人们普遍认为，实现人工智能的关键技术在于自动逻辑推理，只要机器被赋予逻辑推理的能力就认为实现了人工智能。因此，在早期人工智能主要通过逻辑演算来模拟人类智能。这个阶段的人工智能的主流核心技术是符号逻辑计算，尤其在数学定理自动证明等领域取得了一定成功。

人工智能是研究和发展人类智能的理论、方法、技术和应用体系，是21世纪科学技术领域的前沿技术。它采用了一种基于数据和分析的方法，使电脑可以像人一样进行决策。

人工智能借助机器学习和推理，最终形成具体的智能行为。人工智能包括计算智能、感知智能和认知智能等层次，目前人工智能介于前两者之间。通常来说，人工智能是使机器具备类似人类的智能性，人工智能的典型系统包括以下几个方面：①博弈游戏（如深蓝、Alpha Go、Alpha Zero 等）。②机器人相关控制理论（运动规划、控制机器人行走等）。③机器翻译。④语音识别。⑤计算机视觉系统。⑥自然语言处理（自动程序）。

人工智能的主要目标是通过计算机来模拟人的某些思维能力或智能行为，如推理、证明、识别、感知、认知、理解、学习等思维能力或活动，让计算机能够像人类一样进行思考。

二、数据挖掘

近些年来，大数据和信息技术的快速发展，博客、社交网络、位置服务等新的信息发布模式，以及云计算和物联网等新兴技术的出现，使得电子商务与政务服务、大规模工业生产过程的智能监测与诊断、医疗诊断与科学计算等领域产生了庞大的数据资源。随着数据的快速增长与积累，人类收集和存储数据的能力也在不断提升，如何从海量数据中挖掘出有用的信息，已成为所有领域的普遍要求。

机器学习要求对数据进行有效的分析，因此，数据挖掘已成为数据智能分析的一个重要来源。数据挖掘就是试图从大量的资料中发现有用的资讯。总体上讲，数据挖掘是机器学习与数据库的结合，其核心是借助机器学习领域中的先进技术，对海量数据进行分析，并通过数据库提出的方法对其进行有效的管理。

根据数据存在的形态变化我们来解释各种数据。

其一，大数据。数据挖掘通常是指对中等规模或海量数据进行分析。什么样的数据才算海量数据呢？一般情况下，大数据的规模和维数都非常大，并且数据的形式也非常丰富，比如数字、文本、图像、声音等。大数据往往可能蕴含着丰富的规律和知识，所以对大数据进行数据挖掘就成为理所当然的活动了。

其二，小数据。小数据是相对于大数据而言的，在实际工程应用中需要对小数据进行深入分析和探索。数据挖掘的一个发展分支应该是从规模较小的、有限的数据中探索其中的规律和知识。

其三，宽数据。数据范围较宽泛。例如小数据高维度、小样本大信息。如从宽带、移动支付、物联网、手机等媒介收集个人信息。

其四，深数据。数据涉及维度不是很宽，但是数据在维度上跨度非常大，历史数据非常多，或者数据量的增长速度非常快，称之为深数据。对深数据的挖掘也是非常具有挑战性的，一方面由于深数据的数据量非常大，另一方面也由于挖掘的实时性要求较高。随着数据收集手段的进步而形成的各有特色的数据，正在逐步进入数据挖掘研究的视野。

所以说数据挖掘应包括大数据挖掘、小数据挖掘、宽数据挖掘和深数据挖掘。我们需要做的是处理好各类数据来获取知识，研究解决各类型数据的挖掘的新理论和新算法。

数据挖掘是一门多领域交叉学科，涉及概率论、统计学、逼近论、凸分析、算法复杂度理论等多个领域。

从数据分析的观点来看，数据挖掘可分为关联挖掘、数据分类、数据聚类和预测等问题。根据数据类型对象的特点又可分为时序数据分析、空间数据挖掘、文本及 Web 挖掘和多媒体数据库等研究方向。从具体算法实施角度讲，数据挖掘又有兴趣度评价、并行算法、增量算法及算法的复杂性等研究问题。

三、机器学习、人工智能与数据挖掘的关系

机器学习是人工智能的核心研究领域之一，而数据挖掘又是机器学习的核心技术之一。

其一，人工智能的根本在于智能——如何让机器变得智能。机器学习可以作为部署支持人工智能的一种计算方法。人工智能是一门科学，而机器学习是让机器变得更加智能的算法。我们也可以认为是机器学习成就了人工智能。机器学习促进了人工智能发展，尤其是目前的深度学习在现实工业应用中的成功，带来了机器学习技术的蓬勃发展，开拓了人工智能的适用领域。机器学习也是人工智能的重要支撑技术，深度学习就是其中一个典型例子。选择数据训练模型，然后用模型做出预测是深度学习的典型应用。

其二，数据挖掘受到了很多学科领域的影响，尤其数据库、机器学习、统计学影响最大。数据库为数据的管理提供了技术，机器学习和统计学为数据的分析提供了技术。统计学主要通过机器学习对数据挖掘发挥作用，而机器学习和数据库则是数据挖掘的两大支撑技术。从数据分析的角度来看，绝大多数数据挖掘技术都来自机器学习领域。

四、机器学习的主要方法介绍

大数据时代将提供一些更有利于推动机器学习的工具。我们可以看到，机器学习应用于任何与模式识别相关的东西中，例如面部识别系统、语音助手和用于防止诈骗行为的分析。如何与实际应用结合、解决实际生活中的问题已经成为机器学习发展最主要的方向。随着机器学习的发展，也出现了很多机器学习模式，例如监督学习、弱监督学习、半监督学习、代价敏感学习、流数据挖掘、社会网络分析等，这些学习模式都来源于实际应用中提炼出来的问题。

数理统计作为数学中最重要、最活跃的领域之一，发挥了非常大的作用，主要表现在从数据查询到知识发现、从数据演绎到数据挖掘。统计分析方法是指从选取数据开始，寻找数据的特征，概括出数据的模型，发掘数据中的信息，再回到对数据的分析与预测上。在使用统计分析方法时，它的前提是数据具有一定的统计规律性。统计分析方法是基于数据构建概率统计模型从而对数据进行预测与分析的。统计学习方法包括模型的假设空间、模型选择的准则以及模型学习的算法。

机器学习可以把统计学习方法分成两种模式的学习，即监督学习和无监督学习。

（一）监督学习

监督学习（supervised learning）是从标注数据中学习模型的机器学习问题，是统计学习或机器学习的重要组成部分。标注数据表示输入输出的对应关系，预测模型对给定的输入产生相应的输出。监督学习的本质是学习输入到输出的映射的统计规律。

监督学习主要应用在分类问题、标注问题和回归问题这三个方面。

1. 分类

分类问题可以说是监督学习的一个核心问题。在监督学习中，如果输出变量 Y 取的是有限个离散值，那么预测问题便是一类分类问题。这时，输入变量 X 既可以是离散的，也可以是连续的。分类器是指监督学习从数据中学习一个分类模型或分类决策函数。我们认为分类是分类器对新的输入进行输出的预测。可能的输出称为类别。许多统计学习方法都可以用来解决分类问题，比如 K 近邻法、感知机、朴素贝叶斯法、决策树、决策列表、Logistic 回归模型、支持向量机、提升方法、贝叶斯网络、神经网络、Winnow 等。由于其特性，分类在许多领域都有着非常广泛的应用。

2. 标注

标注（tagging）也是一个监督学习问题。可以认为标注问题是分类的一个推广，标注问题又是更复杂的结构预测（structure prediction）的一种简单的形式。标注问题把观测序列作为一个输入，输出可以是一个标记序列或状态序列。标注问题在于学习一个模型，使它能够对观测序列给出预测输出标记序列。标注问题在信息抽取、自然语言处理等领域被广泛应用。标注常用的统计学习方法有隐马尔可夫模型、条件随机场。

3. 回归

回归是监督学习的另一个重要问题。回归作用体现在预测输入变量（自变量）和输出变量（因变量）两者之间的关系，尤其是当输入变量的值发生变化时，输出变量的值也随之发生变化。回归模型正是表示从输入变量到输出变量之间映射的函数。按照输入变量的个数，回归问题可分为一元回归和多元回归；按照输入变量和输出变量之间关系的类型即模型的类型，可分为线性回归和非线性回归。回归模型最常用平方损失函数作为损失函数。在实际应用中，很多领域的问题都可以抽象为回归问题，比如市场趋势预测、产品质量管理、客户满意度调查、投资风险分析等。

（二）无监督学习

无监督学习（unsupervised learning）是指从无标注数据中学习预测模型的机器学习问题。无标注数据是自然得到的数据，预测模型表示数据的类别、转换或概率。无监督学习的本质是学习数据中的统计规律或潜在结构。模型的输入与输出的所有可能取值的集合分别称为输入空间与输出空间。输入空间与输出空间可以是有限元素集合，也可以是欧氏空间。每个输入是一个实例，由特征向量表示。每个输出是对输入的分析结果，由输入的类别、转换或概率表示。模型可以实现对数据的聚类、降维或概率估计。

无监督学习可以用于分析已有的数据，也可以用于预测未来数据。无监督学习一般需要大量的数据，因为需要足够的观测才能发现数据隐藏的规律。无监督学习的方法同样可以分成聚类和降维。

1. 聚类

聚类的目的是通过得到的类或簇来发现数据的特点或对数据进行处理，主要应用在数据挖掘、模式识别等领域。聚类之所以属于无监督学习，是因为只根据样本的相似度或距离将聚类进行归类，而类或簇事先并不知道。

2. 降维

降维主要用于数据分析，也可以用于监督学习的前处理。降维可以帮助发现高维数据中的统计规律。数据是连续变量表示的。比如一些数据是高维（多变量）数据，很难观察变量的样本区分能力，也很难观察样本之间的关系，对数据进行降维，如主成分分析，就可以更直接地分析以上问题。降维方法包括主成分分析和基础的奇异值分解。

本章结合机器学习最新发展，简要阐述当前机器学习领域的两种技术和方法。

第二节　支持向量机

支持向量机（support vector machines，SVM）是一种二类分类模型，主要用来处理数据分类。它的基本模型是定义在特征空间上的间隔最大的线性分类器。间隔最大这一特点使它不同于感知机；支持向量机还含有核技巧，所以它实质上是一个非线性分类器。

支持向量机可以认为是感知机的一种拓展，为非线性问题提供了另一种解决方案。借助不同的间隔最大化策略，支持向量机模型可分三种类型：线性可分支持向量机、线性支持向量机、非线性支持向量机。不管是哪一种类型，支持向量机都可以形式化为求解一个凸二次规划问题。

支持向量机的核心思想是通过在高维或无限维空间中构造超平面或超平面集合，将原来的有限维的空间映射到维数高很多的空间，来解决低维数据中的非线性问题和回归问题。在高维空间中，支持向量机可以将原本线性不可分的数据映射为线性可分，从而进行有效的分类。它可以同时最小化经验误差和最大化几何边缘区，因此它也被称为最大间隔分类器。直观来说，分类边界距离最近的训练数据点越远越好，因为这样可以缩小分类器的泛化误差。

一、模型原理

（一）线性可分支持向量机

线性可分是在二维空间上，如果响应变量为二分类变量，那么所有样本能够被一条直线按照类别分开，即称为线性可分。如果样本集可以被超平面 $f(x) = w \cdot x + b$ 正确地分为两类，则称为线性可分，即

$$f(x_i) = \begin{cases} w \cdot x_i + b \geq 0 & \text{若 } y_i = +1 \\ w \cdot x_i + b \leq 0 & \text{若 } y_i = -1 \end{cases} \tag{11.1}$$

其中，$i = 1, 2, \cdots, n$。设超平面 $f(x) = w \cdot x + b = 0$ 可以将两类样本分开，且使得所有的正样本（属于第一类的样本）满足 $w \cdot x_i + b \geq 1$，所有的负样本（属于第二类的样本）满足 $w \cdot x_i + b \leq -1$。令超平面 $f(x) = 1$ 和 $f(x) = -1$ 距离为 2Δ，则称 Δ 为分类间隔。超平面 $f(x) = w \cdot x + b = 0$ 可以将两类样本分开，如果也满足最大分类间隔，我们可以称该超平面为最优超平面。

最优分类超平面最小化了结构风险，支持向量机算法的目的就是寻找最优超平面。

定义决策函数：

$$f(x) = \text{sgn}(w \cdot x + b) \text{，其中 sgn ( ) 是符号函数。} \tag{11.2}$$

线性可分支持向量机可以划归为二次规划问题：

$$\min \frac{1}{2} \parallel w \parallel^2 \tag{11.3}$$

约束条件为 $y_i(w \cdot x_i + b) \geq 1$, $i = 1, 2, \cdots, n$

当训练数据线性可分时，我们可以通过硬间隔（hard margin）最大化求解对应的凸二次规划问题进而求得最优线性分隔超平面 $f(x) = w \cdot x + b = 0$，以及相应的分类决策函数 $f(x) = \text{sgn}(w \cdot x + b)$，这种情况就称为线性可分支持向量机。

(二) 线性支持向量机

在实际中，绝大多数的分类问题都不是线性可分的，也就是说某些样本点不能满足 $y_i(w \cdot x_i + b) \geq 1$, $i = 1, 2, \cdots, n$ 这一约束条件，这时我们可以对每个样本点引入一个松弛变量 ξ_i，这样约束条件就变为了 $y_i(w \cdot x_i + b) \geq 1 - \xi_i$, $i = 1, 2, \cdots, n$，同时把每个松弛变量 ξ_i 作为惩罚加入到目标函数 $\frac{1}{2} \parallel w \parallel^2$，那么目标函数就变为 $\frac{1}{2} \parallel w \parallel^2 + C\sum_{j=1}^{n} \xi_i$，其中，$C$ 是惩罚系数，可以根据问题进行调整的这样一个超参数。

对于线性不可分的训练集，支持向量机的学习问题可以表述如下：

$$\min \frac{1}{2} \parallel w \parallel^2 + C \sum_{j=1}^{n} \xi_i \qquad (11.4)$$

约束条件为 $y_i(w \cdot x_i + b) \geq 1 - \xi_i$, $i = 1, 2, \cdots, n$

$\xi_i \geq 0$, $i = 1, 2, \cdots, n$

该问题最优解得到的分离超平面 $f(x) = w \cdot x + b = 0$，以及相应的分类决策函数 $f(x) = \text{sgn}(w \cdot x + b)$，这种情况就称为线性支持向量机。相对于线性可分支持向量机中的硬间隔最大化目标，线性支持向量机中的目标是软间隔最大化。

(三) 非线性支持向量机

在实际应用时，线性可分情形毕竟占少数，很多时候我们碰到的数据是非线性的或线性不可分的。线性不可分指的是用超平面划分会产生很大的误差，这类分类问题称为线性不可分。支持向量机利用核技巧（kernel trick）来对线性不可分数据进行分类。

核技巧是一种将非线性变换为线性的映射方法。借助核技巧，求解非线性支持向量机的第一步是将原始空间的数据映射到新空间，映射过程中将非线性问题转化为线性可分问题，然后用线性可分支持向量机的方法进行求解。实现核技巧的主要工具是核函数。

如果训练集为线性不可分时，需要引入非负的松弛变量 ξ_i，

$$\min \frac{1}{2} \parallel w \parallel^2 + c \sum_{i=1}^{n} \xi_i \qquad (11.4)$$

约束条件为 $y_i(w \cdot x_i + b) \geq 1 - \xi_i$, $\xi_i \geq 0$, $i = 1, 2, \cdots, n$

式中，c 是常量，称为惩罚项因子，c 的值越大。对错误分类的惩罚就越大。

对于非线性分类的问题，我们借助非线性特征映射 ϕ，把样本从输入空间 Rd 映射到某个高维的特征空间 F，即 $\phi: Rd \to F$，在特征空间中对样本向量进行类似的操作，构造最优分类超平面。支持向量机的训练与决策过程只依赖于特征空间中向量的内积运算，即 $\phi(x_i) \cdot \phi(y)$。

如果存在一个核函数，满足：

$$K(x_i, x_j) = \varphi(x_i) \cdot (x_j) \qquad (11.5)$$

利用核函数代替样本向量的内积，把核函数 K 代入原规划和对偶问题的表达式中，即可以求得非线性的支持向量机，其相应的目标函数为

$$\min \frac{1}{2} \parallel w \parallel^2 + c \sum_{i=1}^{n} \xi_i$$

约束条件为 $y_i(w^T \cdot \varphi(x_i) + b) \geqslant 1 - \xi_i$，$\xi_i \geqslant 0$，$i = 1, 2, \cdots, n$。

模型的评估：

（1）Holdout 检验。Holdout 检验是最简单也是最直接的验证方法，它将原始的样本集合随机划分成训练集和验证集两部分。Holdout 检验存在很明显的缺点，因为在验证集上计算出来的最后评估指标和原始分组有很大关系。

（2）交叉验证即 k-fold 交叉验证。先分割样本，把全部样本拆分成 k 个大小相等的样本子集；依次遍历这 k 个子集，每次把当前子集作为验证集，其余所有子集作为训练集，进行模型的训练和评估；最后把 k 次评估指标的平均值作为最终的评估指标，k 一般情况下习惯取 10。

（3）自助法。不管是 Holdout 检验还是交叉检验，都是基于划分训练集和测试集的方法进行模型评估的。然而，如果样本规模比较小，再对样本集进行划分会让训练集进一步减少，有可能会影响模型训练效果。自助法是基于自助采样法的检验方法。对于样本集合总数为 n 的样本，可以进行 n 次有放回的随机抽样，这样就得到了大小为 n 的训练集。在 n 次采样过程中，有的样本会被重复采样，有的样本没有被抽出过，将这些没有被抽出的样本作为验证集，进行模型验证，就是自助法的验证过程。

二、支持向量机模型

为了更好地分类，支持向量机通过某线性变换 $\phi(x)$，将输入空间 X（欧氏空间的子集或离散集合）映射到高维特征空间 H（希尔伯特空间），如果低维空间存在 $K(x, y)$，$x, y \in X$，使得 $K(x, y) = \phi(x) \cdot \phi(y)$，则称 $K(x, y)$ 为核函数，其中 $\phi(x) \cdot \phi(y)$ 为 x, y 映射到特征空间上的内积，$\phi(x)$ 为 $X \rightarrow H$ 的映射函数。目标特征空间 H 的维数通常情况下比较高，也有可能是无穷维，这就造成求解内积比较复杂，在使用时只定义核函数，不显式定义映射函数 ϕ，就只涉及变换后的内积，而并不需要变换值。这样一方面可以解决线性不可分问题，另一方面避免了"维数灾难"，减少了计算量。

以下介绍几种常用的核函数。

（一）线性核函数

线性核函数（linear kernel）是最简单的核函数，主要用于线性可分的情况，表达式为 $K(x, y) = xT \cdot y + c$，其中，c 为可选的常数。线性核函数是原始输入空间的内积，即特征空间维度和输入空间维度相同，这种情况下的参数较少，运算速度相对较快。一般情况下，当特征数量相较于样本数量非常多时，适合采用线性核函数。

（二）　高斯核函数

高斯核函数适用于没有先验经验的非线性分类。其中 σ 越小，映射的维度越高。

$$k(x_i, x_j) = \exp\left(-\frac{\parallel x_i - x_j \parallel^2}{2\sigma^2}\right) \tag{11.6}$$

（三）　多项式核函数

没有先验经验的分类多采用多项式核函数。d 越小，映射的维度越高。

$$k(x_i, x_j) = (ax_i^T x_j + c)^d \tag{11.7}$$

三、支持向量机的优缺点

（一）　支持向量机的优点

支持向量机可以用来解决小样本情况下的机器学习问题，简化通常的分类和回归等问题。

因为采用核函数方法，解决了维数灾难和非线性可分的问题，所以向高维空间映射时并没有增加计算的复杂性。换言之，因为支持向量机的最终决策函数仅由少数的支持向量来确定，所以计算的复杂性取决于支持向量的数目，而不是样本空间的维数。

支持向量机利用松弛变量可以允许一些点到分类平面的距离不满足原先要求，从而避免这些点对模型学习的影响。

（二）　支持向量机的缺点

对大规模训练样本，支持向量机并不是一个好方法，这是因为支持向量机借助二次规划求解支持向量时，会涉及 m 阶矩阵的计算，所以矩阵阶数很大的时候将耗费大量的机器内存和运算时间。

经典的支持向量机只给出了二分类的算法，而在实际应用中的数据挖掘通常要解决多分类问题，但支持向量机解决多分类问题的效果并不理想。

核函数的选择对支持向量机影响很大，经常要尝试很多种核函数，即便我们选择了效果比较好的高斯核函数，也要进行调参，选择恰当的参数。此外，现在常用的支持向量机都是使用固定惩罚系数，但是正负样本的两种错误造成的损失是不一样的。

第三节　近邻学习

K 近邻（k-nearest neighbor，KNN）是一种简单的监督式学习算法。它不使用参数估计，只考虑特征变量之间的距离，基于距离来解决分类问题或回归问题。K 近邻算法针对有响应变量的数据集，所以也是一种监督式学习方式。K 近邻算法既能够用来解决分类问题，也能够来解决回归问题。

一、K 近邻原理

K 近邻算法原理是首先通过所有的特征变量构筑起一个特征空间，特征空间的维数就是特征变量的个数，然后针对某个测试样本 di，按照参数 K 在特征空间内寻找与它最为近邻的 K 个训练样本观测值，最后依据这 K 个训练样本的响应变量值或实际分类情况获得测试样本 di 的响应变量拟合值或预测分类情况。针对分类问题，K 个训练样本中包含样本数最多的那一类是什么，测试样本 di 的分类就是什么；针对回归问题，则按照 K 近邻估计量来确定，也就是将 K 个训练样本响应变量值的简单平均值作为测试样本 di 的响应变量拟合值。

K 近邻是分类数据最简单最有效的算法。在使用 K 近邻算法时，需要注意以下几点：

其一，所有的特征变量均需为连续变量。

其二，在进行 K 近邻算法之前，需要对特征变量进行标准化。因为原始数据的量纲差距可能很大，如果不进行标准化，可能会因为量纲的问题引起距离测算的较大偏差，容易被那些取值范围大的变量所主导，可能会造成某个特征值对结果的影响过大，从而大大降低模型的效果。

其三，当 K 值较小时，K 近邻对"噪声"比较敏感。因为 K 近邻在寻找 K 个近邻值时，并不依据响应变量的信息，只是通过特征变量在特征空间内寻找，所以即使一些特征变量对于响应变量的预测是毫无意义的，也会被不加分别地考虑，从而在一定程度上形成了干扰，影响了预测效果。

其四，K 近邻适用于样本全集容量较大且远大于特征变量数的情形。因为对于高维数据来说，针对特定测试样本，可能很难找到 K 个训练样本近邻值，估计效率也会大大下降。

二、K 近邻的实现步骤

步骤①数据预处理。

步骤②构造训练集与测试集。

步骤③设定参数，如 K 值（K 一般选取样本数据量的平方根即可，K 值的常见取值范围是 $3 \sim 10$）。

步骤④维护一个大小为 K 的优先级队列，该队列按距离（欧氏距离）由大到小排列，用于存储最近邻训练元组。随机从训练元组中选取 K 个元组作为初始的最近邻元组，分别计算测试元组到这 K 个元组的距离将训练元组标号和距离存入优先级队列。

步骤⑤遍历训练元组集，计算当前训练元组与测试元组的距离 L，将所得距离 L 与优先级队列中的最大距离 $L\mathrm{max}$ 进行比较。

步骤⑥进行比较。若 $L \geqslant L\mathrm{max}$，则舍弃该元组，遍历下一个元组。若 $L < L\mathrm{max}$，删除优先级队列中最大距离的元组，将当前训练元组存入优先级队列。

步骤⑦遍历完毕，计算优先级队列中 K 个元组的多数类，并将其作为测试元组的类别。

步骤⑧测试元组集测试完毕后计算误差率，继续设定不同的 K 值重新进行训练，最后取误差率最小的 K 值。

三、K 近邻模型

K 近邻使用的模型实际上对应于对特征空间的划分。模型由距离度量、K 值的选择和分类决策规则三个基本要素决定。

（一）距离度量

在样本空间中，任意两个样本点之间的距离都可以看作两个样本点之间相似性的度量。两个样本点之间的距离越近，也就表示这两个样本点越相似。当然，不同的距离度量方式会产生不同的距离，进而最后产生不同的分类结果。K 近邻算法的特征空间是 N 维实数向量空间，一般直接使用欧氏距离作为实例之间的距离度量，当然，我们也可以使用其他距离近似度量。

假设 x_i 和 x_j 是两个 N 维的向量。

$$x_i = (x_i^{(1)}, x_i^{(2)}, \cdots, x_i^{(N)})$$
$$x_j = (x_j^{(1)}, x_j^{(2)}, \cdots, x_j^{(N)})$$

则它们之间的 Minkowski 距离为

$$L_p(x_i, \ x_j) = \sqrt[p]{\sum_{n=1}^{N} (x_i^{(n)} - x_j^{(n)})^p} \qquad (11.8)$$

当 $p=2$ 时，上面的距离就是欧氏距离，欧氏距离比较适合连续型变量，需要注意的是，在使用距离度量之前，一般应先对数据做归一化处理。

（二）K 值的选择

K 近邻算法中最为重要的参数，K 取值为 1 开始，随着取值的不断增大，K 近邻的预测效果会逐渐提升，然而当达到一定数值（也就是最优数值）后，随着取值进一步的增大，K 近邻的预测效果就会逐渐下降。针对特定问题，需要找到最合适的 K，使得 K 近邻能够达到最优效果。在大多数情况下，K 值都比较小；为了避免产生相等占比的情况，K 值一般取奇数；为了更加精确地找到合适的 K 值，建议设置一个 K 值的取值区间，然后通过交叉验证等方法分别计算其预测效果，从而找到最好的 K 值。

（三）分类决策规则

分类决策规则可采用多数表决，计算预测样本的 K 个最相邻的训练样本，其中多数样本所在的类决定预测样本类别。近邻算法的本质是基于距离和 K 值对特征空间进行划分。当训练数据、距离度量方式、值和分类决策规则确定后，对于任一新输入的实例，其所属的类别唯一地确定。近邻算法不同于其他监督学习算法，它没有显式的学习过程。

四、K 近邻的优缺点

K 近邻的优点在于一是解释起来简单并且便于实现；二是对稀有事件进行分类也很适用；三是于多分类问题（multi-modal，对象具有多个类别标签）特别适合，并且 K 近邻比支持向量机的表现要好。

K 近邻的缺点在于计算量相对较大，在判断是否是前 K 个邻居时，需要计算新的数据点与样本集中每个数据的"距离"。

K 近邻是一种基于距离度量的数据分类模型，其基本做法是首先确定输入实例的 K 个最近邻实例，然后利用这 K 个训练实例的多数所属的类别来预测新的输入实例所属类别。距离度量方式、K 值的选择和分类决策规则是 K 近邻的三大要素。在给定训练数据的情况下，当这三大要素确定时，K 近邻的分类结果就可以确定。常用的距离度量方式为欧氏距离，K 作为一个超参数，可以通过交叉验证来获得，而分类决策规则一般采用多数表决的方式。

第四节 案 例 应 用

机器学习中有很多种算法，常用到的算法有一种就是 K-近邻算法，K-近邻算法多用于分类和回归问题，基于样本之间的相似性进行预测。K-近邻算法思想比较简单，但在实践中表现很出色，主要应用在分类问题如图像识别、垃圾邮件过滤和回归问题如房价预测、股票价格预测等场景中。

数字普惠金融这一概念是数字化与普惠金融理念相结合的产物。在移动互联快速发展、智能手机日益普及、全球经济和金融快速数字化的背景下，随着世界各国政府纷纷推进普惠金融的发展，人们越来越多地考虑结合数字技术发展普惠金融。数字普惠金融的概念和理念应运而生。数字普惠金融目前是中国现有的普惠金融体系的重要组成部分，而且基础设施大多数已经是数字基础设施。

一、数据的说明

样本数据选取的是 2022 年江苏省 13 个地市的数字普惠金融指数以及数字经济指数。中国各省市数字经济发展不平衡，江苏、浙江、广东以及一些沿海城市发展较好，江苏省数字经济发展水平在全国来看是领先的，各项指标均处于前列，数字产业链也较为完善。

接下来，我们就以江苏省 13 市的数据为例来分析如何高效地从数据集中找到它的最近邻，所用方法是基于 K-D-tree 进行最近邻搜索。下面我们简单演示在 MATLAB 中利用 K 近邻进行数据分类的基本方法。由于所选样本点较少，对数据的处理难免略显粗糙。

二、测试结果

（一）分类结果

分类结果如图 11.1 所示。从图中可以看出，江苏的数字经济发展状况被分成三类，第一类是代表数字经济发展最快的，第二类稍慢，第三类是全省相对最慢的。

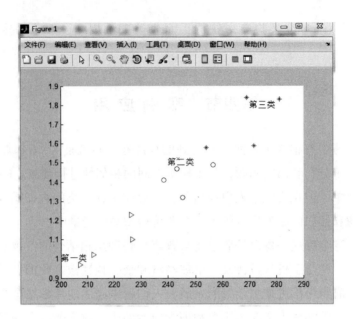

图 11.1　分类结果

（二）测试结果

我们把徐州的数据作为测试点来看徐州属于哪一类，测试结果如图 11.2 所示。从结果来看，徐州的数字经济指标在江苏省属于第二类。

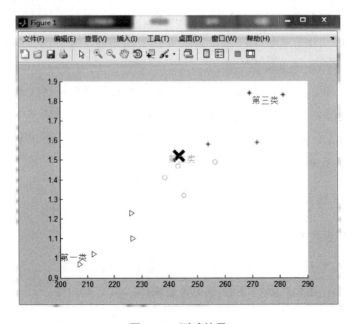

图 11.2　测试结果

从图 11.3 也可以看出，徐州的数字经济指数是在江苏省排至中间靠前的。

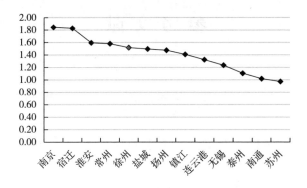

图 11.3　江苏省 13 市数字经济指数

本章小结

在数字经济发展的过程中，机器学习非常重要，机器学习助力数字经济的技术越来越成熟。大数据分析、机器学习在数字经济领域的理论、方法、应用越来越深入和完善。机器学习与其他学科的协同也越来越为我们研究数字经济注入更多和更广的技术方法。大数据和人工智能也为我们提供了庞大的数据量和很多创新性实践，接下来随着数据科学的发展，机器学习在经济发展领域的研究会更一步加强。同时机器学习与其他学科的融合也更广泛，机器学习通过开发新的程序和算法与传统的统计方法相结合，能解决数字经济中的问题也越来越多样。

课后习题

1. 什么是机器学习？
2. 支持向量机的原理是什么？
3. 简述 K 近邻算法的实现步骤。

参 考 文 献

［1］吕宏芬，高超．"四化"协同，数字经济发展新阶段［J］．改革与战略，2023（6）：1-15.

［2］孙冰．激活数字新动能，追求新质生产力［N］．中国经济周刊，2024-01-30.

［3］安都．电子商务对传统商业模式的影响研究［J］．中国集体经济，2024（4）：129-131.

［4］黄荣怀．科教融汇共塑未来教育［J］．人民教育，2023（9）：16-20.

［5］崔冰艺．数智化赋能旅游业高质量发展的作用机理研究［J］．旅游与摄影，2023（9）：4-6.

［6］贺晓丽．美国联邦大数据研发战略计划述评［J］．行政管理改革，2019（2）：85-92.

［7］张雷，雷雳，郭伯良．多层线性模型应用［M］．北京：教育科学出版社，2005.

［8］雷雳，张雷．多层线性模型的原理及应用［J］．首都师范大学学报（社会科学版），2002（2）：110-114

［8］张力为．哪些研究需要用分层线性模型回答［J］．天津体育学院学报，2002（2）：36-39.

［10］王济川，谢海义，姜宝法．多层统计分析模型方法与应用［M］．北京：高等教育出版社，2007.

［11］刘红云，孟庆茂．教育与心理研究中的多层线性模型［J］．心理科学进展，2002（2）：213-219.

［12］杨菊华．多层模型在社会科学领域的应用［J］．中国人口科学，2006（3）：44-51.

［13］王晓燕，蔡翔．"扩中"与"减贫"视角下的新生代农民分化影响因素研究［J］．数学的实践与认识，2023（5）：32-47.

［14］朱建平．应用多元统计分析［M］．4版．北京：科学出版社，2021.

［15］傅德印．Q型系统聚类分析中的统计检验问题［J］．统计与信息论

坛，2007（3）：10-14.

［16］庞皓．计量经济学［M］．北京：科学出版社，2006：112-115.

［17］方开泰．实用多元统计分析［M］．上海：华东师范大学出版社，1989：339-355.

［18］张尧庭，方开泰．多元统计分析引论［M］．北京：科学出版社，1982：305-314.

［19］高惠璇．应用多元统计分析［M］．北京：北京大学出版社，2005：343-366.

［20］陈峰．医用多元统计分析方法［M］．北京：中国统计出版社，2000.

［21］傅德印，王俊．判别分析统计检验体系的探讨［J］．统计与信息论坛，2008（5）：9-14，18.

［22］张雪丽，朱天星，于立新．基于判别分析的商业银行个人信用风险评价模型研究［J］．工业技术经济，2011（10）：131-138.

［23］程茹．数字经济视角下广东省农产品流通能力评价［D］．广州：仲恺农业工程学院，2022.

［24］陈旺．企业岗位聚类与考核指标提取方法研究［D］．青岛：山东科技大学，2022.

［25］刘军．整体网分析：UCINET 软件实用指南［M］．上海：格致出版社．

［26］罗家德．社会网络分析讲义［M］．北京：社会科学文献出版社，2005.

［27］刘军．社会网络分析导论［M］．北京：社会科学文献出版社，2004.

［28］朱冬芳．长江三角洲都市圈旅游地角色研究［M］．芜湖：安徽师范大学，2013.

［29］王燕．应用时间序列分析［M］.3 版．中国人民大学出版社，2012.

［30］陈强．高级计量经济学及 Stata 应用［M］.2 版．北京：高等教育出版社，2014.

［31］恩德斯．应用计量经济学：时间序列分析［M］.2 版．北京：高等教育出版社，2006.

［32］博克斯，詹金斯，莱茵泽尔，等．时间序列分析：预测与控制［M］．北京：机械工业出版社，2011.

［33］张成思．金融计量学：时间序列分析视角［M］．北京：中国人民大学出版社，2016.

［34］王丽娜，肖冬荣．基于 ARMA 模型的经济非平稳时间序列的预测分析［J］．武汉理工大学学报（交通科学与工程版），2004，28（1）：4.

［35］苏时光．弱平稳随机过程和时间序列分析在经济预报中的应用［J］．统计与决策，2003（10）：3.

［36］左飞．统计学习理论与方法：R 语言版［M］．北京：清华大学出版社．2020.

［37］邵明吉，任哲勋，赵周慧，等．ARIMA 模型在中国 GDP 预测中的应用［J］．价值工程，2018，37（9）：205-207.

［38］杨阳，朱浩然，任鹏飞．基于带有 ARCH 效应时间序列分析的网络流量预测［J］．信息安全研究，2018，4（2）：7.

［39］赵凌，张健，陈涛．对数回归-ARMA 周期预测模型及其应用［J］．水资源与水工程学报，2010，21（6）：4.

［40］祁冠文．运用 ARIMA 模型对中国赴美留学人数增长的初步探究［J］．考试周刊，2013（6）：2.

［41］张中辉．基于 ARIMA 模型的国内生产总值预测［J］．科技信息，2012（13）：2.

［42］王黎明，王连，杨楠．应用时间序列分析［M］．上海：复旦大学出版社．2009.

［43］杨维忠．EViews 统计分析与实验指导［M］．北京：清华大学出版社．2020.

［44］李宗璋．Eviews 实战与数据分析［M］．北京：清华大学出版社．2023.

［45］金江军．数字经济引领高质量发展［M］．北京：中信出版集团．2019

［46］张德丰．MATLAB R2020a 神经网络典型案例分析［M］．北京：电子工业出版社．2021.

［47］尼尔森．深入浅出神经网络与深度学习［M］．朱小虎，译．北京：人民邮电出版社．2020.

［48］赵眸光．深度学习与神经网络［M］．北京：电子工业出版社．2022.

［49］姚舜才，李大威．神经网络与深度学习：基于 MATLAB 的仿真与实现［M］．北京：清华大学出版社．2022.

［50］刘冰，郭海霞．MATLAB 神经网络超级学习手册［M］．北京：人民

邮电出版社 . 2014.

［51］许兴军，颜钢锋 . 基于 BP 神经网络的股价趋势分析［J］. 浙江金融，2011（11）：4.

［52］杨淑娥，黄礼 . 基于 BP 神经网络的上市公司财务预警模型［J］. 系统工程理论与实践，2005，25（1）：12-18.

［53］李萌，陈柳钦 . 基于 BP 神经网络的商业银行信用风险识别实证分析［J］. 南京社会科学，2007（1）：12.

［54］苏泽雄，张岐山 . 基于 BP 神经网络的企业技术创新能力评价［J］. 科技进步与对策，2002，19（5）：2.

［55］焦李成 . 神经网络系统理论［M］. 西安：西安电子科技大学出版社，1990.

［56］周开利 . 神经网络模型及其 MATLAB 仿真程序设计［M］. 北京：清华大学出版社，2005.

［57］叶世伟，史忠植 . 神经网络原理［M］. 北京：机械工业出版社，2004.

［58］李政洋 . 基于 AD 神经网络的语音增强［D］. 苏州：苏州大学［2024-04-26］. DOI：10. 7666/d. y1409393.

［59］牟少敏 . 核方法的研究及其应用［D］. 北京：北京交通大学［2024-04-26］.

［60］汪荣贵 . 机器学习及其应用［M］. 北京：机械工业出版社 . 2021.

［61］于剑 . 机器学习：从公理到算法［M］. 北京：清华大学出版社 . 2017.

［62］吴东盛 . 汽车性能与综合评价［M］. 北京：机械工业出版社 . 2019.

［63］曼斯基 . Public policy in an uncertain world：analysis and decisions［M］. 魏陆，译 . 上海：格致出版社 . 2018.

［64］王建冬，易成岐，童楠楠 . 大数据时代公共政策评估的变革：理论、方法与实践［M］. 北京：社会科学文献出版社 . 2019.

［65］孙振球 . 综合评价方法及其医学应用［M］. 北京：人民卫生出版社 . 2014.

［66］弗格里斯 . Julia 数据科学应用［M］. 陈光欣，译 . 北京：人民邮电出版社 . 2018.

［67］波特 . 计量经济学基础［M］. 费剑平，译 . 5 版 . 北京：中国人民大

学出版社 . 2011.

［68］王周伟 . 金融管理研究（第 11 辑）［M］. 上海：上海交通大学出版社 . 2018.

［69］中国电子信息产业发展研究院 . 2021—2022 年中国软件产业发展蓝皮书［M］. 北京：电子工业出版社 . 2022.

［70］赵欣娜 . 供给侧视域下中国低碳转型进程的绩效评析［M］. 北京：化学工业出版社 . 2018.

［71］王化成 . 中国会计指数研究报告（2022）（中国人民大学研究报告系列）［M］. 北京：中国人民大学出版社 . 2024.

［72］龚奕，李志男，张微 . 数字经济大变局［M］. 北京：世界图书出版公司 . 2023.

［73］赵西亮 . 基本有用的计量经济学［M］. 北京：北京大学出版社 . 2018.

［74］李子奈 . 计量经济学模型方法论［M］. 北京：清华大学出版社 . 2011.

［75］张敬信，等 . 数学建模：算法与编程实现［M］. 北京：机械工业出版社 . 2022.

［76］杨维忠，张甜 . Stata 统计分析从入门到精通［M］. 北京：清华大学出版社 . 2022.

［77］国务院发展研究中心国际技术经济研究所 . 世界前沿技术发展报告 2022［M］. 北京：电子工业出版社 . 2022.

［78］范良聪 . 法律定量研究方法［M］. 北京：法律出版社 . 2020.

［79］黄正锋 . 建模仿真技术及其在交通系统中的应用［M］. 杭州：浙江大学出版社有限责任公司 . 2023.

［80］孟洁，薛颖，朱玲凤，等 . 大数据时代下的智能转型进程精选［M］. 北京：机械工业出版社 . 2022.

［81］克洛泽，波提夫，泰姆勒，等 . 数据科学与机器学习：数学与统计方法［M］. 于俊伟，刘楠，译 . 北京：机械工业出版社 . 2023.

［82］周志华 . 机器学习［M］. 北京：清华大学出版社 . 2016.

［83］索信达控股等 . 可解释机器学习：模型、方法与实践［M］. 北京：机械工业出版社 . 2022.

［84］徐雪松 . 基于免疫计算的机器学习方法及应用［M］. 北京：电子工

业出版社 . 2017.

[85] 叶午旋，苏霞，王媛，等 . 不同神经网络模型评估南水北调中线高填方渠道边坡稳定性 [J]. 河南科学，2021，39（2）：6.

[86] 陶忠元，薛晨 . 技术创新与标准化协同耦合对我国家电业国际竞争力的影响：基于 BP 神经网络的实证研究 [J]. 工业技术经济，2016，35（9）：9.

[87] 汪莹，王光岐 . 灰色关联分析在矿产资源开发优先序列中的应用 [J]. 沈阳大学学报（自然科学版），2014，26（4）：6.

[88] 付硕，苏家峰 . 应用 TOPSIS 法对病床效率的综合评价 [J]. 中国总会计师，2023（9）：142-145.

[89] 王大星，翟明清 . 数据处理和建模方法在数学建模教学中的应用 [J]. 北京教育学院学报（自然科学版），2014，9（1）：6.

[90] 储谢东，裴哲勇，刘阳，等 . 基于灰色关联分析的交通运输设备制造业上司公司绩效评价 [J]. 科技创新导报，2012（13）：199-200.

[91] 周舒 . 中国软件产业与数字经济增长的关系研究 [D]. 北京：北京邮电大学，2014.

[92] 贠杰，杨诚虎 . 公共政策评估：理论与方法 [M]. 北京：中国社会科学出版社，2006.

[93] 丁盈 . 量化方法在我国公共政策监测中的应用研究 [D]. 武汉：华中师范大学，2014.

[94] 杨宁琳，覃斌灵，陆海 . 重大突发事件对经济社会影响的统计测度：新冠肺炎疫情对居民收入消费影响的统计测度 [C].2020 年（第七届）全国大学生统计建模大赛 .2020.

[95] 郭峰，王靖一，王芳，等 . 测度中国数字普惠金融发展：指数编制与空间特征 [J]. 经济与管理科学，2021.